珞珈智库　文化丛书

本书为国家重点研发计划项目课题
"基于数据分析的国家文化构造与国民文化传播研究"（2017YFB1400403）阶段性成果

# 国家文化与国民文化的构造及其转换

傅才武　余冬林　著

*The Structure and Transformation of National Culture and Folk Culture*

WUHAN UNIVERSITY PRESS
武汉大学出版社

**图书在版编目(CIP)数据**

国家文化与国民文化的构造及其转换/傅才武,余冬林著.—武汉:武汉大学出版社,2021.9(2022.9重印)
珞珈智库文化丛书
ISBN 978-7-307-22075-1

Ⅰ.国⋯ Ⅱ.①傅⋯ ②余⋯ Ⅲ.文化发展—研究—中国
Ⅳ.G12

中国版本图书馆 CIP 数据核字(2020)第 271715 号

责任编辑:詹　蜜　黄河清　　　责任校对:李孟潇　　　版式设计:马　佳

出版发行:**武汉大学出版社**　　(430072　武昌　珞珈山)
　　　　　(电子邮箱:cbs22@whu.edu.cn　网址:www.wdp.com.cn)
印刷:武汉邮科印务有限公司
开本:720×1000　　1/16　　印张:23.75　　字数:411 千字　　插页:1
版次:2021 年 9 月第 1 版　　2022 年 9 月第 2 次印刷
ISBN 978-7-307-22075-1　　定价:98.00 元

# 目　录

# 构筑中国特色现代化道路的文化之基
## （代序）

近代以来，数代中国人从军事、经济、教育、政治和文化多个方面进行中华民族现代化道路的探索，历经磨难，屡蹶屡奋，一直在寻找超越西方英美模式和苏俄模式的道路。中华人民共和国成立以来，一直奉行国家文化和意识形态建设的目标任务，包括社会动员、民族国家认同感、共同体意识等，由此建立了完备的文化动员体系（表现为文化行业系统），但这一任务随着外部压力（民族危机）的弱化而逐步减弱，文化行业系统的历史合法性和制度合法性弱化，新的目标任务如"中国梦""社会主义文化强国"又在传统的行业体系框架内（文化动员系统内）没有找到机制性路径，导致了传统文化行业结构的合法性危机。

这对于文化学和社会学界提出了现实的理论建构要求，必须追寻新时期国家文化建构背后的原因和动力机制。近十年来，这一领域出现了两条理论演进路径。第一条路径是追溯当前中国文化体制的历史来源，如韩永进《中国文化体制改革 35 年历史叙事与理论反思》（人民出版社 2010 年版），蒯大申、铙先来《新中国文化管理体制研究》（上海人民出版社 2010 年版），傅才武《近代中国国家文化体制的起源、演进与定型》（中国社会科学出版社 2016 年版）等。第二条路径是追溯国家文化结构与国民文化结构对于国家建构的作用机制，这即是本书的目标和方向。

## 一、以强化文化认同铸造民族国家命运共同体

1840 年以降，随着西方工业文明相对于农耕文明优势的确立，中华民族的文化自信逐步被消减，导致民族文化共同体的弱化。百余年来，中华民族文化共同体的问题尽管在"中西体用"的争辩中有所涉及，但学界并没有明确提出这一命题的核心内涵，因此社会至今仍然没有达到明确的共识和解决途径，导致中国文化现代化的进程整体上要滞后于经济现代化的进程，进而阻碍了现代国家建构和发展的进程。

中国现代国家的形成,具有独特性,也为近代以来中国独特的现代化道路所"锁定"。1840年鸦片战争以前,传统中国基本上是自给自足的封闭社会和宗法专制社会,中国具有对周边国家的经济和文化优势(即"夷夏之辨""以夏变夷"),以文化优势及文化认同维护族群共同体的连接。在鸦片战争中中国被"英夷"击败,基于传统文化中心论上的"天朝上国"的文化优势和文化认同开始瓦解。但真正给中国人带来强烈震撼的是1894年的甲午战争,《马关条约》后,严复、康有为、梁启超等一批民族精英人士开始喊出"保国、保种、保教",将民族共同体和文化共同体的命运,放到了世界民族竞争的环境下予以阐述,推动了中国社会从传统的"一姓之天下"(封建国家)到"万姓之天下"(现代国家)转变的百年进程。近百年来中国和西方列强的长期的对抗,将几千年历史过程中形成的中华民族的"自在性实体",转变为一个自觉的民族实体。① 中华民族在与世界其他民族的持续冲突和文化比较中,才逐步深入现代民族国家意识,从而走向全民族的文化自觉——中华民族作为具有共同地域版图、共同价值观、共同生活方式、共同政治经济利益的命运共同体观念,到此深入人心,成为全体中国人的基本共识。

许纪霖认为,近代中国最主要的文化事件之一,是传统中华文明帝国的瓦解,中国面临着共同体认同的危机,即存在着是政治认同还是文化认同之间的紧张关系。② 作为"文化认同型国家",中国有丰富的历史底蕴和文化底蕴,与西方国家不一样。与西方国家基于古希腊罗马民主的"国家—社会"二元分立的国家构架不同,中国是基于五千年文化传统和中华文化本位之上的"国家—社会"合作模式。中华五千年文明传统赋予了中国的独立自主性,有能力汲取其他文明的一切长处而又不失去自我定位,因此能够开辟不同于西方社会的国家现代化新路。

近代以来,全体中国人对于中华民族的心理认同和对于中华传统文化、传统价值观的认同,贯穿于近代民族国家的"上层结构""下层结构"和"中层结构"之中,成为影响近代中国民族国家建构的重要力量。黄仁宇认为,从1911年的中华民国到1949年的中华人民共和国,总体上可以看作现代民族国家建构的过程。民国时期只是初步形成了现代国家的"上层结构"(如设置了现代政府的各种机构)。而中国共产党在1949年前完成了中

---

① 参见费孝通先生在香港中文大学Tanner讲座(1988)发表的《中华民族的多元一体格局》的报告。

② 许纪霖:《现代中国的民族国家认同》,《世界经济与政治论坛》2005年第6期。

国的"下层结构"的重塑(如土地革命、土改、农会组织等),在 1978 年改革开放后完成了中国"中层结构"的重建(现代市场经济及其相配套的司法、监察、税收、物流等)。① 文化认同成为以社会大众观念和国家意识形态形式,贯穿现代国家的上层、中层和下层三层结构的力量之柱。"中国人面对近代以来政治社会巨大变革导致的文化认同危机作出的不同反应与艰辛探索,既揭示了一个民族的文化认同方式必然受制于自身的历史传统,又证明了不能简单地回归本土思想资源,必须立足于全球问题背景,以构造性的态度综合创新,才能成功地回应现代性引发的文化认同危机的挑战。"②

第二次世界大战结束后,许多原殖民地纷纷独立,资本主义殖民体系瓦解。西方发达国家仍然力图通过经济上的操控、政治上的干预和文化上的渗透,继续将前殖民地及其人民纳入自己的掌握之中。在此历史背景下,文化殖民主义、文化霸权主义和文化帝国主义应运而生并大行其道。"为了达到自己的目的就不得不把自己的利益说成社会全体成员的共同利益,抽象地讲,就是赋予自己的思想以普遍性的形式,把它们描写成唯一合理的、有普遍意义的思想。"③发达国家正在利用其既有的经济和科技优势,特别是凭借大众媒介,不遗余力地宣扬西方主流文化实践和价值观,挑战他国意识形态和文化主权,威胁着他国的传统安全。"发达国家利用自己的媒介优势,向全球输送自己的文化,而发展中国家在享受全球化带来便利的同时也面临着发达国家霸权文化的渗透。"④一些民族国家不仅在外部主权萎缩与空洞化程度不断加重,而且在内部也受到了多元文化主义的抨击,以致其国家认同在功能上逐渐丧失其存在的基础。

因此,21 世纪全球化语境下强化中华民族文化共同体建设,旨在为整个民族的现代化进程凝聚源源不断的精神文化力量。21 世纪的深度全球化,并不是人们通常理解的不同国家的文化也被纳入全球化的进程中,而是更加强化了各国的民族文化和地域文化认同。"随着全球化进程的加快,不同国家、地域和民族的文化其'无意识的传承'传统,在不同的时间和空间背景下,常常为来自国家和民间权威的力量,进行着'有意识的创造',

---

① 参见黄仁宇:《中国大历史》,生活・读书・新知三联书店 2007 年版。

② 赵剑英、干春松:《现代性与近代以来中国人的文化认同危机与重构》,《学术月刊》2005 年第 1 期。

③ 《马克思恩格斯选集》(第 1 卷),人民出版社 1995 年版,第 53 页。

④ 黄金艳:《新兴媒介对传播中国特色主流文化的双向效应》,《甘肃社会科学》2018 年第 4 期。

这种创造的过程，正是一种'文化的生产'与'文化的再生产'的过程。""特别是当把文化的展示置于旅游体系中时，文化的生产、消费和文化策略之间已成为一个整体。在全球化过程中这一文化的生产，在一定程度上，又强化了族群、地方社会与跨国文化圈的文化认同。"①

在全球国家文化软实力竞争的大背景下，唯有共同的民族复兴大业能够作为整个中国社会的理想和信念，引导社会各阶层在意识层面上达成价值共识，形成中华民族文化共同体和命运共同体，也即引导族群全体成员(包括港澳台地区同胞和少数民族)从意识深处认同民族文化价值观念并内化为中华民族成员身份的过程。② 21世纪世界范围内国家间竞争的新态势，要求将命运共同体意识渗入中华民族文化共同体的建设过程中，妥善处理地方认同、民族认同与国家认同的关系，重建中华民族的历史叙事，进一步增强民族凝聚力、文化认同感和国家感召力，迎受国内外各种挑战，实现中华民族的伟大复兴。

## 二、建设21世纪中华民族文化共同体的路径

世界上，俄罗斯、乌克兰、加拿大、英国和德国、美国等在建设文化共同体的过程中，既有过成功经验也出现过因文化共同体瓦解而导致国家分裂的深刻教训。随着国际竞争由军事经济硬实力竞争模式向软硬实力相结合的巧实力竞争模式的转化，重要文化资源和核心价值观成为世界各国的重要战略资源和国家利益所在，以文化共同体为基础的国家文化软实力建设成为世界大国的战略目标。

### (一)国家战略层面上，要尽快完善中华民族文化现代化的理论与路径问题，建立与经济现代化、政治现代化和日常生活方式现代化相匹配的文化现代化理论和实践体系

中华民族文化现代化包含一个基本命题——传统文化现代转型的目标、路径与资源支撑系统，涉及其背后的理论难题——"中西体用"问题，即中西方文化价值系统的交汇与嫁接的理论创新和政策调适。这一命题因为牵涉中华民族文化共同体的价值内核，所以要从理论上进行突破和创

① 麻国庆:《全球化:文化的生产与文化认同——族群、地方社会与跨国文化圈》,《北京大学学报》(哲学社会科学版)2000年第4期。

② 在这一点上，国家的文化职能是，运用思想和文化手段塑造与影响人民的价值观念，以使他们认可现存的政治和社会秩序，从而自愿地服从国家的控制和管理。参见王列:《国家的文化意识形态职能》,《文史哲》1994年第6期。

新。由于中华五千年农耕文化体系的系统性和完整性特点，传统文化的现代转型涉及物质文化层、制度文化层、心态文化层和行为文化层等各个方面，如何重建一个既符合传统文化基调、又符合现代经济和政治文明改革协同性要求的民族价值体系，本身即是一个世界性课题。同时，晚清以来，在中西文化碰撞中如何定位中西方文明的差异并在何种层面上形成学习互鉴和相互交融的制度通道，至今仍然没有形成全社会的共识。因此，必须充分发挥文化领域专业性智库、高校研究机构的作用，通过学术研究、理论创新引领全社会形成关于文化现代化进程的基本方向，明确主要的步骤措施，形成建设中华民族文化共同体的理论前提。

（二）政策路径上，要超越在近代救亡图存的紧迫性中形成的"民族主义路径依赖"，尽快建立以现代公民为基础的国家主义的政策路径

中华民族文化共同体源发于晚清以来中国从宗法专制国家向近代民族国家蜕变的过程中，在建设现代民族国家实现民族救亡图存目标的强力约束下，完成了国民身份转变和"国族"性格再造的目标。而来自西方和日本近代工业文明的文化冲击和军事侵略恰是促成中华民族文化共同体观念产生的重要诱因。建立在"共抗外敌以图民族生存"基础上的"民族共同体意识"，深度渗入国人的价值观念中形成了强烈的中华民族文化认同意识，但这同时也造就了中华民族文化认同中的民族主义路径依赖。在争取民族独立的战争年代，这种民族主义的文化建构路径带来了很高的社会动员效率，这是晚清以来积弱的中华民族借以战胜日本侵略者的深厚力量。但在和平建设时代，当外敌入侵、民族危亡的压力消失，基于民族主义的文化共同体便失去了方向和目标，如果没有新的理论和实践资源来维系文化共同体，基于民族主义的文化共同体将会日益弱化甚至瓦解。显然，和平时代人们已经难以通过重新树立共同的敌人来巩固这种深层次的共同体意识，因此，必须明确和平建设时期建设新型文化共同体的理论和政策途径。

我们认为，在和平建设时期，尽管中华民族文化共同体是全体中华儿女的共同心愿，但其建设的路径却不能仅仅是文化本身，而必须借助于国家主义的路径，即要以建设现代化的中国、实现中华民族的伟大复兴为目标，以"国家观"的法律秩序替代以"天下观"为基础的伦理秩序，以国家共同体建设体现中华民族的"一体"，以文化共同体建设体现中华民族的"多元"，最终形成中华民族共同体"多元一体"的格局。

1949 年以来，随着中国经济建设和政治文明建设不断取得新成就，中华民族已经实现了从政治共同体向国家共同体的初步转型，以宪法为核心、基于公民身份认同的国家认同意识将成为和平时期"新型文化认同"的基石。因此，建设现代国家宪法制度体系并培育现代公民，是建设和平时期中华民族新型文化共同体的基本路径。

(三)理论上，要梳理文化认同与政治认同、民族(族群)认同的秩序，建立由文化认同通往国家认同的政策逻辑

现代民族国家建设包含了国家认同的建构，但建构国家认同又必须面对政治认同、民族认同和文化认同等问题。换言之，国家认同的建构不仅仅在于国家共同体的本身，更需要处理好国家共同体与政治共同体、文化共同体和民族共同体的关系。佐斌等学者认为，中国人的文化认同是中华民族安身立命之本，也是实现伟大复兴的文化心理基础。文化认同是人们对于文化的倾向性共识与认可，包括文化形式认同、文化规范认同、文化价值认同三个层次，但文化认同的本质是价值认同。当代中国人的文化认同具有鲜明的时代特点，表现为群际分化与多元化、中国传统文化认同回升、社会主义核心价值观认同强化、现代性色彩及全球化意识相伴随。①建构现代国家认同，必须借助于扩大文化认同的政策路径。

从这一观念出发，在政策设计上，国家认同必须高于民族(族群)认同和政治认同，也就是说，民族认同和政治认同不能超越或凌驾于国家认同之上，国家的文化认同必须大于族群的文化认同和政党的文化认同。在现实中，特别是"在一个多民族的国家，为了保持民族团结和国家统一，必须把国家认同放在首位，至少不能让族群认同强于国家认同"②。在建设中华民族共同体的目标下，强化对中华民族文化共同体的建构，在全球比较的视野下超越农耕文明和工业文明的局限，重建 21 世纪中华民族共同的文化价值系统和文化象征符号系统，从法律上强化对共同语言、典章制度、政治仪式、文化符号等的规定。通过政策保障，最大限度地扩大国家认同与政治认同、民族认同之间的"文化认同重叠部分"，构建 21 世纪中华民族国家认同的文化价值基础。

---

① 佐斌、温芳芳：《当代中国人的文化认同》，《中国科学院院刊》2017 年第 2 期。

② 韩震：《论国家认同、民族认同及文化认同——一种基于历史哲学的分析与思考》，《北京师范大学学报》(社会科学版)2010 年第 1 期。

吴玉军提出，国民对国家的认同感是国家维系自身的统一性和连续性的基础。因此，世界各国无不采取各种措施以不断强化国民的国家认同感。其中，符号资源的大力挖掘是一项重要举措。国家牢牢把握话语主导权以实现有益符号之意义的充分展现，有助于激发国民对自己国家的历史和领土的想象，进而增强其国家认同感。①

中华民族文化共同体的形成，需要基于共同的价值观念系统和与这一价值观念系统相关的"符号共同体"之上，需要政府对统一文化、语言、典章制度和规范叙事方式的推广和支持。在国家层面上，政治、经济与文化的语言规范对公民获取同等政治、文化和经济权利具有现实工具性，这种"语言的纽带"能够建立一个规范的"符号共同体"以形成对全体社会成员的行为规范，因此，在21世纪，科学制定实施中华民族语言文字发展战略，实现中华优秀传统文化的创造性传承和创新性发展，显得尤其重要。

**（四）对外渠道上，要充分挖掘"一带一路"的文化连通功能，建立完善打造中华民族文化共同体的战略支点**

当前，建设21世纪中华民族文化共同体需要借助"一带一路"，将文化共同体建设落实到国家重大战略进程中。中华民族文化共同体的建设离不开经济共同体的建设，"一带一路"是建设中华民族文化共同体的大好契机。通过建立中国与中亚、南亚、西亚、俄蒙、"东盟"等国家及地区的交流合作，增进双方的互信与合作机制，在双边与多边贸易的基础上，加强中华文化源于"文化、政治观念和政策的吸引力"②的软实力，推动中华文化走出去，在与各国的经济互补与文化对比中清楚认识自身的地位和优势，为建设21世纪中华民族文化共同体找到明确的经纬坐标和路向。积极实施和利用这一战略不仅可以加强中西方贸易和文化交流，提振边疆各族人民与港澳台同胞建设美好生活的愿景，而且可以借此将整个中华民族与世界大部分国家的发展连接在一起，形成经济相连、民心相通的命运共同体。

"一带一路"在拉动外部经济与文化交流的同时，对于提高中国边疆的文化认同、民族认同和国家认同也提供了一个极好的路径。新疆、西藏和

---

① 吴玉军：《符号、话语与国家认同》，《学术论坛》2010年第12期。
② ［美］约瑟夫·奈（Joseph Nye）：《软力量——世界政坛成功之道·前言》，吴晓辉等译，东方出版社2005年版。

港台地区都被纳入国家"一带一路"建设的总体框架中，在国家的新一轮发展中，被赋予了更多的发展机会。以新疆为例，要"发挥新疆独特的区位优势和向西开放重要窗口作用，深化与中亚、南亚、西亚等国家交流合作，形成丝绸之路经济带上重要的交通枢纽、商贸物流和文化科教中心，建设丝绸之路经济带核心区"①。"发挥海外侨胞以及香港、澳门特别行政区独特优势作用，积极参与和助力'一带一路'建设。为台湾地区参与'一带一路'建设作出妥善安排。"②这种协同力同时也是推动新疆、台湾地区超越地区认同上升到国家认同的强大动力。对于广大的边疆地区，丰富的历史文化资源和独特的民族文化资源具有民族认同的"镜像"功能，能够为旅游者提供独特的文化认同体验，例如，"河西走廊地区这一多民族冲突与融合的'锋线'和中华民族文化认同体验的资源宝库，以'中华民族文化认同'作为文化旅游产业发展的主题，开展品牌营销模式创新、文化遗产保护与开发模式创新，旅游产品与游线组织创新等创新模式，推动区域整体开发"③。这样，对于地区认同与国家认同、文化认同与民族认同之间的紧张，"一带一路"将中原与边疆的民族紧密联系在一起，将地域性孤立主义分离主义消融于民族国家集体主义之中，实现民族文化认同与现代国家认同之间的有效整合。

(五)发挥中国历史文化资源优势，建设中国特色现代化道路的理论之基

认同离不开记忆，不管是文化认同还是国家认同都离不开民族历史记忆。民族历史记忆对于引导国民形成对国家同一性和连贯性的认知，建构全体成员共属一体的牢固想象，具有重要的作用。"一个失去历史记忆的国家，其国民难以对其形成合理而稳固的认同。现代国家必须通过诸如优秀历史文学影视作品创作、历史教科书的科学编纂、叙事方式的恰当运用

①　商务部综合司：《〈推动共建丝绸之路经济带和21世纪海上丝绸之路的愿景与行动〉发布》，http：//zhs. mofcom. gov. cn/article/xxfb/201503/20150300926644. shtml，2015年3月30日。

②　商务部综合司：《〈推动共建丝绸之路经济带和21世纪海上丝绸之路的愿景与行动〉发布》，http：//zhs. mofcom. gov. cn/article/xxfb/201503/20150300926644. shtml，2015年3月30日。

③　傅才武、钟晟：《文化认同体验视角下的区域文化旅游主题构建研究——以河西走廊为例》，《武汉大学学报》2014年第1期。

等历史记忆手段,不断增强人们的国家认同感。"①

哈佛大学教授、汉学家孔飞力(Philip Alden Kuhn)在《中国现代国家的起源》中提出,要从新的理论视角解释过去被简单地理解为"西方冲击"下发生的中国近代化模式。孔飞力认为,后发现代化国家,尽管受到西方现代模式的强烈影响,但深植于历史文化之中的种种知识资源,经过精英阶层(如魏源、冯桂芬、梁启超、章太炎等)的努力,将形成自主性的力量,引导中国的近代化道路向着现代性、具有中国特质的"现代国家"渐次演进。因此,世界各国的现代化道路(模式)并非只有一种西方模式,而是具有多种模式。其中,传统文化中的知识资源在引导国家现代化的过程中发挥着重要作用。② 21世纪中华民族进入现代性的唯一路径,是走我们自己的道路,这条道路是由我们的历史、我们的文化和我们全体人民的共同努力,为中华民族开辟出来的。

进入21世纪第三个十年,中华民族与世界大国的关系正在发生深刻的变化,"全球化时代的到来不仅模糊了民族——国家的疆界,同时也模糊了不同文化之间的界限,使得某一个特定的民族的认同变得多重,具体体现在文化上就更是呈现了一种文化认同的多极化和非单一化。实际上,全球化之于文化的一个重要作用就在于它消解了认同的'单一性'和'本真性',为一种超民族主义的多元文化认同铺平了道路。中华文化的认同已经不再是简单的儒学或道学的认同,而是一种受到西方文化影响并经过当代重新阐释了的新的多元认同,在这方面,经过后现代语境下重新建构的新儒学将占据举足轻重的地位。"③在全球化过程中,现代民族国家尤其是后发展国家面临着"去中心化"的威胁,国家认同出现严重危机。"国家认同与国家安全是一个问题的两个方面:对公民而言是认同危机,对国家而言则是安全危机。为了维护国家的生存与发展,后发展国家不得不同时完成构建民族国家和融入全球社会这两大任务。"④在全球化的大背景下,从

---

① 吴玉军、顾豪迈:《国家认同建构中的历史记忆问题》,《中国特色社会主义研究》2018年第3期。

② [美]孔飞力:《中国现代国家的起源》,陈兼、陈之宏译,生活·读书·新知三联书店2013年版。

③ 王宁:《重建全球化时代的中华民族和文化认同》,《社会科学》2010年第1期。

④ 郭艳:《全球化时代的后发展国家:国家认同遭遇"去中心化"》,《世界经济与政治》2004年第9期。

理论上厘清中华民族特色现代化道路的内涵与外延，在中华民族与世界大国的合作、交流与交锋的宏大背景下讨论现代化道路的基本问题与挑战，并提出相应的解决思路与战略措施，体现出当下国家战略对理论创新的要求。基于中华文化传统与西方基督教传统的区别，从国家文化结构和国民文化构成的属性差异上突破或超越西方现代化模式预设的"天花板"，为探寻中国特色现代化道路提供了一种全新的理论视野，本书不失为一次有益的尝试。

# 绪论：国家文化作为全球性发展命题

## 一、国家文化作为理论问题根植于全球化背景

20 世纪后半期，世界关注的焦点逐渐由遭受第二次世界大战破坏的国家的重建问题，转移到非洲、亚洲和拉丁美洲面临的贫穷、愚昧和不公正问题。"二战"后马歇尔计划的成功和日本战后的迅速复兴，曾让人们对解决这些问题充满乐观的期待，甚至认为发展是必然的。但直至 20 世纪末，19 世纪和 20 世纪的帝国传统又以某种方式进行自我"复制"。进入 21 世纪，我们生活的地球村越来越"拥挤"，大量生态环境的、经济政治的和社会生活的压力撕扯着它刚刚被人认识到、基本上还未得到深刻理解的全球性社会机体。一个人只要对这个机体有个模糊的整体概念，就会震惊于那些爱国主义、沙文主义、种族的、宗教的、民族的仇恨等观念是多么无情、自私和狭隘。因此，有学者提出，不能错误地认为一个和谐的世界秩序的模式就在眼前。①

全世界步入 21 世纪的第二个十年后，除西班牙、葡萄牙、韩国、新加坡等国家和地区沿着沃尔特·罗斯托在《经济增长的舞台》中所描述的轨迹跨入第一世界。历经多年，大多数国家依然较为落后，即使是曾提出"伟大社会"的设想和"向贫穷宣战"口号的美国，依然有许多拉美裔、非裔生活在贫困线之下。殖民主义、依附论以及种族主义等理论显然不足以解释上述现象。此外，国家间综合实力的竞争早已远远超出单纯的经济、政治、军事领域的竞争，文化输出和融合能力、意识形态领导权的把握能力已经成为国家综合实力的重要组成部分。② 随着全球化进程的日益深入，国家主权事实上受到严重削弱，但是人类所面临的经济、政治、生态等问

---

① ［美］爱德华·W. 萨义德：《文化与帝国主义》，李琨译，生活·读书·新知三联书店 2003 年版，第 24 页。

② 谢琦：《葛兰西"文化领导权"理论及其对提升国家文化软实力的启示》，《学习与探索》2020 年第 5 期。

题却越来越具有全球性，需要国际社会的共同努力。政治权威的扩散和多层治理改变了国家中心主义政治，并向一种新的复杂的多层全球治理形式转变。因此，需要一种更为宏观的理论构架对这一问题进行较为深入的剖析。

对主要发达国家的国家文化、国民文化的研究，及其与其他类型的国家文化与国民文化的对比研究，将有助于揭示国家文化和国民文化的内涵、结构、规律及其相互关系，并在一定程度上为深入剖析上述问题提供参考。这里所说的发达国家( Developed Country )，是指那些经济发展水平较高、技术较为先进、生活水平较高的国家。发达国家的普遍特征是较高的人均国民生产总值、工业化水准和生活品质。综合联合国开发计划署人类发展指数(涉及综合收入、生产率、教育水平等)、世界银行高收入经济体以及国际货币基金组织以及中央情报局《世界概况》的发达经济体的标准，主要发达国家有美国、日本、德国、法国、英国、意大利、加拿大等。

20 世纪 90 年代，曾任美国政治学会会长的哈佛大学教授塞缪尔·亨廷顿，联合国际和地区问题研究员劳伦斯·哈里森，召集世界多方专家学者，在美国艺术科学学会举办的"文化价值观与人类进步"研讨会上，探讨何种文化在何种程度上促进或阻碍了经济发展，最后编纂出版了《文化的重要作用：价值观如何影响人类进步》一书，从全球国家文化结构和国民文化心理比较的视角，讨论文化、心理模式和国家繁荣之间的内在联系，探寻促进社会进步的文化变革之路。此书全方位关注和讨论文化因素在人类进步中发挥的作用，并有一批大牌学者参与研究，因而获得了全球性的关注。

在该书的序言中，亨廷顿说明了他关注发展中国家文化之间差异的原因。他认为，国与国之间发展快慢相差如此悬殊，固然当中有多种因素，但文化应是一重要原因。他比较了起点大体相同的韩国与加纳经过 1960—1990 年的发展，结果迥然不同，他认为韩国人珍视节俭、投资、勤奋、教育、组织和纪律的国家和国民文化起到了重要作用。

同时，亨廷顿也阐述了 20 世纪 40 年代以来西方学界关于文化研究的起伏过程。在 20 世纪 40 年代和 50 年代，米德、本尼迪克特、麦克莱兰、班菲尔德、英克尔斯、阿尔蒙德、维尔巴、派伊和利普塞特等学者重视文化因素，从文化的角度理解各种社会。而在其后的 20 世纪 60 年代和 70 年代，西方学界对文化的研究一度显著减少。到了 20 世纪 80 年代，西方学界对文化这一变量的兴趣开始回升。哈里森的《不发达是一种心态：拉丁美洲案例》出版，引起了经济学界、欧美拉美问题专家和拉美知识分子的一场抗议风暴，学界出现了贬低文化作用的相反动向，并展开了一场论战，"一方认为文化是影响社会、政治和经济行为的一个重要的但不是唯一的因素，另一方则坚持一些普遍适用的解释"。但亨廷顿赞同文化对国家发展的重要作用，他引述了莫伊尼汉的观点："保守地说，真理的中心在于，对一个社会的成功起决定作用是文化，而不是政治。开明地说，真理的中心在于，政治可以改变文化，使文化免于沉沦。"①

目前，国家文化研究方面，关于其定义，国内外学术界尚未达成共识。荷兰学者吉尔特·霍夫斯泰德(1990)②指出，国家文化指一国全体成员共有的深层次价值观，由一系列共同的准则、价值理念、优先事物构成，是全体成员的生活方式设计。王保国(2010)③认为，国家文化对一个人行动的影响，既可以通过内在的价值观来影响他们行动的倾向，又可以通过形成行动策略指令系统来赞成或反对某种行动方式。美国孙隆基(2011)④在与其他文化比较的基础上探讨了中国文化的深层结构。美国学者迈克尔·罗斯金(2013)⑤对主要国家的国家文化从历史、重要制度、政治文化、现状、争议等角度进行了较为深入的探讨。唐纳德·怀特(2002)⑥对美国，钱乘旦、陈晓律(2003)⑦、朱宾忠等(2014)⑧对英国，吴泓缈等(2014)⑨对法国，杜青钢(2014)⑩对加拿大的国家文化分别进行

---

① [美]塞缪尔·亨廷顿、[美]劳伦斯·哈里森主编：《文化的重要作用：价值观如何影响人类进步》(序)，程克雄译，新华出版社2010年版。
② [荷]吉尔特·霍夫斯泰德等：《文化与组织：心理软件的力量》(第二版)，李原、孙健敏译，中国人民大学出版社2010年版，第224页。
③ 王保国：《中国文化因素对知识共享、员工创造力的影响研究》，浙江大学博士学位论文，2010年。
④ [美]孙隆基：《中国文化的深层结构》，桂林：广西师范大学出版社2011年版，第15页。
⑤ [美]迈克尔·罗斯金：《国家的常识：政权·地理·文化》，夏维勇、杨勇译，世界图书出版公司北京公司2013年版。
⑥ [美]唐纳德·怀特：《美国的兴盛与衰落》，徐朝友等译，江苏人民出版社2002年版。
⑦ 钱乘旦、陈晓律：《英国文化模式溯源》，上海社会科学院出版社2003年版。
⑧ 朱宾忠等：《文化心态·英国卷》，武汉大学出版社2014年版。
⑨ 吴泓缈等：《大国文化心态·法国卷》，武汉大学出版社2014年版。
⑩ 杜青钢：《大国文化心态·加拿大卷》，武汉大学出版社2014年版。

了研究。周笑（2016）①探讨了国家文化的内涵、产生的条件，分析了美国国家文化的结构要素及其特质等。近年来，国外研究者多从文化维度入手，探讨国家文化与国家治理②、国家创新能力③、领导风格④、企业社会责任⑤、金融体系⑥、社会保障⑦以及通信技术⑧等的关系。

目前，影响较大国家文化研究理论模型有克拉克洪和斯乔贝克的六大价值取向理论、冯斯·琼潘纳斯的文化七维度模型、爱德华·T. 霍尔的情境理论以及霍夫斯泰德的文化五维度模式等。

国民文化研究方面，相关研究成果较少，秦德君（2010）⑨对国民文化特性，郑豪（2011）⑩对国民文化与政党制度，赵丽芬（2016）⑪对国民文化维度，薛靖云（2013）⑫、宋曼曼（2014）⑬对国民文化心理有所研究。具体国家的国民文化研究，主要有：李其荣（1998）对美国⑭，哥拉瑞扎·阿瓦

①　周笑：《重塑美国：美国新媒体社会的全面建构及其影响》，复旦大学出版社 2016 年版，第 102 页。

②　John W. Goodell. Trust and Governance：The Conditioning Role of National Culture [J]. Finance Research Letters，2017，23.

③　Sofik Handoyo. The Role of National Culture in National Innovative Capacity [J]. Asian Journal of Technology Management，2018，11(2).

④　Nebojša Janićijević. The Impact of National Culture on Leadership [J]. Economic Themes，2019，57(2).

⑤　Gallén Peraita. The Effects of National Culture on Corporate Social Responsibility Disclosure：A Cross-Country Comparison [J]. Applied Economics，2018，50(27).

⑥　Sebastián Lavezzolo，Carlos Rodríguez-Lluesma，Marta M. Elvira. National Culture and Financial Systems：The Conditioning Role of Political Context [J]. Journal of Business Research，2018，85.

⑦　J A（Jairo）Rivera-Rozo，M E（Manuel）García-Huitrón，O W（Onno）Steenbeek，S G（Fieke）van der Lecq. National Culture and the Configuration of Public Pensions [J]. Journal of Comparative Economics，2018，46(2).

⑧　Choden，Bagchi，Udo，Kirs，Frankwick. The Influence of Cultural Values on Information and Communication Technology（ICT）Diffusion Levels：A Cross-National Study [J]. Journal of Global Information Technology Management，2019，22(4).

⑨　秦德君：《中国国民文化特性的分析模式》，《学术界》2010 年第 2 期。

⑩　郑豪：《国民文化与政党制度的建构》，《才智》2011 年第 20 期。

⑪　赵丽芬：《管理学——理论与实务》，立信会计出版社 2016 年版，第 263~267 页。

⑫　薛靖云：《论电影商业化与国民文化心态》，《电影文学》2013 年第 12 期。

⑬　宋曼曼：《国民文化心理的深度挖掘》，河南大学博士学位论文，2014 年。

⑭　李其荣：《美国精神》，长江文艺出版社 1998 年版。

尼等（2004）①、韩继伟等（2009）②以及邢文海（2019）③对伊朗，钱乘旦、陈晓律（2003）④、黄相怀（2008）⑤、朱宾忠等（2014）⑥对英国，严双伍（1999）⑦、吴泓缈等（2014）⑧对法国，杜青钢（2014）⑨对加拿大的国民文化研究。

由上可知，当前关于国家文化与国民文化的研究较为薄弱，国家文化、国民文化尚未形成统一的定义；对国家文化、国民文化构造尚未进行系统深入的研究，尤其是基于数据分析的构造模型的研究，仍然付之阙如。

## 二、关于文化认同与民族国家建构关系的研究持续深入

关于文化认同与民族国家建构的问题，国内外学术界自20世纪五六十年代以来进行了较为深入的探讨。关于文化认同的内涵，乔纳森·弗里德曼指出，文化认同指的是以有意识的具体的特定文化构型为基础的社会认同。⑩黎巴嫩学者萨利姆·阿布认为，文化认同包括三个层次，即对民族集团文化遗产的认同、对民族国家同质文化的认同和对超民族整体的共同文化的认同。⑪文化认同是人们对于文化的倾向性共识与认可，包括文化形式认同、文化规范认同、文化价值认同三个层次。关于文化认同的形成，学者们认为文化认同既是原生的，同时也是建构的。詹姆斯·克利福

---

① 哥拉瑞扎·阿瓦尼、刘玉梅：《以上帝的名义：伊朗文化精神》，《华中科技大学学报》（社会科学版）2004年第5期。

② 韩继伟、孙金光：《从历史文化视角解读伊朗民族精神》，《黔西南民族师范高等专科学校学报》2009年第4期。

③ 邢文海：《试论伊朗文化的传承与"伊朗意识"的嬗变》，《内蒙古民族大学学报》（社会科学版）2019年第3期。

④ 钱乘旦、陈晓律：《英国文化模式溯源》，上海社会科学院出版社2003年版。

⑤ 黄相怀：《英国精神》，当代世界出版社2008年版，第5页。

⑥ 朱宾忠等：《文化心态·英国卷》，武汉大学出版社2014年版。

⑦ 严双伍：《法国精神》，长江文艺出版社1999年版。

⑧ 吴泓缈等：《大国文化心态·法国卷》，武汉大学出版社2014年版。

⑨ 杜青钢：《大国文化心态·加拿大卷》，武汉大学出版社2014年版。

⑩ ［美］乔纳森·弗里德曼：《文化认同与全球性过程》，郭健如译，商务印书馆2004年版，第356页。

⑪ 《第欧根尼》中文精选版编辑委员会编选：《文化认同性的变形》，商务印书馆2008年版，第11~12页。

德（1988）①、克里斯·巴克（2008）②等强调了文化认同的建构性。郑晓云（1992）③用社会学的研究方法将文化认同划分为五个时期。此外，塞缪尔·亨廷顿（1998）④认为，文化和文化认同（它在最广泛的层面上是文明的认同）形成冷战后世界上的结合、分裂和冲突的模式。

关于文化认同与国家认同的关系，本尼迪克特·安德森（2003）⑤在《想象的共同体》中指出，在民族国家的形成中，民族语言、文学作品等文化手段成为强化民族意识的重要手段。民族国家在建立后，更是通过共享的符号、神话和记忆等文化认同将所有公民融合成为一个文化共同体。韩震（2011）⑥认为，在历史进程之中，必须把国家认同置于文化认同之上，用公民的国家认同促进文化认同。郭亚妮和宁涛（2014）⑦、刘社欣和王仕民（2015）⑧、蒋述卓（2016）⑨、张更生（2017）⑩等认为，文化认同是国家认同的前提和基础，文化认同强化国家认同，为国家认同提供心理支撑，国家认同是文化认同的深层演进和升华。路善全、王燕群（2017）⑪认为，文化认同是国家认同和民族认同的根本，也是提高国家文化软实力、建设文化强国的重要推动力。

---

① James Clifford. The Predicament of Culture：Twentieth-Century Ethnography, Literature, and Art[M]. Cambridge, Mass.：Harvard University Press, 1988：23.

② ［澳］克里斯·巴克：《媒介与文化书系：电视、全球化与文化认同》，北京大学出版社2008年版，第44~45页。

③ 郑晓云：《文化认同论》，中国社会科学出版社1992年版，第71~84页。

④ ［美］塞缪尔·亨廷顿：《文明的冲突与世界秩序的重建》，新华出版社1998年版，第135页。

⑤ ［美］本尼迪克特·安德森：《想象的共同体——民族主义的起源与散布》，上海人民出版社2003年版，第46~55页。

⑥ 韩震：《论国家认同、民族认同及文化认同：一种基于历史哲学的分析与思考》，《北京师范大学学报》（社会科学版）2010年第1期，第106~113页。

⑦ 郭亚妮、宇涛：《文化认同与国家认同：当代性关系及其路向》，《甘肃社会科学》2014年第6期，第210~212页。

⑧ 刘社欣、王仕民：《文化认同视域下的国家认同》，《学术研究》2015第2期，第23~28页。

⑨ 蒋述卓：《文化认同、国家认同与人的发展》，《暨南学报》（哲学社会科学版）2016年第7期，第6~7页。

⑩ 张更生：《论文化认同与国家认同》，《长江丛刊》2017年第32期，第12~18页。

⑪ 路善全、王燕群：《从官方理政到民间日用：朱子学在台湾的传播与两岸文化认同研究》，云南大学出版社2017年版，第36页。

　　常建华教授通过研究清代国家认同与文化认同的关系，证明了清朝统治者将儒家思想作为官方意识形态，通过对儒家的文化认同，赢得汉人的好感，换取汉人服从清朝统治，从而实现国家认同的策略。在此基础上他提出，国家为了将统治长期维持下去，必须要采取各种办法取得政治合法性，得到人民的认同，并将人民的被动认同转化为主动认同。①

　　关于文化认同与民族认同的关系，厄内斯特·盖尔纳(1983)②、安东尼·史密斯(1992)③认为，文化认同是民族、民族认同的形成和维系的基础。王鉴和万明钢(2004)④结合全球多元文化发展的特点背景，把握多元文化时代民族认同的趋势，通过不同文化群体的碰撞与融合，使不同的文化群体既能再生产其文化特征，又能以一种与时俱进的方式组织起来，从而形成"立足本民族、面向民族—国家、放眼全球多元文化"的分层认同模式。邓治文(2005)⑤论述了二者之间是重叠的关系，当族群认同以文化为主且着重强调共享的基本文化价值时，族群认同就基本与文化认同相等同。樊红敏(2008)⑥认为文化认同与民族认同是相互依附的关系，同时文化认同和民族认同是国家认同的两个重要的方面和内容，是构成国家认同中最为持久和稳定的部分。张文树和包有或(2015)⑦认为文化认同是国家认同与民族认同的中介，对于两者关系的建立起到桥梁和纽带的作用。

　　詹小美和王仕民(2011)提出了"民族文化认同"的概念，他们认为"民族文化认同"主要是指民族成员对本民族主体文化的归属意识。"民族成员对本民族文化的认可与共识不仅表现为民族文化的精神、情感、规范和目标转化为民族成员内在本质的过程，而且表现为民族成员根据自己的内心、道德本性和特殊需要对本民族文化的群体价值进行整合的过程。"⑧对

---

① 常建华：《国家认同：清史研究的新视角》，《清史研究》2010年第4期。

② Ernest Gellner. Nations and Nationnalism[M]. Oxford：Basil Blac kwell, 1983：7.

③ Athony D. Smith. Nationnal Identity and the Idea of European Unity[J]. International Affairs, 1992, 68(1)：60.

④ 王鉴、万明钢：《多元文化与民族认同》，《广西民族研究》2004年第2期。

⑤ 邓治文：《论文化认同的机制与取向》，《长沙理工大学学报》(社会科学版)2005年第2期。

⑥ 樊红敏：《国家认同建构中的文化认同与民族认同：汶川地震后的启示》，《郑州航空工业管理学院学报》(社会科学版)2008年第5期。

⑦ 张文树、包有或：《文化认同视域下的国家认同与民族认同关系研究》，《贵州民族研究》2015年第11期。

⑧ 詹小美、王仕民：《论民族文化认同的基础与条件》，《哲学研究》2011年第12期。

中华民族文化的认同，体现为一个主体内部矛盾运动的过程，同时也是与外界各种因素相互作用的过程。

关于文化认同与宗教认同的关系，受到许多学者的关注。宗教认同是文化认同的一部分，宗教认同也是文化认同的基础。宗教认同是早于民族认同的一种社会认同。宗教认同结构可分为宗教内认同和宗教外认同两个部分。秦裕华(2005)①认为，民族的认同有多种途径，但主要以血缘、语言、宗教、文化传统和民间习俗作为本民族认同的资源。基于生存方式、文化传统等的文化认同对于民族认同，比宗教认同有着更本质的影响。李樊(2010)指出，宗教认同作为一种人认识外界的方式，它的功能必须在文化认同的背景下来研究。② 邢宗兰、陈凤林(2013)③，陈志伦、梁晓彤(2017)④认为，宗教认同归属于文化认同，以宗教认同推动文化认同，对促进民族和谐具有积极意义。胡金伟(2017)⑤指出，宗教的独特功能可以让社会大众建立起文化自觉和文化自信，最终实现文化认同感的建构，基于共同的宗教文化之上的宗教认同是人民对中华文化的文化认同的基础。

何其敏(2013)提出，需要在复杂的认同分层与结构中认识宗教认同的独特作用机制，观察它与其他社会认同的互动关系。他认为，社会个体认同问题不仅涉及社会、群体、个体身份边界的建构，而且涉及社会认可的身份内涵与个体认同的主观选择之间的张力，个体认同和社会身份之间是彼此对立又相互依赖的关系。作为对生命意义的追求，宗教是个体的信仰选择，宗教的认同不仅是将神圣世界与世俗世界区别开来，也是用这种区分建立社会身份的重要途径。在个体层面，宗教身份使人类在不可预测的模糊情境中获得稳定的依靠；在社会层面，宗教身份的社会性就是稳定的集合体。对身份依靠的稳定性期待，必然导致对社会整合性的依赖。⑥

---

① 秦裕华：《区分民族文化认同与宗教认同》，《中央民族大学学报》2005年第2期。

② 李樊：《文化认同：宗教社会整合功能的表征》，《吉林广播电视大学学报》2010年第9期。

③ 邢宗兰、陈凤林：《文化认同视野下的宗教文化与社会主义文化》，《中央社会主义学院学报》2013年第6期。

④ 陈志伦、梁晓彤：《宗教的文化认同作用》，《中国宗教》2017年第3期。

⑤ 胡金伟：《中国传统宗教的历史演进与文化认同建构》，《中共杭州市委党校学报》2017年第4期。

⑥ 何其敏：《宗教认同的边界建构与互动》，《西北民族大学学报》(哲学社会科学版)2013年第2期。

此外，民族和宗教关系既有千丝万缕的联系又有截然不同的区别，宗教认同和民族认同的关系一直备受学者关注。蔡志刚、于春洋（2013）①指出国家认同、民族认同、宗教认同本质上都属于群体认同。宗教认同很大程度上是民族认同的基础，民族认同是国家认同的基础，三者共存共生、关系协调才能促进国家健康发展，否则很可能带来社会矛盾。邱兴旺（2009）②指出，民族认同和宗教认同是可以分离的。民族如果得不到国家话语体系的认可，依附于族群身份的利益就得不到保障，随之而来的结果就是族群认同减弱，族群的宗教认同也会一同减弱。族群认同决定宗教认同的发展；宗教认同可以通过宗教形式和内容体现出民族认同。

自近代以来，民族国家是当代世界建构主权国家的主流。当前，民族国家依然是现代世界政治体系的基本单元。当然，民族国家的形成并非一蹴而就，而是一个漫长的历史过程。在国家认同与族群认同两者关系上，有学者提出，当前国内学界大致形成了冲突论与共生论两种相互对垒的基本认识。"由于理论基础的相对缺失，共生论在解释力和影响力上无法与冲突论相提并论。国内学者对共生论理论基础的探寻基本上遵循求同存异的逻辑，一方面通过寻找共性来论证两种认同本质相通，另一方面则通过区分差异来论证两种认同性能互补。"③

在哈贝马斯看来，民族国家可分为三种，首先是在1648年《威斯特伐利亚公约》基础上形成的传统的欧洲民族国家，如英国和法国。其次是作为统一的德国与意大利，它们被称为"迟到的民族"，不同的是，这两个国家是因"民族"而统一为"国家"的。最后是在非殖民化过程中形成的民族国家。④ 由此可知，主要发达国家分别属于以上三种不同类型。

在现代意义上的"民族"诞生之前，国家早已存在，只是在18世纪晚期资产阶级革命结束之后，民族和国家才逐渐融为一体。在民族形成的过程中公民具有双重特征，即由公民权利确立的身份和文化民族的归

① 蔡志刚、于春洋：《民族、宗教与国家：多元认同视野中的考察》，《新疆社会科学》2013年第3期。

② 邱兴旺：《社会转型过程中的族群认同与宗教认同》，上海大学博士学位论文，2009年。

③ 郝亚明：《国家认同与族群认同的共生：理论评述与探讨》，《民族研究》2017年第4期。

④ ［德］哈贝马斯：《欧洲的民族国家——关于主权和公民资格的过去与未来》，载哈贝马斯：《包容他者》，曹卫东译，上海人民出版社2000年版，第133~135页。

属感。这样，民族国家就出现了"两副面孔"。一方面，作为一个共和主义的过程，"由公民组成的民族是民族国家民主合法化的源泉"；另一方面，作为国家民族的建构过程，"由民众组成的天生的民族则致力于促进社会一体化"，"而天生同源同宗的人们则置身于由共同的语言和历史而模铸的共同体中"①。这样，民族国家的概念就包含普遍主义和特殊主义之间的紧张关系，即平等主义的政治法律共同体和历史文化命运共同体之间的紧张。

在此，需要提及民族主义。民族主义是历史的产物，不仅其表现形态各异，和不同的阶级利益相结合，在不同的历史时空中，其政治功能也千差万别。现代民族主义的兴起是伴随着罗马天主教大一统地位的丧失、资产阶级反封建的民主革命并建立了民族国家这一历史进程而产生的。19世纪六七十年代，资产阶级的民族主义在西欧、北美已获得了决定性的胜利。资本主义初期的民族主义，为资产阶级建立民族国家、发展资本主义市场经济无疑起了巨大的推动作用，也奠定了现代国际关系的基础。随着资本主义的世界性扩张，原本为建立民族国家、维护本民族正当民族利益的欧美各国的民族主义，逐渐成为资产阶级推行殖民主义、帝国主义和霸权主义的工具，影响着国际体系的发展演变。

本质上，国家间的贫富两极分化不是纯粹的财富分配不公问题，而是国家间的发展不平衡问题。这主要归因于现代资本主义的世界规模的积累，即剩余价值由发展中国家(外围)持续向发达国家(中心)转移，造成发展中国家和地区丧失发展资本，无力走向自主性发展道路。这一现象的持续存在使得民族国家的国家文化和国民文化的发展日益复杂化。质言之，文化多样性源于自然环境和人类实践活动的多样性，这种多样性就像生物多样性一样，对人类社会是不可或缺的，它不仅是促进经济增长的因素，而且也是达到令人满意的智力、情感、道德和精神要求的手段，有利于人类文化保持自身活力和人类社会的可持续发展。

当前，自20世纪90年代左右肇始的世界多极化趋势是不以人的意志为转移的。电子媒介重新将人们村落化，使人类社会的交往方式重新回到个人对个人的交往。这种新兴的模式相当程度上消除了地域的界限和文化

---

① ［德］哈贝马斯：《欧洲的民族国家——关于主权和公民资格的过去与未来》，载哈贝马斯：《包容他者》，曹卫东译，上海人民出版社2000年版，第139~140页。

的差异。脱胎于西方生产生活方式并由西方主导的全球化正在引起国际政治格局的剧烈变化。这种全球化的主要驱动力是西方先进信息通信技术、自由市场经济理念以及实践在全球范围的扩展。经济上，资金、人员、自然资源禀赋等生产要素的自由流动和全球配置，形成相互依赖的世界共同市场；政治上，国内政治与国际政治相互渗透，各国政府为应对共同的全球性问题在世界范围内进行沟通互动、相互协调、相互合作；文化上，世界各大文明共存，但超越国家界限的相互交流、相互碰撞的程度空前；信息通信上，信息化、网络化完全超越时空界限，国家意识让渡于"网络共和国"，在互联星空下同住一个"地球村"。

"几乎每一种体现人类的社会性活动(如合作、竞争、沟通、交换、劳动分工、举行仪式、制定共同决策以及与外人建立关系)都与复杂协调问题的解决有关。"① 为了确保面临协调问题的个体能够作出为相关各方都带来最优结果的共同决定，人类创造并将继续创造包含某种意义的共享符号即文化。② 作为人类理性的象征符号，文化具有认知、教化、传承等功能，在民族国家的生存和发展中具有重要的战略意义。

国家文化是基于个体对他者(国家)的权利让渡和价值认同，以国家利益为价值取向的多种主体(包括政府、企业、非营利机构和个人)文化等趋同过程及其结果。国家文化的边界随着政治、经济等领域各利益群体的博弈而发生变迁。国家文化对国民个体行动的影响，既可以通过内在的价值观来影响他们行动的倾向，又可以通过形成行动策略指令系统来赞成或反对某种行动方式。③ 它影响着各国的家庭生活、教育、经济和政治结构以及商业模式。

毋庸讳言，现代性所引发的文化危机、文化认同问题也日益引起人们的关注和担忧。对传统的否定而造成的一定程度上的文化断裂；强势文化的扩展、文化霸权对文化生态和文化秩序的破坏以及社会与人自身的普遍物化等对民族国家的文化发展带来了消极的影响，尤其是后发现代化国家。"西方是唯一在其他各个文明或地区拥有实质利益的文明，也是唯一

---

① [美]赵志裕、康莹仪：《文化社会心理学》，刘爽译，中国人民大学出版社2011年版，第84页。

② 赵菁、张胜利、廖健太：《论文化认同的实质与核心》，《兰州学刊》2013年第6期，第187页。

③ 王保国：《中国文化因素对知识共享、员工创造力的影响研究》，浙江大学博士学位论文，2010年，第30页。

能够影响其他文明或地区的政治、经济和安全的文明。"①正因如此，这些国家的文化发展遭遇到前所未有的困境，"由于这种挤压和同化是与经济活动和经济交往相伴随的，因而使得各民族国家保持自己文化的独立和特性、凸显自己的核心价值观显得特别艰难"②。

### 三、关于国家文化与国民文化构成与类型的研究思路

任何一个国家都是由领土、人民、文化和政府等要素组成的。任何国家的人民都是"自然—社会"的双重存在物。国家文化就是在特定的自然场与社会场相交织的环境中被创造出来的。法国年鉴学派史学家费尔南·布罗代尔在其名著《菲利普二世时代的地中海和地中海世界》中提出时段理论。他将时间分为"短时段""中时段"和"长时段"。所谓短时段，也叫事件或政治时间，主要是历史上突发的现象，如革命、战争、地震等；所谓中时段，也叫局势或社会时间，是在一定时期内发生变化而形成一定周期和结构的现象，如人口的消长、物价的升降、生产的增减；所谓长时段，也叫结构或自然时间，主要指历史上在几个世纪中长期不变和变化极慢的现象，如地理气候、生态环境、社会组织、思想传统等。因此，对于国家文化的考察，有必要综合"短时段""中时段"和"长时段"三种视角。一个国家的文化生态包括自然环境、社会经济环境和社会制度环境。国家文化一旦产生，又要经历在彼此渗透、互为表里的自然环境与人造环境（或社会环境）的复杂系统中积累演进的过程，最终形成一定时段内相对稳定的结构。鉴于不同要素在国家文化形成与发展中的作用，可将国家文化结构分为主权版图系统、生态环境系统、政治经济系统、文化行业系统以及认同系统等。这五大要素之间相互作用、相互影响，共同形成一个相对独立的自为和自治系统。

在国家文化的生成、发展以及定型过程中，发挥着重要作用的主要有以下三大机制：文化生成机制、文化竞争与调适机制以及结构化机制。在最初的生成阶段，文化生成机制使得地理空间和生态环境等基础条件与人的理性发生耦合，从而导致不同时空下不同类型的文化共同体逐渐生成，并在不同的发展路径上演进。在文化发展阶段，文化竞争与调适机制发挥着主导作用，经过不同文化共同体所代表的文化模式的选择与演进，与政

---

① ［美］塞缪尔·亨廷顿：《文明的冲突与世界秩序的重建》，周琪等译，新华出版社1999年版，第75页。

② 杨清荣：《经济全球化下的儒家伦理》，中国社会科学出版社2004年版，第17页。

治、经济、意识形态等管理方式的选择和定型，最终统一于不同民族或国家竞争所提供的效率结构之中。"这些文化共同体的建构并不是随意的，而是以历史、地理、语言和环境等原材料为基础。因此，它们是构筑起来的，然而是围绕被历史和地理所决定的反应和规划而物质地构筑起来的。""通过从历史材料当中建构出来的新的文化符码，这些防卫性的反应变成了意义和认同之源。"①

在国家文化定型阶段，文化结构化机制发挥着主导作用。在这一过程中，国家文化的认同系统悄无声息地弥合此前留下种种罅隙，从而使得国家文化内部各系统的关联更加紧密。

基于此，本书确立了以下基础研究路径(图 0-1、图 0-2)。

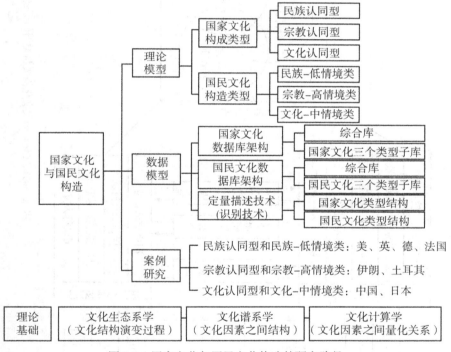

图 0-1  国家文化与国民文化构造的研究路径

① [美]曼纽尔·卡斯特：《认同的力量》(第二版)，曹荣湘译，社会科学文献出版社 2006 年版，第 70 页。

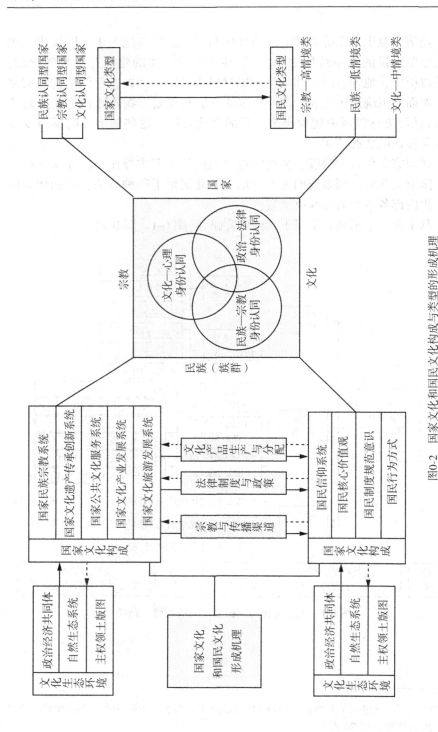

图0-2 国家文化和国民文化构成与类型的形成机理

在当今世界上，文化、民族、宗教等要素在国家认同中并不是相互排斥，而是相互影响、相互依存。依据三者在国家认同系统中重要程度的不同，大致可以将国家文化分为三种类型：宗教认同型的国家文化、族群（民族）认同型的国家文化以及文化认同型的国家文化。

这些由三种认同结构而形成的共同体，总体上表现为一个集体性防御机制。但对于体制内的成员来说，作为策略和手段的共同体借助于内在性集体性想象和外在的压力机制，又上升到终极性意义："以宗教、民族和地域为基础的文化共同体似乎为我们社会的意义建构提供了另一条最重要的途径。这些文化共同体有三个重要特征。其一，它们表面看来是对社会普遍趋势的反应，是为了意义的自主性来源而抗拒这些社会趋势。其二，它们从一开始就是一些具有庇护和团结功能的防卫性认同，即为反对一个充满敌意的外部世界而提供保护。其三，它们是通过文化而构建起来的，也就是说，是围绕着一个系列其意义和目标均打上了独特的自我认同符码的独特价值而组织起来的，例如，信仰者的共同体，民族主义的图腾，地方性的地理特征。"①

国家文化通过种种渠道和转换环节，从器物层面、制度层面、行为层面以及心态层面对国民个体（社会成员）产生影响，在国民个体（社会成员）和外在的空间环境（文化生态）的交互作用下，最终氤氲化生为风格各异的国民文化。国家文化"总是不但要建立在对一个共同体和他们可以居住在一起的想象上，而且也建立在对如何把不适合的人排除出去并划分边界的想象上。对这种共同体的想象是一个集体的（或者主体间的）文化过程"②。这一过程，是一个国家通过对其成员及外来者的表征与建构来创造其国家身份的过程。它既是一种接纳，也是一种排斥，是确定差异并使这种差异具有意义的过程。③ 与此同时，国民文化会从消费、心理意识等层面对国家文化的形成和发展产生影响和制约。

需要说明的是，一个国家在建构国家文化与国家身份时，必须考虑其本土文化与文化心理，按照本土文化和文化心理的基本特征来确定国家文化与国家身份的特征或特质，而对于其公民，应通过一定的途径使他们具

---

① ［美］曼纽尔·卡斯特：《认同的力量》（第二版），曹荣湘译，社会科学文献出版社 2006 年版，第 70 页。

② ［英］阿雷恩·鲍尔德温、布莱恩·朗赫斯特、斯考特·麦克拉肯等：《文化研究导论》，陶东风译，高等教育出版社 2005 年版，第 163～164 页。

③ 李炳全：《文化心理与国家身份》，《阴山学刊》2014 年第 3 期，第 11 页。

有本土文化所规定的文化心理与行为特质。① 国家文化由具有一定文化心理的国民来创造并阐释，因此不能不受到文化心理结构的影响。

毋庸置疑，当前全球化已成为引发国家文化安全与国民文化认同问题的外部环境变量。不同民族、不同文化、不同宗教之间的交流、摩擦、碰撞与冲突促使世界各国重新审视和判断本国国家利益与国家文化安全。无边界的网络虚拟空间不仅侵蚀着民族国家的文化传统，而且正在全方位地消解国民的文化认同。国家文化安全客观上是指国家保障文化发展不受威胁的能力与状态，主观上是指人民对于文化具有认同感的能力与状态。② 国家文化安全，尤其是国民文化认同是整个国家安全体系的灵魂，关系着一个民族的凝聚力和国家的兴衰。

公民身份意识对于作为政治共同体的民族国家的建构和维系发挥着重要的作用。没有公民共同体就没有现代意义上的政治共同体。作为政治实体的国家，其力量的凝聚不仅需要资源、体制和权力作为保障，而且需要精神的整合。③ 从根本上而言，国民（公民）身份是维系国家文化良性运行的重要构件。它不是一成不变的，而是随着社会条件的变化被历史性地建构和解构的。在民族国家的视域里，西方公民身份是在道德文化维度、国家赋权维度以及社会矛盾维度等多元维度动态交织的过程中被建构起来的。在全球经济政治结构深刻调整的背景下，国家间的竞争日益激烈，而推动公民身份变革以引导新型共同体治理也成为一个重要的竞争内容。正因如此，一些西方国家尝试着从传统民族国家公民身份模式的窠臼中挣脱出来，立足于新的社会境遇与条件，企图建构一种新的公民身份模式④，从而推出在全球化状态下新的"文化身份证"。

战后的西方世界，在生产结构、阶级结构、国家角色、国际关系等各个方面都发生了深刻变化，由此而带来社会认识标准、价值取向以及信仰体系的动摇。英国学者安东尼·史密斯就认为："后现代社会是伴随着民族感情的稀薄和民族意识形态不断被消除魔力的'后民族的'社会的想法，建立在不断地包容和侵蚀民族文化和认同世界主义全球文化正在兴起的论

---

① 李炳全：《文化心理与国家身份》，《阴山学刊》2014 年第 3 期，第 12 页。
② 李凤丹：《国家文化安全五要素探析》，《中共天津市委党校学报》2019 年第 1 期，第 32 页。
③ 田丰：《文化竞争力研究》，中国社会科学出版社 2007 年版，第 116 页。
④ 彭宗峰：《民族国家、风险社会与西方公民身份重构》，《陕西行政学院学报》2019 年第 3 期，第 5 页。

点基础上。"①怎样超越长期以来存在的"二元"困境，即人—自然、科学—宗教、国家—社会、资本主义—社会主义、政治—经济等"非此即彼"的逻辑，是西方主要发达国家建构和发展国家文化和国民文化不得不面对的时代性课题。

①　[英]安东尼·史密斯：《民族主义：理论、意识形态、历史》，叶江译，上海世纪出版集团 2006 年版，第 138 页。

# 第一章　作为文化共同体的国家构造

## 第一节　多维视角下的"国家"与文化国家

### 一、"国家"释义

中国之"国"，繁体为"國"，甲骨文作⿴，是由"戈"（兵器，示武装）字与"囗"（音围，示城垣）字合成的会意字。"囗"后来移至"戈"外，强化武装保卫天子都城之义。"国"又指诸侯封地，并含城中、郊内、有疆界的地区等义。"国家"一词，我国古籍中早已使用过。古时候，诸侯统治的疆域称国，大夫统治的疆域称家。后来通称"国家"。①《辞海》对"国家"一词的解释是："①古代诸侯称国，大夫称家；②指皇帝；③是阶级统治的机关。"②在古希腊，"国家"指城邦；在古罗马，则指代一个城市的全体公民。"这一由全体个人结合所形成的公共人格，以前称为城邦，现在则称为共和国或政治体；当它是被动时，它的成员就称它为国家。"③

从政治角度而言，国家是"维护一个阶级对另一个阶级的统治的工具"④，包括立法机关、行政机关、司法机关以及军队、警察和监狱等。"现代国家是一个强制机构的统治团体，它在一个区域里曾经卓有成效地争取垄断合法的、有形的暴力作为统治的手段，为此目的把实物的运作手段都聚拢在它的领导人的手中，剥夺了从前自己有权拥有这些手段的所有

---

① 冯天瑜：《中国文化生成史》（上），武汉大学出版社 2016 年版，第 47 页。

② 《辞海：普及本第三册》，辞书出版社 1999 年版。

③ ［法］卢梭：《社会契约论》（中译本），何兆武译，商务印书馆 1980 年版，第 25～26 页。

④ 《中国大百科全书·法学》，中国大百科全书出版社 1984 年版，第 110 页。

有独立权利的、等级干部的财产,并使它自己的最高领导取他们而代之。"①它在一定的领土内拥有外部和内部的主权。根据马克思主义国家学说,它主要由武装队伍和官吏队伍(即政府)两部分组成。对此,恩格斯曾有一段经典描述:"国家是承认:确切地说,国家是社会在一定发展阶段上的产物;国家是承认:这个社会陷入了不可解决的自我矛盾,分裂为不可调和的对立面而又无力摆脱这些对立面,而为了使这些对立面,这些经济利益互相冲突的阶级,不致在无谓的斗争中把自己和社会消灭,就需要有一种表面上驾于社会之上的力量,这种力量应当缓和冲突,把冲突保持在'秩序'的范围以内;这种从社会中产生但又居于社会之上并且日益同社会相异化的力量,就是国家。"②可见,国家是一个历史范畴,在经济发展到一定阶段而使社会分裂为阶级时产生,是阶级矛盾不可调和的产物和表现。随着私有制和阶级的彻底消灭,国家将会随之消亡。有学者曾将国家比拟为一种"生物",它的"健康"在于各构成要件的正常有序的运作。而当一个部分运作得不好或者干预了另一个部分的运作的时候,冲突也就发生了。③ 欧美学术界比较认同马克斯·韦伯的定义,"国家是一种在一个给定范围领土内(成功地)垄断了武力合法使用权的人类共同体"④。在这里,国家被认为是武力使用权的唯一来源。⑤

从经济角度而言,国家是一个"经济实体",它占有资源,雇佣劳动力,生产并提供各种公共物品和私人物品,并存在着大量的消费活动。国家具有双重身份,它既是具有消费和生产功能的经济实体,也是经济规则的制定者和强制执行者。国家的强制力不仅能用于保障合同的执行,而且能用来表达自己的意志,如国家税收的实现。不过,如果国家占有和支配的资源太多,就会不利于经济长期和稳定的发展。现代国家制度最重要的特征,就是国家不再具有超越一切、不容置疑的绝对权力,其关键在于其内部存在着法治与民主的制约。国家在经济生活中的作用主要体现为无为

---

① [德]马克斯·韦伯:《经济与社会》(中译本)下卷,林荣远译,商务印书馆1997年版,第732页。

② [德]弗里德里希·恩格斯,[德]卡尔·马克思:《马克思恩格斯选集》(第4卷),人民出版社1972年版,第170页。

③ [美]乔治·萨拜因著,[美]托马斯·索尔森修订:《政治学说史 城邦与世界社会》(第4版),邓正来译,上海人民出版社2015年版,第449页。

④ Dreimanis J. Max Weber's Complete Writings on Academic and Political Vocations [M]. New York:Algora Publishing, 2008:156.

⑤ 易建平:《关于国家定义的重新认识》,《历史研究》2014年第2期。

之手、扶持之手和掠夺之手。①

从法律(秩序)角度而言,国家乃是人民之事业,但人民不是人们某种随意聚合的集合体,而是许多人于法的一致和利益的共同而结合起来的集合体。②

国家是指生活在地球表面的确定部分、在法律上组织起来并具有自己政府的人的联合。③ 人们称为国家的东西是依附和依恋的织物和网状物,是一个复合物、一个结合物。在那里共同的附属物互相适应,简言之,彼此互相依赖;国家是这一依附性的秩序。……如果无秩序胜利了,那么国家就消灭了。④ 国家是由国内的(不同于国际的)法律秩序创造的共同体。国家作为法人是这一共同体或构成这一共同体的国内法律秩序的人格化。⑤ 此外,国家是国际法的主体,在国际法上享有权利和承担义务。

从理性的角度而言,"国家是绝对自在自为的理性东西,因为它是实体性意志的现实,它在被提升到普遍性的特殊自我意识中具有这种现实性"⑥。"国家是具体自由的现实;但具体自由在于,个人的单一性及其特殊利益不但获得它们的完全发展,以及它们的权利获得明白承认(如在家庭和市民社会的领域中那样),而且一方面通过自身过渡到普遍物的利益,一方面他们认识和希求普遍物,甚至承认普遍物作为它们自己实体的精神,并把普遍物作为它们的最终目的而进行活动。"⑦

从文化角度而言,国家是具有"文化职能"的实体,它在文化建设、文化积累、文化发展以及文化领导等方面承担着不可或缺的重要职能。"国

---

① 王一江:国家与经济,财新网:http://opinion.caixin.com/2014-07-11/100702622.html.

② [古罗马]西塞罗:《论共和国》,《论共和国论法律》(中译本),王焕生译,中国政法大学出版社1997年版,第39页。

③ [英]戴维·M.沃克:《牛津法律大辞典》(中译本),北京社会与科技发展研究所组织翻译,光明日报出版社1988年版,第851页。

④ [德]麦克斯·施蒂纳:《唯一者及其所有物》,商务印书馆1989年版,第241页。

⑤ [奥]汉斯·凯尔森:《法与国家的一般理论》(中译本),沈宗灵译,中国大百科全书出版社1996年版,第203页。

⑥ [德]黑格尔:《法哲学原理》(中译本),范杨、张企泰等译,商务印书馆1961年版,第253页。

⑦ [德]黑格尔:《法哲学原理》(中译本),范杨、张企泰等译,商务印书馆1961年版,第260页。

家是典型的人为事物，是政府在许多代人中逐渐灌输一种共同文化的产物。"①国家具有文化上的合法化职能(legitimation function)，就是通过运用思想文化等柔性手段塑造和影响人民的价值观念，使得他们认同现有的政治制度和社会秩序。随着政治文化世俗化的发展，政府的政策越来越倾向于改善生活质量，其合法性越来越取决于其实际行为。② 正如默顿·弗里德所说："合法性的基本职能就是提供国家存在的理由并且证明国家的存在；此外，它还证明特定的社会秩序和等级以及维持这些秩序和等级的手段。"③国家文化上的合法性职能能够弥补强制规范和服从制度所遗留的大量罅隙，从而使政治权力具有正当的道德信念和意识形态上的合理性。

从宗教的角度而言，宗教与国家表现为一种相互依赖的关系。在古代，"王权神授"等宗教观念往往是国家的核心意识形态并为其存在提供合法性的依据；国家政治、经济上的支持则是宗教得以生存和发展的重要条件。在中古西欧，"王权神授"是基督教神权政治传统的核心观念，其端绪远可溯源至基督教的元典之中，如《旧约全书·申命记》第17章，就载有摩西告诫以色列人让耶和华神为其选立国王等。公元4—5世纪，深受罗马帝国君权政治熏陶且又受帝国严重统治危机所震撼的早期教父们，提出了教会的"王权神授"说。早期教父们还从"灵魂"得救高于世俗生活，"上帝天国"高于尘世王国的宗教信条出发，声称教会因承担"救世"的神圣职责而高于世俗王权。"王权神授"是罗马帝国重要的政治理论。这种理论在神化与强化王权的同时，也使之受到了基督教神权的制约，同时大大提高了教会在国家事务中的政治地位。这就为后来教权与俗权之争埋下了隐患。当然，教会对王权的制约分散并平衡了权力，从而最终拒绝了极权政治。

从历史来看，宗教组织与国家政权通常保持着较为紧密的关系。总体来看，宗教与国家的关系主要如下：一是政教合一，国家政权与宗教神权结合为一，宗教首领兼为政权首脑，如阿拉伯帝国等。二是神权高于政权，在中世纪的欧洲，罗马教皇凌驾于国君权力之上。三是国教，这些国家将某一种宗教奉为国教，但这种宗教仍然是从属于政治的，如日本将神道教定为国教，中东地区的一些国家将伊斯兰教定为国教。在这些国家，宗教教团是统治阶级的一部分，参与并干预国家政治生活，国教具有一定

---

① ［美］迈克尔·罗斯金：《国家的常识：政权·地理·文化》，夏维勇、杨勇译，世界图书出版公司北京公司2013年版，第515页。

② ［美］加布里埃尔·A.阿尔蒙德、G.宾厄姆·鲍威尔：《比较政治学》，上海译文出版社1987年版，第122页。

③ ［美］默顿·弗里德：《国家的概念》，《国际社会科学百科全书》第15卷。

的政治特权。① 四是政教分离，宗教权威与政治权威分离，是现代资本主义国家所普遍采用的宗教与国家关系模式。近代之前，所有国家的合法性都来源于某种宗教信仰及其"神学"。近代以来，国家的合法性来源于国家公民之权利的让渡。国家虽然是由自由的成员个体契约产生的，但是建立在伦理共同体的基础之上。因此，国家为了承担起自己的伦理使命，需要求助于宗教信仰。因此，国家不能也不应当否定宗教，而应当宽容、尊重乃至倡导宗教信仰，但这不是指所有的宗教，因为那些违背与否定人类普遍道德法则的宗教信仰恰恰是需要防范的。②

从民族的角度而言，民族与国家都是从原始社会部落发展而来的。原始社会部落兼有族群共同体和社会组织的双重属性，这种属性使其发展成为民族和国家具有现实可能性。在现代之前，民族一直与建立在某种真实的或虚构的血缘或地区基础上的共同体有着紧密联系。18世纪晚期，知识分子推动了民族意识由"贵族民族"向"人民民族"的转变。在这一过程中，民众的民族意识逐渐加强，凝聚成为民族历史上广泛传播的"想象共同体"，而这种"想象共同体"成为新民族集团认同的核心。③ 此后，民族的含义发生了重大变化，被赋予了越来越多的政治含义。不过，"民族不是国家，因为国家的概念与制度行为相关，而民族的概念则指的是某种类型的共同体……民族是被感觉到的和活着的共同体，其成员共享祖国与文化"④。民族的构成要素为共同的历史渊源、生产方式、语言、文化、风俗习惯、心理认同等，国家的构成要素是领土、人民、政府和主权。尤其是进入近现代，国家成为民族赖以生存和发展的重要载体。国家能提供有利于民族发展的良好的国内和国际环境；并为民族发展创造良好的内部机制。多民族国家中的民族及其相互关系，是决定国家政治制度和结构形式、政治稳定程度、国家治乱的重要因素。国家的文化框架是以民族文化为基础的。当国家以多民族为其存在的基础时，文化的多样性彰显了国家文化发展的丰富与绚丽。近代的民族国家，既是一个以国民为核心的政治

---

① 丁汉儒：《中国宗教理论和政策纲要》，兰州大学出版社2006年版，第59页。

② 黄裕生：《论国家与宗教》，《宗教与哲学》（第三辑），社会科学文献出版社2014年版，第205~206页。

③ ［德］哈贝马斯：《包容他者》，曹卫东译，上海人民出版社2002年版，第130页。

④ ［英］安东尼·史密斯：《民族主义：理论、意识形态、历史》，叶江译，上海世纪出版集团2006年版，第12页。

共同体，也是一个以民族为自我理解的文化共同体。国民与民族，构成了民族国家的一体两面。在欧洲的近代民族形成的历史过程当中，英国、法国以及美国重视的是具有平等政治身份的国民这个面相，而德国、俄国以及东欧突出的是具有共享的血缘、历史和文化的族群身份，因此形成了国民民族主义和族群民族主义两种不同的类型。① 民族国家借助与其他国家的对抗所生成的民族主义，取得了对于社会的合法性，从而使民族国家与社会共同体融为一体。但"民族主义的根本效忠的对象，非'这个国家的原版'，是经过某种改写后的版本，亦即意识形态所建构出来的国家"②。

人类的政治行为，是一种特殊的权力与权利互动的社会行为，它并不是建立在完全自愿基础上的，带有明显的强制性。"任何一种特定民主的稳定性，不仅取决于经济发展，而且取决于它的政治系统的有效性和合法性"③，它必须对自己统治的合法性（legitimacy）或权力的合法化（legitimation）进行辩护，从而建构自己政治统治的合法性判断准则。所谓政治合法性标准，是指政治行为和政治统治在价值层面上的可成立性与可辩护性的判断标准。"合法性就是这样一种政府权力的基础，这种权力在行使过程中一方面政府意识到它有统治的权力，另一方面被统治者对这种统治权力予以某种认可。"

唯物史观认为，社会生产方式的不同，是决定国家政权归属的根本因素，所谓合法性问题，只是对国家政权归属的意识形态解释。它并不是一个超时代的问题，而是随着人类历史上国家政权的产生而产生的。在不同的历史时期，由于社会生产方式的不同，决定了国家政权的归属不同，因而对其合法性基础的意识形态解释也就不同。抽象的、普遍的合法性是不存在的。从合法性中的"法"来看，"法"主要指的是"民意"。政治合法性最基本的涵义是指一个国家中民众对于执政党或政府的理性认同，尽管"一种合法秩序不可能消除冲突，却能限制冲突的范围"；但合法性一旦出现争议，过去那种合法的秩序就会面临危机。正如德国学者 Lowenthal 所说，每一个不同的社会和文化均有自己一套界定合法性的方法与标准，很

---

① ［美］里亚·格林菲尔德：《民族主义：走向现代的五条道路》，王春华等译，上海三联书店 2010 年版，第 9～11 页。

② ［英］埃里克·霍布斯鲍姆：《民族与民族主义》，李金梅译，上海人民出版社 2000 年版，第 109 页。

③ ［美］西摩·马丁·李普塞特：《政治人：政治的社会基础》，张绍宗译，上海人民出版社 1997 年版，第 55 页。

难一概而论。但在当代背景下，一个长久的政治秩序的合法性应具备三个条件，即政治体系建立一套明确一致的运作规则；统治者与民众拥有一套广泛的价值共识；民众深信既定的运作程序，以完成共同的价值共识。①我们从中可以发现文化原则是政权合法性的基础或政治运作调整的圭臬。对于民族或社会的凝聚延续来说，它是某种更深刻或更深层的东西。测试一个政治体制或政治权力的合法性，是看一定的政治环境是否已经培养起一种共同的长期延续的政治文化，即共同信仰的同质文化。

现代民族国家形成的时期（即18世纪），与卢梭的哲学及其对当代政治发展的影响相一致，国家被等同于其主体而不是其统治者。"国家应该是人民意志的机构化代表"的信念构成了美国与法国的革命基础，并构成了政治机构所寻求的合法性类型的实质性转化，即从以王权神圣性为基础的合法性论证向以大众的自愿同意为基础的合法性论证。这个观念的潜在假设是，公民有权统治自己，政府的权威建立在人民意愿的基础上。这个转化把对于自我统治权的政治民主解释置于现代政治思想的核心。民主的普遍主义的理想与正在出现的民族意识形态的这种契合反映了当时的社会政治现实。②

## 二、文化国家的含义

在当今世界，民族国家依然是国际政治体系的基本单元。但文化对于国家的重要性，逐步得到全世界民族国家的重视。文化具有认知、教化、沟通、凝聚、传承、娱乐等功能，使得其在民族国家的生存和发展中具有重要的战略意义。对内，文化对于国家权力的整合具有重要的作用，主要体现在提升国家内部的凝聚力、构建国家政治合法性以及推进国家现代化等方面。对外，文化在国家安全、国家外交以及解决国际冲突和促进国际合作等方面也发挥着积极的作用。

学者施韦泽认为，所谓文化国家，首先是就开化程度而言的，一般是指有一定的知识、能力（科学技术）和人的社会化（社会关系和组织）进步程度的国家。而文化国家的根本性含义在于其道德属性，即它应当是按照文

---

① Lowenthal R. Political Legitimacy and Cultural Change in West and East[J]. Social Research, 1979, 46(3): 402.

② [以]耶尔·塔米尔：《自由主义的民族主义》，陶东风译，上海社会科学院出版社2017年版，第76页。

化的伦理本质建构起来的，指引人的发展方向并承担着人的发展的秩序。①
换言之，文化国家是一个按照伦理的原则统领起来的共同体，它能向人们
提供生存和行为的优良的物质和精神前提，并最终达到完善的文化人类的
境界。②

文化国家的存在和发展应当具备相互作用相互平衡的三个条件："这
三个条件是：(一)文化国家必须不断地成长与发展。(二)文化国家必须要
有自由，而且是广义的自由。(三)文化国家必须要有极良好的社会秩序。
这三个条件与相互之间有着微妙的平衡关系，而且只有不断地提高文明程
度，才可以说是真正的文化国家，基础缺少其中之一或不能保持平衡。"③

这三个条件仅仅说明了文化国家的外在形态，文化国家的"内核"则是
国民的文化共同体认同。"通过一个历史和命运的共同体，记忆可以保存
鲜活，行动可以保持光荣。因为，只有在共享一条历史与准家庭纽带的世
代更迭中，个人才有希望在这个纯粹地域视野的时代获得不朽的感觉。"④
美国学者卡斯特引述吉野(Kosaku Yoshino)对日本文化民族主义的分析：
"文化民族主义的目的是在人们感到其文化认同不足或者受到威胁的时候，
通过创造、保有和强化这种文化认同，来重建其民族共同体。文化民族主
义者把民族看作独特历史与文化的产物，是具有独特属性的集体结晶。简
言之，文化民族主义关心的是作为一个民族的本质的文化共同体的特
殊性。"⑤

以中国为例，传统的家国情怀构成了国民的国家认同的基础，"以天
人合一、万物一体为哲学根据，以忠孝一体、经邦济世为主要内容，以天
下太平为终极理想"。在外族入侵和民族危机的压迫下，这种家国情怀，
融入中国人的现代国家理念，则在国家认同方面表现出中国特色，即"以
传统家国情怀为核心的文化心理层面的归属感认同和以民主、法制为核心

---

① Albert Schweitzer. Die Weltanschauung der Ehrfurcht vor dem Leben, Kultur-
philosophie Ⅲ[M]. Muenchen：Beck. Teil3/4. 2000. S. 373.

② 陈泽环：《未来属于孔子 核心价值与文化传统之思》，上海人民出版社 2015
年版，第 305 页。

③ 罗锐韧：《松下幸之助管理全集 第三卷：管理哲学》，企业管理出版社 1998
年版，第 105 页。

④ [美]曼纽尔·卡斯特：《认同的力量》(第二版)，曹荣湘译，社会科学文献出
版社 2006 年版，第 33 页。

⑤ [美]曼纽尔·卡斯特：《认同的力量》(第二版)，曹荣湘译，社会科学文献出
版社 2006 年版，第 33 页。

的现代国家认同并存，相互影响"①。这是理解中国国家性质区别于西方国家的核心所在，也是理解中国特色社会主义现代化道路的要义所在。

基于同一文化基础上所产生的认同并不是与生俱来的，而是在现代性语境下各种力量互动的产物。在建构认同的同时必然伴随着对"他者"的建构，因为认同必须通过对"他者"的排斥而得以体现。正因为在对文化的理解上有可能产生歧义，以及认同这种"排他性"，本书肯定费孝通先生提出的"文化自觉"，因为该理念所具有的文化之间相互欣赏的态度，正是我们这个日益多元的世界所必需的。② 毋庸置疑，文化国家是文化自觉的目标选择。无论是文化政治化，还是经济支配文化，都无法回避现代社会价值观和文化的诸多困境。如果没有英雄主义、集体主义、利他主义这些价值观，一个社会就难以成型。③ 文化自觉是文化独立性和主体性的内在表现，是走向文化国家的关键路径。文化自觉是文化国家内在动因，文化国家是文化自觉和创新的具体体现。文化国家一般具有以下几个特征：首先，坚持与时俱进。"文化国家首先是真正地忠实于它的根源，并吸收外界的影响"，"文化国家必须行驶一个直达的航程经过民族主义的岩礁，也必须行驶一个直达的航程通过外国统治的漩涡"。④ 其次，坚持以人为本。在文化国家中，处于核心地位的要素是人。文化国家关注人的自身状况以及与他人与环境的关系，尤其是人的福利与健康。所有的公民，无论他的出身、种族、宗教、教育、生活水平以及政治追求等，都能够被灵活地组织起来，参与构建国家的各种计划、政策以及相关实践的过程。再次，坚持创造性。"文化国家总是谨慎地保证创造性高于一切，不仅是在意识形态原则和实际的实践中，而且也是在日常生活中。重点一直放在以改革、创新、独创性为基础而不是以模仿、复制和标准化为基础的促进更有效和更实际的行事方法上。这样做，就使得文化国家总是处于社会创造性的前沿。"最后，坚持利益导向。"意识形态是随着国家结构以及阶级利益和社会地位群体利益而发展的。当这些利益被笼罩时，意识形态才会起独立的作用。意识形态的作用只是有时让历史转轨，但群体利益最终会压过意识

① 张倩：《从家国情怀解读国家认同的中国特色》，《江淮论坛》2017年第3期。
② 范可：《全球化语境下的文化认同与文化自觉》，《世界民族》2008年第2期。
③ 汪晖：《在西方中心的世界中，保持中国文化自主性——文化、社会价值如何转化为政治实践》，《文化研究》2008年第8期。
④ ［加］保罗·谢弗：《文化引导未来》，许春山、朱邦俊译，社会科学文献出版社2008年版，第195~199页。

形态而铺设新轨。”①总体来看，文化国家与人的发展、文化创造、民生和利益息息相关。②

文化具有推动经济发展和社会进步的重要作用。马克思主义经典作家强调，把经济基础和社会制度看作文化发展的基础，不等于文化发展是完全被动、完全静态的；相反，文化具有推动经济发展和社会进步的巨大能量。恩格斯曾指出：“政治、法律、哲学、宗教、文学、艺术等的发展是以经济发展为基础的。但是，它们又都互相影响并对经济基础发生影响。并不是只有经济状况才是原因，才是积极的，而其余一切都不过是消极的结果。这是在归根结底不断为自己开辟道路的经济必然性的基础上的相互作用。”③这就表明，各种社会意识形态之间、上层建筑与经济基础之间是互为对象、彼此推动的，文化在其中扮演着十分活跃和重要的角色。④ 文化是一个极为复杂的体系，它所涉及的各个方面是相互联系并相互作用的。正如爱德华·霍尔所说的那样，如果我们触及文化的一个侧面，其他任何方面都会受到影响。⑤

文化实际上是民族国家得以维系的重要因素，国家也通过文化的统一、强化和扩散塑造着民众的国家认同。文化作为人类理性的象征符号，始终能够以自身与意图和表征物之间的关系，传达、交流、沟通特定语境中符号的创造者和运用者相互间的目的和意图，消解人与周围环境的矛盾与冲突。⑥ 国家努力去塑造一些历史、传统、宗教的共同认同符号，让其人民相信他们拥有共同的血脉、文化和历史传统，从而“想象”、认同他们是一个由来已久的统一的民族，认识到为这个民族牺牲是值得的。⑦ 因此，

---

① ［美］托马斯·雅诺斯基：《公民与文明社会》，柯雄译，辽宁教育出版社 2000 年版，第 203～204 页。

② 陈春常：《转型中的中国国家治理研究》，生活·读书·新知三联书店 2014 年版，第 231 页。

③ ［德］弗里德里希·恩格斯，［德］卡尔·马克思：《马克思恩格斯选集》（第 4 卷），人民出版社 1972 年版，第 506 页。

④ 教育部中国特色社会主义理论体系研究中心：《关于文化问题的重要论述》，《人民日报》2011 年 11 月 3 日第 7 版。

⑤ ［美］爱德华·霍尔：《无声的语言》，何道宽译，北京大学出版社 2001 年版，第 38 页。

⑥ 赵菁、张胜利、廖健太：《论文化认同的实质与核心》，《兰州学刊》2013 年第 6 期。

⑦ 孙关宏、胡春雨、任军锋：《政治学概论》，复旦大学出版社 2008 年版，第 62 页。

文化是民族国家重要的构成元素。①

　　文化作为民族国家的精神体现，有着超前的扩张性和传导性，它能超越时空直接向世界展示自身形象和释放国家影响力。而文化国家在形象塑造过程中，需要充分彰显其独特的民族文化魅力。一个国家的民族文化被国内外公众接纳和认可的程度，就是衡量这个国家形象塑造成功与否的重要标志。只有在世界文化上占有优势地位，才可能成为一个受人敬重的文化大国；只有一个文化大国，才可能拥有高度评价的国家形象。②

　　此外，大量的事实表明，虽然一个国家经济停滞或增长是由多种因素决定的，而在这些因素中，制度因素的作用十分显著。但是，在制度的背后似乎还存在着更深层和更为强烈的约束"瓶颈"，那就是文化价值观。正如诺思所指出的："解释长期变革同样急需一种实证的意识形态理论。"③文化因素的决定性作用体现在对于制度安排以及技术进步的影响上。"对制度形成剧烈变化做出解释时，把文化和观念因素排除在解释变量之外。这种做法可能会妨碍我们理解制度变迁。"④研究表明，长期以来制约经济增长的并非资源、资本或劳动力，尽管这些要素在不同时期也很重要，甚至也不只是技术进步和制度变革，而是内在的决定制度和技术创新的文化变迁状况。这一文化变迁的过程就是文化价值观念的边际变动过程，这一变动过程随着边际文化成本与边际文化收益的比较而进行。只有当文化创新的边际收益大于文化成本时，才有可能突破传统文化价值观的束缚，为制度创新和技术创新创造条件，从而使经济增长的潜力得以发挥。⑤

---

　　①　肖振南：《台湾社会科教科书"国家认同"教育变迁研究》，九州出版社 2018 年版，第 36 页。

　　②　袁赛男：《哲学视域下的国家形象建设研究》，天津人民出版社 2015 年版，第 148 页。

　　③　[英]道格拉斯·C. 诺思：《经济史上的结构和变革》，厉以平译，商务印书馆 1992 年版，第 44~45 页。

　　④　[美]斯坦利·L. 恩格曼：《文化价值理念、意识形态倾向和劳动制度变迁：对三者互动关系的诠释》，约翰·N. 德勒巴克等编：《新制度经济学前沿》（中译本），张宁燕译，经济科学出版社 2003 年版，第 117~148 页。

　　⑤　高波：《中国经济增长：一个文化变迁的分析框架》，《南京社会科学》2007 年第 7 期。

## 第二节　国家认同与文化认同、民族认同和宗教认同

### 一、认同理论：社会心理学理论应用于国家治理体系

"认同"起源于拉丁文"idem"，包括客观存在的相似性和相同性，指向心理认识上的一致性和由此形成的社会关系。美国学者曼纽尔·卡斯特认为，认同是人的意义（meaning）与经验的来源，他引用卡尔·霍恩（Calhoun）的说法："没有名字，没有语言，没有文化，我们就不知道有人。自我与他人、我们与他们之间的区别，就是在名字、语言和文化当中形成的。"曼纽尔·卡斯特把认同作为意义建构的过程，放到一种文化属性或一系列相关文化属性的基础中来理解，而这些文化属性相对于意义的其他来源要占有优先的地位。① 也有学者提出，"认同作为概念强调的是认同的共性，即主体的承认、接受和皈依"。在此过程中，"认同的包容性"把"我"变成了"我们"，进行"我是谁""我和谁在一起"的身份确立；"认同的斥异性"则区分"我们"与"他们"，借以达到"我们是谁"的群体身份确证。"在现实性上，文化认同总是与民族认同联系在一起，而政治认同则更多地与国家认同如影随形。文化认同侧重的是民族成员不可退出的族属命运，而政治认同则凸显了社会成员选择、判断和评估的主观价值意旨。"②

曼纽尔·卡斯特进一步区分了"认同"与"角色"的差异：角色（例如工人、母亲、邻居、社会主义战士、工会会员等）是通过社会制度和组织所构建的规则来界定的。它对人们行为的影响程度如何，取决于个人与这些制度和组织之间的协商和安排如何。认同是行动者自身的意义来源，也是自身通过个体化过程构建起来的。认同尽管能够从支配性的制度中产生，但只有在社会行动者将之内在化，并围绕这种内在化过程建构其意义的时候，它才能够成为认同。与角色相比，认同是更稳固的意义来源，因为认同涉及了自我建构和个体化的过程。认同所组织起来的是意义，而角色组

---

① ［美］曼纽尔·卡斯特：《认同的力量》（第二版），曹荣湘译，社会科学文献出版社 2006 年版，第 5 页。
② 詹小美、王仕民：《文化认同视域下的政治认同》，《中国社会科学》2013 年第9 期。

织起来的是功能。他把"意义"定义为社会行动者对自身行动目的象征性认可（identification）。①

作为现代术语的认同是由奥地利精神分析学派创始人弗洛伊德 1921 年在《群体心理学和自我分析》一书中最早提出的。在他看来，认同就是个体与其他人、其他群体或要模仿的人物在感情上或心理上趋于同一的过程。从哲学的发展来看，哲学家们对认同的研究分为三个层次。第一阶段，是从自我意识的角度分析，将认同直接建立在先验的理性基础上，以柏拉图、康德为代表。洛克、奎因顿（Anthony Quinton）和格莱斯（H. P. Grice）则将认同解释为人的一种观念记忆。第二个阶段，以哲学家查尔斯·泰勒和社会学家吉登斯为代表。他们将认同问题的凸显与现代社会的发展联系起来。泰勒将认同问题视为哲学的基本问题，认为现代性是造成自我认同的根本出发点，通过现代性赋予认同新的表现形式。② 第三个阶段是当代全球化进程背景下的认同问题研究。美国人类学家乔纳森·弗里德曼在《文化认同与全球性过程》中提出现代认同促成了符号、范式等具有语义含义的文化观念产生，他认为现代性的认同问题是意识与指向的东西不一致所产生的矛盾现象。③ 亨廷顿对认同做了文化关系维度的认定："任何层面上的认同，只能在与'其他'——与其他的人、部族、种族或文明——的关系中来界定。"④

这样，心理学的认同理论就逐渐引申至文化领域中，促成了文化认同概念的形成和相关研究。需要指出的是，马克思的社会批判，杜尔凯姆的结构功能主义和韦伯的文化社会学三大经典理论为认同研究搭筑了基本框架。社会学家乔治·赫伯特·米德曾强调认同的社会制约性；彼得·伯格认为认同是由社会给予、维系和传递的；美国现代社会学奠基人塔尔科特·帕森斯认为认同通过相连贯的组织内有关个体的信息来维持

---

① ［美］曼纽尔·卡斯特：《认同的力量》（第二版），曹荣湘译，社会科学文献出版社 2006 年版。

② ［加］查尔斯·泰勒：《自我的根源：现代认同的形成》，韩震等译，译林出版社 2001 年版，第 715 页。

③ ［美］乔纳森·弗里德曼：《文化认同与全球性过程》，商务印书馆 2004 年版，第 119 页。

④ ［美］塞缪尔·亨廷顿：《文明的冲突与世界秩序的重建》，周琪等译，新华出版社 1998 年版，第 134 页。

个体的连续性。① 曼纽尔·卡斯特提出："认同的建构所运用的材料来自历史、地理、生物，来自生产和再生产的制度，来自集体记忆和个人幻觉，也来自权力机器和宗教启示。但正是个人、社会团体和各个社会，才根据扎根于他们的社会结构和时空框架中的社会要素和文化规划，处理了所有这些材料，并重新安排了它们的意义。"②

中国学者探讨文化认同与集体记忆之间的关系，提出"集体记忆不仅是被共享并存在于某个共同体中的个人记忆，亦是允许被社会成员所获取的符号系统"。社会运行受集体记忆维护，集体记忆又受社会框架维持。集体记忆可根据其受群体关注的程度和衰减速度进行划分，其传递过程是基于接受或拒绝信息的筛选过程。"筛选过程主要涉及三个通道：群体成员对集体记忆相关信息的共享过程；个体与个体之间、个体与群体之间、个体与符号之间的互动对集体记忆的重塑过程；置于社会框架中的社会认同与自我认同对集体记忆的建构过程。"③

中国学者将认同理论引入公共文化服务领域。颜玉凡和叶南客通过对居民参与社区公共活动的行动研究，描述了由集体记忆产生群体认同、在获取社会报酬中实现角色认同、于自我价值重建中重拾个人认同的过程，阐释了基于认同的三种持久参与逻辑。研究发现，认同在公共文化生活中的生产与再生产是推动居民持续参与的重要动力机制，这种认同性参与的持续产生是以居民对多维认同的追寻和实践为重要动因，以认同和参与在公共文化生活中的循环互构为重要特征的，而推动认同与参与之间互构的关键力量是个体的自我价值实现。④

文化认同作为民族认同和国家认同的基石，在全球化的大背景下，得到心理学界的关注。在心理学视野下，文化认同的研究主要集中在发展心理学、社会心理学及跨文化心理学等领域。发展心理学的视角强调个体文化认同的建构和形成是一个复杂变化的过程。社会认同理论关注文化认同和自尊的关系，强烈安全的民族认同会促进个体自尊水平的提高。文化适

① 黑颖：《西方宗教认同的理论研究和实证研究初探》，《宗教社会学》2014 年（第二辑），第 384 页。

② ［美］曼纽尔·卡斯特：《认同的力量》（第二版），曹荣湘译，社会科学文献出版社 2006 年版，第 6 页。

③ 管健、郭倩琳：《共享、重塑与认同：集体记忆传递的社会心理逻辑》，《南京师大学报》（社会科学版）2020 年第 5 期。

④ 颜玉凡、叶南客：《认同与参与——城市居民的社区公共文化生活逻辑研究》，《社会学研究》2019 年第 2 期。

应理论则重视个体在文化认同发展中的不同应对策略，如整合、同化、分离和边缘化。人口统计学指标、文化差异、父母和同伴的社会支持是影响个体文化认同建构的主要因素。①

## 二、国家认同与文化认同

有学者认为，国家可以分为广义的和狭义的两种用法。广义的国家，指涉一切治权独立的政治共同体，它可以笼统地包括希腊的"城邦"、罗马的"帝国"、近代的"民族国家"、东方的"专制王朝"以及非洲的"部落"等。狭义的国家一般指近代以来兴起的民族国家。② 国家是由人口、领土、主权、政府等基本要素组成的。它不仅表征历史上形成的领土、人口等自然因素外，还表征为"政治—法律"共同体和"历史—文化"共同体。③

关于国家认同的定义，可谓众说纷纭。从归属性角度而言，阿尔蒙德、查尔斯·泰勒都认为在历史和文化中所形成的归属感对于公民的国家认同具有重要意义，其中泰勒认为语言和文化对人的认同的表达具有重要意义，在他看来，认同的形成源于"自我根源"，自我对善恶认识的差异导致认同产生不同的派别④。从差异性角度而言，哈迪在研究美国人的爱国主义时，将其划分为象征性爱国主义、国家自豪感、建设性爱国主义和盲目性爱国主义四个维度，强调对国家符号如国旗、国歌等国家附属物的认同。⑤ 史密斯和金在定义国家认同时却认为国家认同既是一种整合民族国家，又是一种与其他国家确立关系的凝聚力。⑥ 史密斯也承认欧洲公民现存的国家认同与欧盟认同之间存在矛盾和排斥，但是这种矛盾和排斥程度

① 董莉、李庆安、林崇德：《心理学视野中的文化认同》，《北京师范大学学报》（社会科学版）2014 年第 1 期。

② 江宜桦：《自由主义、民族主义与国家认同》，扬智文化事业股份有限公司 1998 年版，第 6 页。

③ 吴玉军：《论国家认同的基本内涵》，《中国特色社会主义研究》2015 年第 1 期。

④ ［加］查尔斯·泰勒：《自我的根源：现代认同的形成》，韩震等译，译林出版社 2001 年版，第 438 页。

⑤ Leonie Huddy. American Patriotism, National Identity, and Political Involvement [J]. American Journal of Political Science, 2007, 51(1): 124-136.

⑥ Tom W Smith, Scokho Kim. National Pride in Comparative Perspective: 1995/96 and 2003/04[J]. International Journal of Public Opinion Research, 2006, 18(1): 124-136.

主要取决于人们拥有什么样的国家主义理念。①

国家认同是"个人一种主观的或内在化的、属于某个国家(民族)的感受"②。对于国家认同，学术界一般将其划分为两种类型，一种是文化性国家认同，即个体对国家的主流传统文化、信念等方面的认可、接受和热爱的程度；另外一种为政治性国家认同，即对国家的政治制度、政治理念等方面的认可、接受和热爱的程度。一般认为，"文化认同是民族凝聚力和国家向心力的动力之源，是国家认同最深厚的基础"。以文化认同为契合点来固基国家认同，强化了国家认同的心理依据和思想基础，有利于多民族国家增强和拓展国家认同的空间。③

西方学者琼斯(Frank Jones)和史密斯(Philip Smith)根据1995年国际社会调查项目(International Social Survey Program, ISSP)对23个国家的社会调查，因子分析区分出了国家认同的两个维度，即：先赋性的(ascriptive/objectivist)维度和自愿选择性的(civic /voluntarist)维度，前一个维度实际上体现了文化性国家认同，后一个维度体现了政治性国家认同，他们的分析结果从实证角度支持了国家认同的文化维度和政治维度的分类。④ 2004年，亨廷顿描述了美国的国家认同所面临的挑战，"现代化、经济发展、城市化和全球化使得人们重新思考自己的特性/身份，从较狭窄、较亲近、较社群的角度重新界定身份和特性"⑤。在分析美国国家认同的构成时，将其分为四个组成部分：民族属性、人种属性、文化属性和政治属性，但这四个属性在构成美国国家认同中所担当的角色随时代发展而有所不同。从美国的国家认同构成演变来看，一些先赋性的认同属性(民族属性、人种属性及文化属性)正处于解体之中，而体现公民自由选择意愿的、推崇美

①　Anthony Smith. National identity and the Idea of European Unity[J]. International Affairs, 1992, 68(1)：55-67.

②　Leonie Huddy, Nadia Khatib. American Patriotism, National Identity, and Political Involvement[J]. American Journal of PoliticalScience, 2007, 51(1)：65.

③　刘社欣、王仕民：《文化认同视域下的国家认同》，《学术研究》2015年第2期。

④　Frank Jones, Philip Smith. Diversity and Commonality in National Identities：An Exploratory Analysis of Cross-national Patterns[J]. Journal of Sociology, 2001, 37(1)：45-63.

⑤　[美]塞缪尔·亨廷顿：《我们是谁？——美国国家认同面临的挑战》，程克雄译，新华出版社2005年版，第12页。

国式的自由民主制度和信念的政治性认同越来越明显。①

国际社会调查项目（ISSP）是以国家自豪感作为国家认同的测量指标。史密斯（Tom W. Smith）和金（Seokho Kim）根据 ISSP 在 2003—2004 年的调查结果排列出了各国（地区）的国家认同分布状况，民众的国家认同感较高的国家有美国、委内瑞拉、澳大利亚、奥地利、南非、加拿大、智利、新西兰，国家认同较低的国家（地区）有保加利亚、原东德地区、拉脱维亚、斯洛伐克、波兰、原西德地区等。与 1995—1996 年的调查结果相比，各国的排序变化不大。② 个人心理因素是影响国家认同的重要因素之一。布兰克在探讨东德和西德国家认同影响因素时，把威权主义观念、迷失、自尊、能力等个人因素纳入模型，其研究假设为个人迷失与国家认同呈现负相关，个人能力与国家认同呈现正相关关系，通过利用 DFU 的面板数据其研究假设得到了印证。③

林尚立提出，在全球化、现代化与民主化的大时代背景下，围绕现代国家建设所形成的国家认同建构，是以民主为基本前提，以国家制度及其所决定的国家结构体系的全面优化为关键，最后决定于认同主体的自主选择。在国家与人、制度与人的有机互动中，国家结构体系的质量决定着其塑造民众国家认同的能力；而国家认同的形成过程也塑造着国家结构体系。因此，国家建设在努力改善国家认同的同时，必须时时从国家认同检视国家建设面临的问题与挑战，从而将国家制度的健全、国家结构体系的优化与国家认同的深化有机地统一起来。④

张弘通过观察乌克兰在社会转型中的国家认同危机，探讨了造成国家认同危机的深层影响因素。乌克兰的社会转型在政治方面可以理解为构建现代国家的过程，不仅要进行民族—国家的重新构建，而且还要进行民主—国家的构建。社会的转型造成了乌克兰社会在历史宗教文化上的认同矛盾，经济发展上的道路之争，在政治上的民主危机，这三个方面的矛盾

---

① ［美］塞缪尔·亨廷顿：《我们是谁？——美国国家特性面临的挑战》，程克雄译，新华出版社 2005 年版，第 34 页。

② Tom W Smith, Seokho Kim. National Pride in Comparative Perspective: 1995 /96 and 2003 /04[J]. International Journal of Public Opinion Research, 2006, 18(1): 127-136.

③ Thomas Blank. Determinants of National Iden tity in East and West Germany [J]. Political Psychology, 2003, 24(2): 259-288.

④ 林尚立：《现代国家认同建构的政治逻辑》，《中国社会科学》2013 年第 8 期。

演化成为乌克兰国家认同的危机。①

国家认同是政治认同的最高形式。国家认同是指一个国家的公民对自己祖国的历史文化传统、道德价值观、理想信念、国家主权等的认同，是一个民族确认自己的国族身份，将自己的民族自觉归属于国家，形成捍卫国家主权和民族利益的主体意识。② 国家认同主要是指人们对其所属国家的赞同、支持和忠诚的情感、态度与行为。国家认同对国家稳定、社会和谐与民族团结有着重要作用。有学者认为，在民族认同和国家认同之上，还存在"中华民族共同体认同"。而培育中华民族共同体意识的核心在于建构中华民族共同体认同。"从性质上讲，中华民族共同体认同既是民族认同，也是国家认同，更是一种共同体认同。"中华民族共同体认同"是整合民族认同和国家认同的逻辑前提，是整合国内各民族利益的重要机制，是构筑各民族共有精神家园的重要抓手，是促进少数民族融入现代城市生活的精神支撑"③。

在全球化时代，人们都会遇到文化认同、民族认同和国家认同的问题。"在文化认同与民族(族群)认同、国家认同的关系，在全球化背景下如何强化国家认同的维度上，从发展的角度看，我们必须把国家认同放在高于民族(族群)认同的地位，这就是说，族群的认同不能超越或凌驾于国家认同之上，国家的文化认同必须大于族群的文化认同；应该通过构造中华民族文化共同的文化基础和文化象征符号的重建，增加民族认同与国家认同的重叠内容，以形成统一的中华民族共同体。"④

门洪华认为，国家认同问题并不是新问题，只是在全球化时代使之成为全球性现象。"全球化既是削弱国家认同的力量，也是增强国家认同的动力；全球化给国家带来认同危机，也为国家认同重塑提供了新的可能。在全球化时代，建构国民及世界各国对本国的国家认同，利用国家认同促进国家整合、并在国际社会中以一个完整而确定的身份参与世界事务，成为一个国家维护尊严、完成历史使命的核心议题。中国崛起与其全面参与

---

① 张弘：《社会转型中的国家认同：乌克兰的案例研究》，《俄罗斯中亚东欧研究》2010 年第 6 期。

② 贺金瑞、燕继荣：《论从民族认同到国家认同》，《中央民族大学学报》2008 年第 8 期，第 7 页。

③ 杨鹍飞：《中华民族共同体认同的理论与实践》，《新疆师范大学学报》(哲学社会科学版)2016 年第 1 期。

④ 韩震：《论国家认同、民族认同及文化认同——一种基于历史哲学的分析与思考》，《北京师范大学学报》(社会科学版)2010 年第 1 期。

全球化进程息息相关，国家认同自然是一个必须高度重视的现实问题。对中国而言，国家认同与民族认同、文化认同密切互动，面临着挑战与重塑的双重压力。"①

民族国家作为当代世界最普遍的国家形式，通常被认为是两种不同的结构和原则的融合：一种是政治的和领土的；另一种是历史的和文化的。因此，国家认同有两种维度，它既可以是文化先赋性的，也可以是政治选择性的。前者是各族人民对政治共同体的历史和文化的接受，涵盖了人们对其出生、宗教和居住地的归属感；后者是公民对国家的制度与政治理念层面的接纳，指称公民对国家的核心制度及其施政理念的内在认同。②

民族国家的存续和发展有赖于民众对国家基本制度的认同，对发展道路的认可，有赖于人们形成共属一体的文化心理想象，以及建构起超越于各个民族的共同的民族观念。因此，现代国家需要切实保障和实现人们的各项权利，提升人们的福祉，建构共享的历史文化认同，将各民族的认同融合到作为整体的国家认同之中，从而增强国民的政治认同感、文化认同感和民族认同感。③

国家是由人口、领土、主权、政府四个要素构成。人口要素的"类"属性决定了"族类"即民族认同作为国家认同的重要组成；人口要素的内在人文社会属性决定了文化认同作为国家认同的有机构成；领土要素决定了地域认同在国家认同中的不可或缺；主权和政府要素决定了政治认同也将是国家认同必要的条件。

在纵向层次上国家大体均存在国家、次国家、基层等三个层面，每个层面均存在与"四维"对应的次级认同对象，由此构成国家认同的"三层结构"。国家层面的认同对象是国族、国家文化、国家领土及国家政治等，如图 1-1 所示。所谓的国族，就是"多族群国家渴望民族一统并且寻求通过调适和整合将不同的族群变为统一的民族（但不是同质化）"④。这意味着，国族与一般的民族不同，民族所追求的不一定是独立的国家以及国家主

---

① 门洪华：《两个大局视角下的中国国家认同变迁（1982—2012）》，《中国社会科学》2013 年第 9 期。

② Jones F, Smith P. Diversity and Commonality in National Identities: An Exploratory Analysis of Cross-national Patterns[J]. Journal of Sociology, 2001, 37(1): 45-63.

③ 吴玉军：《论国家认同的基本内涵》，《中国特色的社会主义研究》2015 年第 1 期。

④ [英]安东尼·史密斯：《民族主义：理论、意识形态、历史》，叶江译，上海世纪出版集团 2006 年版，第 17 页。

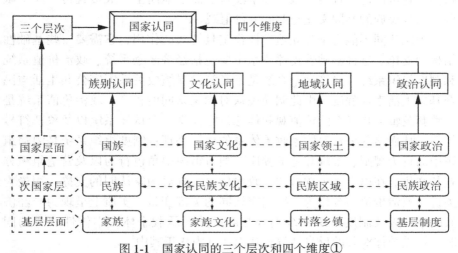

图 1-1　国家认同的三个层次和四个维度①

权，而只是民族区域内部的政治自决，国族却与拥有独立主权的民族国家密切相关，它所想象的是在一个民族国家内部，各种不同的民族和族群整合为与国家同等的同一个民族。② 次国家层面的认同对象是具体的民族、文化、地理空间及政治等。基层层面的认同对象是国家认同的底端构成要素，主要包括个体对家庭、家族、村舍、社区、村舍文化习俗及管理制度等方面的认同。基层层面的认同对象虽然处于国家结构的最底端，却是个体认知的出发点，在认同程度上高于其他层面，具有超强的稳定性与感召力。从认知心理学的角度分析，个体实现国家认同的顺序应该是自下而上，最先认同、最容易感知的是基层对象，进而上升到次国家层面，然后实现对国家层面要素的认同，最后通过对国家层面"四维"要素的总体认同，达到对国家的认同。可见，基层认同是国家认同的基础与起点。③ 国家文化认同是近现代民族国家形成后的产物，它指的是人们对自己的国家成员身份的知悉与感受，其核心是爱国主义。它是以特定的某一民族或多民族为载体、通过政治诉求而形成的一种共同体，具有更多的自觉性与建

　　① 王树亮：《国家认同对象体系的"三层四维"结构》，《山西师大学报》(社会科学版)2014年第3期。

　　② 许纪霖：《作为国族的中华民族何时形成》，《文史哲》2013年第3期。

　　③ 王树亮：《国家认同对象体系的"三层四维"结构》，《山西师大学报》(社会科学版)2014年第3期。

构性，它可以通过宣传、教育等手段自上而下地向全体成员宣传专属于该国内部各民族的共同文化与共同的价值观。①

国家认同不能完全独立地发挥稳定且持久的作用，它需要一些基础性结构的支撑。这种基础性支撑体系主要包括经济激励系统、政治价值系统和制度组织系统。经济激励系统是指经济发展绩效关系国家公共生活与民众基础生活幸福程度，由此调动民众对国家认同的程度；政治价值系统是一整套逻辑上相联系的价值观和信念，它提供一套认知系统以及象征符号体系，从而培养公众对国家政治体系的认同心理；制度组织系统是灌输组织中的行为规则、常规和全部程序，塑造组织中角色行为以及营造组织方式和文化。在以上三个领域中，政治价值系统对国家认同的支撑作用最为关键。政治价值系统作为支撑国家认同的关键变量，实质上呈现为与经济激励系统以及制度组织系统契合与匹配共同承载个体的本体性安全的同时，接受个体对其的反身性筹划从而达到内化于其中。②

在一个封闭社会中，政治价值系统在一定程度上可以围绕经济激励系统和制度组织系统的具体状况而调整，用政治价值系统来为经济激励系统和制度组织系统正名，而不至于过于影响国家认同的效果。然而，在全球化进程中，这三个领域都处在与国际的视野直接比较下，三者之间自由调整的空间就相对较小。

如果制度组织系统、政治价值系统以及经济激励系统作为国家认同的三个基础性领域，能够围绕国家生活秩序和不同社会群体间的利益关系调适机制的重建，回归到一个相对匹配的结构中，那么，当前的国家认同建设就有可能获得一个稳定的支撑点。事实上，这三个基础性领域的匹配结构，其维持需要一种新的集体合作能力，而这种能力其实是一种适应于多主体框架下治理结构的互动机制。这种新的集体合作能力（或新的互动机制）的形成，对于每个参与者来说，往往首先取决于其对关键性规则之变化逻辑的有效领悟。从某种角度看，这种能力的形成将意味着国家认同的实际发育，可以促成一个由国家、市场、社会共同致力于其间的、具有自身运作逻辑的自我调适系统的出现。这个系统的积极运作在一定程度上可以帮助人们抵御现代经济发展的风险，也可以为全球化背景下的国家认同

---

① 熊庭、何平：《论民族文化认同与国家文化认同——以英国文化认同的形成与发展为例》，《新疆社会科学》2017 年第 1 期。

② 金太军、姚虎：《国家认同：全球化视野下的结构性分析》，中国社会科学2014 年第 6 期。

建设提供基础性支持。①

当前，关于国家认同的论述主要有三种理路：民族主义、自由主义和共和主义。② 民族主义国家认同论述的兴起系受近代"民族国家"产生所影响，认为民族国家是由同民族(或主要由一个民族)所构成之政治共同体。民族主义珍惜他们的民族遗产，不接受其他民族的统治，主张国家必须以民族为基础，要求政治上的独立自主或自治。③ 自由主义国家认同观认为，一个国家不必以民族为建立其成员认同感的基础，国家要注意的是本国的宪政制度及人权保障是否完备合理，合理的宪政制度及人权保障机制才是公民认同的关键。④ 自由主义国家认同观不排除民族因素对国家存在的重要意义，但国家认同不必以之为基础，不必遵循民族主义的思维，毕竟国家性质不同于民族性质，公民对国家认同的关键在于是否认可国家的宪政制度。共和主义认为，每个公民生为一个民族国家的成员，在从国家获得权利保障的同时，需承担对国家的责任和义务，"公民们首先把自己看作民族历史的载体并从中汲取某些道德教训"⑤。在日常生活中，每个公民会自觉和不自觉地生发出对国家的特定情感以及同胞之间密不可分的手足之情。对国家的忠诚和献身、同胞之间休戚与共的情感，成为民族国家强大的聚合力。国家从表面上看是一种制度设计，从实质上说则是一种富有生命力的命运共同体。热爱祖国是一种激情；更准确地说，它是对共和国及其公民的一种仁慈的富于同情的热爱……⑥国家认同是指"一个国家的公民对自己祖国的历史文化传统、道德价值观、理想信念、国家主权等的认同"，"国家认同实质上是一个民族确认自己的国族身份，将自己的民族自

---

① 金太军、姚虎：《国家认同：全球化视野下的结构性分析》，中国社会科学2014年第6期，第20~21页。

② 肖振南：《台湾社会科教科书"国家认同"教育变迁研究》，九州出版社2018年版，第39页。

③ 江宜桦：《自由主义、民族主义与国家认同》，扬智文化事业股份有限公司1998年版，第140页。

④ 江宜桦：《自由主义、民族主义与国家认同》，扬智文化事业股份有限公司1998年版，第110页。

⑤ [美]丹尼尔·贝尔：《社群主义及其批评者》，李琨译，三联书店2002年版，第129页。

⑥ [意]莫里奇奥·维罗里：《共和主义的复兴及其局限》，应奇、刘训练编：《公民共和主义》，东方出版社2006年版，第164页。

觉归属于国家，形成捍卫国家主权和民族利益的主体意识"①。在解释族群认同与国家认同的关系上，国外学术界大体存在三种理论视角："熔炉"理论、多文化或族群多元主义理论、支配族群理论②。

此外，关于全球化与国家认同之间的关系也获得了较多的关注。塞缪尔·亨廷顿、罗伯特·奥迪③等学者基于全球化的流动、同质性、多元性等特征，认为全球化进程削弱了民族国家塑造和维持国家认同的能力，打断了传统的基于领土的国家认同建构，新兴的身份认同会冲击甚至消解国家认同。安东尼·史密斯、克雷格·卡尔霍恩等学者从国家层面和个人层面强调了全球化对国家认同的积极意义，他们认为全球化创造了构建国家认同的发展空间。罗伯特·库诺维奇④、加尔·阿里利⑤等学者则认为，全球化与国家认同之间的关系并不是一种线性关系，不能简单地将其归为弱化或强化的关系。他们基于国家认同的具体内容和情感倾向、全球化水平、民族构成及族际关系以及各国的结构性情境，认为从全球范围来看，各国在国家认同的内在属性、生成渊源和变迁动力等方面，具有很大的差异性。在考察全球化与国家认同关系时不能依据其中的某一因素就得出普遍性的结论。⑥

自国家认同问题研究兴起至今，国内外学界对于国家认同的研究主题不断拓展，研究方法也呈现出日益精细化、科学化和多元化的态势。大样本的统计分析法、内容分析法、话语分析法、认知映射法、实验法等多种研究方法都在国家认同问题的研究中得以应用，结构化的问卷数据、半结构化的访谈数据、政治领导人的演讲、白皮书、报纸、公共知识分子的经

---

① 贺金瑞、燕继荣：《论从民族认同到国家认同》，《中央民族大学学报》2008 年第 3 期，第 7 页。

② Jim Sidniusetal. The Interface between Ethnic and National Attachment：Ethnic Pluralism or Ethnic ominance？［J］. Public Opinion Quarterly，1997(61)：103.

③ Audi R. Nationalism，Patriotism，and Cosmopolitanism in an Age of Globalization［J］. Journal of Ethics，2009(13)：365-381.

④ Kunovich R. The Sources and Consequences of National Identification［J］. American Sociological Review，2009(74)：573-593.

⑤ Ariely G. Globalisation and the Decline oI National Identity？ An Exploration Across Sixty-three Countries［J］. Nations and Nationalism，2012(18)：461-482.

⑥ 殷冬水、张婷：《全球化真的会削弱国家认同吗？——已有研究的经验证据和理论解释》，《山西大学学报》(哲学社会科学版)2020 年第 3 期。

典文本等都成为国家认同研究者的分析素材。①

关于文化认同，国内外学者进行了较广泛的探讨。20 世纪五六十年代开始，随着文化身份引发的社会问题如女权主义、黑人运动等为人所关注，文化认同逐渐走进人们的视野。20 世纪 70 年代末期爱德华·萨义德提出"东方学"的概念。他认为"东方人—西方人"这种二元对立的文化身份认同是强势文化对弱势文化的支配论，"东方几乎是欧洲人的一种发明"②。1988 年，詹姆斯·克利福德认为，随着移民大量涌入西方世界，文化认同不再是稳固的、天赋的，而是变动不居、凭借自我意识而建构起来的。③ 美国政治学家亨廷顿在解释当代世界格局中的文化对立和冲突时，就是以文化和文化认同为主题展开的，他认为文化和文化认同（它在最广泛的层面上是文明的认同）形成冷战后世界上的结合、分裂和冲突的模式。④ 文化认同的问题也直接关系到人类文化之间的理解与融合，并在当代社会生活中显现出对全球性政治、经济、文化、社会等的广泛影响力，直接关系到人类的和平与发展。进入 21 世纪后，国外关于文化认同研究的相关论述有：彼得·卡赞斯坦将社会学与安全研究进行了创新性的融合，从规范、认同的角度出发集中分析了世界政治中的安全议题。⑤ 乔尔·科特金论及地域的联系正日趋淡化，宗教、族裔及其文化特性成为连接人类的纽带，分散的全球化族群——以及他们遍及世界的商业与文化网络——将日益左右人类经济的命运。⑥ 克里斯·巴克探讨了全球化背景下电视和文化认同的问题，认为文化认同不是一个固定的、本质性的事物，而是一种不确定的、以语言为中心的社会建构。⑦ 曼纽尔·卡斯特指出，认同尽

---

① 李艳霞、曹娅：《国家认同的内涵、测量与来源：一个文献综述》，《教学与研究》2016 年第 12 期，第 51 页。

② Edward Wadie Said. Rientalism[M]. New York：intage Books，1978：45.

③ James Clifford. The Predicament of Culture：Twentieth-Century Ethnographyy，Literature，and Art[M]. Cambridge，Mass.：Harvard University Press，1988：23.

④ ［美］塞缪尔·亨廷顿：《文明的冲突与世界秩序的重建》，周琪等译，新华出版社 1998 年版，第 135 页。

⑤ ［美］彼得·卡赞斯坦：《国家安全的文化：世界政治中的规范与认同》，宋伟、刘铁娃译，北京大学出版社 2009 年版，第 150 页。

⑥ ［美］乔尔·科特金：《全球族：新全球经济中的种族、宗教与文化认同》，王旭译，社会科学文献出版社 2009 年版，第 200 页。

⑦ ［澳］克里斯·巴克：《媒介与文化书系：电视、全球化与文化认同》，北京大学出版社 2008 年版，第 44~45 页。

管能够从支配性的制度中产生，但只有在社会行动者将之内在化，并围绕这种内在化过程构建其意义的时候，它才能够成为认同。① 乔纳森·弗里德曼阐述道，"由个人携带在血液中的文化认同"，"它不是被实践的，而是内在固有的，不是获得的，而是先赋的。在最强的意义上，它是用种族或生物遗传的概念表达的。在较弱的意义上，它被表述成传统，或者是每个个体都可学习的文化遗产，在个体行为的层次上，它确实是清晰可辨的"。② 总而言之，西方国家从多种理论角度分析文化认同的问题，有后殖民主义理论、全球化、女权主义、文化霸权主义等不同角度。

文化认同的形成经历了相当长的一段历史时期。郑晓云用社会学的研究方法将文化认同划分为五个时期：①前认同期——人类与自然及生产劳动的体系尚未形成，因而没有形成系统性的认同；②文化认同形成期——相对稳定的以民族为载体的文化体系，包括统一的宗教信仰、生活方式、生产方式及思维模式等基本形成，原生态的文化认同一旦形成，就将对该民族发展产生长期影响；③认同融合期——随着异质与本土文化之间的融合，文化认同将对自身价值进行反思，增强对本土文化的意识与情感；④文化认同趋同期——文化认同呈现跨民族、跨地域的特点，甚至呈现多种认同并存的状态；⑤人类文化认同大同时期——表现为对全人类共同的利益、发展、精神与物质需求以及人类在文化交融中形成的共同文化等方面的认同。③

王萍认为，文化认同是当代人类面临的重要性不亚于环境问题的全球性问题之一，厘清文化认同概念对于文化认同问题的解决具有重要意义。④崔新建认为，文化认同就是指对个人与个人之间或者个人与群体之间对于共同文化的确认。使用相同的文化符号、遵循共同的文化理念、秉承共有的思维模式和行为规范，是文化认同的依据。⑤ 孔祥文提出，文化认同是个体对于所属文化以及文化群体内化并产生归属感，从而获得、保持与创

---

　　①　[美]曼纽尔·卡斯特：《认同的力量》(第二版)，曹荣湘译，社会科学文献出版社 2006 年版，第 279 页。

　　②　[美]乔纳森·弗里德曼：《文化认同与全球化过程》，郭建如译，商务印书馆 2003 年版，第 48 页。

　　③　郑晓云：《文化认同论》，中国社会科学出版社 1992 年版，第 71~84 页。

　　④　王萍：《基于文化认同视角的体制外档案资源建设思考》，《档案学通讯》2013 年第 1 期，第 24~27 页。

　　⑤　崔新建：《文化认同及其根源》，《北京师范大学学报》(人文社会科学版)2004 年第 4 期，第 102~104 页。

新自身文化的社会心理过程。① 谢新观提出文化认同是指不同的文化或同种族文化内部的交流同化过程。它的产生是由于成员受所属文化的影响，而对该文化产生认同感。从类型看，分为内部文化和外来文化；从趋势看，有主动认同和被动认同。② 赵菁、张胜利等认为，文化认同是指对一个群体或文化身份的认同感，或个体受其所属的群体或文化影响，而对该群体或文化的认可或赞同，其指标是人们的社会属性和文化属性，甚至利益取向性。文化认同的实质与核心就是共同体共享的意义或价值体系。③

沈壮海、王绍霞提出，文化认同是人们对所生活于其中的文化共同体的肯定性确认。文化认同是一个动态的过程，它既包括文化的确认及赞同，又包括文化反思批判及提高创新。④ 佐斌、温芳芳认为，文化认同是人们对于文化的倾向性共识与认可。文化认同的本质是价值认同，对于文化认同的理论解释主要有发展心理学的个体发展观、社会心理学的社会认同理论、跨文化心理学的文化适应观以及政治心理学领域的意识形态观。⑤ 李捷、张露指出，文化认同是指公民对国家共同文化符号的接受、对国家文化理念的遵循、对国家文化价观和行为规范的秉承。⑥

文化认同对于个体的成长具有导向作用，是国家认同和民族认同的根本，也是提高国家文化软实力、建设文化强国的重要推动力。文化认同意味着认同主体接受并归属一种文化，或表现为对民族的物质文化和精神文化持既"求同"又"辨异"或至少持亲近的态度。⑦ 文化认同的外在表现为民族风俗习惯、语言文字、体质特征、物质文化等；文化认同的内在表现为精神信仰、人生观、道德观、价值观。文化认同一旦形成，便表现出较强

---

① 孔祥文：《国共两党对中华传统文化的态度及两岸关系的中华传统文化底蕴》，东北师范大学博士学位论文，2007 年，第 6 页。

② 谢新观：《远距离开放教育词典》，中央广播电视大学出版社 2010 年版，第 15~18 页。

③ 赵菁、张胜利、廖健太：《论文化认同的实质与核心》，《兰州学刊》2013 年第 6 期，第 184 页。

④ 沈壮海、王绍霞：《全球化背景下青年学生的文化认同》，《思想理论教育》2014 年第 3 期，第 15~21 页。

⑤ 佐斌、温芳芳：《当代中国人的文化认同》，《中国科学院院刊》2017 年第 2 期，第 175~187 页。

⑥ 李捷、张露：《论国家统一中的文化认同问题》，《兰州大学学报》（社会科学版）2019 年第 1 期，第 26 页。

⑦ 路善全、王燕群：《从官方理政到民间日用：朱子学在台湾的传播与两岸文化认同研究》，云南大学出版社 2017 年版，第 36 页。

的稳定性、内聚性、亲和性和排异性。它可以不受地域、环境、语言、经济生活的限制而独立存在。① 不同的文化认同也形成不同的文化形态，并且赋予不同的文化本性。"自我解释强调的是一种主体性的阐释行为能力，它是意义产生的先决条件。但这种主体能力不是对客体具有绝对宰制性的控制能力，而首先奠基于一种处境化的主体性，解释所依赖的意义背景使得这种主体性永远是受限的。"②熊庭、何平则认为，文化认同是一个对过去事件不断重组的叙事过程。该叙事通过从历史或虚构中寻找素材，将力图建构自我认同者视为某种情节中的一个角色，由情节的特征提供的角色赋予个人或群体以身份意识。文化认同的演变与发展本质上是一个如何处理文化传统与现代性之间关系的问题。③

虽然学者们对于界定文化认同概念的角度不同，但是有一个共同的地方，就是文化认同的结果都强调一种归属感，是人们对于文化理解、接受和自信的一个过程，反映了人们形成价值观的导向功能。

关于国家认同与文化认同的关系。韩震认为，在历史进程之中，我们必须把国家认同置于文化认同之上，用公民的国家认同促进文化认同。④郭亚妮、宁涛论证了文化认同与国家认同是实践—认识—再实践—再认识的实践论与认识论的产物。文化认同是国家认同的前提和基础，国家认同是文化认同的提高和升华，二者是两位一体，相辅相成的关系。⑤ 刘社欣、王仕民以文化认同为契合点来固基国家认同，强化了国家认同的心理依据和思想基础，有利于多民族国家增强和拓展国家认同的空间。⑥ 蒋述卓认为文化认同是国家认同的前提和基础，文化认同强化国家认同，为国家认同提供心理支撑。国家认同是文化认同的深层演进和升华，要从国家道

---

①　刘相平：《两岸认同之基本要素及其达成路径探析》，《台湾研究》2011 年第 1 期，第 1 页。

②　张容南：《一种解释学的现代性话语：查尔斯·泰勒论现代性》，上海人民出版社 2011 年版，第 285~286 页。

③　熊庭、何平：《论民族文化认同与国家文化认同——以英国文化认同的形成与发展为例》，《新疆社会科学》2017 年第 1 期，第 66 页。

④　韩震：《论国家认同、民族认同及文化认同：一种基于历史哲学的分析与思考》，《北京师范大学学报》（社会科学版）2010 年第 1 期，第 106~113 页。

⑤　郭亚妮、宁涛：《文化认同与国家认同：当代性关系及其路向》，《甘肃社会科学》2014 年第 6 期，第 210~212 页。

⑥　刘社欣、王仕民：《文化认同视域下的国家认同》，《学术研究》2015 年第 2 期，第 23~28 页。

路、国家实力、意识形态、国家制度等层面增进国家认同。① 张更生指出文化认同是族群凝聚力和国家向心力的动力之源，是国家认同的深厚基础。②

### 三、民族认同和宗教认同

"民族"(nation)从词源上可以溯源至拉丁文，意指种族、血统、出生物等。在中世纪和现代早期，"nation"从消极意义上区分自我和他者。③随着社会流动性的增强，这个概念主要用来区分一国之内不同的风俗习惯、大学、修道院、修士、商人聚居区等。早期这个概念主要用来表明共同的起源和同乡关系，所以民族首先是一些有着相同起源的共同体，他们定居在一定的地域，并构成邻里关系；文化上拥有共同的语言、风俗和习惯，但他们在政治上还没有达到一体化的地步，也没有出现类似于国家的组织形式。④

民族是人们在历史上形成的一个具有共同语言、共同地域、共同经济生活以及表现于共同文化上的共同心理素质的共同体。"民族是通过共同的历史和政治规则，在人们的头脑当中和集体记忆当中建立起来的文化共同体。"⑤"民族指的是拥有统一的认同感，而且通常是拥有共同的语言、文化或宗教的人群，而非血缘关系。"⑥

对民族的界定形成了两种不同的标准("社会群体的主观归属感"和"划分群体的客观标准")，并形成了"主观派"与"客观派"。以意大利民族主义者马志尼和斯大林等为代表的客观派主要强调民族形成历史演化的自然的一方面，坚持族际划分的血缘原则与地域原则；以本尼迪克特·安德森、厄内斯特·盖尔纳等为代表的主观派则持不同的立场，如安德森把民

---

① 蒋述卓：《文化认同、国家认同与人的发展》，《暨南学报》(哲学社会科学版)2016年第7期，第6~7页。

② 张更生：《论文化认同与国家认同》，《长江丛刊》2017年第32期，第12~18页。

③ 王远河：《后民族政治的内在张力及其认同路径》，山东大学出版社2014年版，第11页。

④ [德]哈贝马斯：《包容他者》，曹卫东译，上海人民出版社2002年版，第129~130页。

⑤ [美]曼纽尔·卡斯特：《认同的力量》(第二版)，曹荣湘译，社会科学文献出版社2006年版，第54页。

⑥ [美]迈克尔·罗斯金：《国家的常识：政权·地理·文化》，夏维勇、杨勇译，世界图书出版公司北京公司2013年版，第3页。

族界定为"想象的政治共同体"①，他把民族和民族主义都视为"文化的人造物"。弗里德里希·梅尼克区分了两种意义的民族：政治民族与文化民族，前者指拥有共同的政治历史、建立在统一的权威基础上的民族，后者则指拥有共同经历的文化遗产、依照"一种标准语言、共同文学以及共同的宗教"联系起来的民族。② 从这个意义上说，文化民族的形成是一个自然过程，政治民族的形成则含有人为建构的因素；文化民族往往先于政治民族存在，但两者往往是重合的。同样，哈贝马斯将民族区分为两种理想类型，即文化意义上的由人民组成的民族和政治层面上的由公民组成的民族，即"人民民族"和"公民民族"。与氏族、部落、国家、宗教、政党等共同体相较，民族这种"人们共同体"是"隐性的"和"非组织性的"，它的构成原则和组织体系不是明晰的，在没有发生民族冲突的日常生活中是处于沉隐状态的。③

对民族与族群，英国民族主义研究的权威学者安东尼·史密斯有明确的界定。他认为，民族与族群的区分核心在于三点：是否有自己确定的居住疆域，是否有规范的公共文化，是否追求政治上的自决。从这个标准来看，在中国的疆域之内，存在着包括汉族、藏族、蒙古族、维吾尔族等多个民族（nation），也存在着众多不同的族群（ethnic group），他们共同构成了一个被称为"中华民族"的多元一体国族（state nations）。④

鲁伯特·德温托提出了"四要素民族认同理论"。他透过四个要素的历史互动来看待民族认同的出现，包括原初要素（例如种族、地域、语言、宗教等）；衍生要素（例如通信和技术的发展、城市的形成、现代军队和中央集权的出现等）；诱导要素（例如官方语言的语法汇编、官僚体制的滋长、国民教育体系的建立等）；反应要素，即捍卫受压迫的认同，以及维护被支配性的社会团体或制度化的机器所攫取的利益，引发了人们在集体记忆中寻求替代性的认同。至于哪一项要素扮演哪一个角色，则取决于

①　[美]本尼迪克特·安德森：《想象的共同体——民族主义的起源与散布》，吴睿人译，上海人民出版社 2005 年版，第 6 页。

②　Krishan Kumar. The Making of English National Identity[M]. Cambridge：Cambridge University Press，2003：21-25.

③　张践：《国家认同下的民族认同与宗教认同》，《中国民族报》2010 年 2 月 23 日第 6 版。

④　许纪霖：《作为国族的中华民族何时形成》，《文史哲》2013 年第 3 期，第 129 页。

其历史语境，取决于其集体记忆所能获取的素材，取决于冲突性的权力策略之间互动的结果。因此，民族主义的确是文化地、政治地构建起来的。①

民族认同，大体是与阶级、国家的出现同步的。民族认同一词最早出现于 18 世纪启蒙运动时期，赫尔德首次用归属理论来分析民族认同。民族认同可以定义为个体归属为一个群体的感受，以及对该群体身份的思考、知觉和感情，具体包括个体对群体的归属感、对所属群体的积极态度以及个体对群体活动的参与等。民族认同是由民族成员对本民族的归属感以及表现出的情感依附性和民族心理的趋同性三要素构成的。王建民认为，民族认同是民族自识性的集中体现。"每一民族成员对于自己的民族有一种不可替代的感情，对本民族文化、风俗习惯、语言、文字、艺术等方面及民族本身有一种带有民族整体倾向性的认识。而在民族自识性的探讨中，民族认同被视为最为重要的方面。"②

柏贵喜提出，民族认同包括族属认同、族体认同和国家认同三个层次，国家认同与民族认同并不是二元和谐或冲突的关系，国家认同是民族认同的一个层次，这是因为"国家民族"是一种实体性或象征性的存在，"中华民族"即是中国具有文化象征意义的"国族"或"文化国族"。对民族认同产生影响的主要因素有文化、历史记忆、地域、民族政策等，血缘、个人的经历、教育背景以及民族互动等也会对民族认同产生一定的影响。③

民族认同是一个动态过程，它在探索过程中随时间和情景的变化而变化。民族认同的变化有两种情况：第一种情况是民族认同的强化与弱化、积极与消极的双向运动，这类变化是量的变化，并没有发生根本性转变；第二种情况是民族认同的质的变化，即民族认同的解构与重建，民族成员在对本民族不再有认同感的情况下，通过一定的方式重新建构自己的民族认同。④

---

①　[美]曼纽尔·卡斯特：《认同的力量》(第二版)，曹荣湘译，社会科学文献出版社 2006 年版，第 34 页。

②　王建民：《民族认同浅议》，《中央民族学院学报》1991 年第 2 期。

③　柏贵喜：《民族认同与中华民族认同浅论》，《西南民族大学学报》(人文社会科学版)2011 年第 11 期。

④　李静、王彬斐：《民族认同的维度与路径研究》，《西南民族大学学报》(人文社科版)2018 年第 3 期，第 214~215 页。

民族认同主要指个体对本民族的信念、态度以及对其民族身份的承认。① "民族认同也仍具有广泛的吸引力和效力，许多人认为它能够满足他们对文化成就、植根性、安全和友爱的需求。……记忆、神话和象征符号的链条把民族与那种普遍而持久地共同体即族裔联结在一起，而正是这些东西赋予了民族独一无二的特征，并使其牢固地控制了如此众多的人们的感情和想象。"②

作为个体对群体归属性认知的心理，民族认同与国家认同之间有着千丝万缕的联系。对于二者之间的关系，理论界普遍认同国家认同与民族认同互斥与共济并存的辩证统一关系。国家认同状况，取决于国家认同与民族认同之间的平衡。③ 吕建福阐述了宗教与民族两概念的区别和联系，论述了宗教与民族认同的内在联系。"宗教对民族尤其民族认同具有五个方面的重要影响：一、宗教是民族的一个基本特征，是民族认同的重要标识；二、宗教是类次生民族生成的认同标识，在其形成过程中起着决定性的作用；三、宗教是民族分合的特定因素，一个民族因信仰不同的宗教而发生分离，不同的民族也因信奉同一种宗教而聚合为新的民族；四、宗教是构建族源认同的重要因素，不同来源的民族因信仰某种宗教而重构相应的族源；五、宗教是族类认同的一种方式，其族际认同意识最为强烈。"④

总体看来，在具体时空结构中，民族认同既是内在的心理体验又表现为外在的行为实践。不同民族间的接触、交往以及政治、文化等多要素的综合作用，驱动了民族认同的发生。民族认同之于社会与政治有着双向作用，既能促进国家、社会和谐稳定，也可成为它的阻碍。在当下多民族国家建设中，民族认同问题应引起足够重视。

西方研究者们大都沿袭了社会心理学的研究理路。班内特等人通过对儿童的民族认同的研究认为，民族认同包括民族自我认同、民族守恒（自己属于哪个民族不会随着时间、地点和体貌的变化而改变）、民族知识、民族偏好。特里姆鲍指出，民族起源、民族文化、民族身份和民族群体成

① Carla J McCowan, Reginald J Alston. Racial identity, African Self-consciousness Career in Decision Making in African Amarican College Women [J]. Journal of Multicultural Counseling and Development，1998(1)：28-38.

② ［英］安东尼·D. 史密斯：《全球化时代的民族与民族主义》，龚维斌、良警宇译，中央编译出版社 2002 年版，第 191~192 页。

③ 周平：《论中国的国家认同建设》，《学术探索》2009 年第 6 期，第 38 页。

④ 吕建福：《论宗教与民族认同》，《陕西师范大学学报》（哲学社会科学版）2006年第 5 期。

员资格(民族参照群体)是民族认同的一般维度。菲尼通过文献分析归纳了民族认同的七个主要成分：自我分类与标签、承诺与依恋、探求、民族行为、评价与内群体态度、价值与信仰以及民族重要性与凸显性。科斯提甘对加拿大学者的相关研究进行整理，总结出民族认同由自我标签、民族肯定和民族归属、民族认同的实现和集体自尊四个部分组成。① 学者大多认为民族认同包含四个心理成分：民族自我认定、归属感、对民族群体的积极或消极的态度以及民族卷入。索多斯基等人则认为民族认同包括行为、认知、道德和情感四个维度，其中那些可以观察和记录的表现和维护民族认同的社会和文化行为属于外显民族认同，如使用本民族的语言、保持本民族的传统、与本族人结交朋友以及参加本民族群体的仪式等。②

　　在全球化和国际化的语境下，民族认同的结构问题引发了众多学者的研究兴趣，研究的角度不同，展示的结构也不尽相同。国内学者们在诠释民族认同的建构途径时分为两大主要流派：一个是原生主义，另一个是建构主义。原生主义强调民族的语言、地域和血缘等文化的原生性因素，认为民族认同的建构是对自古既有的特定文化的重新发现和复制。建构主义则侧重从现代化进程来考察民族和民族主义现象，强调国家的政治力量在民族认同建构中的重要作用。③ "作为各民族'参与式'的国家认同在其形成过程中，'各民族的相遇'乃是不可避免的谁也不能逃脱的现实。这就需要以国家认同来表达和描述各民族相遇的认知结果。宗教认同向国家认同的转变的'文化适应'突出表现为习惯和传统构成权威的宗教认同让位于法律和道德构成的国家认同。"④西方学界关于族群认同的理论大致可分为"原生论"与"建构论"两种，分别从不同角度揭示了族群认同的属性。"原生论"强调族群认同的定在、稳固和持续。"建构论"则反对固定、僵化的族群认同理论，认为族群认同是建构的、流动的，并随着特定的政治、经济和社会过程而改变。⑤

---

　　① 佐斌、秦向荣：《中华民族认同的心理成分和形成机制》，《上海师范大学学报》(哲学社会科学版)2011年第4期。

　　② Kwan K K, Sodowsky G R. Internal and External Ethnic Identity and Their Correlates: A Study of Chinese American Immigrants[J]. Journal of Multicultural Counseling and Development, 1997: (25): 51-67.

　　③ 戴晓东：《全球化视野下的民族认同》，《欧洲研究》2006年第3期，第18页。

　　④ 马进、王瑞萍、李靖：《国家认同是怎样进行的——宗教认同和国家认同关系研究》，《青海民族研究》2017年第2期。

　　⑤ 左宏愿：《原生论与建构论：当代西方的两种族群认同理论》，《国外社会科学》2012年第3期，第107页。

关于民族认同与国家认同的关系，有学者提出，民族认同建构了现代国家认同的族群心理。"民族国家的存续和发展有赖于民众对国家基本制度的认同，对发展道路的认可，有赖于人们形成共属一体的文化心理想象，以及建构起超越于各个民族的共同的民族观念。现代国家需要切实保障和实现人们的各项权利，提升人们的福祉，建构共享的历史文化认同，将各民族的认同融合到作为整体的国家认同之中，从而增强国民的政治认同感、文化认同感和民族认同感。"①也有学者提出在公民权的基础上两者可以实现连接。基于多元文化主义的"差异公民"概念，族群身份并不必然威胁公民身份，族群权只是一种特殊的公民权。但族群身份内含认同与差异两个方面的张力：族群认同关注族群的文化归属，尊重并承认族群认同是形成国家认同的前提和基础；族群差异侧重族群的权利取向，过分强调族群差异与过分忽略同样不利于国家认同。②

宗教是关于超人间、超自然力量的一种社会意识，以及因此而对之表示信仰和崇拜的行为，是综合这种意识和行为并使之规范化、体制化的社会文化体系。"宗教从一开始就是超验性的意识，这种意识是从现实的力量中产生的。"③

曼纽尔·卡斯特认为，宗教认同是指一种集体认同的建构，是指按照一个介于神与人之间的特定权威所诠释的神的律法所确定的准则，对个体行为和社会制度所形成的意义建构。④宗教认同是社会认同之一，它不仅将神圣世界与世俗世界区别开来，也用这种区分建立自我身份。宗教认同结构可分为宗教内认同和宗教外认同两部分，内认同强调社会（成员）在心理、观念、精神等方面对宗教文化的评价及实践，内隐性较强；外认同则强调社会（成员）在行为、语言、物质生活等方面对宗教文化的评价及实践，外显性较强。

曼纽尔·卡斯特认为："伊斯兰的历史就是一部国家永久服从于宗教的历史。"他在《认同的力量》一书中引述穆斯林兄弟会创始人哈桑·班纳的

---

① 吴玉军：《论国家认同的基本内涵》，《中国特色社会主义研究》2015 年第 1 期，第 48 页。

② 庞金友：《族群身份与国家认同：多元文化主义与自由主义的当代论争》，《浙江社会科学》2007 年第 4 期，第 69 页。

③ ［德］卡尔·马克思、［德］弗里德里希·恩格斯：《德意志意识形态》，人民出版社 2018 年版，第 82 页。

④ ［美］曼纽尔·卡斯特：《认同的力量》（第二版），曹荣湘译，社会科学文献出版社 2006 年版，第 12 页。

话说："《可兰经》是我们的宪法；先知(穆罕默德)是我们的导师；为了安拉的荣耀而死是我们最大的心愿。""在真正的伊斯兰教当中，'民族主义是信仰，故乡是伊斯兰家园，法律是真主，而宪法就是《可兰经》'。"①

有学者认为，身份认同建构本质上是一种动态社会过程，当代基督教传教活动通过改变或者强化个人和集体身份认同，影响全球政治效应。"在传教进程中基督教组织成为全球公民社会重要主体，推动基督教从私人信仰走向公共宗教，同时通过深化次国家认同和超国家认同对民族认同形成挑战。""基督教传教运动可在全球、国家和地方层面发起观念、组织和制度革新或革命，成为 21 世纪国际关系中的革新或革命引信。"②

宗教认同对于现代国家建设的深刻影响，一直是中外学界高度关注的领域。20 世纪 70 年代，宗教社会学家汉斯·莫尔认为人们对牢固、可靠的身份有着一种抑制不住的需要，宗教通过客体化、信靠、仪式和神话四种机制将人们的身份神圣化，进而在功能上满足人们的这种需求。他认为人类社会发展的内在逻辑是螺旋上升式的"整合—分化—再整合"，宗教作为一种重要的社会整合机制，在个人认同、群体认同和社会认同三者之间进行斡旋和调和，从而使得各种身份认同之间的脆弱平衡得以维持。③ 20 世纪末，面对全球化、多元主义以及新兴宗教运动的兴起等问题，更为开放的宗教研究的新范式逐步发展起来，它将知识社会学理论和市场理论等巧妙地应用到宗教认同的理论研究中，如布罗尼斯拉夫·马林诺夫斯基对西太平洋岛民的研究，列维·斯特劳斯对宗教神话的结构主义解析，充满了对"秩序""建构""象征"与"符号"的强调。

关于宗教学的实证研究呈现出的多面向的研究路径主要有：对原始宗教信仰群体的研究，如汉斯·莫尔；对少数民族/群体宗教信仰群体的研究，如米克·马里帕德和凯恩·法莱特；对移民社区信众的研究，如理查德·李等；对新兴宗教的信仰群体的研究，如莱恩·艾奇瓦利亚；对青春期少年或女性信仰群体的研究，如萨利·盖拉杰。④

---

① [美]曼纽尔·卡斯特：《认同的力量》(第二版)，曹荣湘译，社会科学文献出版社 2006 年版，第 16 页。

② 涂怡超：《当代基督宗教传教运动与认同政治》，《世界经济与政治》2011 年第 9 期。

③ Hans Mol. Identity and the Sacred：A Sketch for A New Social—Scientific Theory of Religion[M]. New York：The Free Press，1976：57.

④ 黑颖：《西方宗教认同的理论研究和实证研究初探》，《宗教社会学》2014 年(第二辑)，第 388 页。

总体而言，随着历史记忆、族群理论以及边界理论等的融入和后现代思潮的兴起，宗教认同研究越来越趋向于身份建构的研究，学者们也越来越重视对影响个体宗教认同的文化、社会和政治等外在因素的研究和对个体所生活的外部环境与关系网络等方面的研究；并且越来越倾向于将宗教认同看作对社会/群体归属感的研究。①

## 第三节　国家作为文化共同体的跨文化交流与竞争

"整合"是"协同学"的一个原理，是指一个包含若干个子系统的系统如果能实现协同效果(同步变化、行为一致)，其中必有一个子系统把其他子系统征服或称役使，这个役使其他子系统的子系统即为序参量(ordering parameter)，它使整个系统呈现有序的方式即为役使原理(slaving principle)。根据此原理，文化在整个国家系统中，无论是对内凝聚或消解国家的凝聚力、树立或打破政府的合法性，还是定位国家在国际体系中的地位以致确立和伸张自己的国家利益，都发挥着"序参量"的作用。② 文化之所以能够整合国家权力，在于其具有塑造规范的功能。规范有两种作用，即构成作用和规定作用，规范或者构成认同，或者规定行为，或者两者兼有。③

### 一、国家作为文化共同体是一种集体性防御机制

国家作为一种基于文化认同的文化结构，既具有对内动员和凝聚功能，也具有对外的防御作用，在国家竞争之中体现为一种文化防御机制。其中的原因是，文化认同和文化共同体概念包含了本位国家文化与其他文化("他者")的互动关系。"基于同一文化基础上所产生的认同并不是与生俱来的，而是在现代性语境下各种力量互动的产物。在建构认同的同时必然伴随着对'他者'的建构，因为认同必须通过对'他者'的排斥而得以体现。正因为在对文化的理解上有可能产生歧义，以及认同所具有的'排他性'。"因此，有学者提出要重新理解费孝通先生提出的"文化自觉"，以相

---

①　黑颖：《西方宗教认同的理论研究和实证研究初探》，《宗教社会学》2014 年(第二辑)，第 391 页。

②　张骥等：《国际政治文化学导论》，世界知识出版社 2005 年版，第 42 页。

③　Peter J Katzentein (ed.). The Culture of National Security: Norms and Identity in Word Politics[M]. New York: Columbia University Press, 1996: 5.

互欣赏的态度应对我们这个日益多元的世界。①

## (一)跨文化交流涉及国家文化的多个层次

跨文化交流是指在不同传统文化和认知主体(这里主要指国家)之间进行双向交流,最终达到相互理解和共同促进的过程。不同国家、不同民族或地区的人们在生产生活方式、思维方式以及审美情趣等方面具有差异性,它们的文化都具有各自的传统继承性和相对独立性。

跨文化交流既涉及国家文化结构,又涉及国家间各层次交往。国家文化可分三个层次:高层文化、民间文化以及深层观念文化。高层文化包括哲学、文学、艺术、教育与宗教。民间文化主要指一个民族的风俗习惯、生活方式(衣、食、住、行)和人与人之间的行为模式。深层观念文化则反映人们的价值观、道德观、文化观、心理结构和思维方式。可见,国家文化是一个庞杂而又界限模糊的概念。它是信仰、习惯、生活方式、行为方式和科学文化知识沉淀的综合,也是一个国家和民族认同的纽带,更是一个国家社会赖以存在的无形资产。② 因此,跨文化交流必然会在不同程度上涉及上述各层次。

在当今的国际竞争中,文化的地位和作用日益凸显。各国纷纷把提高国家文化软实力作为主要发展战略,力求在日益激烈的综合国力竞争中赢得主动权。国家文化软实力是一个国家在国际文化战略竞争中所拥有的文化力量形态。提高国家文化的国际影响力和辐射力,主要表现为实施文化主权战略,加大文化外交的力度,提升创设国际议程、国际机制的能力,提升国家文化的话语权,积极参与世界文化机制体系的重建,发展发达的现代传媒系统等。就当今中国而言,要创新文化走出去模式,强化中国文化的诠释力与话语传播力,积极应对西方国家各种文化渗透和文化霸权,从而推进"文化中国"的建设。③

## (二)深层次观念文化交流涉及国家意识形态竞争

意识形态是一种价值观系统,是观念形态的上层建筑。马克思指出:

---

①　范可:《全球化语境下的文化认同与文化自觉》,《世界民族》2008 年第 2 期,第 1 页。

②　陆臻:《版权贸易理论与实务教程》,上海辞书出版社 2014 年版,第 19 页。

③　洪晓楠、邱金英、林丹:《国家文化软实力的构成要素与提升战略》,《江海学刊》2013 年第 1 期,第 207 页。

"如果从观念上来考察，那么一定的意识形式的解体足以使整个时代覆灭。"①意识形态是特定阶级思想、观念和意志的反映，也是进行政治斗争的思想武器。任何一个现代国家政治实体，至少都有一个共同特征：它们都热衷于使其国民共同为实现国家的目标而努力；而意识形态便是现代政府用来动员民众的主要手段之一。因此，现代意识形态召唤着人们加入集体的行动。每一种意识形态的目标以及达成目标的明确方法不尽相同，但都诉诸群众动员和集体行动来完成其追求的目标。② 所有主权国家都有自己的意识形态。在不同的空间环境、传统文化以及利益诉求等基础上形成的国家意识形态具有自身的独特性。一定的政治制度都是基于政治理想所主张和信仰的价值观体系而建立的，这一价值观体系就是国家意识形态，它构成了统治阶级执政合法性的思想前提和理论基础。就个体而言，"意识形态为其信仰者提供了这个世界'是如何'及'应如何'的图像，并借此将这个世界惊人的复杂性，组织成极简单且可理解的事物"③。

意识形态不仅对一个国家的经济基础具有很大的反作用，而且它是维系社会稳定的基本力量。当前，意识形态主要分为两大类：主流意识形态和非主流意识形态。主流意识形态是指一个地区的统治者为了维护自己的利益，通过一些支配和主导的力量向大众传播其所能接收和认同的意识形态。而非主流意识形态是指存在于社会不同的群体和不同的阶层之中，没有形成统治关系的，同时被一些社会集团所接受和认可的意识形态。④ 从全球范围来看，国家间的意识形态自然地呈现多样性和复杂性。然而，当人类社会发展到近代以来，意识形态被作为划分阶级和国家阵营、划分社会形态和制度形态的重要价值尺度，成为现代世界一切纷争和冲突的根源。⑤

意识形态作为上层建筑是国家利益的重要组成部分。随着现代国家的

①　《马克思恩格斯文集》(第 8 卷)，人民出版社 2009 年版，第 170 页。

②　[美]利昂·P. 巴拉达特：《意识形态：起源和影响》(第 10 版)，世界图书出版社 2010 年版，第 3 页。

③　L T Sargent. Contemporary Political Ideologies[M]. Homewood，IL：Dorsey Press，1972：1.

④　杨全培：《努力增强维护国家意识形态安全的能力》，《现代商贸工业》2017 年第 34 期，第 130~131 页。

⑤　荣洁：《国家文化安全中的意识形态安全及其当代境遇》，《中国文化产业评论》2017 年第 2 期，第 26~38 页。

发展，意识形态对于维护国家政权稳定和增强社会凝聚力的作用越加凸显。意识形态安全同时也是国家安全的重要体现。意识形态安全是国家安全体系的重要组成部分，它是指一个国家占主导地位的思想、政治意识形态不受侵害的相对稳定的状态。意识形态安全主要包括指导思想的安全、政治信仰的安全、道德秩序的安全等内容。当前，全球范围内各种思想文化交流交融交锋更加频繁，在全球化、市场化、网络化的大潮冲击下，国际思想文化领域斗争深刻复杂。一个政权的瓦解往往是从思想领域开始的，政治动荡、政权更迭可能在一夜之间发生，但思想演化是个长期过程。思想防线被攻破了，其他防线就很难守住。面临网络文化迅速发展、国际文化渗透和意识形态攻击加强等新情势，意识形态领导权问题比以往更加扩大化、国际化、复杂化。[1] 面对西方国家的意识形态渗透，必须提高警惕、认真研究、科学应对坚决抵御，始终把意识形态工作的领导权、管理权、话语权牢牢掌握在手中。[2]

任何国家文化和意识形态之间的竞争，都不能不在物质与精神的互相依托的模式中展开。对于作为政治实体的国家，其权力的维护不仅需要资源、体制为依托，更需要文化的整合。价值观念、政治文化、法律制度、伦理规范、宗教信仰等作为文化的载体成为政治整合，进而形成民族和国家凝聚力的重要因素。世界各国无不把民族历史功绩和优秀文化传统作为教育人民，增强国民凝聚力、向心意识，从而强化国民精神、爱国主义的根本途径。

以文化力为主轴的软实力对综合国力的发展具有正面效应和负面效应。当代许多国际问题都有其深厚的文化渊源。世界各国越来越注意使用文化对其国家利益服务。国家的文化建设对国力的增强至关重要，对硬实力的发展具有巨大的能动作用，对一个国家的国际贡献能力和国际影响力都有不可忽视的战略意义。对发展中国家而言，实现文化的与时俱增，是关系国家前途和命运的重大问题。[3]

新时期新形势下，国家以跨文化交流为载体消除世界不同文化形态之间的文化障碍与文化歧见，化解不同文化形态之间的文化冲突，形成不同文化形态之间具有通约性的文化共识。不同的历史时期、不同的地理环

---

① 谢琦：《葛兰西"文化领导权"理论及其对提升国家文化软实力的启示》，《学习与探索》2020 年第 5 期，第 9 页。

② 朱继东：《努力增强维护国家意识形态安全的能力》，《党政研究》2016 年第 4 期，第 21 页。

③ 张骥等：《国际政治文化学导论》，世界知识出版社 2005 年版，第 45 页。

境、不同的发展阶段催生了不同的文化样态。每一种文化样态在诞生之初，就先天地具有与其他文化样态对比而言的异质性特征。因此，促进不同文化形态之间形成文化共识则具有相当难度，"一些共识，如利益共识、客观世界的共识以及现有的客观知识的共识等，可以通过有力的逻辑分析辩明，比较容易达成。而宗教信仰的共识、主观精神的共识，这些均可归到'文化共识'范畴中的共识，通常不容易建立"①。立足于人类社会生产生活实践的现实逻辑，跨文化交流是解决不同文化形态之间文化冲突的有效策略。不同文化形态之间的冲突对抗，在归根究底的意义上，是由不同文化形态所蕴含的内存价值理念的差异性所致。经济全球化使人类的交往行为突破了民族、疆域界限，导致了不同文化形态之间的价值理念冲突。"不平等的文化交往，往往表现为交往中的一方向交往对方的单向的文化输出，其实质是文化霸权主义的对外扩张或文化殖民"②，少数文化形态所秉持的文化偏见立场和文化傲慢态度、少数文化形态所充斥的文化浮躁现象等均加剧了新时代境遇下的文化冲突。跨文化交流能够引发不同文化形态之间的对话和沟通，能够引起一种文化形态的自我审视和自我反思，最终形成一定程度的文化自律和文化妥协，以促成文化共识的产生。③

　　跨文化交流是世界各国相互沟通和了解的桥梁，也是连接不同文明之间的纽带。跨文化交流是能够为促进相关国家实现和平合作、互利共赢奠定重要基础。跨文化交流的本质在于通过文化互通寻求理念共识，进而为国家之间实现互利合作奠定良好基础，如中华文化与阿拉伯文化之间源远流长的文化交流、融合历史以及至今仍在延续的文化融合与相生共存局面。④

　　每一种文化都有自己的价值体系，不可能有一个一切社会都承认的、绝对的价值标准，更不能以自己群体的价值标准来评价别的民族文化。在跨文化交际中，人们的固定思维模式和种族偏见容易对其他文化产生否定反应。造成这种现象的原因主要有书籍、民俗、文化意识以及社会文化信

①　周小兵：《真理的共识论与文化共识》，《社会科学辑刊》2003 年第 2 期，第 22~26 页。

②　黄义灵、汪信砚：《"一带一路"的文化互通与人类命运共同体建设》，《江汉论坛》2017 年第 12 期，第 129~133 页。

③　陈忠怡、吕科、黄光芬：《跨文化交流与人类命运共同体构建的文化共识》，《云南行政学院学报》2018 年第 6 期，第 99 页。

④　姜丽：《构建人类命运共同体视野下的跨文化交流》，《当代世界》2018 年第 7 期，第 75 页。

息等。因此，在跨文化交际中，首先要承认和接纳人类的多样性，给予不同民族、种族和文化群体平等的地位，倡导文化平等、宽容与尊重，彻底去除民族差异和种族偏见。

在跨文化交际场合中，应遵循文化交际原则，努力寻求一种符合各自文化传统和价值观的跨文化交际路径。跨文化交际是指本族语者与非本族语者之间的交际，也指任何在语言和文化背景方面有差异的人们之间的交际。跨文化交际的成败取决于诸多因素，加深对不同文化语言习惯、社会文化、风土人情等微观文化知识的了解，才能有效顺利实现跨文化交际。在社会学家看来，文化大致由六种基本要素构成，即信仰、价值观、规范和法令、符号、技术、语言。任何一个要素的传播阻塞和误解冲突，都有可能造成跨文化传播效果的低效。①

此外，文化的交流虽可以产生认同，但也可以对原有的文化进行解构，使之分化出具有冲突功能的异质文化。异质文化的冲突性往往会导致合法性危机。政治合法性是对现有权威的赞同，维持既有的合法性可分为两种方式，即强制性维持和认同性维持。马克斯·韦伯则认为，权威的"合法性就是人们对享有权威人的地位的承认和对其命令的服从"。② 社会行动的前提就是承认存在着最低限度的"合法秩序"，所以合法性就是指既定统治秩序的稳定性和有效性，也就是人们对握有权力的人的地位的确认和对其命令的服从。为了获得大众的服从，国家机器或政治统治须运用法律的、意识形态的、道德伦理的权威为自己的统治进行合法化论证。唯物史观既肯定生产力标准，肯定社会经济基础对社会的政治上层建筑和思想文化上层建筑的决定作用，同时又强调社会的政治和文化上层建筑对社会经济基础和社会生产力的反作用。

在跨文化交流中，独特的身份认同是界定国家利益的主要依据，认同构成利益和行为。"独特的身份认同在社会中具有三个基本功能：即它将告诉自己我们是谁、告诉他人我们是谁和告诉自己他人是谁。"③"权力和利益之所以具有意义和内容并因之产生作用，首先是因为观念使然。""观念不是另外一种剩余变量，其作用也不是只能用来解释权力和利益

---

① 胡春燕：《跨文化交流当在"异"中求"同"》，《光明日报》2016 年 11 月 18 日第 2 版。

② 于海：《西方社会思想史》，复旦大学出版社 1993 年版，第 333 页。

③ 陈东晓：《浅议建构主义对东亚安全前景的再认识》，《国际观察》2000 年第 4 期。

没有解释到的现象。观念的根本作用是建构具有解释能力的权力和利益。"①观念决定权力的意义与内容，决定国家实现利益的战略，也决定利益本身。

此外，在跨文化交流中，价值观问题也值得关注。"合法性需要对规范的重视……政治究竟应该将何种价值作为自己所推动的目标，处于统治地位的人和处于服从地位的人应该就这一点达成一致。"②国际社会力量分布的变化、价值观的变化决定国际制度的原则、规则和程序的变化，达成国际共识的国家比例越高，国际准则的合法性越大，国家就越愿意自愿遵守。当然，共识和制度也有相对的独立性。③

## 二、国家文化共同体与文化安全④

所谓文化安全是一个与文化风险相对的概念，文化风险是指在全球文化经济一体化进程中，因不同民族和不同国家文化价值观存在差异，后发现代化国家的传统文化价值体系的自然传承演进过程受到文化强国的文化霸权主义的挤压而断裂，导致本民族文化价值体系的瓦解和国家认同基础的塌陷，进而损害民族国家利益的风险。国家文化安全是指现存民族国家文化特质的保持与延续过程不受文化霸权主义的颠覆性影响，本民族核心价值观和文化生活方式不受重大威胁或颠覆性破坏的状态。

随着全球化的深入发展，国家文化安全已经与国家的经济社会发展紧紧地联系在一起，成为国家文化战略的基本内涵。进入 21 世纪，国家文化安全已经成为我国安全战略的重要组成部分，⑤ 越来越受到学界的重视。近 20 年来，我国文化安全作为国家战略概念的提出，首先是由于回应了我国加入世界贸易组织如何面对伴随经济贸易而来的文化挑战的需要，其次是结合我国文化行业特点与文化弱势地位的考量。文化安全在欧美主要发

---

① ［美］亚历山大·温特：《国际政治的社会理论》，秦亚青译，上海世纪出版集团 2000 年版，中文版前言。

② ［法］让-马克·夸克：《合法性与政治》，佟心平、王远飞译，中央编译出版社 2002 年版，第 19 页。

③ 张骥等：《国际政治文化学导论》，世界知识出版社 2005 年版，第 60~61 页。

④ 本节内容参考借鉴了傅才武、严星柔：《建设 21 世纪中华民族文化共同体》，《华中师范大学学报》2016 年第 5 期。

⑤ 林宏宇：《文化安全：国家安全的深层主题》，《国家安全通讯》1999 年第 8 期。

达国家没有相应的概念表述，大多是以"文化例外"和"文化多样性"来表达。①

我国学界对于文化安全的研究也不过 20 余年。1999 年，加入世贸组织的前夕，《文化安全：国家安全的深层主题》一文的发表标志着我国学界对文化安全研究的开端，该文粗略地勾勒了全球化背景下文化安全对民族国家的重要性、文化霸权对文化安全的影响等。2001 年我国加入世贸组织后不久，《哲学研究》编辑部与中国影视音像交流协会共同举办了"我国入世后面临的政治、经济、文化安全问题"座谈会。② 2005 年，《中国国家文化安全论》③一书在总结前人关于文化安全的理论探讨基础上④，系统梳理了国家文化安全的相关观点。后续的一些研究者，就文化安全由来、概念辨析、文化安全现状和问题以及对策做了进一步的分析和论述。⑤

进入 21 世纪，数字信息技术的发展和全球性公共文化领域的建立，不同族群和学术群体之间的信息传播速度加快，国家间文化的交流和交锋态势加剧，作为一种学术性概念的国家文化安全开始与国家战略概念相连接，成为新形势下国家意识形态管理的基本依据。在学术研究进展有限、政策边界模糊的情况下，文化安全日益被媒体等同于国家意识形态安全，导致文化管理领域出现"泛意识形态化"倾向。如 2013 年，有学者从国家文化安全出发，提出"追求文化产业的经济效益和财富目标不是我们的主要目的，我们的目标是建设社会主义文化强国"⑥，这种为突出一个虚化的

---

①　马冉：《浅议文化多样性在 WTO 中的发展》，《世界贸易组织动态与研究》2006 年第 7 期。

②　秦益成：《在扩大开放条件下的政治、经济、文化安全问题探讨》，《哲学研究》2002 年第 3 期。

③　胡惠林：《中国国家文化安全论》，上海人民出版社 2005 年版。

④　这些成果主要是：韩源：《维护中国国家文化安全的战略思考》，《理论前沿》第 14 期；石中英：《论国家文化安全》，《北京师范大学学报》(社会科学版)2004 年第 3 期；沈洪波：《文化全球化与中国国家文化安全》，《山东大学学报》2004 年第 6 期等。

⑤　这些文章主要有：潘一禾：《当前国家体系中的文化安全问题》，《浙江大学学报》(人文社会科学版)2005 年第 2 期；包仕国、陈锡喜：《试论信息技术条件下的国家文化安全》，《宁夏社会科学》2006 年第 1 期；李金齐：《文化安全：一个关乎国家存亡的现实问题》，《思想战线》2006 年第 1 期；郝良华：《论全球化背景下的中国国家文化安全》，《江淮论坛》2006 年第 6 期；杨晓刚：《加强社会主义核心价值体系建设与维护国家文化安全》，《中共云南省委党校学报》2010 年第 2 期等。

⑥　胡惠林：《掌握文化产业"数据话语权"》，《人民日报》2013 年 1 月 8 日第 14 版。

"国家文化安全"目标，而故意把市场经济环境下作为文化产业本质追求的经济效益目标与国家战略目标进行主观分割的论断，遭到了一些学者的质疑，有学者认为："从意识形态安全出发考虑文化安全，把文化安全狭隘化、片面化，这造成文化发展的偏失"①，它与计划经济时期文化管理"政治挂帅"的理念有相似之处，不利于激发文化创新创造活力②。文化安全概念泛化，只强调追求文化产业的公益属性而不兼顾其产业的经济属性，会导致整个文化产业部门的激励机制缺失，创造力和竞争力严重不足，不利于文化强国的建设。

近年来，随着国内深化文化体制改革进程逐步陷入僵局和对外文化交流中的深层次问题的暴露，部分学者开始对"文化安全泛化"问题进行理论反思，进一步引发对"文化与意识形态一体化"和"文化例外"的质疑。有学者认为，正是"文化与意识形态一体化"和"文化例外"所包含的文化保护主义理念，使得文化行业的特殊性及其背后的既得利益，借助文化安全概念不断强化其体制化保护的合法性，过度体制化保护成为深化文化体制改革的新的阻碍，③进入所谓"触动利益比触动灵魂更难"的改革困境。

目前，我国文化学界对于文化安全的研究，仍然集中于全球化背景下的国家文化安全问题的由来、概念、现状分析及对策建议等方面，作为学术概念的文化安全内涵的不确定性，使作为政策性概念的文化安全的政策方向不明、政策边界模糊，导致国家政策主体的责任泛化、文化管理与意识形态管理边界不明确，导致国家公共文化政策中的借位与缺位问题。学界对文化安全中的防御机制所包含的过度体制化保护的风险，似乎还缺乏基本的讨论。基于此，本书在充分肯定文化安全作为国家战略重大意义的基础上，主要关注作为政策性文化安全概念背后的文化保守主义和泛意识形态保护的逻辑，从理论上揭示文化安全作为国家政策概念的局限性及其因应策略。

---

① 张涛甫：《文化安全：不可轻视的非常规安全》，《社会科学报》2014 年 5 月 15 日第 4 版。

② 祁述裕：《全面认识文化安全，正确处理文化繁荣与文化安全的关系》，《祈文共赏》微信公众号，https://mp.weixin.qq.com/s/kK3llbySf50zpAjt06OqUA，最后查阅时间：2018 年 9 月 14 日。

③ 杨正位、李勇：《以开放胸襟看待"文化例外"》，杨正位：《开放的逻辑：中国对外开放的理论与实践探索》，北京大学出版社 2017 年版。

（一）"文化安全悖论"：文化政策实践中的三大难题

从理论上看，国家文化安全作为个人或族群对于本民族文化受到何种程度威胁的一种主观评价或者主观感受，本身具有不确定性的特征。但作为政策性概念，文化安全必须落实在政策主体、政策措施、政策执行、政策效果和政策激励机制上。从政策性层面上说，任何一个国家保证其文化安全的政策类型，不外乎两种政策模式：一是发展型政策模式，通过发展文化事业和文化产业、鼓励市场竞争、增强本国的文化竞争力，以对抗外来文化霸权的压力。如美英等发达国家，政府通过艺术基金会、理事会第三方资助方式造成公共文化机构的内部竞争，通过税收和特殊资助政策、优化企业发展环境，鼓励文化企业参与国际竞争，将本国本民族的文化做强做大；二是防御型政策模式，政府针对本国的文化行业出台专门的保护性政策，一些行业实施行政垄断保护，设置进入门槛，如奉行"文化例外"政策的法国，通过设定法国优先的政策措施在文化领域实行行政保护。

对于实施发展型政策的国家，文化安全的保障依赖于由文化组织活力所构成的国家文化软实力优势，其政策目标是维护文化市场环境，保护公平竞争，因此其政策目标、手段与政策效果具有一致性，不存在文化安全保护中的政策目标与政策措施之间的"悖论"。但对于实施防御型政策的国家，文化安全的保障依赖于行政性垄断保护，让大部分文化机构包括公共文化机构和文化企业脱离了文化竞争环境，导致文化企业和部分文化事业机构缺乏效率，成为行政保护下的"虚胖子"，其政策目标、政策措施与政策效果之间，出现"错位"，即保障文化安全的政策动机导致文化行业弱化、民族文化更不安全的客观结果，形成所谓"文化安全悖论"。

1. 国家政策目标与实际效果的"分离"：法国"文化例外"政策

所谓"文化例外"是一种国际文化贸易保护的原则，这一原则首先由美国提出，却是由法国来真正执行。

在全球化背景下，为了保护本国弱势文化项目，避免自身在国际经济贸易自由化进程中处于不利地位，美国首先于 1950 年在《佛罗伦萨协定》中提出内含"文化例外"原则的"保留条款"：允许不进口"可能对本国文化产业发展构成损害的文化商品"。① 但到了 1993 年乌拉圭回合谈判中，由于美国文化产业竞争力的飙升，美国在全球文化贸易中占据市场优势，美国又试图将文化产品和服务纳入一般商品框架并接受 GATT 管制，但这一

---

① 王婧：《国际文化贸易》，清华大学出版社 2015 年版，第 43 页。

要求却遭到法国和加拿大两国的极力反对，两国正式提出了"文化例外"的原则：将文化产品与服务区别于一般货物与服务贸易，排除在贸易自由化进程之外。① 2001 年，联合国教科文组织将"文化例外"主张国的文化多样性目标写进了《世界文化多样性宣言》。

但通过对法国"文化例外"政策实施 20 年后的效果检视发现，法国用"文化例外"构筑起来的文化安全堡垒，并没有真正实现其国家文化安全的目标，通过"对外国文化商品的进入设置关税壁垒和贸易配额""政府采取财政补贴的办法资助本国的文化产业"②等文化保护措施，只是起到了在短期内保护传统优势产业如电影免受美国好莱坞大片的强烈冲击，但随后法国电影行业本身便陷入发展活力不足、竞争不充分、与国际脱轨等严重的问题中，视听相关的产业更是被抛在全球化浪潮之后。以电影为例，21 世纪的头 9 年，美国电影在法国电影市场年均占 50.4%，达 5.19 亿欧元，法国本土电影只占 36.8%，仅 3.84 亿欧元。③ 但是，越是产业弱小、越是信心不足，越是寻求行政保护。2013 年，欧盟各成员国在法国强烈坚持下达成一致，宣布将影音等文化产业门类完全排除在该次欧美自由贸易的谈判范围。法国文化部长奥雷莉·菲利佩蒂在《世界报》发表《法国——直面自由市场坚持"文化例外"的先锋》一文，坚称："文化产品非一般商品，文化产品因其特殊价值不能屈从于市场。一个国家具备在世界上展现自身特色的能力是十分重要的，我们不能在盲目的市场法则中抛弃文化、迷失自己。"④显然其已经陷入国家文化保护的"路径锁定"中。

有学者认为 2013 年法国"赢得'文化例外'斗争的阶段性胜利"⑤，实则不然。法国自身实践的结果已经不能支撑起"文化例外"政策的有效性。其由"文化例外"所支持的防御型文化政策模式，与国际文化市场所遵循的自由开放和公平竞争理念并不相容，由此导致了法国电影产业和影音产业的整体竞争力下降，产业信心不足。尽管法国"文化例外"政策的出发点是对其文化产品的民族性和价值属性保护，源于国家文化安全的目标，但由

---

① 李世恒、杨修：《"文化例外"与中国文化贸易摩擦问题》，《国际经济合作》2015 年第 8 期。

② 单万里：《法国"文化例外"主张的衰落》，《读书》2004 年第 7 期。

③ 杨正位、李勇：《以开放胸襟看待"文化例外"》，杨正位：《开放的逻辑：中国对外开放的理论与实践探索》，北京大学出版社 2017 年版。

④ 刘春望：《法国誓将"文化例外"进行到底》，《中国文化报》2013 年 6 月 20 日第 10 版。

⑤ 王军：《"文化例外"的历史演变及当代启示》，《理论月刊》2017 年第 2 期。

于"文化例外"政策并不能改变国际文化市场竞争格局，"文化例外"不可能实现"市场例外"和"观众例外"①，从一个较长的历史时段看，本是要促进法国文化产业强大的"文化例外"政策，却导致了法国的优势文化产业越来越衰弱的结果。法国"文化例外"政策的"两难"之境，不仅未能保障本国本民族文化的安全，而且在实践中损害到优势产业的发展前景。

作为文化大国和最大的发展中国家，中国尽管没有明确宣称实行"文化例外"政策，但却不论是对内还是对外的文化政策，或多或少地遵循"文化例外"的政策原则。如，在国内政策方面，将文化产业领域从一般生产部门（国资委系统）独立出来，设立单独的管理系统（国有文化企业资产监督管理办公室）和相对独立的政策支持系统。对外文化贸易方面，针对对外文化贸易的财政补贴与退税优惠政策，都遵循了文化部门不同于物质生产部门、文化贸易不同于一般商品贸易的"例外"政策原则，这种政策的实施，在加入世贸组织的初期对于培育和壮大中国的文化事业与文化产业具有重要的保障作用。② 然而自2010年中国成为世界第二大经济体后，文化机构和文化企业已经具有了一定的外向竞争力，这种保护性政策所提供的"制度红利"一定程度上消减了文化机构和文化企业参与市场竞争的动力，导致我国文化行业创新不足、行业竞争力不强，引发文化行业出现文化保守主义趋势。

2. 文化安全保护中的"过度防御"：泛意识形态化难题

对于中国等后发现代化国家来说，过去200年来以及今后一段时期内，仍将处于追赶和跟随的地位，按照中华人民共和国成立100年达到中等发达国家的目标计算，"西强中弱"的整体格局仍将是我国制定文化战略的考虑重点。

长期以来的"西强中弱"形成了国家选择防御型文化政策模式的社会心理基础。由于文化产业相比于发达国家的弱势，在近代以来形成的民族主义心理结构的支配下，我国的文化政策容易陷入泛意识形态化的陷阱，形成国家文化安全旗帜下的"过度保护"。例如，文化企业以承担社会效益、公共责任为由，放弃作为企业天职的对"利润"和经济效益目标的追求，反过来要求政府补贴其承担公共责任和社会效益的"损失"，通过政府补贴维持企业的正常运转；公共文化机构以"文化阵地"为由，即使是"机构空转"，也要求国家保证其运行所需的经费拨款。对外文化企业以"外宣"为

---

① 单万里：《法国"文化例外"主张的衰落》，《读书》2004年第7期。

② 马冉：《WTO补贴规则视角下中国文化产业财税政策措施探析》，《河南财经政法大学学报》2016年第5期。

由，要求国家支付各种"成本"，如此种种。在泛意识形态的舆论环境下，国家事实上难以拒绝文化单位和文化企业出于"国家目标"的经费要求，促使一些文化机构和文化企业由经营市场转向"经营政府"，短期看，机构发展迅速、运行良好，但这种脱离了市场竞争环境而成长的"虚胖子"事实上是政府过度保护下的"特保儿"，一定程度上缺乏承担中华文化传承发展的责任担当能力。

新加坡学者郑永年认为，近代以来中国社会的苦难记忆和民族文化自信的失落，导致精英阶层的"受害者"心态过于强烈，缺少文化自信，"近代以来，中国人受苦受难，到今天为止，中国人有太多的弱国记忆、苦难记忆和受害者记忆"，往往导致精英阶层泛意识形态化的褊狭认知。① 在长期的"弱国记忆和受害者记忆"的作用下，精英阶层对于西方文化和西方国家认识自觉不自觉地戴上了民族主义意识形态的"眼镜"："'意识形态化'表明人们已经不能实事求是地去看一个问题或事物，而只能从一个特定的意识形态角度去看它们，结果看到的不是事实的真相，而只是基于'偏见'之上的幻影。"②

在文化领域，这种"过度防御"是与泛意识形态化联系在一起的。意识形态是指政治上一组用来解释社会应当如何运作的观念与原则，它提供一定社会秩序的蓝图，意识形态对于一个社会是极为重要的，它与一个社会的政治立场与政治判断相关，一定程度上关系到执政党的地位与执政合法性的认同，是国家精神的根基。但一旦把意识形态问题扩大化，即把不是意识形态问题"意识形态化"，就会陷入"泛意识形态陷阱"："泛意识形态化的问题是把意识形态问题扩大化，把非意识形态的问题意识形态化"③，这同样也会损害国家的合法性。国家文化安全与意识形态安全并不相同，文化安全是一个比意识形态安全更大和更宽泛的概念。但在意识形态泛化的情况下，意识形态与文化外延重合，意识形态安全与文化安全等同，所有与文化相关的论题都可能演变为意识形态安全论题，上升到政治的高度予以评判。有学者总结为：以文化安全需要坚持正确的文化方向为由，在

---

① ［新］郑永年：《中国为什么要躲避大国"命运"?》，《联合早报》2017 年 4 月 18 日。

② ［新］郑永年：《中国为什么要躲避大国"命运"?》，《联合早报》2017 年 4 月 18 日。

③ 祁述裕：《全面认识文化安全，正确处理文化繁荣与文化安全的关系》，《祈文共赏》微信公众号，https：//mp.weixin.qq.com/s/kK3llbySf50zpAjt06OqUA，最后查阅时间：2018 年 9 月 14 日。

文化管理中以一票否决机制处理项目课题成果审定、文艺作品评论以及文化艺术专项资金项目评审等工作；对外谈判中，屡屡以意识形态安全为由不加限制地使用"文化例外"原则，对国际贸易和投资自由化谈判中的文化市场准入及扩大文化服务业对外开放的合理要求持消极甚至否定态度。①

　　尽管文化管理与意识形态管理存在密切联系，二者同是国家为确保本国核心价值观而履行的管理职能，是国家合法性的职能之一，但作为国家公共管理的文化管理与作为国家安全管理的意识形态管理却存在明显的区别。文化管理涉及国家的公共管理职能，管理的范围远较意识形态管理广泛，管理对象为社会核心价值符号系统、民族与宗教文化系统、历史传统文化与公共道德系统、文化商品与交易规则系统和公民基本文化权利系统五大类文化。意识形态管理的对象为这五大类的前两类或者前三类文化，后两种文化显然不属于意识形态管理的范围，这是两者在管理范围上的边界。一旦以保障国家文化安全为由启动防御机制，国家文化管理就会自然过渡到国家意识形态管理，意识形态管理全面"接管"五大类文化，这在国家管理领域，无疑就会陷入"过度防御"。这种"过度防御"一方面将国家文化安全的概念逻辑与政策框架给消解掉了，另一方面，国家意识形态职能的扩大化又对政治合法性造成极大的伤害，从根本上弱化了国家的文化与意识形态职能。②

### (二)过度防御对于国家文化发展的损害：历史镜鉴

　　全球化进程与世界近代文明开始于大航海时代，相当于我国的明朝，其时世界"由分散发展成整体"③，欧美在走出中世纪的过程中，曾经发生从意大利到美国的四次文明中心的转移，四次转移皆与以文化开放为前提吸纳多种文化因素锻造新文明息息相关。同时期的明王朝由于"弃海向陆"走向封闭而跌入停滞社会，开始了中西文化势能的倒转过程。随其后的清朝沿袭明朝制度，在文化保守主义的专制政策上走得更远，与日本明治维新后文化开放的局面形成鲜明对比，以 1894 年甲午一役宣告了这种保守与

---

①　祁述裕：《全面认识文化安全，正确处理文化繁荣与文化安全的关系》，《祈文共赏》微信公众号，https：//mp. weixin. qq. com/s/kK3llbySf50zpAjt06OqUA，最后查阅时间：2018 年 9 月 14 日。

②　国家文化与意识形态职能是指国家运用思想和文化手段塑造与影响人民的价值观念，以使人们认可现存的政治和社会秩序从而自愿地服从国家的控制和管理。参见王列：《国家的文化意识形态职能》，《文史哲》1994 年第 6 期。

③　吴于廑：《中国大百科全书·外国历史卷》，湖南出版社 1993 年版，第 5 页。

开放政策的比赛结果。回顾世界范围内的文明兴衰轨迹，不难看到一个文明体在兴起与扩张时期皆处于文化开放状态，只有进入衰落过程，文明体才进入以自我为中心的保守封闭之中。

1. 文化开放促进了西方四次文明中心的转移

这四次文明中心转移与文明先导性的人文社会科学中心转移时间相合，1200 年以来，形成了意大利（1200—1500）、英国（1400—1800）、法国（1500—1800）、德国（1700—1900）和美国（1800—）等五个科技与文化中心，① 先后出现四次文化中心转移。推动文化中心转移与国家兴起的力量皆为由文化开放支持的文化创新。

（1）文艺复兴开启意大利和西欧的近代化进程。

13—16 世纪，意大利走出中世纪的蒙昧状态，成为世界近代史上第一个文化中心，这与其长达 3 个世纪的文艺复兴运动息息相关。文艺复兴前的意大利社会处于一潭死水般的中世纪时期，社会生活和思想观念受到神学的禁锢。民众依靠宗教典籍、道听途说和迷信来获得关于自然界和社会的知识，对其他社会的不同生活方式亦知之甚少。僧侣与贵族精英的思维受制于天主教的经院哲，论证中心命题围绕繁琐的天主教教义和信条的合逻辑性及上帝的存在上。整个欧洲曾出现过近 5000 个小国，将他们联系在一起的主要是天主教的神学思想和神权统治，封建王权匍匐在神权下，依靠"君权神授"获得统治合法性。所以，无论知识来源、储备及借以思考的方法、意识形态的合法性都来源于唯一的天主教神学，基本上不具备自主思考、提出问题、推动变革的能力。②

13 世纪末 14 世纪初，意大利出现了文艺复兴前的转机，经济上"由于地中海沿岸一些城市手工业和商业贸易蓬勃发展。导致了资本主义生产关系萌芽的出现。这给落后的中世纪生产力和生产关系的变革提供了强大的历史推动力。从政治上看，代表着新的生产力和新的生产关系的新兴资产阶级不满意旧的生产关系的束缚，从而产生了反对封建贵族阶级、僧侣阶级的强烈的政治愿望和要求。从思想文化上看，由于久被湮没的古代希腊罗马文化在拜占庭灭亡后的重新发现给人们展示了一个全新的世界"③。文

---

① 冯石岗、贾建梅：《哲学社会科学中心转移规律研究论纲》，《河北学刊》2007 年第 4 期。

② ［挪］拉斯·特维德：《创新力社会》，王佩译，中信出版社 2017 年版，第 81 页。

③ 刘建军：《欧洲文艺复兴文学的重新阐释》，东北师范大学出版社 2015 年版，第 8 页。

艺复兴运动在内外两个方面改造意大利：一方面，意大利吸收希腊罗马等古典时代文学艺术精华，"复兴"并进一步推进其创作题材、类型、手法与形式，在中世纪的文化中增加了文化新质；另一方面，意大利以文化艺术"挪用"的手段，古为今用，将希腊罗马等古典时代文学艺术形式进行当代诠释，注入资本主义萌芽后释放出的人文主义的灵魂。意大利以这种开放的文化系统熔铸古今，使威尼斯、佛罗伦萨等地成了整个欧洲文艺复兴运动的策源地，正如恩格斯所言："这是人类以往从来没有经历过的一次最伟大的、进步的变革，是一个需要巨人并且产生了巨人的时代"①，诞生了但丁（1265—1321）、彼特拉克（1304—1374）、薄伽丘（1313—1375）、达·芬奇（1452—1519）、米开朗基罗（1475—1564）和拉斐尔（1483—1520）等文艺巨匠，这些思想文化大师们高扬人文主义的个性解放，让人们凭借其人类理性从神性中独立出来，这给追求世俗生活幸福解开了绳索；他们提倡科学文化，反对蒙昧主义，摆脱教会对人们思想的束缚，这给思想的自由发展和文化创新开辟了道路；他们通过肯定人权，突破了作为神学和经院哲学基础的传统权威和传统教条，这又为人们探索世界和社会提供了人文主义的社会基础。伴随着人文主义的内核的确立和资本主义经济的萌芽，意大利和西欧社会开启了近现代文明的曙光。

文艺复兴晚期，运动中心开始扩散到英国、西班牙等地。英国出现大文豪莎士比亚，西班牙出现了塞万提斯，标志两地文艺复兴的水平达于顶峰。然而，西班牙这个海上霸主将注意力放在享受分配新殖民地带来的巨大财富，成为世界财富的"漏斗"，没能吸收新的思想文化成果，也对创新没有多大兴趣，随着其"无敌舰队"被英国击败后而整体衰落。

（2）宗教改革成就英国"日不落"帝国。

17世纪中叶，英国经历资产阶级革命后确立了君主立宪制，近代文明中心转移到英国，这与英国文化继承文艺复兴人文主义传统和进行宗教改革密不可分。在英国宗教改革前，由于英国与欧洲大陆横亘着狭长的英吉利海峡，形成游离于欧洲大陆之外的地理环境。这种相对独立的地理环境，对英国文化的发展具有重要的影响：一方面，在欧洲大陆具有强大专制统治力的罗马天主教会对英国有点鞭长莫及，大多时候只是维持着一种形式上的约束力；另一方面，英国这个小岛国长期的孤立状态培养和强化了居民之间的心理认同，形成了强烈的民族意识。所以英国各阶层的民族

---

①　[德]弗里德里希·恩格斯：《自然辩证法·导言》，中共中央马克思恩格斯列宁斯大林著作编译局编译：《马克思恩格斯选集》第3卷，人民出版社2012年版，第847页。

意识、内在凝聚力和相互认同感都比较强。①

英国在玫瑰战争(1455—1485)后，政治上建立了都铎王朝的中央集权君主制，但在教权上仍受天主教掣肘，形成君权与教权的矛盾。经济上，天主教会支配及占有大量土地和财产，阻碍了王室对资源的占有以及资本主义生产力的发展。思想文化上，马丁·路德(1483—1546)的宗教改革思想传播到英国，英国民众受到影响。君主制下英国王室和天主教会政治以及经济上的冲突，经亨利八世(1491—1547)再婚事件点燃导火索，亨利八世利用英格兰人的民族意识以及英国贵族对他的拥护，自上而下发动了英国宗教改革。

英国宗教改革来源于两方面的影响：一方面，英国承继了文艺复兴遗产"市民人文主义思潮"②的一些观念，人们的主体性开始觉醒；另一方面，英国宗教改革继承和发扬了德国宗教改革精神，并在国王亨利八世主导下使英国国教(亦译为安立甘教)成为新教改革的三大宗派之一(其余为加尔文教和路德教)，对民族主义国家观念与主权观念的形成，以及资本主义经济的发展起了重要的推动作用。

英国的宗教改革以 1534 年《至尊法案》的颁布为标志，由王室自上而下推行，首先没收教会大批土地和财产，并将其大部分廉价卖给或赏赐给新兴资产阶级，"把天主教拯救灵魂的教义与路德教信仰得救的教义结合起来，用英语礼拜，各教区按地方行政单位划分，主教制度和主要教义不变。由于教会首脑为世俗君主，教会成为国家机构的组成部分"③。如此，天主教会的垄断地位被打破，世俗的国家力量成长。而不受罗马操控的新教组织，以英语作为共同语的民族国家语言，在确立英国国王在英国教会至尊地位的同时，又激发了英国民众的民族国家意识觉醒，④ 英国得以独立于罗马教廷之外成为新教国家，一个"日不落"帝国近 200 年文明的根基于此打下。新教成为英国早期资产阶级革命的旗帜，并对后来的资产阶级革命产生了重大影响。随后发生的三次英国国内战争，则是市民民主观念

---

①　赵林：《基督教与西方文化》，商务印书馆 2013 年版，第 280~286 页。

②　Hans Baron. The Crisis of the Early Italian Renaissance：Civic Humanism and Republican Liberty in the Age of Classicism and Tyranny［D］. Princeton，NJ：Princeton University，1955：419.

③　周明博：《全球通史从史前时代到二十一世纪》(第 2 版)，当代世界出版社 2015 年版，第 210 页。

④　任思源：《要了解欧洲就先读欧洲史》，北京联合出版社 2014 年版，第 156~157 页。

与新教革命继续发酵的结果，议会代表的市民民主与清教徒反对天主教的力量汇流于一处，1688 年完成光荣革命，新教徒的玛丽二世(1662—1694)与威廉三世(1650—1702)共治英国，1689 年《权利法案》的确立，标志着以清教徒代表的资产阶级利益取得了统治地位，资产阶级走到了英国国家政治舞台的中心，在世界首先完成工业革命而确立世界文明中心的地位。

此外，英国在崛起过程中，积极吸收"海上马车夫"荷兰的近代金融制度和股份制的成果，后来居上，成为世界霸主。

(3)启蒙运动使法国成为时代先进观念的创造与传播中心。

17—18 世纪，以法国巴黎为中心的启蒙运动，高举人类理性的旗帜，推动了各种人类先进理念的传播与发扬，继英国后成为第三个文明中心，这与法国一批思想家努力推动的文化启蒙和文化开放有莫大关系。

启蒙运动前的法国天主教势力强大。法国在新教改革影响下，分化出了新教雨格诺派，因该派与天主教发生宗教战争，期间遭到王室的血腥镇压，数千信徒丧命。支持天主教的国王通过"君权神授"进一步集中和巩固王权，建立起君主制国家。通过与西班牙等多次争霸战争，法国成为欧洲第一强国，王权得以加强。其间，法国社会都处于中世纪的神权与近世的王权相互交织相互加强的环境下，整个社会比较传统和保守。

随着法语替代拉丁语成为民族共同语，文艺复兴运动与新教改革的成果逐步在法国潜滋暗长。受宗教改革和科学革命影响，人们试图从科学及理性的角度，去建立政治或社会制度的通则，"他们都认为，应该用简单而基本的、从理性与自然法中汲取的法则来取代统治当代社会的复杂的传统习惯"[1]。文艺复兴的人文主义、宗教改革的成果挑战着基督教传统思想，社会逐步产生了以知识与理性的思维来认识世界的要求，法国启蒙运动就此启动。

18 世纪，一批启蒙大师在法国涌现，使法国接续文艺复兴以来的思想解放传统，接过了"人文主义"的旗帜以及新教改革的怀疑精神，发展为理性主义的社会思潮；特别是 17 世纪末兴起于英国、由人文精神孕育的实验科学和数学思维方式，如以霍布斯(1588—1679)和洛克(1632—1704)为代表的科学的宇宙观与思维方法[2]，传入法国，并得以发展传播。理性主义的发展，动摇了法国社会的思想和观念基础。原来那些公认的知识、哲

---

① [法]托克维尔：《旧制度与大革命》，冯棠译，商务印书馆 1997 年版，第 175 页。

② 游英慧：《比较视角下的欧美文学》，光明日报出版社 2016 年版，第 98～99 页。

学、神学权威都得要面对人类思想独立自由的挑战及探索。在伏尔泰（1694—1778）、孟德斯鸠（1689—1755）、卢梭（1712—1778）等启蒙大师引领下，天赋人权、人生而自由、人人平等，三权分立、人民主权及社会契约等近代国家制度观念渐成整个启蒙运动的大潮，基于人的自由权利或者说人权的现代化国家理念就此开启。①

这种文化上和观念上的革命，"无疑唤醒了现代人对自身自由和理性的根本自我意识，使自由和理性逐渐成为现代政治的根本原则。启蒙的现代意识正确地发现了历史世界已达到一个新的高地，即：使人的自由和理性本质第一次在政治世界中得到体现和证明"②。随着法国大革命及拿破仑帝国的扩张，这种观念广泛流布，也成为后来英国政治改革、美国革命和建国的理论和观念基础。随着 19 世纪欧美殖民体系在全球的播扬，客观上成为亚非拉追求民族国家独立的理论依据，成为推动人类社会现代化进程的价值力量。

（4）古典哲学铸就的范式文明促成了德国的现代国家形态。

德国从 18 世纪到 19 世纪 30 年代黑格尔逝世止，成为近代以来的哲学王国，以其在哲学社会科学方面的成就影响了世界的哲学与文化发展的方向，世界文明中心转移到德国，这与德国的文化开放不可分割。

德国在形成现代国家形态前，在政治上处于四分五裂状态，因为没有一个统一而强大的王权与神权抗衡，所以成了神权专制最深重的地区之一；在经济上，由于缺乏统一的市场，这阻碍了社会经济的发展，也给教会的控制提供了便利，德国因此被称为"教皇的奶牛"。虽然经历了马丁·路德的宗教改革，形成新教路德教派，然而因缺乏统一的政权，教会控制依然严密，德意志地区成为各邦国争夺霸权之地。

18 世纪德国古典哲学的兴起，借助于经验主义和理性主义的方法，开始了突破宗教桎梏走向现代统一的民族国家发展的历程。一方面德国古典哲学吸收了苏格兰哲学家休谟（1711—1776）经验主义与怀疑论的成果，另一方面又继承德国哲学家莱布尼兹（1646—1716）为代表的唯理主义思想和以莱辛（1729—1781）、歌德（1749—1832）为代表的启蒙运动文学遗产，发展出自康德（1724—1804）、费希特（1762—1814）直至黑格尔（1770—1831）的德国古典哲学传统，"这成了德国哲学史上最灿烂的时代，也是人类文

① Milan Zafirovski. The Enlightenment and Its Effects on Modern Society[M]. Berlin：Springer，2011：136.

② 罗朝慧：《自由与权利的必然性和现实性：从黑格尔的政治哲学出发》，中国社会出版社 2011 年版，第 30 页。

化史上最富有哲学理论气息的时代"①。

这个哲学传统深刻地影响着德国的现代国家观念。该观念由康德开启，康德认为，人类在原始、野蛮的自然状态下，为了保障自己的权利和自由，就制定契约来建立国家，"国家是许多人依据法律组织起来的联合体"②，是一个充分代表每个人立法意志的产物，这就是国家的起源："人民根据一项法规，把自己组成一个国家，这项法规叫做原始契约。这么称呼它之所以合适，仅仅是因为它能提出一种观念，通过此观念可以使组织这国家的程序合法化，可以易为人们所理解。"③理想的"共和国"制定契约要基于人民主权原则，人民有制定法律的权利，国家主权属于人民的联合意志，即"理性意志"："最高权利本来就存在于人民之中，因此每个公民的一切权力，特别是作为官吏的一切权力，都必须从这个最高权力中派生出来。当人民的主权实现之时，也就是共和国成立之日。"④从社会契约论出发，在处理国际关系时，康德把永久和平看作一种最高的政治之善，他在《永久和平论》中全面而详细地论证了"各个国家的联合体的世界大同是人类由野蛮步入文明的一个自然的而又必然的历史过程"⑤。为此，"从理性范围之内来看，建立普遍的和持久的和平，是构成权力科学的整个的最终的意图和目的"⑥。为了让自由和非自由国家之间共同享有国际上的和平，康德还提出了"自由国家的联盟制度"这么一个概念。他认为，这个"自由国家的联盟制度"就是"和平联盟"：它是一个超越不同文化、不同民族的、具有普遍适用性的道德法则。⑦这个原则成为主权国家组成的国际组织（"一战"后的"国际联盟"和"二战"后的"联合国"）的理论雏形。

这种国家观念由康德明确提出，至黑格尔集大成，它以自由主义为前

---

① 游英慧：《比较视角下的欧美文学》，光明日报出版社 2016 年版，第 106 页。

② ［德］康德：《道德形而上学》，法学教材编辑部西方法律思想史编写组：《西方法律思想史资料选编》，北京大学出版社 1983 年版，第 419 页。

③ ［德］康德：《法的形而上学原理》，沈叔平译，商务印书馆 1991 年版，第 143 页。

④ ［德］康德：《法的形而上学原理》，沈叔平译，商务印书馆 1991 年版，第 177 页。

⑤ 蒲兴祖、洪涛主编：《西方政治学说史》，复旦大学出版社 1999 年版，第 346 页。

⑥ ［德］康德：《历史理性批判》，何兆武译，商务印书馆 1991 年版，第 177 页。

⑦ 袁赛男：《哲学视域下的国家形象建设研究》，天津人民出版社 2015 年版，第 62 页。

提，以国家理想主义为结论①，认为国家是（永恒理性）绝对精神的产物，是世界历史自然发展的结果，国家除了联合外没有其他目的②，从本源上看，它是"伦理理念的现实"③；"从构成上看，它是民族的共同体；从形态上看，它则是有机性的整体"④。黑格尔认为，国家这个独立有机整体作为个体在强调国家主权时必须通过对立来肯定自身的存在，而国家的主权有对内对外两个方面功能：对内是指通过促进国家的各个环节发展来最终实现国家的统一并体现其整体的理性，对外是指该国与其他具有独立性和个体性的国家之间的对立。⑤ 换言之，对外主权就是"每个国家对别国来说都是独立自主的"。同时，黑格尔在阐述国家的对外主权时还特别强调："独立自主是一个民族最基本的自由和最高的荣誉"⑥；而作为国家的一员，在维护国家的独立和主权上，每个公民都有义务在生命财产等方面作出牺牲。黑格尔认为世界历史是按照城邦国家——宗教国家——现代理性国家三大发展阶段发展的，且认为只有君主立宪制才可使各种力量得到释放。如此，德意志在这一法哲学理论的引导下，迅速实现了整个德意志民族在伦理上和民族共同体观念上的统一，得以君主立宪政体整合各个松散的邦国，一个强大的德意志民族国家迅速壮大。不仅如此，随着德国的对外扩张，康德和黑格尔提出的国与国之间处理国际事务两大国际法原则（恪守契约原则和主权的原则）一直影响到今天。

（5）美国博采众长的"熔炉"文化模式极具创新活力。

美国自 19 世纪以来，以其博采众长的胸怀，以 WSAP（White Anglo-Saxon Protestant，白人盎格鲁-撒克逊新教徒）文化为主体广泛吸收人类所有先进的文明成果，迅速崛起为 20 世纪初的世界强国和"二战"后的超级大国，其铸造的"熔炉"文化使美国迅速成为继德国之后的世界文化与科技中心，这是美国实施文化开放国策的结果。

---

① 西方马克思主义与自由主义学者看到的是黑格尔国家观的前提与结论，详见郁建兴：《黑格尔的国家观》，《政治学研究》1999 年第 3 期。

② 冯志峰、洪源：《黑格尔国家观文献述评》，《学术论坛》2007 年第 4 期。

③ ［德］黑格尔：《法哲学原理》，范杨、张企泰译，商务印书馆 1961 年版，第253 页。

④ 闫伟杰：《黑格尔的国家观探析》，《理论探索》2008 年第 4 期。

⑤ 袁赛男：《哲学视域下的国家形象建设研究》，天津人民出版社 2015 年版，第64 页。

⑥ ［德］黑格尔：《法哲学原理》，范杨、张企泰译，商务印书馆 1961 年版，第339 页。

美国从 1607 年第一个永久性英国定居点詹姆斯敦建立开始,① 1620年又有一批英国的清教徒为躲避宗教迫害,乘坐五月花号帆船从阿姆斯特丹港出发,企图建立清教徒国度,到达鳕鱼角后,他们签署了《五月花号公约》,这份公约成为美国日后众多自治公约中的首例。② 1775 年,美国独立战争打响,1776 年发布《独立宣言》,宣布一切人生而平等,人人有生存、自由和追求幸福等不可剥夺的权利。1784 年独立战争结束,世界上第一个联邦制国家由此成立。一批信仰坚定的新教徒为争取平等自由权利而推动的思想变革和政治革命,将最初松散的十三个英属殖民地整合成世界上一个强大的国家。

美国文化体系融汇了科学与神学的思想,构成了一种既有固定的核心价值观念,又有开放精神品格的文化结构。"美国物质文明是建立在科学高度发达的基础之上的;美国精神文明则是建立在神学不断延伸的基础之上的。"③一方面,美国是由英国清教徒最初在殖民地创立的松散邦联,承继了宗教改革的直接成果,建立了基于契约神学的组织原则、思维框架、精神支柱和话语方式,它将新教独立自主精神、工作伦理和重视教育等文化内涵纳入美国人的日常生活之中,建构了美国社会开放兼容的文化心态④;另一方面,美国还继承了启蒙运动以来对于分权制衡、政治改革与革命、民主自由等思想成果,德国国家观念以及国际法原则等法哲学的思想余绪,形成了以自由民主理念支撑的国家三权分立制衡结构。可以说,美国将欧洲旧文明最精华的部分融进了自身的血液。而且在极短的时间内吸纳了欧洲数世纪以来的科技成就并超越之,以其科学理性和开放兼容的文化系统引领第三次科技革命的潮流。除此之外,由于其漫长的移民历史,其将欧洲以外的亚非拉澳等多元文化与欧洲文明熔于一炉,最终冶成20 世纪后期称雄世界的美国文明。

从历史中观察发现,一个社会的文化开放始终与科学革命是联系在一起的,文化的开放会导致不同观念的相互激荡和思维方式改变,会引导科学知识体系的更新,由此促使科学革命的到来。而科学革命所提供的经验

---

① [美]纳什等:《美国人民》上册,刘德斌、任东波译,北京大学出版社 2008年版,第 4 页。

② 林训民:《大国崛起——美国》,青林国际出版股份有限公司 2007 年版。

③ 董小川:《科学和神学——现代美国文明的两大支柱》,《东北师大学报》(哲学社会科学版)2000 年第 2 期。

④ 钱满素:《美国文明溯源》(笔谈),《社会科学论坛》(学术评论卷)2007 年第12 期。钱满素教授是对五篇文章的评论,这里引其观点论述。

知识和理性，特别是科学思维与科学方法，科学精神折射到人文领域，也会引导人们以更加理性的观念和科学的方式来看待物质世界和人类社会，形成文化开放与科学创新的双向互动。

2."弃海向陆"跌入停滞社会的明朝

正当世界走向海权时代，全球开始连为一体的时候，同一时期的明朝在经历明初三宝太监郑和（1371—1433）七下西洋后，放弃了开始于明朝初期的世界航海时代的引领者角色，进而"弃海向陆"，跌入停滞社会的陷阱，直至被清朝所取代。

古代中国，传统文化具有"大陆型"性格，与古希腊、古罗马的"海洋型"文化特征迥异。由于中国是一个"负陆面海，陆成板块"的国家，面对浩瀚的太平洋，缺少文明的交流与反馈，形成"大陆—海岸"民族，遂产生对大海"望洋兴叹"的独特畏惧心理。与西方内海切割大陆形成陆海交错的众多小国大相径庭，西方利用便利的海运条件培植了商业文化性格，广泛的殖民活动激发了冒险的精神，形成"海上民族"，形成了眷恋海洋、开发海洋贸易的传统。近代地理大发现与争夺出海口和制海权皆是其民族精神的自然延伸。但素以经营陆疆著称的中国，亦有开辟海上丝绸之路、规模空前的郑和下西洋等经略海洋的壮举，还在16世纪产生了中国式的经略海洋的思想。① 在汉代开辟的海上丝绸之路在宋元后演变成"海上陶瓷之路"或"海上陶瓷香料之路"，成了郑和下西洋沿袭与拓展之路，也是今日中国命脉"海上石油之路"的原型。② 但郑和下西洋之后，中国明朝政府全面"弃海向陆"，事实上也符合中国大陆文化的总体特征。

明朝是中国农耕文明发展的转折点，在16世纪"大航海时代"来临前，中国的官方与民间航海能力皆领先于世界，中国在造船与航海技术上，遥遥领先于西方"地理大发现"的国家。明朝初年，中国向海洋挑战，出现了由近海走向远洋的历史性机遇。永乐皇帝朱棣（1360—1424）出于"宣威海外"、引导"万国来朝"以形成"中华朝贡体系中心的地位"③的政治目标，动员国家力量支持郑和下西洋，是为"大航海时代"前奏，④ 郑和七下西洋分东南亚南亚第一阶段和西亚东非第二阶段，所率300余艘的船队规模是

① 冯天瑜：《中国文化生成史》（上），武汉大学出版社2013年版，第268页。

② 冯天瑜：《中国古代经略海洋的成就与局限》，《苏州大学学报》2012年第2期。

③ 邹振环：《郑和下西洋与明朝的"麒麟外交"》，《华东师范大学学报》（哲学社会科学版）2018年第2期。

④ 邹振环：《郑和下西洋是"大航海时代"前奏》，《中国海洋报》2014年9月15日第3版。

当时世界最庞大舰队，"第一次世界大战以前，各国海军亦无规模可比郑和下西洋者"①，在航海史上"不仅创造了横渡印度洋至非洲的纪录，同时也横渡了孟加拉湾、阿拉伯海，往返于东南亚、南亚与阿拉伯诸国之间，积累了丰富的解决和判断船舶的地理位置与航行方向的经验"②。

然而，这种"宣布纶音"的政治行动毕竟缺少社会经济生活的根基和有力支持，注定难以长久。在永乐帝辞世后即受到质疑，在宣德皇帝朱瞻基（1398—1435）支持下郑和进行了最后一次航行。郑和死后，明成化年间（1465—1487），朝廷下令销毁郑和宝船以及下西洋的档案材料，郑和下西洋成了朝臣谴责的"一大弊政"而告结束，此时正值"大航海时代"前夕。③梁启超先生感叹，在西方的哥伦布和达伽马之后还有无量之哥伦布达伽马时，为什么"我则郑和之后，竟无第二之郑和"。④ 明朝郑和下西洋原本已开启大航海的端倪，有可能主导全球化航海大发现并借此成为第一个世界性文明中心，结果却是逆世界潮流而驰，"弃海向陆"，失去了"成为海洋国家的机遇"，陷入了"在没有真正崛起之前开始衰落"的"明朝陷阱"。⑤

明朝"弃海向陆"，从表面上看，是朝廷应付沿海"倭寇"⑥和东南边患的措施，但实质上是受制于古代中国大陆性民族的文化心理结构，这种大陆性民族心理根植于东亚大陆—海岸民族的生活环境、小农业的生产方式、地主专制集权的政治制度和"天圆地方""夷夏之辨"的观念世界，以及在此基础上形成的文化保守主义文化心理定式，只是到了明末清初才由利玛窦（1552—1610）等西方传教士带来了先进的异域文化，在与这些西方文化的接触中朝廷上层的极少数士大夫才建立起了一种开放的心态⑦，然而为时已晚，早已跌入停滞社会的明王朝已经难挡清的铁骑，1644 年，清代明而立。

---

① 冯天瑜：《中国文化生成史》（上），武汉大学出版社 2013 年版，第 281 页。

② 邹振环：《郑和下西洋与明人的海洋意识——基于明代地理文献的例证》，《光明日报》2014 年 8 月 18 日第 16 版。

③ 冯天瑜：《中国古代经略海洋的成就与局限》，《苏州大学学报》2012 年第 2 期。

④ 梁启超：《（祖国大航海家）郑和传》，《饮冰室合集》之六《饮冰室专集》，中华书局 1989 年版，第 11 页。

⑤ 郑永年：《中国为什么要躲避大国"命运"》，《联合早报》2017 年 4 月 18 日。

⑥ 樊树志：《"倭寇"新论——以"嘉靖大倭寇"为中心》，《复旦学报》（社会科学版）2000 年第 1 期。

⑦ 邹振环：《郑和下西洋与明人的海洋意识——基于明代地理文献的例证》，《光明日报》2014 年 8 月 18 日第 16 版。

### 3. 近代日本的开放与清朝的保守，导致两个国家的两种命运

明末清初的中国，仍然拥有一次历史性转型的机遇。明末，西方耶稣会士来华，通过"学术传教的方法"，走上层路线，与徐光启、李之藻等"西学派"翻译西书，研讨西学，在一定范围内发挥了其沟通中外文化的作用，"为的是移植宗教，结果却在中国开出了科学之花"①，西方先进的科学技术输入中国，开启了第一次"西学东渐"的浪潮。至清初顺治、康熙年间，来华传教士传播的西洋科学在上层仍有发展，直至雍正完全驱逐传教士后戛然而止。中国通过与世界先进文明进行交流、促成中华文化转型的历史机遇再一次失之交臂，在专制主义君主集权制和文字狱的双重压迫下，中国走向了彻底的文化保守主义。中国进入近代后，由此落后于经由兰学而至明治维新日益开放的亚洲邻国日本。

首先，严厉的"海禁"在阻断商路的同时，也阻断了中外文化交流之路，明清王朝也由此从地理封闭走向文化保守。自明朝开始因"倭寇"与东南边患而厉行的海禁，长达 200 多年。到清初康熙年间，曾开放海禁，"东南沿海的私人海上贸易进入了一个新阶段，呈现出一片前所未有的繁荣景象，大量白银源源不断地流入中国，刺激了沿海地区商品经济的蓬勃发展"②。然而，雍正尤其是乾隆以后便正式施行闭关政策，只允许广州一口通商，严控民间海上贸易活动，民间通商贸易对外开拓也受到了极大限制，官方与民间的海洋事业在鸦片战争前后已经大大落后于世界，③ 对于16 世纪以来西方蒸蒸日上的工业革命已经毫无知觉，在中华帝国的幻梦中与世界先进的文化渐行渐远。

其次，明清严厉的文字狱禁锢了知识精英的思想，文化创新的道路被阻断。与汉代杨恽案和北宋苏轼乌台诗案等数量少规模小的文字狱案件不同，从明朝太祖朱元璋(1328—1398)开始便密织文网，以"区区小过，纵无穷之诛"，这与朱元璋的个人忌讳自身寒微出身与当过和尚经历有关，也与朱元璋一系的怀疑淮右集团文人的讥讪直接相关。④ 永乐皇帝亦因篡位而对"靖难之变"这段史实讳莫如深，只要有只言片语，便对其作者杀无赦，但随着明朝政权的巩固，宣德年间即大体停下来了。清朝既继承了明

---

① 冯天瑜：《明清文化史散论》，华中工学院出版社 1984 年版，第 159 页。

② 樊树志：《"倭寇"新论——以"嘉靖大倭寇"为中心》，《复旦学报》(社会科学版) 2000 年第 1 期。

③ 冯天瑜：《中国文化生成史》(上)，武汉大学出版社 2013 年版，第 286~287页。

④ 冯天瑜：《明清文化史散论》，华中工学院出版社 1984 年版，第 327 页。

朝君主专制集权并达于完备，同时又因其为外族统治而加入了残酷的民族歧视和民族压迫政策，在文字狱上多了对汉人民族意识的镇压。政权初定有怀柔汉人的一面，然而到了康熙、雍正、乾隆三朝，政权的稳固开始现出对汉族文人的戒心，政治的统一要求加强思想统制，文字狱数量和惨烈达到登峰造极的程度。① 清代文字狱数量当在 160～170 起，比历史上其他朝代文字狱总数还要多②，康熙朝的"明史狱"、雍正朝的"查嗣庭狱"和乾隆朝的"尹家圳狱"，从借题发挥吹毛求疵再到在语言文字中无中生有，愈演愈烈，动辄连坐上百人，"打击面之广，罗织罪名之阴毒，手段之狠，都是超越前代的"③。如此严苛的文字狱，不仅严重破坏了中国的文化典籍，钳制了人们的思想，造成了大片的学术禁区，还形成了明哲保身，"人人自危"的人际关系。④ 正如参与起草《独立宣言》的本杰明·富兰克林（1706—1790）曾在 1723 年《新英格兰报》所说，"没有思想自由就不会有智慧，没有言论自由就不会有公共自由"⑤。文字狱高压下的清代社会已经失去了思想创新和观念革命的可能性。清代学者们开始走入故纸堆中寻生活，开辟了乾嘉考据学一派，历代文人学士经世致用的学术功能被抛弃殆尽，知识精英群体走入避世免祸一途。

纵观 15 世纪后的西欧，伟大的哲学家辈出，其思想成为引领社会的风向标，如法国启蒙思想家伏尔泰对于人类理性和权利的倡导，对当时的欧洲产生了重大的影响。当他去世时，人们在他的枢车上写道："他引导我们走向自由。"启蒙时期的西欧，产生了一批哲学家、思想家和科学巨人，引发了一场欧洲社会的思想革命和科学革命，哥白尼（1473—1543）、布鲁诺（1548—1600）、伽利略（1564—1642）等人，引导人们脱离古典科学知识体系或者神学体系的束缚，以一种理性看待世界和认识自身。哲学家培根（1561—1626）看到了科学知识能够赋予人类征服自然的能力，发出"知识就是力量"的呐喊，并从理论和制度上提出了发展新科学的计划。他认为

① 王安东、刘莲：《试论清代"文字狱"的起因、特点及影响》，《东方论坛》2003年第 4 期。

② 张兵、张毓洲：《清代文字狱研究述评》，《西北师大学报》（社会科学版）2010年第 3 期。

③ 胡奇光：《中国文祸史》，上海人民出版社 1993 年版，第 117 页。

④ 王安东、刘莲：《试论清代"文字狱"的起因、特点及影响》，《东方论坛》2003年第 4 期。

⑤ Isaacson Walter. Benjamin Franklin：An American Life［M］. New York：Simon & Schuster，2003：23.

科学应该严格以经验知识为基础，通过对普遍性的特定观察来获得真理。
笛卡尔(1596—1650)则将理性作为出发点，宣布"我思故我在"，"从理论
上确立了人的理性相对于万物的优先地位，它歌颂了人的主体逻辑思维的
理性精神；确认理性是衡量一切的尺度，人的本质就是理性"①。孟德斯鸠
(1689—1755)设计了理性主导下的三权分立的政府治理原则，亚当·斯密
(1723—1790)研究了经济运动的规律，奠定了古典经济学的基础。在理性
指导下，自然科学家如医学家威廉·哈维(1578—1657)、化学家罗伯特·
波义耳(1627—1691)、生物学家罗伯特·胡克(1635—1703)于各自学科领
域都取得了突破性的成就，而真正对人类认识世界具有颠覆性影响的成果
要数物理学家艾萨克·牛顿(1643—1727)的万有引力定律，这一定律为人
类找到了宇宙间万物运行规律的钥匙。这些知识精英群体高举科学和理性
的旗帜，引领全社会的思想和科学启蒙，使人们相信通过科学和理性可以
认识自然和社会的规律，让人类社会不断走向文明和进步。由此反观明清
时代的中国社会，明清之际的黄宗羲、顾炎武和王夫之三杰的带有启蒙性
的著作只能"藏之名山，传之后人"。特别是进入清代，"文字狱"加之科举
"八股取士"制度的双重束缚，中国的整个知识群体已经失去了文化创新的
能力，使整个社会的发展陷入停滞。

　　"八股取士"是隋唐科举制在明清的延伸。科举制被誉为中国"第五大
发明"，传到西方，成为西方文官考试制度的雏形，深刻地影响了欧美的
制度文化。② 但到了明代，本为考选人才的科举考试制度却出现了变异，
形成相对固定的内容与形式，成为两代八股取士制度设计的源头，然而考
试组织者的标准化要求与应考者的技巧性追求交相推引，造成八股文形式
的呆板僵化。③ 为了利禄，出现了《儒林外史》周进、范进等众多深受八股
取士制度毒害的读书人，然而这只是"科举工具先天所带的功利性缺陷以
及后来条条框框的束缚，使它在后来的发展中与当初的设想背道而驰"④，
更深远的影响是：这种教育形式强调的内容限制了读书人的眼界和思维能
力，使他们皓首穷经，埋头于几部经典，离开了科学与知识的本体，沦为
清政府思想控制的有力工具，八股制艺培养的"翰院清才"，一方面成为满

①　王勤：《思想政治教育学新论》，浙江大学出版社 2004 年版，第 167 页。
②　冯天瑜：《中国文化生成史》(下)，武汉大学出版社 2013 年版，第 699 页。
③　陈文新、王同舟：《八股文的"无用"与"有用"》，《中国社会科学报》2012 年 4
月 13 日第 A05 版。
④　陈志扬：《解构批判：八股文的另一类历史意见》，《中山大学学报》(社会科
学版)2014 年第 4 期。

口道德文章，另一方面"竟有不知司马迁、范仲淹为何代人，汉祖、唐宗为何朝帝者。若问以亚非之舆地，欧美之政学，张口瞪目，不知何语矣"①。不仅不能培养社会转型所需要的具有世界眼光和创新精神的人才，而且"造成人力、物力、财力的极大浪费，形成了阻碍科学文化发展的堡垒"②。

在明清社会逐渐走入停滞与保守、渐渐远离全球化的工业文明大潮时，同处于中华文化圈的日本却通过文化开放，吸纳借鉴西方的科学技术和政治制度，通过明治维新而快速崛起，并于1895年和1905年分别击败中国和俄国，正式确立其东方现代化领先国家地位。

日本所取得的现代化成就与其文化开放息息相关。明末清初，伴随着葡萄牙、西班牙传播基督教，日本人开始接触欧洲科学知识与思想，是为日本第一次"西学东渐"，形成了日本的"南蛮学"。伴随着荷兰商人在日本通商贸易中，西洋学术、文化与技术传入日本，是为日本第二次"西学东渐"，形成日本的"兰学"③，形成了早期社会学习西学的根基。日本德川幕府奉行保护主义（锁国）政策，于1641年，将荷兰商馆迁移到长崎的出岛，只允许与荷兰和中国通商贸易，直至1853年美国舰队"黑船来航"，叩开日本国门。

日本200多年的锁国政策与中国清代的锁国政策不同的是，中国除了开广州一口贸易和保留一些西洋的天文观测知识外，几乎与西方先进的文化绝缘，而日本对中国和西方的文化开放从未中断过。南蛮学的传入为兰学打下良好基础，而兰学在日本则生根发芽，日本人在与荷兰人的交流中了解到西方先进的自然科学知识、技术、社会制度与风俗等。在英国还没成为世界文明中心前，葡萄牙、西班牙及荷兰是欧洲先进与富裕之地，通过南蛮学与兰学，日本奠定了早期向西方学习的社会根基。即使在幕末（1853—1867）兰学式微之时，日本政府即派遣留学生到西欧学习先进文明，并聘请外国人到日本当顾问传授知识。这种文化的开放态度使日本在经历明治维新后得以迅速现代化，到甲午战争前后中日在西学传入与吸收上形成极大差距，这除了"不同性质的国家政权在西学问题上的实际作为、各自社会传播和吸收西学的内在条件各异"外，更根源于日本是以"求知识

---

① 康有为：《请废八股试帖楷法试士改用策论折》，《康有为诗文选》，广东人民出版社1983年版，第550页。
② 胡作玄：《八股百年祭》，《科学文化评论》2005年第5期。
③ 李少军：《甲午战争前中日西学比较研究》，湖北人民出版社2007年版。

于世界""以西洋文明为目标"的文化开放心态作为对待西学的指导思想,这种指导思想与清朝洋务运动中占主导地位的文化保守主义倾向的"中体西用"思想有着本质差异。①

由于两国统治者及社会对西方文化采取的不同态度,结果形成日本和中国发展迥异局面:"日本出现了'洋学'的勃兴,逐渐摆脱了传统世界观的束缚,为日本走向近代化奠定了坚实的思想基础;而清政府则固守'华夷尊卑'的天朝体制,漠视外部世界的存在,故步自封,不思进取,最终酿成了落后挨打的局面。"②近代中国遭受日本欺凌的惨痛经历,不能不追溯到明清两代文化保守主义的源头。而日本现代化的成功,也不能不追溯到其早期文化开放的源头。

4. 小结:过度防御导致清代中国进入"停滞社会"

文化保守主义的思想和政策,使明清社会跌入"停滞社会"的泥潭。19世纪20年代,德国哲学家黑格尔便指出中国作为"停滞社会"的特征:"中国很早就已经进展到了它今日的情状;但是因为它客观的存在与主观的运动之间仍然缺少一种对峙,所以无从发生任何变化,一种终古如此的固定的东西代替了一种真正的历史的东西。中国和印度可以说还在世界历史的局外。"③之所以如此,黑格尔认为,根本原因在于,"在中国,客观性和主观自由的那种浑然不分的统一已经全然消弭了两者间的对峙,使得实体不能实现自身反省和取得主观性。那种以伦理性出现的实体性东西,不是作为主体的思想占据统治地位,而是成了元首的暴政"④。他认为,中国哲学上的"主体—客体"分离不明显的认识论体系,限制了人们认识世界和观察人类社会发展规律的能力。儒家思想的伦理性特征,其主旨不是引导人们去认识客观世界的规律,而是成为帝王们实施专制集权提供思想基础。

马克思主义经典作家深入分析了中国土地所有制、经济结构和东方专制制度及其政治、经济和文化根源和成因后,也认为中国的社会是一块

---

① 李少军:《甲午战争前中日西学比较研究》,湖北人民出版社2007年版,第18页。

② 于忠元:《中日"锁国闭关"时代对西方态度之比较》,《前沿》2013年第2期。

③ [德]黑格尔:《历史哲学》,王造时译,上海书店出版社1999年版,第129页。

④ 刘敬东:《理性、自由与实践批判:两个世界的内在张力与历史理念的动力结构》,北京师范大学出版社2015年版,第212页。

"活化石"，过着"停滞的社会生活"①，其木乃伊论更是众人皆知，"与外界完全隔绝曾是保存旧中国的首要条件……正如小心保存在密闭棺材里的木乃伊一接触新鲜空气便必然要解体一样"②，认为"历史好像是首先要麻醉这个国家的人民。然后才能把他们从世代相传的愚昧状态中唤醒似的"③。这种愚昧状态呈现的是野蛮的、闭关自守的、与文明世界隔绝的状态。④

一旦陷入"停滞社会"，就不可能产生烛照整个民族与国家前行的新思想与新观念，社会的创新活力也在八股文、文字狱中消磨净尽，留下来的只是浑浑噩噩的知识阶层、辛苦劳作以求温饱的民众和所谓"天朝上国"的威严。黑格尔认为处在世界历史局外的中国只能是"预期地、等待着若干因素的结合，然后才能够得到活泼生动的进步"⑤，马克思认为，鸦片战争敲开中国大门后，在两种不同的生产方式和社会制度的相遇和对决中，以君臣、父权关系为代表的传统中国的政治秩序必然会走向瓦解崩溃。⑥ 这就是历史的辩证法。

## （三）以文化开放保证国家文化安全的内在机理

国家文化安全之所以要以文化开放为保障，是因为唯有文化开放才能接纳不同的思想和观念，才能形成社会的文化多样性，才能形成文化创新的基础。

### 1. 文化开放以促进社会的创新活力

近代以降，文化保守的中国与文化开放的日本渐行渐远，特别是日本经过明治维新后，中日间的位置出现倒置，原来的师生关系也逆转，"文

---

① ［德］马克思：《中国记事》，中共中央马克思恩格斯列宁斯大林著作编译局编译：《马克思恩格斯文集》第 15 卷，人民出版社 2009 年版，第 548 页
② ［德］马克思：《中国革命和欧洲革命》，中共中央马克思恩格斯列宁斯大林著作编译局编译：《马克思恩格斯文集》第 2 卷，人民出版社 2009 年版，第 609 页。
③ ［德］马克思：《中国革命和欧洲革命》，中共中央马克思恩格斯列宁斯大林著作编译局编译：《马克思恩格斯文集》第 2 卷，人民出版社 2009 年版，第 608 页。
④ ［德］马克思：《中国革命和欧洲革命》，中共中央马克思恩格斯列宁斯大林著作编译局编译：《马克思恩格斯文集》第 2 卷，人民出版社 2009 年版，第 607~608 页。
⑤ ［德］黑格尔：《历史哲学》，王造时译，上海书店出版社 1999 年版，第 123 页。
⑥ ［德］马克思、恩格斯：《中国和英国的条约》，中共中央马克思恩格斯列宁斯大林著作编译局编译：《马克思恩格斯文集》第 10 卷，人民出版社 2016 年版，第 277 页。

明中心因时移动"①之时，日本著名史学家内藤湖南（1866—1934）对中国因封闭保守而落后的情状给出了"文明中毒说"的解释，而且还以中国历史本身经验得出其"文明解毒说"，即要借助外族文化基因（外族入主中原）的刺激与拯救。

"内藤史学"将中国文明的历史划分为上古、中古、近世三个发展阶段，每一阶段都要经历成长、衰老、死亡的演变过程，"当文明发展到烂熟程度的时候（衰老期），就会产生毒素，文化躯体'中毒'，需要外来文化的冲击去'解毒'。如汉帝国发展到极致就有五胡乱华，由此催生灿烂的隋唐文明。蒙元对于宋，清朝对于明，也同样如此。中华文明能够长存不灭，很重要的一个原因就是每当衰相显露的时候，都有塞外民族帮助'解毒'"。② 内藤湖南认为一千年前的中国已经是一个领先于世界的发达文明体，然而这种早熟，却是近现代的政治腐败、经济贫弱、军事落后的原因，中国亟待寻找出路——"文明解毒"。③ 内藤湖南这一"文明中毒、解毒说"认为，中国文明已然衰老、高度烂熟，"中毒"已深，需要生机勃勃的日本文化前来"解毒"，这是为日本帝国主义侵略中国进行理论论证，这显然是包藏祸心的。但内藤湖南作为域外文化人士对中国文化兴盛与衰落过程的观察，也说明了历史上中华文化因保守因循而导致落后的现实。

内藤湖南尽管提出了"文明中毒说"的现象，但他没有提出令人信服的解释，提出解释的是西方学者如挪威的拉斯·特维德，美国的卡罗尔·奎格利和曼瑟·奥尔森。拉斯·特维德在《创新力社会》中提出，历史上诸多文明如雅典、罗马等在经历一个时期的辉煌后迅速衰落并中止了，到底是何原因？澳大利亚的塔斯马尼亚人和澳大利亚的原住民，越南蒙塔格纳德族人、火地岛印第安人、苏格兰高地人、加那利群岛原住民，以及复活节岛上原住民等，都是曾经辉煌但又逐步走向衰落。"因纽特人是生活在加拿大的欧洲人后裔，他们曾经拥有固定住所，生活在石制房屋之中，出门乘坐狗拉雪橇，他们曾经会驾驶船只，使用鱼叉等工具，在浩瀚的大海捕捉鲸鱼。但是后来，当欧洲人出现在他们面前时，他们已经完全忘记所有

---

① ［日］内藤湖南：《地势臆说》，神田喜一郎、内藤乾吉编：《内藤湖南全集》第一卷《近世文学史论》"附录"，筑摩书房1969年版。

② 冯天瑜、任放：《日本对外侵略的文化渊源》，高等教育出版社2017年版，第433页。

③ 冯天瑜、任放：《日本对外侵略的文化渊源》，高等教育出版社2017年版，第424页。

这些技能。在欧洲人面前的是一群对于捕捉大型鱼类一无所知，依然居住在雪堆成的原始棚子之中，并且从来不会在固定地点存储食物的原始人群。"①导致这些文明衰落的根本原因就是社会封闭，有的是完全与世隔绝如塔斯马尼亚人和澳大利亚的原住民，有的与其他文明既相对隔绝、但又相对开放、社会管理高度集权（如印加帝国、晚清中国、晚期西罗马等），这类文明衰落往往会从社会内部溃败开始，经过短期的繁荣，然后在外敌（异域文明）的冲击下瓦解。"当西班牙人抵达南美洲的时候，西班牙征服者埃尔南·科尔蒂斯仅凭 530 名士兵便占领了阿兹特克帝国，同时，法兰西斯克·皮泽洛也仅依靠 168 名随从和 62 匹战马占领了印加。实际上，征服阿兹特克人仅用了不到两年，而征服印加人也不过 5 年。尽管这两大文明的居民总数达到 3700 万人，而西班牙侵略武装力量共计约 1000 名士兵。"②

美国学者卡罗尔·奎格利通过对世界古代文化的考察发现，文明的发展过程大体上归纳为"融合、酝酿、扩张、冲突的时代，普遍的帝国、衰落和入侵"七个阶段。若要想产生富有生命力的全新文明，既要求有强烈的刺激，又要拥有创新和积累资本的独到手段。这个文明要想在兴盛时期如果仍想保持不败，那么它就"既不纠结于往日的辉煌，也不过度依赖原先的规则和传统，他们保持着乐观开放的文化"③。

拉斯·特维德将奎格利教授的"七阶段"模型，简化为"五阶段"模型，即"创新性的融合、扩张、内部衰落、繁荣、崩溃"。一种文化（体现为国家）的兴盛始于多民族和多文化的创新性融合，如英国民族是由凯尔特人、罗马人、盎格鲁-撒克逊人、犹太人、日耳曼人和诺曼人等人种融合而来，中国的汉朝是由不同民族和文化融合而来，唐朝是由汉族与西北少数民族融合而来。随后是国家势力的扩张，如 17—18 世纪的英国、中国汉朝和唐朝对于西北部的扩张。随后进入到"内部衰落阶段"，而内部衰落的原因，卡罗尔·奎格利归因于"过度体制化"。美国济学家曼瑟·奥尔森在《国家的兴衰》中提出，产生过度体制化的主要原因是存在大量特殊利益和规避竞争的特权。"事实上，一些长期研究贫穷国家发展状况的经济学家已经

① ［挪］拉斯·特维德：《创新力社会》，王佩译，中信出版社 2017 年版，第 106页。

② ［挪］拉斯·特维德：《创新力社会》，王佩译，中信出版社 2017 年版，第 106页。

③ ［挪］拉斯·特维德：《创新力社会》，王佩译，中信出版社 2017 年版，第 107页。

发现，过于庞大的官僚机构可能是阻碍经济腾飞主要原因。"①国家利益通过合法化(体制化)过程被转移到具有特权的公共机构，使这些本应为公众服务的机构出现异化，集团或者部门利益取代国家整体利益成为它们追求的目标，于是，整个社会"双输"交易频率增加。同时，整个社会的文化心理结构也会发生深刻变化，"越来越多的市民成为'寻租者'，专注于开发现有的财富，而不是寻求创新"②。从外部看，社会仍然一派繁荣，但实际上内囊已经腐败，整个社会不可避免地坠入内部衰落的进程中。

如果处于衰落阶段(第四个阶段)的老旧文明与新兴文明(处于第二个阶段)发生正面碰撞，就会促进老旧文明的瓦解和崩溃。如印加、阿兹特克帝国。晚清中国也属于老旧文明，与处于扩张期(第二阶段)的英国进行了鸦片战争和第二次鸦片战争，一败再败。1894 年，晚清政府与完成工业化改造后的日本(第二个阶段)进行甲午战争，号称亚洲第一的北洋海军全军覆没，这事实上已经不是军事力量的对比，是处于不同阶段的文明之间的碰撞，从表面上看，是一个新兴小国对传统大国的挑战，但实质上是处于第四阶段的中国传统社会与处于第二阶段的现代化日本的碰撞，因此清政府的失败是必然的命运。

这一失败早在乾隆盛世之时已经埋下了伏笔。正是马戛尔尼(1737—1806)使华团成员以第三方的视角，记载了中国清代乾隆盛世之下官场腐败、人民贫穷、社会落后的情状。

马戛尔尼使团观察到，清政府的腐败已经深入每一角落，不仅乾隆皇帝特许的使团"每日五千两"经费开支被官吏贪污，内政也已经腐败不堪："去年山东河决，淹没居民无数"，乾隆皇帝命发库银十万两赈济灾民，经过户部及以下层层转手，最后，"实利及于灾民者不过两万而已"。马戛尔尼嗟叹："孰谓中国人之道德优胜于他人，窃恐东洋孔夫子之子孙与西洋美门(财帛或财神，引者注)之子孙，同其为不肖而已。"③

盛世之下，使团看到的是中国下层民众的普遍贫困："不管是在舟山还是在溯白河而上去京城的三天里，没有看到任何人民丰衣足食、农村富饶繁荣的证明。事实上，触目所及无非是贫困落后的景象。房屋通常是泥

① ［挪］拉斯·特维德：《创新力社会》，王佩译，中信出版社 2017 年版，第 109 页。

② ［挪］拉斯·特维德：《创新力社会》，王佩译，中信出版社 2017 年版，第 109 页。

③ ［英］马戛尔尼：《龙与狮的对话：乾隆英使觐见记》，刘半农译，天津人民出版社 2005 年版，第 168 页。

巴墙、茅草顶。消瘦憔悴、满面愁容的仆役们对接到的残羹剩饭千恩万谢，甚至争抢我们用过的茶叶。不管是房屋还是河道，都不能跟泰晤士河畔的城镇相提并论。"①人民生活程度之低"乃出吾欧洲乞丐之下也"。当时已经完成工业革命的英国，每一个农夫的早餐已经拥有鸡蛋、火腿和面包等，相比之下，当时中国社会底层的贫困，给马戛尔尼使团深刻的印象。

当时中国的科学技术水平也相当落后，"中国人虽然在特定的几种工业上的技术非常高超，但在工业上和科学上，比起西欧国家来，实在处于极落后的地位"②。火柴在欧洲已是司空见惯之物，但与马戛尔尼同行的高官周大人居然没有见过，对用火柴点烟的马戛尔尼发出"奇了，怎么一个人衣袋里放了火会没有危险的呢"的问题，显然不知道磷能取火的原理。而中国瞽者、跛者极多却无医药以治，马戛尔尼认为："国家人口之繁盛与否，与医学、化学至有关系，倘医、化两学不能发达，则人民死于非命者甚多，国势必不能强盛。"③造船和航海上，"由于对内政策，或是由于一种偏见，老是固执着旧有习惯不肯放弃，或者由于对机械学的无知，而使得航海技术方面的科学一无进展，这些船只在今天所见的与100年前的显然是同样的"④。

马戛尔尼仔细观察后得出结论，中国已经在科学上整体性落后："他们(中国人)对地球和宇宙的关系完全无知，这就使他们无法确定各个地方的经纬度，因此，航海技术永远得不到改进。"⑤"中国人对于事物的研究只限于能够达到实际利用的目的为止。他们对于磁性吸引力的一些普通的知识在他们的航海范围内已经足够用的了。"⑥中国的落后与朝廷的政策相关，是中国社会封闭保守的产物："清政府的政策跟自负有关，它很想凌驾各国，但目光如豆，只知道防止人民智力进步。满洲鞑靼征服整个中国

①　[英]约翰·巴罗：《我看乾隆盛世》，李国庆、欧阳少春译，北京图书馆出版社2007年版，第53~54页。

②　[英]斯当东：《英使谒见乾隆纪实》，叶笃义译，上海书店出版社1997年版，第498页。

③　[英]马戛尔尼：《龙与狮的对话：乾隆英使觐见记》，刘半农译，天津人民出版社2005年版，第205~206页。

④　[英]爱尼斯·安德逊：《英人眼中的大清王朝》，费振东译，群言出版社2002年版，第54页。

⑤　[英]斯当东：《英使谒见乾隆纪实》，叶笃义译，上海书店出版1997年版，第225页。

⑥　[英]斯当东：《英使谒见乾隆纪实》，叶笃义译，上海书店出版社1997年版，第227~228页。

以来，至少在过去 150 年里，没有改善，没有前进，或者更确切地说反而
倒退了。当我们每天都在艺术和科学领域前进时，他们实际上正在变成半
野蛮人。一个专制帝国，几百年都没有什么进步，一个国家不进则退，最
终它将重新堕落到野蛮和贫困状态。'清朝'不过是一个泥足巨人，只要轻
轻一抵就可以把他打倒在地。"①马戛尔尼认为中国的文明长期以来停滞不
前，在马可·波罗到来前不久已经到达了文明的最高点，此后没有进步和
提高。与此同时的欧洲，则在过去几个世纪在哲学思想和科技上不断突
破，在西方文明的观照下，马戛尔尼使团得出这样的结论："中华帝国是
一艘破旧的摇摇晃晃的巨大战船，一系列有能耐的警醒的值班军官有幸在
过去一百五十年间设法使其浮于水面，并仅以其巨大的身躯和外表吓住邻
居。但是任何时候只要一位无能的人碰巧掌握了舱面上的指挥权，则该船
的风纪与安全即会消失。她可能不会马上沉没；她可能像一艘失事的船漂
浮一阵子，然后将在岸边撞成碎片，但她将永远不可能在旧底板上重建起
来。"②仅仅在 50 年后，马戛尔尼对于中国社会发展的预测，基本上得到了
验证。③

　　晚清政府之所以没有像印加、阿兹特克帝国那样立即崩溃，一方面在
于中国 4 亿多人口和占全球近 1/3 国民生产总值的巨型国家的体量，其衰
落的速度要比小型国家缓慢很多，其广阔的国土面积和众多的人口，使之
具有一定的抗打击能力；另一方面，清代中国的农耕文明发展到了一个相
当高的水平，与处于工业化初期的西方社会的文化势能差异远没有印加和
阿兹特克帝国那么明显。特别是 1860 年代以后兴起的洋务运动，一定程度
上弥补了两个世界的文化与科技差距，中国精英阶层的文化自觉和农耕文
明向现代化转型的成就使中国社会增加了现代科技文明的新质，避免了中
华文明像印加、阿兹特克文明那样直接崩溃的悲惨命运。由此华夏子孙应
该感谢睁眼看世界的第一批中国人——魏源、林则徐、徐继畬等和洋务运
动发起者奕忻、曾国藩、左宗棠、李鸿章等，他们的卓越努力使中华这般
残破的战船获得了重新装备和更新的机会，避免了直接撞上风暴海岸而解
体的命运。

　　①　[英]克兰默宾编：《赴华使团：1793—1794 年觐见乾隆皇帝使团期间马戛尔
尼勋爵的日记》，郎曼出版社 1962 年版，第 236 页。
　　②　[英]克兰默宾编：《赴华使团：1793—1794 年觐见乾隆皇帝使团期间马戛尔
尼勋爵的日记》，郎曼出版社 1962 年版，第 212~213 页。
　　③　张顺洪：《马戛尔尼和阿美士德对华评价与态度的比较》，《近代史研究》1992
年第 3 期。

2. 决策者的有限理性不足以应对文化安全的复杂系统

凡人皆具理性，但在理性上是有限的，因此凡人也都可能犯错。在个人有限的理性面前，面对文化安全这一复杂系统时往往由于自身智力、见识和经验局限，而导致走向与决策者预想的"安全"目标相反的结局。

对于决策者的有限理性，只有在文化开放，接纳不同文明的刺激下才可得到真实信息，做出真正符合历史潮流和理性的决断，在中国可能与世界再次缩小差距的乾隆皇帝（1711—1796）时期，由于制度的与个人有限的理性，乾隆再次阻断了这一历史机遇。

乾隆皇帝在位期间，清政府平定了准噶尔和大小和卓，主持完成了世界出版史上的巨制《四库全书》的编撰工作，武功文治兼修，在经济与手工业方面更是将康乾盛世推向了顶峰，被誉为"十全（武功）"老人，成为古代有为之君的杰出代表之一，可见其智力才能之卓越。然而，正是这样的一位贤明的皇帝，却对整个中华民族历史进程犯下了导致历史转折的大错，将清代社会完全锁定在封闭保守的发展故道上，就此错失民族转型发展的历史机遇。这种后果并非乾隆皇帝的主观故意，而主要是决策者文化守旧的心理定式和昧于世界大势的认识局限。当时的中国已经远远落后于西方工业文明引领的现代化的大潮，然而自诩为"十全武功"的乾隆皇帝，却全然不知，更不用说在世界的西方已经有一个国家已经超越了老旧的中国而作为新兴国家迅猛崛起。作为决策者，乾隆在马戛尔尼使团来华时，仍旧处于固有的"华夷之辩"老旧观念下，固守于朝贡体制的陈腐知识体系，纠结于"礼仪之争"，认为中华是"泱泱大国"，"无奇不有"，不需要与蛮夷之邦互通有无，断然拒绝了英国马戛尔尼使团合理通商的要求。① 乾隆皇帝以自身的经验与理性做出的独断，其实是受到固有的观念的深刻影响，他驾驶着清国这艘古旧的巨轮走向彻底的文化保守主义，在明代以后再次使中国丧失了在全球化中主动走出去的机遇。乾隆皇帝六十年在位，留给清朝后继统治者的仅仅是一具躯壳，"嘉庆以后，清王朝由盛转衰，日益孱弱，其端肇始于此"②。

而经过启蒙运动洗礼后的欧美社会，应对包括文化安全在内的一系列复杂问题的办法就是支持社会开展讨论，让不同观点的双方或者多方，相互驳辩，从而提供改正失误、修正决策的社会机制。支撑这种社会讨论的是深入社会各个阶层的思想自由和言论自由，正是社会各个阶层关于言论

---

① ［英］约翰·弗朗西斯·戴维斯：《崩溃前的大清帝国：第二任港督的中国笔记》，易强译，光明日报出版社2013年版。

② 黄爱平：《略说乾隆的"十全武功"》，《文史知识》1989年第10期。

自由的理论共识，使启蒙后的西方社会形成了文化开放的社会。

早于乾隆皇帝时代的一个多世纪，西欧已经有一批启蒙思想家重新拾起希腊诸贤关于理想国家的思想，思考如何匡正政府决策者的有限理性问题。其思考的重心是将人的自由权利从自然法权提取出来，其核心是人的思想自由和言论自由的权利，"思想自由，亦称精神自由、意志自由、观点自由等。与行为自由相对应，是人的意识的内向领域里的自由。包括独立自主地进行思维和判断的自由，不受干涉地接受、持有某种见解或观点，不受干涉地进行思想交流的自由"①。英国思想家霍布斯以理性反对君权神授，提倡人们经济上的自由权利。霍布斯认为国家是人们为了遵守"自然法"而订立契约所形成的"专制利维坦"。② 但他提倡的自由是以遵守法律为前提，即"在法律未加规定的一切行为中，人们有自由去做自己的理性认为最有利于自己的事情"③。这就明确界定了自由与约束的关系。

英国伟大诗人弥尔顿（1608—1674）于 1644 年发表《论出版自由》的著名演说，指出言论自由是"一切自由之中最重要的自由"，第一次提出了思想自由表达的言论及出版自由。他说："书籍并不是绝对死的东西。它包藏着一种生命的潜力，和作者一样活跃。不仅如此，它还像一个宝瓶，把创作者活生生的智慧中最纯净的精华保存起来。"他警告说："误杀好人和误禁好书同样容易。杀人只是杀死了一个理性的动物，破坏了一个上帝的像，而禁止好书则是扼杀了理性本身，破坏了瞳仁中的上帝圣像。"④"作为他的论点的基本假设是，人们通过理性就可以辨别正确与错误，分辨好坏，而要运用这种才能，人们就必须不受限制地去了解别人的观点和思想。弥尔顿相信真相是明确的，是可以表达出来的，并且要让真理'自由而公开地斗争'，真理本身就具有战胜其他意见而存在下来的无可比拟的力量。从弥尔顿这种思想出发，形成了关于'观点的公开市场'以及'自我修正过程'的概念，那就是让所有想说什么的人都自由地表达自己的思想，真实的、正确的思想会保存下来，虚假的和错误的思想会被克服。"⑤

---

① 王德志：《论思想自由权》，《当代法学》1998 年第 2 期。

② ［英］托马斯·霍布斯：《利维坦》，黎思复、黎廷弼译，商务印书馆 1985 年版。

③ ［英］托马斯·霍布斯：《利维坦》，黎思复、黎廷弼译，商务印书馆 1985 年版，第 164 页。

④ ［英］弥尔顿：《论出版自由》，吴之椿译，商务印书馆 1958 年版，第 5 页。

⑤ ［美］韦尔伯·施拉姆、弗雷德·西伯特、西奥多·彼得森：《报刊的四种理论》，中国人民大学新闻系译，新华出版社 1980 年版，第 51 页。

　　荷兰思想家斯宾诺莎（1632—1677）从构建"理性王国"中推导出了"思想自由，行动守法"①的原则，他认为，人们在订立社会契约时，让渡的仅为判断善恶和实施惩罚的权利，而思想、言论和判断自由是天赋的、不可转让的自然权利，"个人放弃自由行动之权，而不放弃自由思考与判断之权是对的"②，一个人应当是"他自己思想的主人"③。"斯宾诺莎以为，思想自由与言论自由是为谋国家的安全与福利所必需；弥尔顿以为，这种自由是人们理智能有最高发展的保障，有这种自由然后人不愧为人。"④

　　与斯宾诺莎同年的英国思想家洛克进一步从人的自然权利观出发，论述了人的自由权利的基本内涵："是在人所受约束的法律许可范围内，随心所欲地处置或安排他的人身、行为、财富和他的全部财产的那种自由，在这个范围内他不受另一个人的自由意志的支配，而是可以自由地遵循他自己的意志。"⑤他认为，个人是权利和自由的主体，且以理性为基础，每个人都普遍地平等地享有自由的权利，"人的自由和依照自己的意志采取行动的自由，是以他具有理性为基础的，理性能教导他理解他用以支配自己行动的法律，并且使他知道他在多大程度上享有自己意志的自由"⑥。洛克对个人理性的有限性的理解比霍布斯的政府理论又前进了一步，而且由于发展了以自由权为基础的权利主张，普遍尊重每个人的思想自由、言论自由，在这基础上建立起全社会讨论国家事务的机制，扩大了现代政治议程中民众政治参与的理论基础。

　　法国启蒙思想家伏尔泰高扬人类的理性，认为理性是历史前进的动力，因此反对压抑理性的专制和愚昧，在理性指引下教导人类走向自由。

----

　　①　汤玉奇、陈继新、曾辉尧：《社会公正论》，中共中央党校出版社 1990 年版，第 36 页。

　　②　[荷]巴鲁赫·斯宾诺莎：《神学政治论》，温锡增译，商务印书馆 1963 年版，第 272 页。

　　③　[荷]巴鲁赫·斯宾诺莎：《神学政治论》，温锡增译，商务印书馆 1963 年版，第 271 页。

　　④　[美]威廉·邓宁：《政治学说史》中卷，谢义伟译，吉林出版集团有限责任公司 2015 年版，第 162 页。

　　⑤　[英]约翰·洛克：《政府论》，瞿菊农、叶启芳译，商务印书馆 2008 年版，第 37 页。

　　⑥　[英]约翰·洛克：《政府论两篇》，赵伯英译，陕西人民出版社 2004 年版，第 165 页。

他的代表作《哲学辞典》"集当时所有思想自由的大师们之大成"①，伏尔泰思想不同于 18 世纪的自然法思想，他"主张人从一开始便生存于社会之中，并同时享有各种自然权利，其中最重要的就是自由权利。这种自由权利主要表现在人身及财产自由、出版及言论自由、宗教及信仰自由以及商业及资本自由四个方面"②。正是由于在制度设计上保障了个人思想自由和言论自由的权利，使得启蒙后的西欧和独立战争后的美国，其社会的聪明才智得以充分发挥。

马克思主义发展了启蒙思想家们关于人的自由的内涵，科学定义了自由与法律的关系，他认为自由是人的"普遍权利"："法律上所承认的自由在一个国家中是以法律形式存在的。法律不是压制自由的手段，正如重力定律不是阻止运动的手段一样。""法律是肯定的、明确的、普遍的规范，在这些规范中自由的存在具有普遍的、理论的、不取决于个别人的任性的性质。"所以，"法典就是人民自由的圣经"③。马克思批判书报检查令时的精彩论断已为人所熟知："你们赞美大自然悦人心目的千变万化和无穷无尽的丰富宝藏，你们并不要求玫瑰花和紫罗兰散发出同样的芳香，但你们为什么却要求世界上最丰富的东西——精神只能有一种存在形式呢？我是一个幽默家，可是法律却命令我用严肃的笔调。我是一个激情的人，可是法律却指定我用谦逊的风格。没有色彩就是这种自由唯一许可的色彩。每一滴露水在太阳的照耀下都闪耀着无穷无尽的色彩。但是精神的太阳，无论它照耀着多少个体，无论它照耀着什么事物，却只准产生一种色彩，就是官方的色彩！精神的最主要的表现形式是欢乐、光明，但你们却要使阴暗成为精神的唯一合法的表现形式；精神只准披着黑色的衣服，可是自然界却没有一枝黑色的花朵。"④"就人的意志活动本身而言，其自由却是绝对的，除受主体认识能力的限制外，不受他人的干涉，法律只应限制人的行为，而不应限制人的思想。"⑤马克思认为，人的自由权利特别是思想的

①　[美]亨德里克·威廉·房龙：《宽容》，迮卫、靳翠微译，陕西人民出版社 2011 年版，第 187 页。

②　黎晓玲：《伏尔泰自由思想研究》，华东师范大学硕士学位论文，2013 年。

③　[德]马克思：《关于新闻出版自由和公布省等级会议辩论情况的辩论》，中共中央马克思恩格斯列宁斯大林著作编译局编译：《马克思恩格斯全集》第 1 卷，人民出版社 1956 年版，第 176 页。

④　[德]马克思：《评普鲁士最近的书报检查令》，中共中央马克思恩格斯列宁斯大林著作编译局编译：《马克思恩格斯全集》第 1 卷，人民出版社 1956 年版，第 7 页。

⑤　王德志：《论思想自由权》，《当代法学》1998 年第 2 期。

自由应该是一种不受法律干涉和权力干涉的绝对权,这种权力是发自人的生命本体的自然权力,政府和法律无权控制人的思想。正是这种思想自由保证了社会创新发展的内在动力。诚如斯宾诺莎所言:"思想自由本身是一种德行,不能禁止……更不用说这种自由对于科学与艺术是绝对必需的。"①所以,思想自由跟文化创新是紧密联系的,只有思想自由才能保证社会文化创新的活力,没有思想的自由,社会的创新根本无从谈起。

在面对国家文化安全这一牵涉经济、政治、军事、文化、社会等多学科知识和巨大而复杂的系统时,启蒙后的西欧社会采取的是建立和保障全社会公共讨论的机制,并将这种机制建立在思想自由、言论自由和出版自由的法律基础上,由此形成对国家决策者个人有限理性的补充和校正。

作为国家政策性概念的国家文化安全,既包括"文化例外"又包含有"文化多样化"的策略,都明确地指向处于弱势一方对文化强势(文化霸权)一方的防御性机制。作为后发国家的文化自觉和文化自醒,国家文化安全作为学术性概念具有合理性,是应对国家文化安全风险的思想基础。但中国的特殊性在于,由于1840年以来中华民族所承受的民族生存危机的巨大压力,民族心理结构中的"弱国记忆""落后就要挨打"的集体潜意识,使中国的民族主义意识形态十分强烈。一旦将国家文化安全概念不加分析地应用到政策领域,就可能在强烈的民族主义特别是民粹主义的催发下陷入文化保守主义陷阱。国家文化安全所包含的防御性机制与文化保守主义相结合,容易引发意识形态的泛化,可能将本不属于意识形态范畴的社会公德文化与个人权利文化也纳入意识形态管理框架中。在既得利益格局下,会走向过度体制化,这对于目前正在进行中的文化体制改革会造成极大的障碍。

从文明发展史的角度看,中西文化之间的交流互鉴是主流。这种交流是借助于文化开放的渠道和竞争的形态实现的。近代以来,正是在中西文化竞争中实现了传统文化结构的升级与转型,这即是中国文化现代化的历史过程。而且,正如冯天瑜教授在评论亨廷顿"文明冲突论"的历史局限性时所说,在中西两个异文明之间不能一味地强调冲突的一面,因为"一部人类文明史,是各区域性文明形成、发展,彼此冲突激荡,又相互吸纳融会的过程":异文明间不仅有冲突,更有相互的理解与融会。如果只有前

---

① [荷]巴鲁赫·斯宾诺莎:《神学政治论》,温锡增译,商务印书馆1963年版,第270~274页。

者，世界只能走向毁灭；因有后者，世界方有希望。① 过分强调文明冲突而强化国家性的防御机制并非上策，而以一种开放的情怀实现异文明之间的竞进成长，即人类社会文化开放的核心意蕴。

---

① 冯天瑜：《"文明冲突决定论"的偏误》，《教学与研究》1994 年第 4 期。

# 第二章　国家文化的基本构造

## 第一节　国家文化的内涵及其研究理论

当今世界已经进入了人们常说的"文化转向"阶段。在全球化的背景之下，汤姆林森认为："全球化居于现代文化的中心位置，而文化实践居于全球化的中心位置。"①

### 一、文化与国家文化

在约翰·费斯克眼里，文化是"感觉、意义与意识的社会化生产与再生产。将生产领域(经济)与社会领域(政治)联系起来的意义领域"。联合国在《世界文化报告》中指出，从广义的角度看，文化是"人们生活在一起相互作用、相互合作的方式——同时也是他们通过一套价值观、信念和规范体系，使这些作用相互合理化的方式。在这个界定中，文化是一个描述性的名词，而不是规范性的"。联合国教科文组织认为文化是社会或社会群体拥有的一整套独特的精神、物质、智力和情感特征，它不仅包括艺术和文学，也包括生活方式、相处之道、价值观体系、传统和信仰。

克罗伯、克拉克洪认为，文化是包括各种外显或内隐的行为模式；它通过符号的运用使人们习得及传授，并构成人类群体的显著成就，包括体现于人工制品中的成就；文化的基本核心包括由历史衍生及选择而成的传统观念，尤其是价值观念；文化体系虽可被认为是人类活动的产物，但也可被视为限制人类作进一步活动的因素。

爱德华·W. 萨义德认为，文化有两重含义，首先是指相对独立于经济、社会和政治领域的描述、交流和表达的艺术等活动，其次，文化是各

---

① [英]约翰·汤姆林森：《全球化与文化》，郭英剑译，南京大学出版社2002年版，第1页。

103

种政治的、意识形态的力量较量的舞台。马修·阿诺德认为，文化如果不能使一种现代、具有侵害性、商业性和野蛮的城市生存状态消失的话，至少也能使之减弱。① 雷蒙德·威廉斯认为，文化主要有三种类别：一是用来描述思想、精神与美学发展的一般过程；二是用来表示一个民族。一个时期、一个群体或者全体人类一种特殊的生活方式；三是用来描述关于知性的作品与活动，尤其是艺术方面的。②

后现代主义的代表彼得·克斯洛夫斯基认为："文化是一个社会的自我解释和人的自我解释。任何文化都提供对人自我的一种说明。这种说明或多或少地生动地存在于人们心目中，并且对人的自身形象起着参与决定的作用。在文化中，'人的自我解释'这个概念比'人的形象'这个概念要切合实际。"③

杰夫·刘易斯认为："文化是一种由特定的社会群体创造的想象和意义的集合。这些可能是一致的、分离的、重叠的、争论的、连续的或者间断的。特定的社会群体可能围绕很宽泛的各阶层人群、活动和目的而成。传播是核心的力量，将社会群体与文化结合起来，在当代文化中，这些传播过程是由各种形式的全球联网媒介支配的。"④

杜赞奇从文化与权力的角度提出"权力的文化网络"的概念。他认为，这一文化网络包括不断相互交错影响作用的等级组织和非正式相互关联网。"文化网络"中的"文化"一词是指扎根于这些组织中、为组织成员所认同的象征和规范。这些规范包括宗教信仰、内心爱憎、亲亲仇仇等，它们由文化网络中的制度与网结交织维系在一起。这些组织攀援依附于各种象征价值，从而赋予文化网络以一定的权威，使它能够成为地方社会中领导权具有合法性的表现场所。⑤

对于文化的差异，美国学者尼德文·皮特尔斯认为，主要有以下三种看法：文化差异主义或称"永远的差异"、文化融合或趋同、文化杂交或混

---

① ［美］爱德华·W. 萨义德：《文化与帝国主义》，李琨译，生活·读书·新知三联书店 2003 年版，第 2~4 页。

② ［英］雷蒙德·威廉斯：《关键词：文化与社会的词汇》，刘建基译，生活·读书·新知三联书店 2005 年版，第 106 页。

③ ［德］彼得·克斯洛夫斯基：《后现代文化》，毛怡红译，中央编译出版社 2011年版，第 54 页。

④ ［澳］杰夫·刘易斯：《文化研究基础理论》，郭镇之、任丛、秦洁等译，清华大学出版社 2013 年版，第 245 页。

⑤ ［美］杜赞奇：《文化、权力与国家——1900—1942 年的华北农村》，王福明译，江苏人民出版社 1996 年版，第 5 页。

合。每一种看法都有其特定的理论原则和范式，每一种看法都代表了特定的政治差异性——比如永久性的和不可改变的、可清除的和被清除的、混合的并且在其中产生出新的跨地区的多样性，每一种都涵盖了不同的主观性和更宽广的视角。第一种观点认为文化差异是不可改变的，这也许是文化多样性的最古老的看法；第二种观点是文化趋同，跟世界宗教当中的普世主义的最古老形式一样悠久，这两者都被一再审视和更新，从而有了现代主义的范式，分别存在于浪漫主义和启蒙运动当中；而第三种观点，文化混合论，却涉及对不断迁移的文化的后现代感。①

冯天瑜认为，文化的实质含义是"自然的人化"，是人类的价值观念在实践过程中的对象化，这种实现过程包括外在的产品创制和人自身心智与德性的塑造。文化是人与自然、主体与客体在社会实践中的对立统一。人按某种价值取向改造外部世界，使其"人化"；在改造外部世界中，人不断被锻冶，也即"化人"。

文化不是个体问题，是依群体而存在的，它是使一个群体区别于其他群体的共享价值观体系。这种共享价值观体系集中体现为，某一群人以某种特定并持久的思维方式、认知水平和行为偏好显著区别于其他群体。②通常来说，国家文化除了语言、风俗习惯、思维方式等非价值观因素以外，更多因素集中在价值观层面。人们的个体行为嵌入国家文化的情境中，国家文化对一个人行动的影响，既可以通过内在的价值观来影响他们行动的倾向，又可以通过形成行动策略指令系统来赞成或反对某种行动方式。③ 杨国枢④提出的"本土契合性"（indigenous compatibility）概念和霍尔⑤的情境理论都表明，要想理解特定文化中人们的沟通和行为表现，必须要试图理解他们所处的情境。

当然，我们也应当意识到：人们借助概念范畴(可以说是人的意识加予客观世界的一组标签)，能够将众象纷纭的外在世界整理出一个条理。人对客观世界的概念化是人的"认知意向"与客观世界之间达成的一项协

---

① ［美］简·尼德文·皮特尔斯：《全球化与文化》，王瑜琨译，中国传媒大学出版社 2016 年版，第 39 页。

② Hofstede G. Culture's Consequences[M]. Beverly Hills，CA：Sage，1980.

③ 王国保：《中国文化因素对知识共享、员工创造力的影响研究》，浙江大学博士学位论文，2010 年，第 60 页。

④ 杨国枢：《我们为什么要建立中国人的本土心理学》，《本土心理学研究》1993年第 1 期。

⑤ Hall E T. Beyond Culture [M]. Garden City，NJ：Anchor Books/Doubleday，1976.

定。从不同观点出发的认知意向，就会与客观世界达成不同的协定。人的认知意向将客观世界中的某一类现象孤立出来，并且还在它们之间寻求一种"必然性"的关联，把它们的重要性提升到"本质"与"主流"的地位，而将客观世界中其他被过滤掉的方面当作非本质的、意外的或偶然的因素，甚至当作"非事实"。①

国家文化指一国全体成员共有的深层次价值观，由一系列共同的准则、价值理念、优先事物构成，是全体成员的生活方式设计：国家文化为个人提供了"事情应该是怎样的"以及"应该如何去做"的依据，个人在人生早期阶段通过家庭、学校和游戏等社会化过程学习获得。通常情况下，国家由不同的民族组成，因此存在着多种民族文化，而国家文化则特指一国政治边界内占主导地位的文化，即代表拥有最多人口或最多政治、经济权利的人群的文化。国家文化在文化层次中处于基础地位，对社会中各种亚文化的形成有着深远的影响。

世界上没有任何两个国家的国家文化是完全一样的，这种文化差异清晰地体现在经济政治体制、教育体系以及其他制度安排上。学者们试图使用不同的文化维度来分析国家文化。

Cory Blad 认为，国家文化是通过建构来描述一个国家的文化规范、符号和传统的文化集合体，而组合成国家文化的各要素则是用于描述任何国家民众个体成员的文化亲和力。在这一观念之下，国家文化具有两个非常明确的目的：第一，强调各自国家文化的多样性以及在定义的权威之上存在的竞争现实；第二，避免陷入与国家认同和种族的或文化的民族主义有关的分析泥潭。

查尔斯·蒂利（Charls Tilly）在《西欧民族国家之形成》（前言部分）提出了"国家政权建设"（state-making）的分析框架，他通过总结西欧近代民族国家的演进过程提出国家在现代化进程中，为了建立一个合理化、能对社会及民众进行有效动员、管理与监控的政权体系，尤其是对加强下层的控制，必须进行制度与文化的整合，由此实施一系列的措施及活动。因此，国家文化是现代国家政权建设的一部分。

尽管全球学者对于国家文化有着不同的理解，但他们认可国家文化有着像语言、宗教、民族和种族认同、文化历史与传统等具体的特征。国家

---

① ［美］孙隆基：《中国文化的深层结构》，广西师范大学出版社 2011 年版，第15 页。

文化影响着各国的家庭生活、教育、经济和政治结构以及商业模式。总的来说，国家文化是一个国家具有竞争优势的重要因素。

　　关于国家文化的内容，根据联合国教科文组织《2009 Unesco Framework for Cultural Statistics》有关文化类别的统计分析，全球各地国家文化的内容主要有以下 8 个层面：文化和自然遗产；表演和节庆活动；视觉艺术和工艺品；书籍和印刷品；影音和交互媒体；设计与创意服务；旅游；体育和娱乐休闲。（见图 2-1）

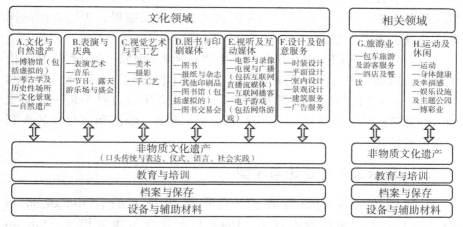

图 2-1　联合国教科文组织关于文化的内容层次

　　国家作为一个有价值的"他者"，其意义只有当人民愿意将自己的人权集结起来，交付给国家，形成国家利益集合体时，才得以体现。从这个意义上讲，国家文化往往是在人民的基本人权受到（天灾、战争等）威胁时，才得以滋生。① 国家文化，是一种典型的他者价值取向的文化形态。国家文化绝非特定国界之内的民族文化、政治文化和经济文化的简单加总，而是以国家利益为价值取向的多态文化的趋同过程及其结果。要义是将个人投射到作为"他者"而存在的国家身上。当然，这种投射必须高度自主，且体现出明确的自由意志。随着社会结构和利益格局的变动，国家文化原有边界会随之改变，其中有退缩，也有拓展，进退相互交织。政治和经济的高度一体化，或者说上层建筑与经济基础的深度融合带来的扁平化，意味

---

　　① 周笑：《重塑美国：美国新媒体社会的全面建构及其影响》，复旦大学出版社2016 年版，第 102 页。

着国家政治、经济、文化等各大利益群体间的结构性交融，使得国家文化的主体特征相对淡化。这个"他者"显性地指向自己的亲朋好友，更多时候隐性地指向拥有共同价值观的国家或民族，一个庞大而抽象的他者群体。这个他者群体的价值认同感，源自国家和民族带给社会个体的经济安全、政治使命与社会繁荣。正是这个庞大的他者群体的价值认同感，构成了国家文化的主体内容。如美国人对美国国家文化较为通俗的理解是：在国富民强的前提下，国家确保国民的基本人权和民权，维护生而自由、人人平等、公平竞争等基本价值理念，由此国家与国民从精神到物质得到天佑和自佑。这里的重点是确保国富民强的现实前提，否则美国的国家文化就失去了根基。①

综上可知，所谓国家文化是基于个体对他者（国家）的权利让渡和价值认同，以国家利益为价值取向的多种主体（包括政府、企业、非营利机构和个人）文化等趋同过程及其结果。国家文化的边界不是一成不变的，会随着政治、经济的高度一体化，或者政治、经济和文化等各大利益群体的博弈而发生变迁。

## 二、国家文化的理论与模型

关于国家文化的研究理论，目前影响较大的有 Kluckhohn 和 Strodtbeck 的六大价值取向理论、Hofstede 的文化五维度模式、Edward Hall 的情境理论、Trompenars 的国家文化七层面理论以及 House 等的 GLOBE 文化维度模型等，如表 2-1 所示。

表 2-1　　　　　　　　　　国家文化维度理论或模型

| 研究人员 | 研究内容 | 备注 |
|---|---|---|
| 霍夫斯泰德（Hofstede）（1980，1991） | 提出了国家文化的五个维度：个人主义/集体主义（Individualism/Collectivism）、权力距离（Power Distance）、男性度/女性度（Masculinity/Femininity），不确定性规避（Uncertainty Avoidance）、长期导向/短期导向（Long-term/Short-term） | |

① 周笑：《重塑美国：美国新媒体社会的全面建构及其影响》，复旦大学出版社 2016 年版，第 85 页。

| 研究人员 | 研究内容 | 备注 |
| --- | --- | --- |
| 克拉克洪和斯乔贝克（Kluckhohn，Strodtbeck）（1961） | 从文化人类学视角提出了人与自然的关系、普遍的人性、时间取向、空间取向、行为取向和人们之间的关系六大价值取向理论，形成了文化六向量价值取向模型 | 该理论可在一定程度上对不同国家文化差异进行合理解释，但没有探索更深层次的原因。过于依赖人类学对文化概念的界定。 |
| 冯斯·琼潘纳斯（Fons Trompenars）（1993，1998） | 将国家文化差异描述为与他人的关系、对时间的态度、对空间的态度三个方面，并将这三个方面的问题细化为七个维度，普遍主义/特殊主义、个人主义/集体主义、中立性/情绪性、关系特定/关系散漫、注重个人成就/注重社会等级、线性时间/同步时间、内控文化/外控文化，并对这七种完全对立的文化倾向构建了调和模型，认为只有当对立的文化实现良性循环时，才能达到任何一种单一文化都无法企及的新高度 | 最大的优点在于坚持个人主义和集体主义价值观在任何社会是重要的，但缺乏特别严谨实证研究作依托，对文化融合关注也不够。 |
| 霍皮（Hoppe）（2005） | 构建了文化的七维度模型，即身份的来源和表现（Source and Experience of Identity）、权威的来源和表现（Source and Experience of Authority）、成就的手段和目标（Means and Coals of Achievement）、对不确定性和变化的反应（Response to Uncertainty and Change）、获得知识的方式（Means of Knowledge Acquisition）、时间导向（Orientation to Time）、对自然环境和社会环境的反应（Response to natural and Social Environment） | |

续表

| 研究人员 | 研究内容 | 备注 |
|---|---|---|
| 爱德华 T. 霍尔（Edwand T. Hall）（1976） | 提出了三种文化差异维度：语境、时间和空间。高情境文化（High-context Culture）/低情境文化（Low-context Culture）理论。所谓高情境文化，是指在进行文化传播时，大部分信息内含于物质情境或信息发出者自身，而非通过编码传递的信息之中；低情境文化是指信息通过情境来传递，较少隐含于情境或交流双方的默契中　　时间：多重时间取向和单一时间取向　　空间：私密距离、个人距离、社会距离和公众距离 | 认为这三个维度是互相关联的，对文化特征背后的原因以及文化如何发展的缺少深入研究。 |
| 麦克尔 H. 邦德（Michael H. Bond）（1987） | 在对中国人价值观调查的基础上，提出了中国文化四维度：儒家思想（Confucian Dynamism）、人情观念（Human Heartedness）、整体一致（Integration）、道德规范（Moral Discipline） | |
| 奥利沃（Oliver）（1994） | 在中西文化比较的基础上，将中国的文化价值观归纳为天人合一、人与自身、关系导向、时间导向和个人活动导向等五个方面，具体表现为 12 个维度：和谐宇宙观、缘、自卑心理、情境取向、尊重权威、相互依赖、群体取向、面子、持续、过去导向、中庸、和谐关系 | |
| 豪斯（House R. J.）等（2004） | 提出了 GLOBE 文化维度模型，由九个维度构成：权力距离、群体集体主义、公共集体主义、不确定性规避、未来倾向、性别平等、坚定性、人性倾向以及绩效导向 | 吸收了此前的研究成果，将文化现状与文化价值观进行了区分。 |
| 宝贡敏（1999） | 研究了跨文化的六个维度：竞争导向/合作导向、风险态度、自然力/社会力/精神力、理性逻辑/情感逻辑、机械化/随意性、时间倾向 | |

　　由荷兰学者霍夫斯泰德提出的文化维度理论是具有影响力的跨文化理论之一。20 世纪 70 年代末，霍夫斯泰德对分布在 40 个国家和地区的 11.6 万名 IBM 员工进行文化价值观调查。通过对调查数据的分析，霍夫斯泰德证实了不同国家的文化之间确实存在着很大的差异性，而且这种差异性是根植在人们的头脑中的，很难轻易被改变。文化差异是由各国的历史传统以及不同的社会发展进程所产生的，表现在社会文化的各个方面。霍夫斯泰德的研究结果证实可以从权力距离、不确定性规避、个人主义/集体主义、男性主义/女性主义四个维度来描述国家文化。20 世纪 80 年代，霍夫斯泰德再次进行了相同的研究，调研范围扩展至 70 多个国家和地区。这次研究的结果证实文化四维度的合理性，同时还发现了一个新维度：长期导向与短期导向。相比其他理论而言，这一理论最大的贡献就在于他为跨文化研究领域建立了一个具有坚实基础并可操作的理论框架，几乎所有后续研究都证明他的理论具有很强的解释力和预见性。最新的研究也表明，各国在五个维度上的得分似乎发生了变化，但是各国之间的相对位置和差异却非常稳定。因此，他提出的五个文化维度也早已被认作是一个可以普遍适用的文化理论框架，可以解释世界上大多数国家的文化。

　　当前，研究者主要从国家文化维度角度切入相关问题的研究。关于国家文化与国家治理、社会信任之间的关系，John Goodell 的研究表明，国家文化的各个维度与国家治理、社会信任具有非常相似的二元关联。此外，在不控制文化对治理的影响的情况下，社会信任和国家治理是互补的。不过，在考虑了国家文化因素后，治理的剩余部分与社会信任几乎没有相关性。这些结果与社会信任、国家治理存在共同文化条件下的正向关联相一致。①

　　关于国家文化与国家创新能力的关系，Sofik Handoyo 的研究共涉及 77 个国家，以国民收入分类(低、低、中、高)和人类发展指数为控制变量，采用二元相关分析和多元回归分析，研究结果表明：个人主义、长期导向和纵容与国家创新能力存在显著正相关关系；权力距离、不确定性规避与国家创新能力呈显著负相关；阳刚之气与民族创新能力没有关

---

　　①　John W Goodell. Trust and Governance：The Conditioning Role of National Culture[J]. Finance Research Letters，2017(23).

系；作为控制变量的人类发展指数与国家创新能力呈显著正相关。①

关于国家文化对领导和领导风格的影响，Nebojša Janićijević分析了国家文化的维度对区分领导风格的两个主要维度的影响：权威主义—参与导向和任务导向—人本导向。研究表明，权力距离、个人主义—集体主义、不确定性规避和决断力对集权型和参与型领导风格的选择具有决定性的影响。②

关于国家文化与企业社会责任（CSR）披露之间的关系，Gallén 等利用面板数据和基于全球报告倡议指南的信息，分析了霍夫斯泰德文化维度和可持续性披露与 44 个国家的人均 GDP（GDPPC）之间的关系。结果表明，在 GDPPC 较高的国家，企业社会责任披露与个人主义、男子气概呈负相关，与不确定性规避和放纵呈正相关。在 GDPPC 较低的国家，企业社会责任披露与权力距离负相关，与不确定性规避正相关。③

关于国家文化与文化商品比较优势之间的关系。Zhaobin Fan 等利用 98 个国家 2004—2014 年的数据，并运用霍夫斯泰德的多维文化分析方法，检验了国家文化维度与文化商品比较优势之间的关系。研究发现，个人主义、男子气概、长期取向和放纵的文化维度与比较优势在文化商品上呈现正相关，而权力距离和不确定性规避的文化维度与比较优势在文化商品上呈现负相关。④

关于国家文化与金融体系之间的关系，Sebastián Lavezzolo 等认为，只要各国政府受到约束，因此能够令人信服地承诺不干预银行和市场的运作，国家文化就能很好地预测金融体系。在政府不受约束的政治背景下，国家文化无法解释金融系统的变化。相反，当政治制度限制政府行动时，文化驱动的不确定性规避偏好会显著影响金融配置。⑤

---

① Sofik Handoyo. The Role of National Culture in National Innovative Capacity [J]. Asian Journal of Technology Management，2018，11(2).

② Nebojša Janićijević. The Impact of National Culture on Leadership [J]. Economic Themes，2019，57(2).

③ Gallén，Peraita. The Effects of National Culture on Corporate Social Responsibility Disclosure：A Cross-Country Comparison[J]. Applied Economics，2018，50(27).

④ Fan Zhaobin，Huang Shujuan，W Robert J Alexander. Do National Cultural Traits Affect Comparative Advantage in Cultural Goods？[J]. Sustainability，2017，9(7).

⑤ Sebastián Lavezzolo，Carlos Rodríguez-Lluesma，Marta M. Elvira. National Culture and Financial Systems：The Conditioning Role of Political Context[J]. Journal of Business Research，2018，85.

关于国家文化与公共养老保险计划配置之间的关系，J A（Jairo）Rivera-Rozo 等认为，养老保险制度内的再分配水平与一个国家的文化背景有关。不确定性规避似乎与俾斯麦因素（公共养老金中较低的内部再分配）有显著的正相关，而与个人主义的关系则为负相关（较高的内部再分配）。此外，俾斯麦因素与 20 世纪上半叶的通胀冲击之间存在正相关关系。①

关于国家文化与中小企业的盈利能力的关系，Chrysovalantis Gaganis 等以 2006—2014 年期间 25 个欧盟国家的约 40000 个公司为样本，研究结果显示，个人主义、男子气概和长期取向对盈利能力有正向影响，而权力距离和不确定性规避对盈利能力有相反影响。我们还发现，国家文化对盈利能力的影响程度取决于政治稳定和制度质量。②

关于国家文化与通信技术扩散之间的关系，Choden 等运用 Schwartz 的三个国家文化维度：自主性与嵌入性、平均主义与等级性、掌握性与和谐性来探讨扩散水平。研究人员从 73 个国家获取了三种信息通信技术的数据：互联网使用率、移动电话和固定宽带连接。相关结果显示，自主性与嵌入性、平均主义与等级主义对信息与通信技术的扩散水平有显著影响。回归结果显示，自主性与嵌入性对扩散水平有显著影响。③

关于国家文化与信贷之间的关系，Markus Mättö 的研究结果表明，宗教和民族文化与贸易信贷相关联。天主教国家的贸易信贷水平高于新教国家，宗教信仰对贸易信贷的影响仅在天主教国家存在。此外，霍夫斯泰德的文化维度，如权力距离和不确定性规避，与贸易信贷呈正相关。④

① J A（Jairo）Rivera-Rozo, M E（Manuel）García-Huitrón, O W（Onno）Steenbeek, S G（Fieke）van der Lecq. National Culture and The Configuration of Public Pensions[J]. Journal of Comparative Economics, 2018, 46(2).

② Chrysovalantis Gaganis, Fotios Pasiouras, Fotini Voulgari. Culture, Business Environment and SMEs' Profitability: Evidence from European Countries [J]. Economic Modelling, 2019, 78.

③ Choden, Bagchi, Udo, Kirs, Frankwick. The Influence of Cultural Values on Information and Communication Technology（ICT）Diffusion Levels: A Cross-National Study[J]. Journal of Global Information Technology Management, 2019, 22(4).

④ Markus Mättö, Mervi Niskanen. Religion, National Culture and Cross-Country Differences in the Use of Trade Credit[J]. International Journal of Managerial Finance, 2019, 15(3).

## 第二节 国家文化结构：文化生态学分析

### 一、文化生态学的视野

19 世纪末叶，法国人丹纳、丹麦人勃兰兑斯等文化历史派学者认定，种族、环境和时代是决定民族文化的三要素，其中又特别突出来源于天生遗传性的种族因素，断言种族因素中的天赋、情欲、本能、直观是决定民族文化特征的"永恒冲动"①。文化历史派的观点包含可借鉴的成分，但强调种族因素的首要作用，并未能追溯文化特质形成的深层原因。事实上，民族文化的差异性（包括种族性差异），与环境的差异性有着深刻联系，文化研究（包括种族研究）必须深入环境（自然环境与社会环境）考察之中，这就引出"文化生态"论题。② "文化生态学"是运用生态学理论研究文化与环境的关系以及文化的环境适应性演变规律的科学。

"生态"一词源于希腊文，原意为居住。这一术语最早是由生物学家海克尔于 1870 年使用，当时是用来指生物的聚集。生态学主要关注生物与环境之间的相互关系，从而整体把握一个有生命体的系统在一定的环境条件下如何表现生命的形态与功能。1955 年，美国人类学者斯图尔德在其著作《文化变迁理论》中首次提出"文化生态学"概念，他认为文化变迁就是文化适应，文化生态学重点阐明不同地域环境下文化的特征及其类型的起源，即人类集团的文化方式如何适应自然环境与人文环境。③他建立了"文化生态"理论的雏形，后来经许多学者的进一步研究充实而逐步形成。文化生态学作为一门尚且年轻的学科正在弱化着传统的学术边界，具有巨大的创新能力，能够重新确定由人类塑造的世界中的文化行为。④ 在文化的实现、维持和发展过程中，自然生存基础和动植物共

---

① ［法］伊波利特·丹纳：《艺术哲学》，任蠡甫等编：《西方文论选》下卷，上海译文出版社 1979 年版，第 236～237 页。

② 冯天瑜：《中国文化生成史》，武汉大学出版社 2013 年版，第 137～138 页。

③ J H Steward. Theory of Culture Change [M]. Urbana: University of Illinois Press, 1979: 7, 39-40.

④ ［德］安斯加·纽宁、德维拉·纽宁：《文化学研究导论》，闵志荣译，南京大学出版社 2018 年版，第 248 页。

存体具有重要意义，宗教、语言和文学，社会系统和机构化形式，不可能脱离一个生存空间通过其特有的自然装备提供的基础和环境而获得发展。

一个典型文化生态系统的结构组织是：它并未将其能量转化为生物数量，而是转化为以象征方式被编码了的信息；其循环不是以食物链的方式，而是以信息循环的方式进行。此外，文化生态系统也不是根据自然法则被组织起来的，在其内部发生的互动不能借助行为概念得到合理的描述，这种互动与文化生态系统的自然支撑者的维系需求并不协调一致，文化生态系统如今在其表面经常具有一种完全将其源初结构掩盖了的结构。换言之，文化在本质上不是物质系统，文化不是被严格决定的，而是以松散得多的方式被决定的，在其内部，发挥作用的是协定或者规矩，以及一种就约束力而言比自然法则薄弱得多的组织原则。① 文化能量的最重要的源泉是语言和宗教。人们长久以来就知道这两者在文化创造过程中的力量。文化生态学再次将其视为巨大的能量源，它们创造并改变着大型种族文化生态系统和文明结构。②

文化是一个在特定的空间发展起来的历史范畴。世界上不存在超越时空的文化，不同的民族在不同的生活环境中逐渐形成各具风格的生产方式与生活方式。文化作为有理性的人类的创造，与人类主观精神的能动作用有着密切关系。但文化的民族特征和时代特征终究不是人的主现精神的随意作品，而只能是各民族在不断适应和改造所处的自然—环境的过程中逐渐形成和发展起来的。③

人类创造文化依托的生态条件，由自然环境、经济环境、社会环境和政治环境四大要素综合而成。自然环境（又称"地理环境"）是指为人类提供文化生活的物质资源和活动场所的自然系统。经济环境是指人类加工、改造自然以创造物质财富所形成的一套生产条件，包括工具、技术、生产方式等。社会环境是指人类创造出来为其文化活动提供协作、秩序、目标的组织条件，包括各种社会组织、机构等结合而成的体系。政治环境的基本因素是政治制度，它是维护共同体的安全和利益，维持公共秩

---

① ［德］安斯加·纽宁、德维拉·纽宁：《文化学研究导论》，闵志荣译，南京大学出版社 2018 年版，第 382～383 页。

② ［德］安斯加·纽宁、德维拉·纽宁：《文化学研究导论》，闵志荣译，南京大学出版社 2018 年版，第 389 页。

③ 冯天瑜、何晓明、周积明：《中华文化史》，上海人民出版社 1990 年版，第 2 页。

序和分配方式，对各种政治关系所规定的一系列原则和方式的总和，如国家政权组织形式、国家结构形式等。文化并非由某一生态因素单独决定，生态综合体决定文化生成。换言之，自然的、经济的、社会的、政治的诸生态层面主要不是各自单线影响文化生成，而是通过组成生态综合体，共同提供文化发展的基础，决定文化生成的走向。文化与其生态基础之间，既有着依存关系，又保持着相对独立性。①

冯天瑜先生认为，人类是在自觉意志支配下从事社会生产的，包括物质生产（消费资料生产和生产资料生产）、精神生产（文化教育生产和科技知识生产）、人类自身生产（后备劳动力即新增人口生产和现有劳动力即就业人口生产）。这样，人类在生态系统中的关系网络就复杂得多，如图 2-2 所示。

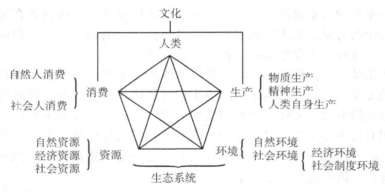

图 2-2　文化、消费、生产以及生态关系图

人类的文化创造是消费活动与生产实践的整合，而消费与生产都在环境以及由环境提供的资源共同组成的生态系统中进行。因此，一个国家的文化格局及走向，并非由少数圣贤先验式地设计出来，而是在特定的生态系统中累代实践，积渐而成的。总之，我们在考察国家文化发生发展的历程，进而把握其文化特质时，不可脱离"人与自然""人与社会""物质生产与精神生产"这样一些基本主题，不可忽视地理的、经济的、社会结构的等文化生态因子的综合功能，切勿忽视生命系统与环境系统之间须臾不可止息的物流、能流、价值流、信息流。

任何一个国家都是由领土（主权版图）、人民、文化和政府等要素组

---

① 冯天瑜：《中国文化生成史》，武汉大学出版社 2013 年版，第 147 页。

成的。任何国家的人民都是自然—社会的双重存在物，都是在自然场与社会场相交织的环境中创造文化的。一个国家的文化生态包括自然环境、社会经济环境和社会制度环境。要把握一个国家的文化发展历程，必须对构成文化生态的这三个层次进行动态、综合的考察。而文化生态也构成了这个国家的国家文化的重要组成部分。

自"人猿相揖别"，人类就在地球这个人类唯一家园创造文化、形成民族和建设国家。人类所有的文化创造物和社会行为，都离不开地理环境和生态条件的支持。但人类文化的生成和演进，同样也离不开人类理性对外部环境的能动作用，是人类理性把握外部环境（科学把握方式和艺术把握方式等）的结果。但文化一旦发生，又要经历在两大彼此渗透、互为表里的自然环境与人造环境（或社会环境）的复杂系统中积累演进的过程，最终形成一定时段内相对稳定的结构。

## 二、国家文化结构的构成

国家文化结构是由某一时期的主权版图系统、生态环境系统、政治经济系统、文化行业系统以及认同系统等五大要素组成的结构化系统。这五大要素之间相互作用、相互影响，形成一个相对独立的自为和自洽系统，如图 2-3 所示。

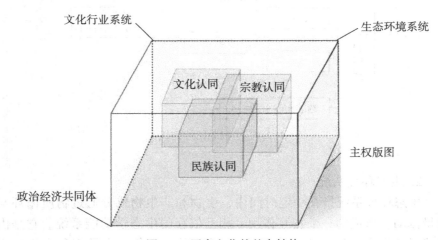

图 2-3 国家文化的基本结构

### 1. 主权版图系统

国家主权版图系统是指地球上隶属于国家主权的特定地理空间。它是国家行使最高的并且通常是排他的权力的对象和空间，是国家主权独立的物质表现，也是国家及其人民赖以生存和发展的物质基础。主权版图包括领陆、领水和领空以及领陆、领水的底土（图2-4）。主权版图系统可通过天文时间、地质时间、历史时间和人文时间四维时间来加以考量。天文时间，主要是从一个国家所处的经纬度来考察。世界上几乎所有古老文明都不约而同地诞生在南北纬20°~40°的中低纬度地区。此外，荷兰心理学家霍夫斯泰德等学者的研究表明，地理维度与权力距离的高低有着统计学上的正相关关系。在低纬度地区，所有作物都能生长，一个社会最主要的威胁来自其他群体，因此需要一个核心权威来维持秩序应对外在的挑战。在高纬度低地区，自然禀赋有限，人们的首要敌人是自然而不是其他人群，因此人们需要更多的保护自己而不是依赖权威。同时，地理维度越低，个人主义指数得分就越低。地质时间，主要是从一个国家所处的地理位置及其与他国之间地缘关系来考察。历史时间，主要是对一个国家存续的时间、行政区划和主权版图的变迁等方面的考察。人文时间，主要是对一个国家的历史文化发展历程的考察和发展脉络的梳理。

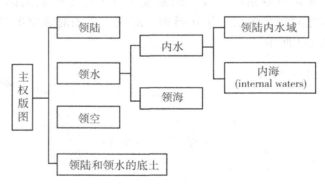

图2-4　主权版图的构成

2. 生态环境系统

生态环境系统指在一定时间内，生物和非生物成分通过物质循环与能量流动，形成的一个相互作用、相互依存的生态学功能系统。它是由自然界的生命系统与无生命系统（如光、热、空气、水及多种有机和无机元素）的有机组合而成。它具有自我调节能力，只要外来干预在自我调节的极限之内，它的结构、功能处于相对平衡状态。生态环境与人口群落构成生态系统，这一系统又与人的生产及其他经济活动融合在一起。生态环境是经济发展的物质基础，同时又是整个文化系统得以运行的基础。贾雷德·戴蒙德在著作《枪炮、细菌和钢铁》中指出："各大洲各民族长期历史之间的显著不同，不是由于这些民族内在的不同，而是由于他们所处的环境不同。"①生态环境和地理位置能够在一定程度上解释国家的贫富。几乎所有发达的民主国家在温带，而穷国大多在热带。②

### 3. 政治经济系统

国家作为一种政治经济共同体，是一种合法武力的垄断与行政机构的设置，对外代表不容侵犯的主权，对内拥有裁决一切争端的最高权力。一国的政治经济系统，又称为社会基础结构，包含了政治结构即上层建筑，是建立在经济结构之上的政治法律设施、政治法律制度及其相互关联的规定性；又包含了经济结构即经济基础，它是由所有制结构、产业结构、分配结构、交换结构、消费结构、技术结构、劳动力结构等构成的多层次社会生产关系的复合体。一国的政治经济系统，是政治结构与经济结构的有机连接，大体可以分为代议制政府——自由市场结构、代议制政府——管制市场结构、威权制政府——社会市场结构和专制政府——计划体制结构四类。

目前世界上有影响的政治指数都是西方国家创制和发布的，其大致可以分为三类：政治价值指数、政治结构指数和政治实践指数。在政治价值领域主要有自由指数、人权指数和法治指数。对于自由指数，根据《世界人权宣言》选取两个一级指标、25 个二级指标。对于人权指数，丹麦人权研究所开发了"人权责任指标"，从"规范责任""对公民权和政治权利的责任""尊重和实现经济、社会和文化权利的责任""消除性别歧视的责任"四个维度来综合评估各国对人权在形式上和实际上的承诺状况。对于法治指数，"世界正义工程"以全球法治指数而闻名，目前该指数已覆盖全球 100 多个国家和地区。其下设 8 个一级指标、44 个二级指标进行综合测算。

在政治结构领域主要有民主指数(DI)和公民社会指数(CSI)。《经济学人》创设的民主指数，评估各国政治制度的民主程度，是政治结构领域指数的代表。其由 5 个一级指标和 60 个二级指标构成。公民社会指数是由全球公民参与联盟(CIVISUS)发起的一项旨在比较各国公民社会发展状况的项目。指标体系包含 4 个一级指标、25 个二级指标、73 个三级指标。

---

① Jared Diamond. Guns, Germs, and Steel[M]. New York：Norton, 1997：405.

② [美]塞缪尔·亨廷顿、劳伦斯·哈里森：《文化的重要作用——价值观如何影响人类进步》，程克雄译，新华出版社 2010 年版，第 36 页。

在政治实践领域，主要有世界治理指数（WGI）和贝特斯曼转型指数（BTI）。世界治理指数是世界银行开发的旨在测量各国治理实践水平的项目，"被认为是当前诸多治理定量研究中严谨度高、影响力大、使用面广的综合指标之一"，它包括表达与问责、政治稳定与杜绝暴力、政府效能等6个维度、340多个二级指标。贝特斯曼转型指数是由德国贝塔斯曼基金会创立，旨在评估转型国家朝向民主及市场经济的转型成果以及政府效能，由形势指数和管理指数构成。前者反映民主及市场经济的转型状况，后者呈现政府治理水平。该指数涵盖3个一级指标、17个二级指标、68个三级指标。①

国家作为经济共同体的分析。不同的发达国家在经济指标上存在着差异。经济指标主要包括了以下几大部分内容：国民收入和生产、工业生产和订单、固定资本投资与建筑、就业与失业、国内贸易和商品库存以及综合商品价格等。具体而言，主要有以下指标：国内生产总值（Gross Domestic Product）、就业报告（The Employment Report）、工业生产指数（Industrial Production Index）、生产者物价指数（Producer Price Index）、消费者物价指数（Consumer Price Index）、经常账（Current Account），为一国收支表上的主要项目，内容记载一个国家与外国包括因为商品、劳务进出口、投资所得、其他商品与劳务所得以及片面转移等因素所产生的资金流出与流入的状况以及预算赤字（Budget Deficit）、零售销售指数（Retail Sales Index）等。

4. 认同系统

国家文化的核心部分是由文化认同、宗教认同以及族群（民族）认同的不同关系耦合而成的认同系统。文化认同指文化群体或文化成员认同该文化所包含的理想、信仰、价值和价值观，在认知上、情感上和行为上形成人格的统一性，进而了解、接纳、融入和传播某种文化。文化认同是一个由表及里逐渐发展的内化过程，包括文化形式认同、文化规范认同、文化价值认同三个层次，作为意识形态的文化认同往往具有可解释性和确定性。

宗教认同是早于民族认同的一种社会认同。宗教认同结构可分为宗教内认同和宗教外认同两部分，内认同强调社会（成员）在心理、观念、精神等方面对宗教文化的评价及实践，内隐性较强；外认同则强调社会

---

① 王建新：《政治科学测量中的指数研究》，华东政法大学硕士学位论文，2016年，第26~28页。

（成员）在行为、语言、物质生活等方面对宗教文化的评价及实践，外显性较强。传统国家的形成与发展总是从宗教认同中寻求合法性，而现代国家则是通过积极有效的国家建设来解决其合法性来源，表现为公民身份的建构。但即使是公民身份得以建立，其体系也会经常受到其他身份认同因素的冲击。"公民身份"取代了传统社会的"血缘—宗教"成为连接现代国家与社会关系的纽带。但是，随着全球化的迅速发展，在国家层次上，国家间边界的模糊与全球宗教的复兴正在动摇着以公民身份为基础的心理与归属意义上的国家认同空间。当前，作为传统意义上联结国家与社会的纽带，宗教认同尽管在法理上"失效"了，但是其影响力却仍然在政治与社会领域内广泛存在，进而形成了与公民身份的"认同博弈"。

　　族群（民族）认同可以定义为个体归属为一个群体的感受，以及对该群体身份的思考、知觉和感情，具体包括个体对群体的归属感、对所属群体的积极态度以及个体对群体活动的参与等。国家是民族的显性的政治组织形式，民族是国家隐性的文化实体内容。从历史上看，民族认同，则大体是与阶级、国家的出现同步的。民族认同主要通过身份认知（Identity Cognition）、文化习得（Cultural Acquisition）、价值内化（Internalization of Value）以及交往交流（Contact and Communication）等路径来实现的。

　　从人类历史的发展来看，建构国家认同系统的基础性要素在不断变化。上古时期，人们对部族、国家的认同主要表现为对族群血缘的认同。在国家壮大后则主要表现为对文化（法典、典籍、历史记忆）的认同。在人类历史进入公元纪年后，宗教元素开始在国家认同中占据重要地位。近代以来民族主义兴起，在现代化国家形成和构建的过程中占据显要地位。

　　有学者认为，国家认同存在"主体维度、时间维度、空间维度、权力维度"四个维度，尽管是解释国家认同的内涵，但在一定程度上却阐述了国家文化的多维构成，体现了国家文化结构的复杂性。主体维度的国家认同关注的是"我们是谁"。时间维度的国家认同关注的是"我们从哪里来、到哪里去"，关注的是国家的过去现在和未来之间的纵向联系，研究的是集体记忆与国家认同之间的关系。空间维度的国家认同关注的则是国家认同的地理因素，研究的是人与领土之间的关系，探究的是领土对人的意义。权力维度的国家认同反映的是公民对代表国家的政治权力机构，及其行为的态度、情感和评价。①

从相互关系来看，国家文化中的认同系统，蕴含着对主权版图的认同即地域认同，以及对国家政治经济共同体、生态环境系统的认同等。认同的对象在传统社会与现代社会有着明显区别。在古代王朝国家时期，主要表现为血缘谱系和历史文化传统；而进入民族国家时代，则主要是具有现代意义的国家政治经济系统。政治认同是国家认同的关键。国家通过政治组织、经济制度的运行以及对生态环境的维护，保障公民的自由和幸福，公民则以热爱和效忠来表达他们对国家的认同。因此，当前多数国家认同主要建立在政治认同基础上。从认知心理学的角度分析，个体实现国家认同的顺序应该是自下而上，最先认同、最容易感知的是基层对象（家庭、家族），进而上升到次国家层面（族群），然后实现对国家层面要素的认同，最终达到对国家的总体认同。

5. 文化行业系统

文化行业系统包括公共文化服务系统和文化产业系统。公共文化服务是指为满足人们娱乐、休闲、健身、求知、审美、交际等精神需要和求知需要而组织文化生产，并提供公共文化产品的非营利性活动的集合。文化产业是指从事文化生产和提供文化服务的经营性行业。联合国教科文组织关于文化产业的定义如下：文化产业就是按照工业标准，生产、再生产、储存以及分配文化产品和服务的一系列活动。从文化产品的工业标准化生产、流通、分配、消费、再次消费的角度进行界定。文化产业是以生产和提供精神产品为主要活动，以满足人们的个性化文化需要为目标，是指文化意义本身的创作与销售，狭义上包括文学艺术创作、音乐创作、摄影、舞蹈、工业设计与建筑设计等。

生态环境系统、主权版图系统、政治经济系统以及文化行业系统反映的是一个国家的文化生态，这种文化生态也构成了这个国家文化的一部分。它们是一个国家的国家文化的显性部分，构成了国家文化的载体和基础。由文化认同、宗教认同和族群认同的不同关系耦合而成的认同系统，则构成了一个国家的国家文化的最为核心且隐性的部分。在国家建构的层面上，认同系统必须依赖于生态环境、主权版图和政治经济等显性结构而存在，而显性结构对于国家文化及国民文化发挥作用，必须借助于文化认同、民族认同和宗教认同等隐性结构的独特功能和渠道，显性结构与隐性结构之间的互动，就构成了国家文化的结构性表达。因此，有学者提出：

---

① 殷冬水：《论国家认同的四个维度》，《南京社会科学》2016 年第 5 期。

"无论是基于理论逻辑阐述还是事实经验考察，国家认同都不能独立地发挥稳定且持久的作用，而是需要经济激励系统、政治价值系统与制度组织系统三方面的基础性结构支撑，这三个领域的功能匹配是国家认同得以可能的有效路径。"①

### 三、国家文化的形成机理

文化是流动的，任何国家的文化作为一种系统结构都存在一个生成、发展、演进和结构化定型的过程。人类理性借助于外部环境的对象化过程创造了经济结构和社会结构，也创造出不同民族国家的观念秩序。同时，民族和国家文化作为一种竞争策略和防御机制（文化即"族群免疫系统"），在以国家形态为基础的人类社会参与到民族和国家的竞争锦标赛中，形成了国家文化发展演进的内在动力。在国家文化的生成、发展以及定型过程中，发挥着重要作用的主要有以下三大机制：文化生成机制、文化竞争与调适机制以及结构化机制。

国家文化形成机理如图 2-5 所示。

在最初的生成阶段，地理空间和生态环境为人类的物质生产（消费资料生产和生产资料生产）、精神生产（文化教育生产和科技知识生产）、人类自身生产（后备劳动力即新增人口生产和现有劳动力即就业人口生产）提供了基础条件。人的理性（包括认识、思维、意志和实践等）在参与对自然界的加工、改造过程中，创造出包括工具、技术、生产方式等一套生产条件，形成了经济系统。在改造自然和进行经济活动的过程中，又创造出提供协作、秩序、目标的社会组织系统，形成了包括各种组织机构、社会阶层、意识形态结构、种群结构以及社会分工结构等结合而成的社会体系。在改造自然和改造社会的过程中，人类理性逐步发展出一种社会成员公认的共同价值系统和符号系统，形成了一套人类社会与自然界相分离、与一定的经济结构和社会结构相协调的观念系统，人类的文化系统就此形成。在这一过程中，一方面自然物借助于人类的理性转化为人造物（"自然的人化"），由此形成社会的经济方式和社会组织方式（即社会基础结构）；另一方面，人类理性通过实践过程中也得以塑造，这就是"自然和社会的内化"，在"人化"与"内化"双向互动中，分布于全球不同区域的族群完成了不同类型文化模式的建构，不同类型的文化共同体逐渐生成，并在不同的

---

① 金太军、姚虎：《国家认同：全球化视野下的结构性分析》，《中国社会科学》2014 年第 6 期。

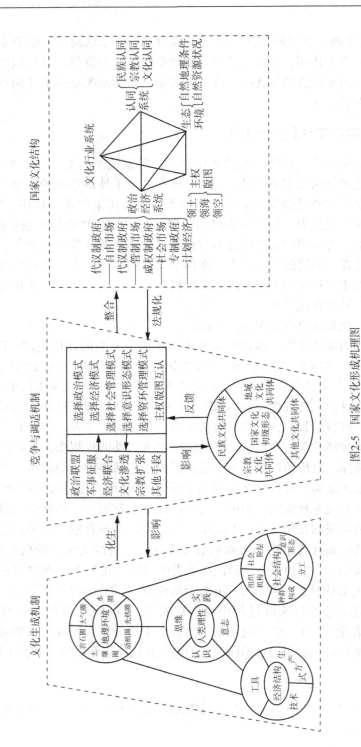

图2-5　国家文化形成机理图

发展路径上演进。

在文化发展阶段，文化竞争与调适机制发挥着主导作用。文化共同体有着不同的类型，包括民族文化共同体、地域文化共同体、宗教文化共同体以及其他文化共同体等。这就是国家文化的初级形态。这些基于或血缘或地缘或宗教等的初级形态的文化共同体是现代国家文化构成的基础，它规定了国家文化的不同演进路径。国家文化的初级形态在竞争和调适机制的作用下，逐渐形成各具特色的国家文化。不同形态的文化共同体，与政治经济系统相互作用，借助于政治结盟、军事征服、经济联合、文化渗透、宗教扩张以及其他手段，形成一种竞争和调适机制。需要指出的是，即使是军事征服后形成的共同体，也"应当适应于他们面临的生产力发展水平，如果起初情况不是这样，那么共同体形式就应当按照生产力来改变"。文化共同体所拥有的核心价值系统，会影响族群（国族）对于政治模式、经济模式、意识形态模式、资源管理模式以及主权版图管理模式的选择。反之，对族群（国族）文化观念系统和核心价值观也会形成深刻的影响。由不同文化共同体所代表的文化模式的选择与演进，与政治、经济、意识形态等管理方式的选定和定型，统一于不同民族或国家竞争所提供的效率结构之中，即文化模式的选择和演进，与政治、经济、意识形态等管理方式的选定和定型，都要服从于竞争效率原则。竞争是推动国家文化系统演进的动力，效率提供国家文化系统演进的方向。文化竞争之所以实现，在于不同层次的文化有高低势位之分。在不同文化共同体的交流交融的过程中，同势位的文化相互竞争和交流，而高势位文化向低势位文化区域流动，低势位文化吸收、受容高势位文化，发展成为新的文化体系。当然，在对高势位文化吸收改造后，低势位文化也有可能进行"逆输入"，使文化领域的竞争形成多层次和多种形态。

在国家文化定型阶段，文化结构化机制发挥着主导作用。经历了文化生成、文化竞争和调适后，主权版图、生态环境基本确立，政治经济系统、文化行业系统基本确定，在这些文化生态构件基本结构化后，认同系统也逐步结构定型。在这一过程中，不仅不同形态的共同体的文化发生整合，而且文化共同体本身也发生整合（如不同的族群整合为一体化的国族或主体民族）。在这种整合过程中，国家文化的认同系统发挥着积极作用，它悄无声息地弥合此前留下种种罅隙，从而使得国家文化的五个组成部分主权版图系统、生态环境系统、政治经济系统、文化行业系统以及认同系统之间的关联更加紧密，国家文化的运行由此变得更加通畅。换言之，这五个系统之间存在着极为复杂的相互影响和相互制约的关系，国家文化系统是这五大系统的结构化结果。发散于其他系统之中并弥合系统内部和系统之间罅隙的认同系统在国家文化结构化过程中发挥着关键作用。当然，这种文化结构一经形成便具有相对的独立性，能够一定程度上独立于生态系统和经济政治系统自我循环，并反作用于自然—社会环境，能动地调节、改造生态环境。

## 四、三种认同型国家的文化特点

当今世界，文化、民族、宗教等要素在国家认同中并不是相互排斥，而是相互影响、相互依存。依据三者在国家认同系统中重要程度的不同，大致可以将国家文化分为三种类型：宗教认同型的国家文化、族群（民族）认同型的国家文化以及文化认同型的国家文化。表 2-2、表 2-3、表 2-4 展示了三种类型的国家文化特点。

表 2-2　　　　　　　　宗教认同型国家的文化特点

| 主权版图 | 从天文时间、地质时间、历史时间、人文时间看，大多处于低维度热带地区，土地贫瘠（除少数国家盛产石油外），历史文化缺乏连续性，领土版图较小。 | 备注：以某一宗教为国家信仰，或信教人口超过50%，或政治上宣布为某一宗教国家。 |
|---|---|---|
| 生态环境系统 | 处于沙漠等地带，降雨量较少，自然禀赋较差。 | |
| 政治经济系统 | 民族国家建立源于三大封建帝国和西方殖民体系的瓦解，民族意识大多不够深厚。以宗教原则为治国指导思想，以宗教教义为法律准则（如伊斯兰国家以《古兰经》为治国指导思想，用沙利亚法进行统治）。经济结构单一，工业基础薄弱，经济全球化指数普遍较低，民主共和制与经济基础、文化传统存在排异反应，民族国家建设尚未彻底完成。 | |
| 认同系统 | 宗教认同高于国家认同，民族认同和文化认同相对较弱，宗教认同涵摄民族认同和文化认同。以宗教作为政治的合法性基础，内外政策以特定宗教为价值判断标准，官方语言、大众传媒以宗教教徒熟悉的语言为主，以宗教结构解释政策的"合法性"。价值观层面：高权力距离、强不确定性规避、集体主义。 | |
| 文化行业系统 | 在公共文化服务上，宗教原则在文化政策制定上发挥重要作用，有着文化民族主义倾向，保护和弘扬民族文化，强调民族文化的独特性，培育民族自豪感和国家认同。 | |

表 2-3　　　　　　　　　　　**族群认同型国家的文化特点**

| 主权版图 | 从天文时间、地质时间、历史时间、人文时间看，大多处于中维度的温带地区，人口规模普遍不大，一般邻国较多，领土疆域不大，统一的国家历史相对较短。 |
|---|---|
| 生态环境系统 | 利用科技手段建立了比较完善的生态监控网络，通过卫星、飞机、雷达、地面和水下传感系统，建立了遍布全国的生态环境监测体系，对气候变化、土壤状况、空气质量、降水、生物量、水域治理、污水处理和下水道系统等进行实时监测，同时利用科技促进生态民主，将科技标准体系置于环境立法体系。生态环境系统良好。 |
| 政治经济系统 | 政治上，大多经历了封建形态的民族国家向现代形态的民族国家的演变，实行代议制，国家主权掌握在议会的手中。遵循 1648 年的《威斯特伐利亚和约》确立的国家主权原则。以商业税为经济制度的原点，具有较为完整的工业体系，奉行市场经济，推行自由竞争，同时兼顾社会均衡，经济全球化指数普遍较高。 |
| 认同系统 | 族群(民族)认同高于并涵摄宗教认同、文化认同。民族建构与国家建构结合在一起而使其国家认同相对直接且呈单一线性特征。一般经过了从中世纪以来对地域权利和普世主义的宗教认同到以世俗王权为核心的王朝国家认同再到以人民主权、民族国家利益为核心的民族国家认同的变化。 |
| 文化行业系统 | 在公共文化服务上，采取便利提供者模式、赞助者模式、建筑师模式等。便利提供者模式是指政府通过间接方式管理文化，为文化充分自由发展提供政策、法律环境以及其他便利条件。赞助者模式是指政府在文化发展中担任"赞助者角色"，不直接干预文化的发展，政府的文化投入、补贴等通过中介组织来运作和实施。建筑师型的文化政策，就是在制定文化政策时，政府担任建筑师的角色，参与文化政策的制定，直接介入文化发展规划和政策框架的制定，具体的文化规划和政策目标和执行都离不开政府。 |

表 2-4　　　　　　　　　　　**文化认同型国家的文化特点**

| 主权版图 | 从天文时间、地质时间、历史时间、人文时间看，大多处于中维度的温带-暖温带地区，北半球东亚大陆，人口规模大，领土疆域辽阔，腹里纵深，回旋天地开阔，国家历史悠久。 |
|---|---|
| 生态环境系统 | 半封闭的大陆—海岸型地理环境。地形、地貌、气候条件繁复多样，物种资源较为丰富，具有完备的气候带提供了农业经济多样发展的地理基础，拥有多个气候、土壤等地理格局颇相差异的大区段，为文化的多样性提供地理条件。生态环境系统需要进一步完善。生态环境较为脆弱，资源消耗严重，生态赤字扩大，生物多样性受到严重威胁，污染较严重。 |

| | |
|---|---|
| 政治经济系统 | 在古代，一种不同于工商业经济的家庭手工业与小农业相结合的自然经济并辅之以周边的游牧经济；家国同构的宗法—专制社会。现代，实行共和制度和人民代表大会制，人民行使国家权力的机关是全国人民代表大会(最高国家权力机关)和地方各级人民代表大会。以农业税为经济制度的原点，以公有制为主体，多种所有制经济共同发展的基本经济制度。经济发展模式是粗放高碳型的，这种模式的三大支柱是政府公司主义、二元经济结构和出口导向型的对外贸易战略。财税体制实行的中央与地方的分税制。 |
| 认同系统 | 文化认同统摄民族认同、宗教认同，文化认同一以贯之地在国家发展的历程中发挥重要作用。先后经历基于血缘和宗法政治要素的国家认同，大一统中央集权和儒家伦理政治文化为核心的国家认同，进而认同新型的民族国家体制和政治形态。当前作为国家认同的基础性支撑体系的制度组织系统、政治价值系统以及经济激励系统出现部分不匹配状况。 |
| 文化行业系统 | 在公共文化服务上，采用工程师模式。政府掌管艺术生产和分配的渠道，政府资助那些符合执政需要和政党政治要求的文化艺术。政府或政党在文化职能的发挥与文化政策的制定中扮演工程师的角色。工程师型的文化政策理念依据是文化具有的意识形态属性，文化从属于、服务于政治。 |

## 第三节　国家文化的体制化表达

从体制的角度而言，任何国家的国家文化都具有基础性的支撑系统。这种支撑性系统往往是由以下体系构成的：文化遗产传承创新体系、文化旅游发展体系、民族宗教体系。

### 一、民族文化遗产传播与创新体系

在世界遗产资源保护中，法律保护为其提供了基础保障。在世界遗产法律保护中，主要包含国际公约与各国国内相关法律制度两方面。其中国际公约主要有《关于在国家一级保护文化和自然遗产的建议》《保护世界文化和自然遗产公约》等。西方民族认同型的国家，一般遗产保护法律体系比较完善。自世界遗产委员会成立至今，世界各国根据自身国情建立了相应的遗产保护管理模式，比如西方国家中的美国国家公园垂直化财政包干体制管理模式以及东方国家中的日本国立、国定及都定三级公园管理体制模式。

文化遗产传播创新体系是指由各种社会力量参与文化遗产传播而形成的网络系统。文化遗产传播创新体系的目标是调动各种社会力量参与到文化遗产传播中来，形成一个有效、互动、协作的系统。其基本要素包括：传播主体和传播客体、主客体之间的互动模式、体系运作机制、体系外部社会环境等。传播创新主体包括政府、媒体、团体、群体和个体。主体在参与传播过程具有主动性、互动性和独立性。不同类型的国家文化中，政府在文化遗产传播创新中的作用不同。媒体是沟通各种社会力量的平台和桥梁，团体包括社团、协会、基金会、企业、教育机构等，是文化遗产传播的关键支撑力量；社会公众以群体和个体的身份加入文化遗产传播和保护。

此外，文化遗产连接度是文化遗产保护、传播和创新的重要指标。它包含结构和功能两层面的连接度，它不仅包含文化遗产与其生态背景间的空间结构联系，还包含遗产地内各要素之间功能的连通，呈现出文化遗产空间、文化、历史的完整性。文化遗产连接度具有视觉、历史、文化、制度、社会五个维度。[①]

## 二、文化旅游发展体系

文化旅游作为旅游活动的一个重要分支，同旅游系统一样可以构建起以文化旅游业为媒介、以文化旅游者为主体和以文化旅游资源为客体的文化旅游系统。文化旅游以文化要素为依据，自动过滤并形成了主客体的组织架构，是旅游系统中比较有特色的一个细分方向。其中主体的需要是产生文化旅游行为的根本出发点，从而构成了文化旅游的各个环节。客体资源的实际存在状况影响着文化旅游者的需求情况，而围绕着主体需求这一核心，文化旅游媒介提供出能满足主体需要的文化旅游资源并生产文化旅游产品（图2-6、图2-7）。

在文化与旅游的"二分"阶段，文化和旅游部门分途发展，旅游者在历史回忆、审美怀旧等情感体验层面上实现统一。进入"文旅一体化"新阶段，旅游者的文化旅游体验进入情感体验、审美体验、联想体验和行动体验等融为一体的层面。文化旅游行业从"文旅体用二分"转向"文旅体用一致"的新阶段发展[②]。文化旅游消费行为将个体主观世界与社会客观世界连

---

①　谢芳、萨如拉：《文化遗产连接度：文化遗产保护的重要指标》，《武汉理工大学学报》（社会科学报）2018年第5期，第168页。

②　傅才武、申念衢：《新时代文化和旅游融合的内涵建构与模式创新》，《福建论坛》（人文社会科学版）2019年第8期，第33页。

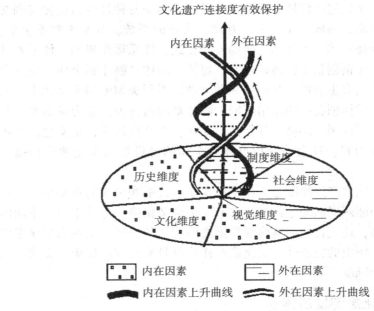

图 2-6　文化遗产连接度的内外因素关系耦合图①

接起来，具有更新个体社交网络的功能。文化旅游载体通过市场交换机制，建立个体的社会交往网络以联通个体主观世界与客观世界，具有独特的优势。正是在各种社交网络的作用下，集体的认同替代了家庭和小团体的认同，一种族群意义上的文化认同得以不断重复与巩固，个体的文化身份得以构建与强化。②

　　文化旅游发展体系的完善程度和运行状态，可通过文化旅游竞争力评价体系加以考量：资源与设施竞争力（世界文化遗产、自然遗产或国际上有一定知名度的旅游景区数量，国家级文物保护单位个数，以及博物馆、文化馆和图书馆数量），相关与支持产业竞争力（旅游总收入、旅游外汇收入、游客接待量、入境游客接待量），产业环境竞争力（财政收入、居民可支配收入、R&D 经费支出、授权专利数），人力资源竞争力（旅游行业从

　　①　谢芳、萨如拉：《文化遗产连接度：文化遗产保护的重要指标》，《武汉理工大学学报》（社会科学报）2018 年第 5 期，第 168 页。

　　②　傅才武、申念衢：《新时代文化和旅游融合的内涵建构与模式创新》，《福建论坛》（人文社会科学版）2019 年第 8 期，第 36 页。

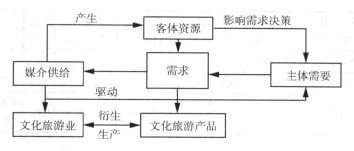

图 2-7　文化旅游发展体系中各要素之间的关系

业人数、科技工作人员数量、在校大学生数量、文化产业从业人数)。

## 三、民族宗教管理体系

20 世纪 50 年代，基于统计学的量化研究在各个社会科学中取得了主流地位。一些宗教研究者也开始探索宗教测量的操作化，其中宗教社会学家格洛克(Glock)的"宗教五维度论"最具影响力。"五维度论"将信徒的宗教性划分为五类：意识形态的、经验的、仪式的、知性的和后果的。根据他们后来的阐释，这五个维度可以被更通俗地表示为"宗教信仰、宗教体验、宗教实践、宗教知识和宗教影响"。"五维度论"为研究复杂的宗教性提供了系统的框架，它真正开启了宗教的量化研究之路。

表 2-5　　　　　主要西方国家与中国的宗教信仰状况

| | 基督教 | 犹太教 | 道教 | 神道教 | 东正教 | 摩门教 | 伊斯兰教 | 佛教 | 印度教 | 无宗教 | 其他宗教 | 备注 |
|---|---|---|---|---|---|---|---|---|---|---|---|---|
| 美国 | 70.6% | 1.9% | | | | 1.6% | 0.9% | 0.7% | 0.7% | 22.8% | | 天主教20.8，新教46.5% |
| 法国 | 51% | | | | | | 8% | | | 39% | 2% | 天主教50%，新教1% |
| 英国 | 59.5% | 0.4% | | | | | 4.4% | | 1.3% | 33% | 1.5% | |
| 意大利 | 83% | | | | | | 3.7% | 0.2% | 0.1% | | 0.3% | |
| 德国 | 56.7% | | | | 2% | | 4.9% | | | 35% | 1% | 天主教28.6%，新教26.6% |
| 西班牙 | 73% | | | | | | 3% | | | 23% | 1% | 天主教72%，新教1% |

|  | 基督教 | 犹太教 | 道教 | 神道教 | 东正教 | 摩门教 | 伊斯兰教 | 佛教 | 印度教 | 无宗教 | 其他宗教 | 备注 |
|---|---|---|---|---|---|---|---|---|---|---|---|---|
| 日本 | 2% |  |  | 56% |  |  | 35% |  |  | 7% |  |  |
| 俄罗斯 | 4.5% |  |  |  | 43% |  | 11% | 0.5% |  | 38% | 1.1% | 新教 0.5% |
| 中国 | 2.3% |  | 0.54% |  |  |  | 0.46% | 6.75% |  | 89.56% | 0.4% | 天主教 0.41%，新教 1.89% |

# 第三章 国民文化的基本构造

## 第一节 国民文化的文化符号学分析

国民文化是在一定历史过程中发展和创造出来的具有国家特点的文化，是一个国家的国民所共享的文化体系。它以一种国家公民的共有心理要素的凝聚物，烙印在一个族群的每一个成员内心深处的文化心理，是一种普遍的文化基因。国民文化的形成，与国家、族群的历史传统息息相关。内容上，它是一个国家的历史文化大传统与时代文化的结合体。由于现代世界所有国家都在发展变化当中，所以国民文化不是一种完成时态而只能是一种进行时态。当然，国民文化在一定历史时期下又具有一定的稳定性，由于这种相对稳定性，使我们通过一段时间内国民的生活习惯、文化行为等表征系统来进行研究分析变为了可能。

国民文化的层次与范围非常大，并具有潜在性，在遭遇异质文化时凸显出来，体现为个体成员自在或自觉的国民文化意识。它与一个国家的历史文化传统息息相关，同时也受到当代大众文化的极大影响。它的形态既包括了诸如饮食、服饰、建筑形制等具有实体形态的物质产品外，也包括了语言、文字、宗教、法律等约定俗成的行为制度，同时还包括了个体的审美取向、思维习惯、价值观以及所谓国民性等深层的文化心理与意识。从这个角度出发，国民文化的概念在宏观上可以理解为一个国家的国民在文化上的共有性特征，也就是梁启超的"国性"与鲁迅等人口中的"国民性"，而在微观层面可以理解为一个国家的国民个体的日常的文化生活方式及日常文化特征。

对文化的研究，不等同于自然科学的实验科学，而更多是对于人类活动意义的阐释，在这里，为便于从国民文化的表征意义入手来挖掘和描述这表征意义背后的国民文化深层构造与形成机制，我们引入了符号学理论来对国民文化进行分析。

## 一、符号与符号过程

被誉为"符号学之父"的美国学者查尔斯·皮尔斯认为："所有的思想都是借助符号来表达的。"①赵毅衡也对符号下了定义："符号是携带意义的感知：意义必须用符号才能表达，符号的用途是表达意义"；"符号的定义应当是；被认为携带着意义的感知"。②"从这个角度理解，符号学便可看作一门研究人类意义活动的学科。"③符号学的兴起是在 20 世纪初，而其重要源头有二：一是皮尔斯符号学，二是索绪尔的符号学。美国符号学家迪利也曾提及："按照通常的识见，如果说笛卡尔是 17 世纪初现代哲学之父，那么，索绪尔就是 20 世纪初的符号学之父，而查尔斯·皮尔斯则是与索绪尔同期的符号学之父。"④而二者的区别主要在于：皮尔斯符号学关注几乎所有类型的符号，而索绪尔的符号学则侧重语言研究。经过百年的发展，当代符号学已经渗透于许多人文社会学科甚至是自然科学的部分领域，目前已成为一种跨学科的总方法论。

在索绪尔的论述中，符号的能指与所指是其重要概念，他认为，任何语言符号是由"能指"和"所指"构成的，"能指"指的语言的声音形象、文字形象等，而"所指"是指语言所反映的事物的概念。符号的任意性意味着，所指与能指之间不存在也无需有必然的理据性联系，而是没有逻辑联系的任意武断地连接在一起。而皮尔斯在他的基础上更进一步：符号可感知的部分，也就是索绪尔说的"能指"，皮尔斯将其称为"再现体"⑤；索绪尔说的所指，皮尔斯又做了更加细致的划分，将符号代替的部分称为"对象"，将符号所引发的联想成分称为"解释项"。相当于索绪尔的符号二分，皮尔斯的将符号表意的过程更加细化，更重要的是，他提出了符号表意一直展开和延续的潜力，而且，他将"意义"提到了符号研究的重要位置上。皮尔斯对此说道："符号把某种事物代替为它所产生、或它所改造的那个观念。或者说，它是把某物从心灵之外传达到心灵之中的一个载体。符号

---

① ［美］皮尔斯：《皮尔斯论符号》，赵星植译，四川大学出版社 2014 年版，第 17 页。

② 赵毅衡：《符号学：原理与推演》，南京大学出版社 2011 年版，第 27 页。

③ 赵毅衡：《符号学：原理与推演》，南京大学出版社 2011 年版，第 2 页。

④ ［美］约翰·迪利：《符号学对哲学的冲击》，周劲松译，四川出版集团 2011 年版，第 3 页。

⑤ 由于这个拉丁术语较为累赘，皮尔斯及之后的符号学家经常用"符号"（sign）一词来代替。

所代替的那种东西被称为它的对象；它所传达的东西，是它的意义；它所引起的观念，是它的解释项。再现的对象只不过是一个再现，而后面这个再现的解释项则是第一个再现。"①

　　符号是通过符号过程来表意的，皮尔斯的符号学理论体系极为完整，他将意义的传达过程总结为符号过程，适用于任何传播行为。所谓符号过程，是利用符号来进行再现、发送和解释意义的过程。因此，必须区别符号过程中的意义演化：

　　　　发送者　　　→　　　符号信息　　　→　　　接收者
　　（意图意义）　　　　　（文本意义）　　　　　（解释意义）

　　符号过程的三个环节有着各自的传达意义（发送者/意图意义、符号信息/文本意义、接收者/解释意义）。在符号的传达过程中，这三种意义受到时空跨度和表意过程的限制，在传播之中一次只允许出现一种意义：发送者的意图意义一经符号载体转化，就自动消失并不再出现，留在信息链上的就只有符号信息的文本意义；而当文本意义到达接收者时，只要接收者开始了对于符号的解释，那么表意过程中就只剩下解释意义的在场。

　　一个符号过程会受到诸多方面的干扰，包括时间过长、跨度太大、信息中断等外部环境的噪音，也包括发送者和接收者自身对意义处理能力的不同、符号携带的意义过多导致焦点模糊等内部属性的干扰。于是，意图意义、文本意义和解释意义很难做到一致，可以说或多或少的意义偏离是一定存在的。因为意图意义来自发送者的心像，这种复杂的心理活动是很难揣摩的，就连信息发送者自己也不一定能够完整地梳理和总结出自己内心的语言，于是意图意义无法追溯。第二步，符号文本是否可以明晰地重述意图意义呢？这与发送者的表达能力、符号的自身属性、传播的外部环境都有关系，所以文本意义也不能与意图意义完全对应。最后，符号落到接收者一方，此时起初的意图意义早已消失，接收者只能依据符号的文本意义进行翻译，艾柯说，"我并不对作者意图进行揣测，我进行揣测的只是'文本的意图'"②，与编码一样，解码的过程也受到众多因素的干扰，解释意义与文本意义自然会出现差别，在这个基础之上，解释意义与意图意义之间的距离与差别可能会更大。

　　符号过程的三种意义无法做到完全重叠，是一个很正常的现象。因为

---

　　①　[美]皮尔斯：《皮尔斯论符号》，赵星植译，四川大学出版社2014年版，第60页。

　　②　艾柯：《诠释与过度诠释》，三联出版社1997年版，第84页。

符号表意本身就是一个悖论："任何解释都是解释。"①因为符号的定义是"被认为携带意义的感知"，只要是"被认为"携带着意义就有成为符号的资格，于是不管是什么样的解释，得出了什么样的意义，都是一个正当的意义的存在，不需要通过意图意义或者文本意义来证明它的正当性。

## 二、文化符号学

文化符号学是将文化视为一种符号或符号系统的研究。爱德华·泰勒把文化界定为一种无所不包的人类精神和物质要素总集，即包括观念、行为、文学、艺术、法律体系、物质产品等。同样，对于当代社会中的人类来说，符号是一切的基础，人通过符号交流，通过符号找寻自身意义，通过符号建构了整个经验的、观念的、可理解的世界及人类社会，正因为如此，卡西尔在其著作《人论》中做了如下论断："我们应当把人定义为符号的动物。"②皮尔斯也曾说："所有的思想都是借助符号得以表达的。"③社会学家马克斯·韦伯的理解社会学，以人的社会活动的意义和目的为研究对象，实质也是将文化的本质看作符号。

韦伯之后，在人类学和社会学领域，这种文化符号学已成为传统，并逐渐形成了"符号人类学"的学派。克利福德·格尔茨在其代表作《文化的解释》中提到："我主张的文化概念实质上是一个符号学的概念。马克斯·韦伯提出，人是悬在由他自己所编织的意义之网中的的动物，我本人也持相同的观点。于是，我以为，所谓文化就是这样一些由人自己编织的意义之网，因此，对文化的分析不是一种寻求规律的实验科学，而是一种探求意义的解释科学。我所追求的是析解，即分析解释表面上神秘莫测的社会表达。"④"文化是一个有序的意义和符号体系，社会的互动依据它而发生。"⑤格尔茨、萨林斯等人的文化符号学理论，从文化现象入手，对这些现象进行总结，并在此基础上对社会文化结构进行宏观的阐述。

在格尔茨、特纳等人之后，伯明翰学派将文化符号学引入大众文化的

---

① 赵毅衡：《符号学：原理与推演》，南京大学出版社 2011 年版，第 50 页。
② [德]卡西尔：《人论》，甘阳译，上海译文出版社 1985 年版，第 34 页。
③ [美]皮尔斯：《皮尔斯论符号》，赵星植译，四川大学出版社 2014 年版，第 17 页。
④ [美]克利福德·格尔茨：《文化的解释》，韩莉译，译林出版社 2008 年版，第 5 页。
⑤ [美]克利福德·格尔茨：《文化的解释》，韩莉译，译林出版社 2008 年版，第 96 页。

研究中，斯图亚特·霍尔受到索绪尔和罗兰·巴特的符号学的能指与所指的任意性的影响，利用符号学为工具，提出了"编码—解码"理论，并用这种理论研究当代流行文化尤其是电视媒体，他承认当代大众对于当代流行文化产品的解读，与他们的社会身份及地位相对应，受众的立场决定了他们的文化产品的解读，换句话说，在意义的生产过程中，符号接受者的理解、解释方式在其中具有决定性的地位。

同一时期的，以洛特曼为代表的莫斯科—塔尔图符号学派则对文化进行模式化建构，洛特曼也受到索绪尔和罗兰·巴特结构主义的影响，他的研究从结构主义诗学出发，进而引申到整个文化领域，与霍尔相同，他也认为一个符号在功能上不是只有一种意义，其意义并不明确，而是包含了多种层次多个方向的理解。一种符号如果要清晰表意，必须通过特定的环境背景(语境)并与其他符号连续使用；我们理解和研究一种符号，也必须通过多层次多形态的文化环境与背景。就此，他提出了符号域、文化文本、共同集体记忆等一系列概念，这些理论对我们研究国民文化形成机理与深层构造有着非常重要的作用。

综上所述，文化符号学并不是单纯地从某个角度观察文化，而是涉及了文化的本质；除此之外，文化的表征系统也是通过符号来实现和传达意义的，国民文化包罗万象，对国民文化的研究从一定程度上来说就是对于其表征系统的研究，这是符号学研究国民文化的基本逻辑。

## 三、国民文化符号与国民文化符号体系

国民文化本质是一种与其族群历史文化及当前大众文化的符号域所形成的一种特殊的文化心理。人类的文化与符号(也就是文化的表征系统)密不可分，所有文化形式都由符号形式表现出来。文化概念的可大可小，故而在符号学的理解之下，既可以将国民文化理解为整体的国民文化符号系统，也可以理解为微观的个体的国民文化符号。

个体的国民文化符号是国民文化的日常表达，包括了饮食、服饰、神话、语言行为、宗教行为、节庆、礼仪等每一个象征与日常生活符号。按照形态来分类，个体的国民文化符号可分为实体形态文化符号与非实体性文化符号，实体性的个体性国民文化符号具有物质形态，具体来说有该国的饮食种类、饮食方式、炊具餐具、建筑形制、服饰样态、艺术品、交通设施等，而非实体性的文化符号则包括社会制度、法律、宗教、民间节庆活动以及文化娱乐、旅游等多个方面。这些国民文化符号在历史的演进中积累了文化信息与文化符号意义，而与其他国家的文化差异更加强这种符

号意义，使这些国民文化符号成为了一个个传达本国独特文化的符号形式。

　　整体的国民文化符号体系，也就是国民文化的宏观层面，是一个文化共同体所具有的一整套的综合性符号系统，是一个文化共同体中多数成员共同享有的文化的精神和心理媒介，它构成了国民的品性与国民文化性格。总体来说，它是类似于洛特曼所提出的符号域概念，它有自身的空间概念与发展条件，也就是政治经济共同体、自然生态系统和主权领土版图的文化生态环境，我们可以将它的实质理解为一种文化环境、文化语境，它是一切个体性国民文化符号产生、活动、发展的空间，既是个体性国民文化符号的载体与依托，同时也是一个国家的文化思维方式与文化思想结构的表现形式和手段。

　　个体的国民文化符号是国民文化的日常表达，是一个国家的国民理解认识世界时的媒介物与工具，是国民社会活动中表达和传播意义的象征物。与本性本能不同，一个人的文化属性并不是与生俱来的，而是通过教化而成，换句话说，人的思维与认知是在有意义的国民文化符号体系中通过交流而构成。具体来说，国民文化的可感知部分（"能指"或"再现体"），如饮食、服饰、建筑等具体实物本不具有文化意义，而是作为中介工具，在人类的经验和记忆过程中，逐渐凝聚了文化意义，在这个过程中，可感知的具体实物与本国家本民族的历史传统经验（文本意义）不断重叠、融合，在这个过程中，国民文化符号的形式感与意义（所指或对象）不断被强化（符号化）。在国民文化体系的范畴中，国民（接收者）在特定的整体性国民文化符号体系中进行的联想与想象，产生出自身对于可感知部分的理解与认知，使国民文化符号具备了文化象征意义与共同记忆。在经济全球化的大背景下，一些具有代表性的国民文化符号由于与其他文化间的差异，甚至在一定程度成为了一个国家的文化的代表与象征。

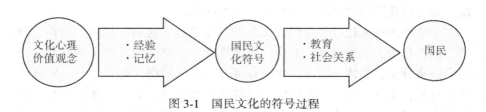

图 3-1　国民文化的符号过程

　　举例来说，日晷本是我国古代较为普遍使用的计时仪器，主要是通过日影的位置来确定当时的时辰或刻数，在发明之初并不具备太多的符号意义和文化内涵，经过历史与文化的长久沉淀，日晷在实用价值之外，越来越多地承载了如中国古代科技文化传承、珍惜光阴等额外的符号意义与价值。它从一个纯粹实用的可感知物，经过历史的符号化，成为了一个具有代表性的中国国民文化符号。当然，这种对于能指的弱化与所指的强化，并不意味着国民文化符号中的可感知物的地位不重要，相反，它是承载文化象征意义的重要载体。德国社会学家安吉拉·凯普勒对此论述道："社会记忆需要某些可以让回忆固着于它们的结晶点，例如某些日期和节日、名字和文件、象征物和纪念碑、甚至日常用品等，诸如此类的回忆实践对许多文化、集体和集体成员在一定时期的现实自我理解有着重要贡献。"①扬·阿斯曼也有类似论述："思想只有变得具体可感知才能进入记忆，成为记忆的对象，概念与图像在这个过程中融为一体。"②

按照洛特曼的符号域理论，个体的国民文化符号，必须依附于整体性的国民文化符号体系来表达自身意义，实现自身功能和价值，格尔茨对于此也有过相关论述，他认为文化是一种"从历史沿袭下来的体现于象征体系符号中的意义模式，是由象征符号体系表达的概念体系，人们以此进行沟通，延续和发展他们对生活的知识和态度"。在这个整体的国民文化体系中，个体的国民文化符号需要通过格尔茨所提出的"地方性知识"的过滤，经由国民文化符号体系的系统性作用而形成意义结构。当然，个体的国民文化符号也在形成意义的同时对整体性的国民文化符号体系不断进行设定与修正，从这点出发，我们能更好地对一个国家的国民文化在一段时期的稳定与变化，以及国民文化的整体性与变异性进行理解。

## 四、国民文化与国家认同

在一个国家的构建与认同中，国民文化符号是其中至关重要的要素之一。在民族认同、文化认同与宗教认同三类认同中，宏观层面的文化认同始终贯穿其中。每个国家的饮食、服饰、艺术、节日、礼仪、英雄、语言等，成为国家认同的关键性要素。在不同历史时期，政治可能会在某一时段成为国家认同中的决定性因素，如苏联、"二战"后的南斯拉夫或者阿拉伯联合共和国等的国家认同方式。但即使是在这种国家认同建构中，文化

① ［德］安格拉·开普勒：《个人回忆的社会形式——家庭历史的沟通传承》，哈拉尔德·韦尔策编：《社会记忆历史、回忆、传承》，季斌、王立君、白锡塑译，北京大学出版社2007年版，第91页。

② ［德］扬·阿斯曼：《文化记忆：早期高级文化中的文字、回忆和政治身份》，金寿福、黄晓晨译，北京大学出版社2015年版，第30页。

也依旧占据了重要地位，例如阿拉伯联合共和国的成立，正是在纳赛尔对于旧时阿拉伯世界的文化的大力颂扬和倡导下实现的；苏联成立后，也不断地在用如保尔·柯察金、卓娅等为代表的英雄文化，为社会主义建设提供精神和心理鼓舞，从而增强国家认同；对于欧盟的认同更多建立在经济利益和政治利益之上，但也有共同的基督教文化和欧洲人脑海深处的"罗马统一梦"的因素作用。被誉为"欧洲之父"的让·莫内就说："假如我们重新构建欧洲共同体，我们应该从文化入手。"①可以说，在一个国家的国家认同中，文化认同是必不可少的基石。只有通过国民文化符号体系的整体性浸泡，用以形成共同享用并共同认同的价值观、信仰、制度规范意识等文化心理，才能从根本上保证一个国家的长久稳定和持续发展。

在文化认同中，文化是以符号的形式所存在，而其中与他国、他民族具有差异性的代表性国民文化符号在国家建构中更是起到举足轻重的作用，它是在国民文化符号中最凸显自身国民身份的一些文化符号。这类代表性国民文化符号的作用与意义不是一成不变的，对于国家认同的影响效果也小大由之，甚至在一定时期内可以表现为积极性影响，也可以表现为消极性影响，这与不同历史的不同文化语境有着极大的相关性，例如许多中国传统文化符号的意义与影响，在"新文化运动"前后就表现出极大的差异性。总体长期来看，由于一定时期下，代表性国民文化符号是被国民文化体系挑选赋予被理解意义的，所以在大多数时段对国家认同的影响是积极的。

国民文化符号在国家认同中的影响与作用主要通过认知、交流与文化差异这三点来达到。文化的认同与传承，是依赖对国民的教化而形成，这也和文化在中国最早的本质"文以化人"相合，国民文化的特征主要靠国民文化符号来表现，尤其是一些代表性的国民文化符号，是被国民文化符号体系所精心提炼、抽象与符号化后的符号，它凝聚着一个国家最核心的文化记忆，承载着一个国家的文化基因。通过教化、培育以及宏观的国民文化符号体系的熏陶，使国民对于本国文化的特征、社会制度、生活规则有一个基本的认知，在整体性的国民文化符号体系中，这些国民文化符号潜移默化地影响着国民的心理状态与日常行为习惯，塑造国民对于国家的文化的认知，国民文化符号的意义通过社会关系与社会纽带来达到共享，这种社会关系与社会纽带保证了一个国民的自我认知与服从社会规则的统一，从而达到认同的结果。同时，由于文化差异的影响，国家的每一个国

---

① ［英］戴维·莫利等：《认同的空间》，司艳译，南京大学出版社 2001 年版，第 59 页。

民都是这个特殊的国民文化符号体系中的成果，并且在与他国文化的相互交流中感受到了不同国家文化间的差异性，从而更加深刻地认识到了本国本民族的文化传统，继而增强了对本国家本民族文化的认同，正如中国最早的国家和文化认同是建立"华夷之辩"的基础上。从这种区隔的角度来说，国民文化的认同实质也是一种国民文化"认异"。

例如，在中国传统的民俗活动中，不同颜色样式的物品具备着不同的概念与信息。在结婚时，请帖、灯笼、盖头、礼服、对联等物品都是红色的，这类红色物品都在传达着喜庆的信息，白色物品诸如挽联、孝服等则是用在葬礼中，表达一种哀悼之意。而西方受到天主教的影响，结婚时更多使用白色的典礼服，这与中国传统文化截然不同。国民参与各类民俗活动，也就浸泡在这个整体性的国民文化符号体系中，一直受到这个"约定俗成"的代表性国民文化符号的触动，从而感受到它们背后所指的历史经验与文化记忆，使国民共享这种相同意义，并一致赞同某种价值观或思想，又因对本国本民族文化传承法则的认知与其他文化的差异进一步了解到本国文化的独特性。国民文化符号作为一个价值观坐标系统为每一个成员提供区别于"他者"的"镜像功能"，在其他文化的对比中，能够帮助每一个成员反观自身文化和价值观的特征，从而形成自身身份认同的基础。正是因为国民文化符号潜移默化的影响，从而在现代世界建构了一个国家文化的根本性和独特性，塑造了一国国民的文化性格，培养并增强了国民的文化归属感。

国民文化的认同过程并非是纯粹线性的动态过程，而是一种断裂与延续统一，国民个体对于国家的国民文化产生认同，是在整体性的国家文化符号体系之中，与社会的主导文化与外来文化的不断协商、谈判、妥协，甚至是斗争中而继承的。具有代表性、差异性的国民文化符号也是在这种认同过程中被提炼出来的，二者呈现一种相辅相成的关系，国民文化符号的意义的生产不是存在于主体的头脑当中，而是产生于国民参与的每一次个人及社会的文化实践当中。简而言之，国民的团结观念越强，认为自身的发展只有在国家、共同体的发展中才能得到检验，对于国家的认同也就越强烈，在这种强烈的认同下，代表性的国民文化符号的所指意义被加强，也就更能凸显其在价值，也更具备存在价值和差异性作用，也就能愈发增强国民的归属感及认同感。从传达机制上来说，这种对于国民文化的认同可以分为强制性国民文化认同以及隐性国民文化认同，强制性认同的过程类似于布迪厄的"符号暴力"概念，一个整体性的国民文化符号体系，通过学校教育（社会学家将教育与上学分开来讨论，这里的学校教育是指上学），独断地将权威文化灌输给国民，促使其对本国的国民文化产生认同。隐性的国民文化认同则是通过家庭教育、社会规则、社会文化消费系统潜移默化地进行传达。

在国家认同的过程中，文化符号并不总是表现为积极性影响，除了上文提到的时代性影响外，还和一个国家的亚文化、次文化相关。在当代社会中，一个国家除了其集体的主流文化之外，还存在着异质且多元的非主流文化与局部文化，这些非主流的文化大体可以分为三类，第一类是通过族群形成的亚文化，例如多民族国家中的少数民族文化。即使是传统的单一民族国家，随着商品经济的发展与经济全球化时代的人口流通，也形成了一些移民文化；第二类是阶级与居住环境形成的亚文化，阶级的差异性以及居住的地域差异性形成了诸如工人文化、城市文化、乡村文化等多个文化圈；第三类是由于年龄与性别差异形成的，诸如青少年文化、老年文化、女性文化等。在日常生活与文化交流当中，国民往往被这些亚文化圈的文化符号所包围，亚文化分析往往会倾向赞扬反常规者与反常规文化，对主流文化则呈现一种贬低的态势，故而对亚文化的认可在一定程度上会减弱对于国家的整体性认同，同时各个亚文化圈的冲突和矛盾，如一些亚文化圈的成员的贫穷，不同亚文化圈之间的偏见与歧视，会使国民相互之间的团结观念被削弱，从而使国民对于国家的认同度递减。但过度地贬低、压制亚文化，往往又会使整个国家陷入民粹主义倾向。

因此，找寻和提炼适当的具有广泛性和代表性的中华民族国民文化符号，也就是所谓的"以界他国而自立于大地"（梁启超语），对于幅员辽阔、人口众多、多民族、又在近代经历了社会巨变的我国的国家认同，有十分重要的意义，这种中华民族的国民文化符号，是维系国家的内在统一和社会的向心力与凝聚力的关键所在，同时，对代表性国家元素的认同并不代表着对亚文化认同的压制。对此，费孝通先生有过权威性表述："中华民族是 56 个民族的多元形成的一体，中华民族是高层，56 个民族是基层。高层次的认同并不一定取代或排斥低层次的认同，不同层次的认同可以并存不悖，甚至在不同层次的认同基础上可以各自发展原有的特点，形成多语言、多文化的整体。"①

## 第二节　国民文化的基本结构与模式类型

国家文化通过种种渠道和转换环节，从器物层面、制度层面、行为层

---

① 费孝通：《论人类学与文化自觉》，华夏出版社 2004 年版，第 163 页。

面以及心态层面对国民个体(社会成员)产生影响,在国民个体(社会成员)和外在的空间环境(文化生态)的交互作用下,最终氤氲化生为风格各异的国民文化。

## 一、国民文化的基本结构

广义的文化是指人类历史实践中所创造的物质财富和精神财富的总和;狭义的文化是指精神文化,如文学、艺术、教育、科学等。由于国民文化概念的多样性,国民文化结构分类也多种多样,但内容都大同小异,没有超出物质文化和精神文化两大范畴,从结构上看,国民文化由外至内可大致分为以下四个层次:器物层、制度层、行为层和心态层。器物层是人类的物质生产活动方式和产品的总和,是可触知的具有物质形态的具体事物,它是最不稳定的,最容易发生变迁的。制度层是人类在社会实践中组建的各种社会行为规范。行为层是人际交往中约定俗成的以礼俗、民俗以及风俗等形态表现出来的行为模式。心态层是人类在社会意识活动中孕育出来的价值观念、审美情趣以及思维方式等主观因素,这是国民文化的核心,也是其中最稳定的组成部分,具体如图 3-2 所示。

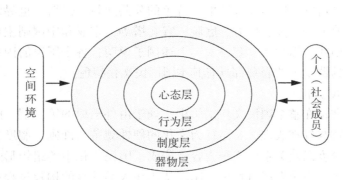

图 3-2 国民文化的基本结构

1. 器物文化

器物文化位于国民文化结构中的最外层,包括了国民因生产、生活等需求所创造并使用的工具、物品等物质产品以及这些物质产品的生产方式、使用方法等。具体来说,国民文化中的器物文化包括了一个国家国民的饮食、衣着、居住、交通等。饮食方面主要包括一个国家国民的食物结构(谷物、肉食)、国民食品制作方式(烹调方式)、餐具形制、交通方式、各类产品、园林、建筑、服饰、等多种方面。属于整个文化体系的物质基础。由于器物文化属于最表层的文化形态，其演变与日常生活息息相关，故而相对来说器物文化的变化与演进也最活跃，它一方面受到深层次文化的控制和影响，另一方面来说，它的变化也会在一定程度上带动更深层次文化的转变。

国家与国家间在饮食上的国民文化各不相同，按照当代的情况，大致可以分为西方饮食、东亚饮食、清真菜等，各国的人均大米、面粉、鱼肉、猪肉、牛肉、乳制品、水果、蔬菜、烈酒、葡萄酒、咖啡、茶叶的消耗量也各不相同，这都反映了在饮食方面各个国家间的国民文化差异。而在居住上，各国国民文化主要反映在传统住房形制、传统公共建筑形制、现代住房形制、现代公共建筑形制、传统城市布局结构、现代城市布局结构、住房消费占居民收入的比重等，西方传统的住房形制大致是石制公寓、排屋式的；而在伊斯兰国民文化中，传统的住房形制则是生土加厚墙体，配备着通风槽与气楼，装饰上则以阿拉伯风格窗花为特色，并且大多配有蓄水池。这都与西亚地区的地理环境与历史密不可分。中国的传统住房形制则是以木结构为主的三合院、四合院、土楼、窑洞等。在传统公共建筑形制上，西方历经多个世纪的发展，主要发展出以古希腊、古罗马、哥特式、拜占庭、巴洛克等风格为特色的公共建筑，伊斯兰世界的公共建筑则具有典型的穹隆、伊万、庭院、宣礼塔等，东亚和中国则主要是木结构砖瓦歇山式、攒尖式、盝顶式。上述例子说明，各个国家的国民文化在各个领域的器物上的表现都具有其本国国民文化特色。

2. 制度文化

制度文化在整个国民文化结构中，处于由外至内的第二层，既是心态文化的产物与外在表现，又是行为文化的硬性规范与准则。制度文化包含了法律、制度以及关系模式等内容，构成了国民文化中的组织形式与规范体系。在人类历史发展过程中，制度文化在人类社会的构建过程中起到了不可替代的作用。制度文化铸就了人类社会的生产、生活和交往规则，保证了人类社会的有序发展。

制度文化的形成与建立，是人类在社会生活中的道德经验积累为道德观念的结果，并通过法律、规章等制度将道德准则反映在实际生活之中。相对于行为文化，制度文化是一种公开的，具有强制性约束力的相对稳定的国民文化规则系统。国民的文化心理因素，通过制度文化体系的过滤与影响，转化为行为及器物。制度文化是维持国民文化秩序的关键要素，决定着一个国家的发展效率，同时制度文化是国民文化之所以形成一个文化共同体的关键，也是个体文化上升到整个国家、族群的国民文化的关键一环，决定着个体与国家之间的关系模式。

### 3. 行为文化

行为文化，处于由外至内的第三层，是指一个国家的国民长期形成的惯性化的日常生活生产行为方式，它与制度文化一样，决定文化心理是如何表现在实际生活中。它与制度文化的最大区别在于制度文化是显性的、由上至下的、个体间的差别不大，总体而言较为固定；而行为文化则是潜移默化的，由下至上、个体间的差异较大。由于行为文化贴近日常生活，随着日常生活的日新月异，相对于制度文化，行为文化在不同历史时期的变化较大，随着经济全球化时代的到来，不同国家间行为文化的边界与区隔也相对变得模糊。

具体来说，当代国民文化中的行为文化层主要可分为日常行为、民间活动与礼仪，按照分层来说，民间活动与礼仪在行为文化层中靠近制度文化，而日常行为与娱乐行为相对更靠外。日常行为文化包括了起居、餐饮习惯、教育、消费方式、阅读习惯、日常娱乐行为、体育活动与文化娱乐行为等，虽然当今经济全球化的时代，各国日常行为文化的发展有趋同性，但仍然存在区隔，例如中西方在消费习惯、文化娱乐习惯、体育习惯等方面仍然具有较为明显的差异性。行为文化中的民间活动与礼仪则是国民文化与国民文化认同的关键一环，它主要包括了国民的宗教行为、婚丧行为以及节日民俗等。这些民间活动与民间礼仪在很大程度上区分了各国国民文化，文化传统、价值观、伦理道德等文化心理也往往是由这些民间活动与礼仪传达和影响国民个体。

### 4. 心态文化

心态文化层是国民文化的核心与心理基础，是国民在生产生活的基础上发展出的文化意识的集合，是国民文化的底层支撑。心态文化层是由器物文化、行为文化与制度文化提炼、凝聚和抽象而成的文化心理和思维观念，表达了一个国家或民族独特的价值取向、审美观念、思想方式等方面的精神文化内容。

相对于外层文化，心态文化相对较稳定，受外界变化的影响较小，各个国家间的差异较大。各国由于生产生活的环境不同、文化传统不同、行为与器物不同，因而产生了不同的文化理念和思维模式。由于心态文化是国民文化的核心，对于其他外层文化有着支配影响作用，故而这种相对的稳定性和差异性对于当代全球化背景下国家认同有着十分重要的作用，换句话说，正是由于心态文化的相对稳定性和差异性，使得全球化时代的国家文化认同得以实现。但同时，由于亚文化圈的存在，心态文化的相对稳定性和差异性使主流文化对于非主流的文化整合变得较为困难，在这种情况下，就要求国家对于那些具有代表性、广泛性的文化思想与价值观进行高度提炼，从而达到一个相对大的范围的国民文化认同。

例如，在审美趋向上，中西方就表现出明显的差别。中国人的审美主要体现于整体性思维特征，一是在物我不分和物我同一的基础上论美；二是在人与物、物与物、人与人的相互作用、相互转化等关系中获取审美情感，不割断人与物、物与物、人与人之间的联系，总是把此事物与彼事物之间的任何一种变化都加以关联，总是把个体置于总体之中、置于与其他事物的联系之中来观照，这其中主体与客体没有实现完全分离。在这种哲学思维定势支配下，人与物之间形成"共情观"，"看山则情满于山，观海则意溢于海"。人与客观世界之间异质同构、情感互渗。因此，中国绘画上讲究有中和、气韵、意境等一些概念，中和是中国人根本的审美形态，气韵和意境则体现为中和基础上的更高趣味。

英国、美国、法国、意大利、德国等西方国家国民的审美结构立基于希腊古典哲学"主客两分"的文化传统和基督教神学传统。西方艺术中以神圣为核心概念的美学观起源于希腊文明，西方创作强调客观、再现、求真等客体对象的真实性表达，其审美思维侧重于由个别到一般、由低到高、由部分到全体的理性把握过程。而基督教的宗教文化和政治要求则发展了西方艺术对光和色彩的利用，两者相互融合而构成了西方国民艺术审美的总体面貌。

## 二、国民文化的模式类型

20 世纪初，美国人类学家博厄斯指出作为文化引导力量的文化模式是一个特定的文化丛，一个由文化特质组成的文化统一体，从而引出了文化模式的概念。20 世纪 30 年代，露丝·本尼迪克特承接博厄斯的研究，在其著作《文化模式》中，通过对北美三种少数民族的观察比较研究，结合弗洛伊德的精神分析理论和尼采的文化批判，抽象出三个民族群落各自的文化性格和各自之间的文化差异，提出了文化模式的概念。她认为，文化模式表现的是特定民族的心理思维方式和价值取向，是一个综合的文化有机体。

美国人类学家克拉克洪和斯乔贝克在 1961 年研究调查了不同国家的文化，最后认为，不同文化的价值观与文化倾向包括以下六个方面：（1）人的自然观念，也就是人对外部自然界的看法，其中包括了对自然界的认知以及对于人与自然的关系的看法。例如中国传统文化中的"天人合一"思想就是对人与自然的关系的论述，除了这种人与自然和谐共处的思想观念外，还有人类掌控自然、人类服从自然等思想观念。(2)对人本性的看法，在克拉克洪的研究中，他将人性观分为了人性恶、人性善以及人性善恶结合，在中国古代传统的文化观念中，也有与之相对应的性善论、性恶论、性有善有恶论、性无善恶论。(3)人的行为取向，也就是人类行为是基于什么样的动力与导向而进行的，行为取向对于人类行为起到了指引、控制、激励和评价的作用。克拉克洪认为不同文化圈在行为取向方面有所差异，一些文化强调生活体验，注重行为的过程。一些文化强调未来成为什么即目标的实现。一些文化则强调对自身欲望的控制。(4)人的时间观念，不同的人和文化对于时间的取向有所不同，有些更注重过去，反映为对于历史传统的尊重和敬畏。而有些则强调活在当下或者积极规划未来。(5)人的空间观念，人的空间观念主要可以分为开放包容式或隐私封闭式。(6)社会关系取向，不同文化对于社会关系的取向也不同，大体上可以分为集体主义取向和个体主义取向。

在本尼迪克特、克拉克洪等人的研究之后，霍夫斯泰德长期对文化因素进行定量研究的基础上提出了文化维度理论。他吸收了英克尔斯与莱文森关于英文文献中有关地区文化的大型调查结果，并结合了自己对于 IBM 各地区分公司的员工的实验调查研究，从而得出了文化维度的概念。根据霍夫斯泰德的理论，从文化情境的角度而言，国民文化又与高情境、低情境有着密切的关系，因此可分为高情境国民文化与低情境国民文化。所谓高情境国民文化，是指在进行文化传播时，大部分信息内含于物质情境或信息发出者自身，而非通过编码传递的信息之中；低情境国民文化是指信息通过情境来传递，较少隐含于情境或交流双方的默契中。高情境国民文化与低情境国民文化的区别如表 3-1 所示。

表 3-1　　　　　高情境国民文化与低情境国民文化的区别

| 高情境国民文化 | 低情境国民文化 |
| --- | --- |
| 依赖含蓄的沟通 | 依赖直接、明确的沟通 |
| 强调非语言沟通 | 强调明确的语言 |
| 任务从属于人情关系 | 把工作任务和人情分割开来 |
| 强调集体的主动性和集体决策 | 强调个人的主动性和个人决策 |
| 以人情关系来看待雇主/员工关系 | 以条约来看待雇主/员工关系 |

续表

| 高情境国民文化 | 低情境国民文化 |
|---|---|
| 依赖于直觉，而不是事实和统计数据 | 依赖事实、统计数据以及其他细节资料 |
| 喜欢迂回或间接的推理方法 | 偏爱直线式的推理方式 |

　　根据情境的差异，结合国家文化类型，可大致将国民文化分为宗教—高情境型、民族—低情境型以及文化—中情境型。值得注意的是，这种对应关系并不是一成不变的，在不同历史时期，会根据外部环境的变化产生一定的改变。

　　从文化维度角度而言，国民文化在普遍主义/特殊主义、个体主义/集体主义、中立性/情绪性、关系特定/关系散漫 注重个人成就/注重个人等级、包容性/封闭性、线性时间/同步时间、内控文化/外控文化等方面存在着差异（表 3-2、表 3-3）。

表 3-2　　　　　　　　　　国民文化的八个维度及其文化解释①

| 文化维度 | 含义 | 文化解释 |
|---|---|---|
| 普遍主义/特殊主义 | 在一种文化中更重视规则还是更重视关系 | 在普遍主义文化中，人们认为法律、规则和标准等应优先于朋友及其他关系的需求。而在特殊文化中，人们视友情和亲密关系先于规则。 |
| 个体主义/集体主义 | 我们视自己为集体的一员还是作为个体 | 在个体主义文化中，人们视个人利益如幸福、成就和福利等高于集体利益；集体主义则相反。 |
| 中立性/情绪性 | 个体情绪外露的程度。我们是否显示我们的情绪 | 情绪化文化中人们不是隐藏情绪，而是显示出来；而在中立性文化中，人们一般不公开显示或很少公开显示自己的情绪，比较内敛。 |
| 关系特定/关系散漫 | 责任明确还是含糊，具体地被分配责任或散开地被承担 | 在明确文化中，人们首先分析个别因素然后再把它们拼在一起，整体为部分之和。而在混合文化中，人们从总体入手，从整体上衡量个别因素，所有部分都是相互关系的，个别因素之间的关系比因素本身更重要。 |

　　①　赵丽芬:《管理学——理论与实务》，立信会计出版社 2016 年版，第 263~267 页。

续表

| 文化维度 | 含义 | 文化解释 |
|---|---|---|
| 注重个人成就/注重个人等级 | 我们是否必须证明自己接受状态或它强加给我们 | 在获得地位的文化中，地位的获得是通过自己努力得来的，而赋予地位的文化中人们的身份是由出身、年龄、性别或财富赋予的，而不是通过努力获得的。 |
| 包容性封闭性 | 在全球化和信息化的大数据时代，我们是否对异质事物或新生事物采取接纳或排斥的态度 | 包容性通常指社会个体或某个社会主体能够包容客体的特性。封闭性是指安于现状，或事物不具有开放性。 |
| 人与时间的关系：线性时间/同步时间 | 我们是否立即做事，一次做一件或几件事 | 人们在一个时间做一件事情还是多件事情。线性时间认为时间是呈线性序列的，一次只能做一件事情；同步时间则认为人们可以同时做几件事情，时间是灵活的、无形的。 |
| 人与自然的关系：内控文化/外控文化 | 我们是否控制我们的环境或我们是否被环境所控制 | 在内控文化中，人们认为大自然是复杂的但是可以控制，即相信人们通过努力可以控制自然；外控文化中，人们认为人是自然的一部分，因而应该与大自然和谐共处，人们应该调整自己以适应环境。 |

表3-3　　　　　　　　　　不同类型国民文化的特点

| 项目 | 宗教—高情境型 | 民族—低情境型 | 文化—中情境型 |
|---|---|---|---|
| 普遍主义/特殊主义 | 特殊主义 | 普遍主义 | 特殊主义 |
| 个体主义/集体主义 | 集体主义 | 个人主义 | 集体主义 |
| 中立性/情绪性 | 情感丰富 | 居中 | 中立性 |
| 关系特定/关系散漫 | 关系特定 | 关系特定 | 关系散漫 |
| 注重个人成就/注重社会等级 | 注重社会等级 | 注重个人成就 | 注重社会等级 |
| 包容性/封闭性 | 封闭性 | 包容性 | 封闭性 |
| 人与时间的关系：线性时间/同步时间 | 同步时间 | 线性时间 | 同步时间 |
| 人与自然的关系：内控文化/外控文化 | 居中 | 内控文化 | 外控文化 |

具体来说，宗教认同型国家属于高情境型国家类型。与西方国家以普遍主义为主导、广泛吸收不同文化类型、积极参与全球化过程不同，宗教认同型国家相对保守封闭，为应对西方文化霸权，对于全球化并不热衷甚至抱有抵制情绪。对于宗教信仰较为狂热，对国家的认同是外显的。西方传统民族国家，在历史上其国家建立的过程中与对外战争时，民族主义情绪高涨，国民文化曾呈现高情境的态势。而在国家建立完成，进入和平发展阶段，尤其是"二战"后，近年来随着全球化趋势的加快与欧洲一体化建设，欧洲及西方传统民族国家奉行市场经济，推行自由竞争，同时兼顾社会均衡，经济全球化指数普遍较高。人才在欧洲范围内广泛流动，资源配置扩展到欧洲范围乃至世界范围，国籍的概念也随之慢慢淡化。国民文化越发表现为一种低情境态势。而文化认同型国家统摄民族认同、宗教认同，文化认同一以贯之地在国家发展的历程中发挥重要作用。先后经历基于血缘和宗法政治要素的国家认同，大一统中央集权和儒家伦理政治文化为核心的国家认同，进而认同新型的民族国家体制和政治形态，体现为一种中情境的国民文化态势。

## 第三节　国民文化的社会化表达

任何国家的国民文化都具有一整套社会化表达体系，主要可以分为国民核心价值观、国民制度规范意识、国民信仰系统以及国民行为方式四个层面，这四个层面之间互有交叉重叠。这种社会化表达既是一个国家的国民文化的体现，也是国民认知进而认同国民文化的社会化途径。

### 一、国民核心价值观

国民价值观，是一个国家的国民关于社会生活的基本思想观念和价值观念，反映了国民对于自然、经济、政治、文化、社会、人生等各个领域的态度、倾向、主张和信念，是指导国民社会活动的评价标准和行为导向。

一个国家的国民核心价值观也即一个国家的国民主导思想，它在整个社会价值思想体系中起到支配和主导作用，居于各种价值观的核心地位，是一个国家大多数国民在社会实践生活中所共同认可的社会基本价值观念与准则，是国民主体意识的集中体现。

国民核心价值观一般具有以下四点特性：

第一是权威统摄性。核心价值观是从一般价值观凝聚、提炼出来的具有代表性的价值观，是国家意志的体现，规定了国家的文化价值与奋斗目标，拥有巨大的影响力，对不同层次的一般价值观具有引导、整合与协调的作用。核心价值观为一个国家的国民提供了基于文化认同之上的身份认同。

第二是动态稳定性。与人类的社会实践活动相比，价值观是相对稳定的因素，同时由于核心价值观在国家建构中具有基石性的坐标地位，所以核心价值观在一定历史时期下相对稳定。在相对稳定的大前提下，国家和社会中其他层次的价值观会不断对核心价值观进行补充和修正，国家的领导阶层也往往需要不断探寻并揭示核心价值观的内在的发展规律，用以建设和完善核心价值观。核心价值观的这种相对稳定性，也是文化比较研究的重要衡量基础。

第三是普遍认同性。总体来说，国民核心价值观反映了一个国家的国民在文化与思想上的普遍性倾向与普遍价值追求。国民核心价值观是高度提炼出的具有广泛性认同的价值观，是一定时代下国民对于人生目标的共同的价值追求，具有较强的感染力，被大多数国民所主动追求和自觉行动。

第四是理想性。国民的社会实践动机受到价值观的支配和制约，而核心价值观是一个理想化终极状态和结果，是引领国民进行价值追求的目标和理想，对国民社会实践活动的动机有着导向和激励支撑的作用。

## 二、国民制度规范意识

在社会生活中，国民制度规范意识作为国民文化社会化表达要素之一，包涵了政治意识、法律意识、伦理意识等意识形态，是个体自觉自律和承认人与人相互关系的统一。个体的自觉自律精神确保了个体的行为符合社会规则，并保证个体履行自身的权利与义务；而承认人与人之间的相互关系则保证了人与人之间相互信任、相互尊重，以维系整个国家的社会生活。

国民制度规范意识是国民进行社会行为的规范系统，具有整合功能、秩序维护功能、激励功能和塑造功能等，为国民文化体系提供了框架。制度规范意识是建立在制度文化之上的，是制度文化存在和发展的必然要求，同时，制度规范意识的发展能够健全和完善制度文化。

国民制度规范意识对于一个国家的稳定发展有着极其重要的作用，如果国民缺乏制度规范的执行意识，将会极大地束缚和阻碍制度的发展与完善，降低整个社会发展的效率。在当代市场经济时代，制度规范意识发展市场经济过程中制度文化的基本准则，同时，制度规范意识也是法治社会的建立和维护的精神支撑。

绝大多数时期，由于国民的制度规范意识的存在，制度的建立、完善与发展是循序渐进的，旧制度在新制度建立前后都发挥着应有作用，制度规范意识对旧有制度不断进行完善与发展，从而达到制度与制度规范意识在特定时代中的新的统一。值得注意的是，对于旧有制度规范的否定意识并不意味着缺乏制度规范意识，相反，对于旧有制度规范的否定也是建立在制度规范意识之上。经济、科技的快速发展和社会经济政治结构快速变化会使旧的制度失效、瓦解，对于这些陈旧过时的伦理道德规则的否定与扬弃，是建立新的符合时代发展的新制度必要过程。例如文化复兴、宗教改革时期的欧洲对于中世纪制度的抛弃和近代以来中国社会制度的重大变革。

总之，制度规范意识为国民提供了的生产生活的必要的框架，规定了国民的活动空间，使国民能在这个规范框架下有秩序地进行社会生活，并自觉维护符合时代发展要求的相关制度，从而达到国家的总体性发展。

## 三、国民信仰系统

信仰是对某种思想主义或宗教及对某人某物的信奉敬仰，它是人类文化生活中不可缺少的重要因素，是人的本能需要，同时也是国民文化认同得以实现的重要机制。国民信仰系统有狭义与广义之分。狭义的国民信仰系统也即国民宗教信仰系统，广义的国民信仰系统则包含了情感意志、价值观念、宗教信仰等。广义上的国民信仰系统在内涵与外延上与核心价值观稍有重叠，功能上也有相似之处。国民信仰系统是个体自我对于现实的一种超越，对社会的政治、经济、文化等领域都有着重要作用。它一方面为国民的社会生活提供一系列理想中的价值准则和行为规范，另一方面也是国民社会生活的内在动力所在，对国民及国家的发展有着指导性作用。

国民信仰系统在不同历史时期有着不同形态。在人类社会发展早期，信仰系统主要是出于本能对于天地自然的崇拜，表现为对于自然和未知事物的不安、敬畏及崇拜等感情，又可分为自然崇拜、图腾崇拜等；除了自然崇拜之外，随着历史记忆的堆叠，祖先崇拜、英雄崇拜和远古神话开始产生。在人类进入文明史后，民族宗教信仰与哲学信仰成为国民文化信仰系统的重要组成部分。其中民族宗教信仰经过长期的发展演化，形成了三大世界性宗教(基督教、伊斯兰教、佛教)，总体来说呈现泛神论——多神论——一神论的趋势。当然，这个发展趋势并不是绝对的颠覆性的，而是三种宗教长期共同存在。哲学信仰在现代以前则主要体现为对科学、理性的追求，并逐渐引申出政治信仰。进入现代后，国民信仰系统变得更为复杂多元，世俗化趋势使宗教信仰的影响力逐渐减弱，而消费主义、物质主义等与大众流行文化相关的世俗化理念逐渐成为了国民信仰系统的重要组成部分。

国民信仰系统中，国家认同的状态对一国的发展前途影响甚大。美国哈佛大学政治学教授亨廷顿认为，冷战结束后人类出现了全球范围的认同危机，对包括美国在内的世界各国构成了挑战。性别、民族、种族等群体认同，分权主义者对州权的认同，知识界与政界的精英们对全球化与超国家的向往都危及了美国人的国家认同。认同政治的兴起对美国国家认同的关键部分——文化与政治信条构成了挑战。"这不仅是国家权力衰落的体现，也说明正式制度与非正式制度的契合对一国的发展至关重要。各国如何因应具体国情在制度设计上接受'认同政治'的挑战，培育出理性的、参与的、团结的公民，这在一定意义上将会决定这个国家的未来。"①

## 四、国民行为方式

行为方式也可以称为行为模式，美国社会心理学家勒温将人类行为总结为公式 $B=f(P×E)$。其中 B 表示个体的行为(Behavior)，f 为函数，P 表示人的个性(Personality)，E 表示环境(Environment)。其中人的个性是在其生理本能与文化心理的共同作用下产生的。环境则分为自然环境与文化环境。按照这个公式，人的行为无法脱离文化的影响，换句话说，文化是人类行为的最基本的决定因素。任何具体的人类行为都是可见的、外显的，我们必须了解行为的意义。从符号过程的角度来看，如果没有文化因素的介入，那么人的行为将无法表意和被解释。

1975 年，费什拜因和阿耶兹提出了理性行动理论，用于分析个体行为的形成过程②，之后阿耶兹在理性行动理论的基础之上，加入了行为控制认知的概念，提出了计划行为理论，用以理解人是如何实施行为和受到控制改变自身的行为模式，过程如图 3-3。

这个模型解释了文化价值观、文化取向和国民文化符号体系是怎样通过影响行为信念间接影响行为态度、主观规范和知觉行为控制，并最终影

---

① 吕芳、殷存毅：《认同政治与国家的衰落——兼评亨廷顿的新作〈我们是谁?〉》，《世界经济与政治》2005 年第 5 期。

② Fishbein M, Ajzen I. Belief, Attitude, Intention, and Behavior: An Introduction to Theory and Research. Reading[M]. MA: Addison-Wesley, 1975.

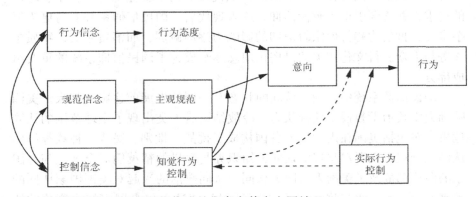

注：根据阿耶兹 2019 年最新修正并发布在其个人网站（https：//people. umass. edu/ aizen/index. html）上的内容。

图 3-3 计划行为理论示意图

响行为意向和实际行为。

国民行为方式是国民文化重要的社会化表达途径，是国民文化的表征系统之一，国民行为方式决定着物质文化与精神文化的生产生活方式，国民深层的文化心理也是通过国民行为方式展现出来的。根据勒温的行为公式，行为可以被分为个体行为（自然环境下）与社会化行为（文化环境下）。当前，几乎不存在不与社会组织相联系的纯粹的个体行为。国民行为方式更多是一种交往、协作行为，而在这种交往协作的过程中，国民文化符号系统充当着整体框架和媒介的作用。

## 第四节 国家文化与国民文化的相互作用机理

民族国家是欧洲中世纪晚期出现并在资产阶级革命时代普遍形成的国家形式。它现在依然是国际政治体系的基本单元。这里的民族（nation）不是那种不与主权及国家情感关联的"多元层次"的民族（ethnic group），而是组成民族国家的"一体层次"的民族，如中华民族、法兰西民族等。现代民族国家既是以国民为核心的政治共同体，又是以民族为自我理解的文化共同体。国民与民族，构成了民族国家的一体两面。当然，不同近代民族在其形成过程中，所关注的面向存在着差异，如英国、美国等重视的是具有平等政治身份的国民面相，而德国、俄国等突出的是具有共享的血缘、历史和文化的民族(族群)身份。①

文化具有认知、教化、沟通、凝聚、传承、娱乐等功能,使得其在民族国家的生存和发展中具有重要的战略意义。文化在整个国家系统中,无论是对内凝聚或消解国家的凝聚力、树立或打破国家政治的合法性,还是定位国家在国际体系中的地位以至确立和伸张自己的国家利益,都发挥着"序参量"的作用。②

## 一、国家文化的内涵及其构造

文化既然是一种变动不居的、人与环境不断发生交互关系的有生命的机体,对一个国家文化的研究,必须从孕育、滋养文化的自然—社会条件的剖析入手,探明作为文化产生基础的社会经济形态及其自然前提,以及在这种社会经济形态的地基上建造的社会组织结构。③ 需要指出的是,文化并非由某一生态因素单独决定,自然的、经济的、社会的、政治的诸生态层面主要不是各自单线影响文化生成,而是通过组成生态综合体,共同提供文化发展的基础,决定文化生成的走向。文化与其生态基础之间,既存在依存关系,又保持着相对独立性。④

国家作为一个有价值的"他者",其意义只有当人民愿意将自己的人权集结起来,交付给国家,形成国家利益集合体时,才得以体现。国家文化往往是在人民的基本人权受到(天灾、战争等)威胁时,才得以滋生。⑤ 从另一角度而言,国家文化是通过建构起来描述一个国家的文化规范、符号和传统的文化集合体。质言之,国家文化是基于个体对他者(国家)的权利让渡和价值认同,以国家利益为价值取向的多种主体(包括政府、企业、非营利机构和个人)文化等趋同过程及其结果。国家文化的边界随着政治、经济等领域各利益群体的博弈而发生变迁。国家文化对国民个体行动的影响,既可以通过内在的价值观来影响他们行动的倾向,又可以通过形成行

---

① [美]里亚·格林菲尔德:《民族主义:走向现代的五条道路》,王春华等译,上海三联书店 2010 年版,第 9~11 页。

② 张骥等:《国际政治文化学导论》,世界知识出版社 2005 年版,第 42 页。

③ 冯天瑜、何晓明、周积明:《中华文化史》,上海人民出版社 1990 年版,第 2 页。

④ 冯天瑜:《中国文化生成史》,武汉大学出版社 2013 年版,第 147 页。

⑤ 周笑:《重塑美国:美国新媒体社会的全面建构及其影响》,复旦大学出版社 2016 年版,第 102 页。

动策略指令系统来赞成或反对某种行动方式。① 它影响着各国的家庭生活、教育、经济和政治结构以及商业模式。

从结构而言，任何一个国家都是由领土（主权版图）、人民、文化和政府等要素组成的。它不仅表征历史上形成的领土、人口等自然因素外，还表征"政治—法律"共同体和"历史—文化"共同体。② 任何国家的人民都是"自然—社会"的双重存在物，都是在自然场与社会场相交织的环境中创造文化的。正是在这一意义上，有学者认为现代国家认同的基础是"领土认同"：

"公民形成国家认同依赖于对现代国家的整体性特征的认知和认同，这种特征标志着一个内部存在多样性的国家是完整的独特整体。领土与国家关系的转变是传统国家向现代国家转变的关键因素。领土逐渐具有权利内涵，是自然空间向政治空间演变的结果，并成为现代国家的构成要素和主权的核心内容。领土对现代国家的建构意义表明，领土是国家的整体性特征，领土认同是国家认同不可或缺的内容和必要的测量维度。领土认同是国家认同的基础，领土认同是民族认同和制度认同能够在国家认同层面发挥作用的必要前提。更具有普遍性和完备性的国家认同理论应该以领土认同为基础，以民族认同和制度认同为塑造或强化国家认同的重要途径。"③

当然，一个国家的文化生态包括自然环境、社会经济环境和社会制度环境。要把握一个国家的文化发展历程，必须对构成文化生态的这三个层次进行动态、综合的考察。而文化生态也构成了这个国家的国家文化的重要组成部分。需要指出的是，一个典型文化生态系统的结构组织是这样的：它并未将其能量转化为生物数量，而是转化为以象征方式被编码了的信息；其循环不是以食物链的方式，而是以信息循环的方式进行。换言之，文化不是被严格决定的，而是以松散得多的方式被决定的，在其内部，发挥作用的是协定或者规矩，以及一种就约束力而言比自然法则薄弱

---

① 王国保：《中国文化因素对知识共享、员工创造力的影响研究》，浙江大学硕士学位论文，2010 年，第 30 页。

② 吴玉军：《论国家认同的基本内涵》，《中国特色社会主义研究》2015 年第 1 期，第 48 页。

③ 周光辉、李虎：《领土认同：国家认同的基础——构建一种更完备的国家认同理论》，《中国社会科学》2016 年第 7 期，第 46 页。

得多的组织原则。①

由上可知，任何国家的国家文化都是由以下四个部分组成的：主权版图系统、生态环境系统、政治经济系统和认同系统。前三者反映的是一个国家的国家文化生态。它们是一个国家的国家文化的显性部分，构成了国家文化的载体和基础。由文化认同、宗教认同和族群认同的不同关系耦合而成的认同系统，是在这样的文化生态中孕育发展起来的体现国家意志具有国家特色的观念总体，它构成了一个国家的国家文化的最为核心且隐性的部分。因此，一个国家的国家文化应从底层支撑系统（主权版图系统、生态环境系统）、过程支撑系统（政治经济系统）以及表征系统（认同系统）等方面来加以把握。

从体制的角度而言，任何国家的国家文化都具有基础性的支撑系统。这种支撑性系统往往是由以下体系构成的：公共文化服务体系、文化遗产传承创新体系、文化旅游发展体系、民族宗教体系和文化产业体系。当今世界，文化、民族、宗教等要素在国家认同中并不是相互排斥，而是相互影响、相互依存。依据三者在国家认同系统中重要程度的不同，大致可以将国家文化分为三种类型：宗教认同型的国家文化、族群（民族）认同型的国家文化以及文化认同型的国家文化。

## 二、国民文化的内涵及其结构

国民文化是在一定历史过程中发展和创造出来的具有国家特点的大众文化，是一个国家的国民所共享的文化体系。它是一种国民的共有心理要素的凝聚物，烙印在国民内心深处的文化心理和文化基因。国民文化的形成，与国家、族群的历史传统息息相关。内容上，它是一个国家的历史文化大传统与时代文化的结合体。从长时段而言，变动不居的国民文化不是一种完成时态而只能是一种进行时态。当然，国民文化在一定历史时期下又具有一定的稳定性。

从文化符号学的角度而言，符号是一切的基础，人通过符号沟通交流、找寻自身意义以及建构整个经验的与观念的世界。在这种意义上，卡西尔在其著作《人论》中做了如下论断："我们应当把人定义为符号的动

---

① ［德］安斯加·纽宁、德维拉·纽宁：《文化学研究导论》，闵志荣译，南京大学出版社2018年版，第382~383页。

物。"①皮尔斯也曾说："所有的思想都是借助符号得以表达的。"②克利福德·格尔茨在其代表作《文化的解释》中提到："我主张的文化概念实质上是一个符号学的概念。马克斯·韦伯提出，人是悬在由他自己所编织的意义之网中的动物，我本人也持相同的观点……因此，对文化的分析不是一种寻求规律的实验科学，而是一种探求意义的解释科学。我所追求的是析解，即分析解释表面上神秘莫测的社会表达。"③因此，将文化符号学应用于国民文化的研究有着高度的契合性。

国民文化是一个文化共同体中多数成员共同享有的文化的精神和心理媒介，它构成了国民的品性与国民文化性格。它有自身的空间概念与发展条件，也就是政治经济共同体、自然生态系统和主权领土版图的文化生态环境。国民文化在遭遇异质文化时凸显出来，体现为个体成员自在或自觉的国民文化意识。它与一个国家的历史文化传统息息相关，同时也受到当代大众文化的极大影响。它的形态既包括了诸如饮食、服饰、建筑形制等具有实体形态的物质产品外，也包括了礼仪、法律、民风民俗等约定俗成的制度与行为，同时还包括了个体的审美取向、思维习惯、价值观等深层的文化心理与意识。国民文化的所有形式都可由符号表现出来。当然，随着时间的推移，可能会出现符号的能指弱化、所指强化的现象。从这个意义而言，国民文化是类似于洛特曼所提出的符号域概念。

国家文化通过种种渠道和转换环节，从器物层面、制度层面、行为层面以及心态层面对国民个体(社会成员)产生影响，在国民个体(社会成员)和外在的空间环境(文化生态)的交互作用下，最终氤氲化生为风格各异的国民文化。因此，从结构上看，国民文化由外至内可大致分为以下四个层次：器物层、制度层、行为层和心态层。器物层是国民文化结构中的最外层，是人类的物质生产活动方式和产品的总和，是可触知的具有物质形态的具体事物，它是最不稳定的，最容易发生变迁的。制度层是人类在社会实践中组建的各种社会行为规范。行为层是人际交往中约定俗成的以礼俗、民俗以及风俗等形态表现出来的行为模式。心态层是人类在社会意识活动中孕育出来的价值观念、审美情趣以及思维方式等主观因素。这是国民文化的核心，也是其中最稳定的组成部分。

---

①　[德]卡西尔：《人论》，甘阳译，上海译文出版社1985年版，第34页。

②　[美]皮尔斯：《皮尔斯论符号》，赵星植译，四川大学出版社2014年版，第17页。

③　[美]克利福德·格尔茨：《文化的解释》，韩莉译，译林出版社2008年版，第5页。

### 三、国家文化与国民文化的作用机理

现代民族国家，就是建立起统一的中央集权政府的，具有统一的民族阶级利益以及同质的国民文化的，由本国的统治阶级治理并在法律上代表全体国民的主权国家。民族国家不仅是拥有一定领土，一定居民的政治实体，而且又是具有同一语言、同一文化的稳定的人类共同体。国民文化的同质性就是两个方面趋向统一的表现。① 国家文化与国民文化的作用机理见图3-4。

现将国家文化与国民文化作用机理阐述如下：一般而言，国家文化都是由主权版图系统、生态环境系统、政治经济系统以及认同系统构成的。国家文化上的合法性职能能够弥补强制规范和服从制度所遗留的大量罅隙，从而使政治权力具有正当的道德信念和意识形态上的合理性。现代民族国家建立后，必须确立在文化、意识形态领域的领导权，以维护政权的合法性地位及其稳定性。从国家层面而言，没有掌握文化领导权，就无法真正实现有效的文化领导。"文化领导权"的确立不是单方面自上而下的"文化操纵"过程，而是用世界观、价值观去教育民众、争取民众"同意"的过程，是"分子式"的潜移默化的过程，是通过吸引力、感召力和同化力获得权力行使的过程。② 文化领导权的意义，就在于生产一种包括社会各个阶级与团体都接受的世界观、价值观和道德体系。③ 文化领导权是通过"弥漫式的""毛细血管式的"长期渗透和潜移默化所获取的。文化领导不仅为政权存在的政治合法性赢得普遍认同、同意与支持，还能够为政权存在提供深层次的文化和道德合法性支持，从而有助于对被领导者实现有效的柔性领导。④ 当然，文化领导权的核心是意识形态的领导权。

国家文化确立领导权，需要借助宣传、传播渠道，法律、政策和制度，以及文化的生产与分配(包括教育)等转换中介对国民进行教育教化，从而消除社会文化的异质性以及可能产生的政治认同的离散性，牢固树立国家意识并逐渐形成国家认同。在这种动力机制的作用下，国家文化以其权威性居于主导地位，并对上述转换中介的行为赋予意义；转换中介在发挥教化作用之时，对国家文化也有工具性需求。需要说明的是，这些转换中介在组织结构和组织原则上与国家具有内在逻辑上的一致性，如同影子

---

① 宁骚：《民族与国家》，北京大学出版社1995年版，第269页。
② 舒绍福：《文化领导》，国家行政学院出版社2015年版，第109页。
③ [英]波寇克：《文化霸权》，田心喻译，远流出版社1991年版，第60页。
④ 舒绍福：《文化领导》，国家行政学院出版社2015年版，第109页。

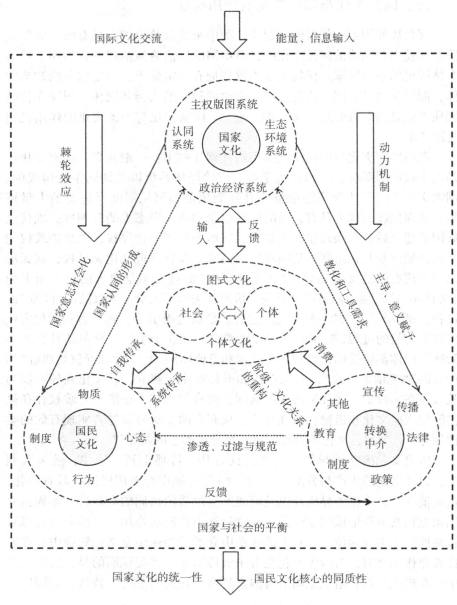

图3-4　国家文化与国民文化作用机理图

国家一样。现以英国广播公司为例说明之，其演播室——议会的缩影，主持人——纯粹的"众议院发言人"，BBC的专家评论员——持中立态度的高级公务员，部门常任秘书——"公众利益"的公众维护者。这些转型中介既维护主导阶级在文化上的领导权，又烙上了"普遍社会认同的印章"，以便取得其他社会阶级的尊重与认同。①

在公民社会中，社会与个体之间存在互动关系，图式文化与个体文化并存。图式文化对应于个人实践背后结构化的认知图式；个体文化对应于对文化的策略性使用。图式文化则强调个体之间可以基于类似的图式形成某种共同体，即图式具有"社会属性"。图式文化抽象程度要低，其不再是独立于个体的意义体系，而是与人们的日常生活发生联系。个体文化涉及的是如何对行为进行诠释。这种诠释基本上不具抽象性，而是对具体行为的意义赋予。② 在国民与转换中介通过消费进行联结时，阶级与文化之间的关系在不知不觉地得以重构。其原因在于：转换中介吸纳了国家的所有群体及其偏好，并为所有的群体和阶级找到了一个位置，并将它们安排在一个特定的等级秩序里，如将大众置于一个经济上具有根本重要性而文化和意识形态上处于依赖与从属的地位。也就是说，一种新的"权力平衡"被确立起来，大众进入了一个统治阶级观念领导和支配之下的观念的自由市场，精英们借助商业资本（经济上）的"逻辑"确保了其意识形态上的领导权。当然，在此过程中社会和个体的心理认知机制和文化心理结构也在发挥能动作用。③

根据瑞士心理学家皮亚杰的发生认识论，认识实际上是主客体之间相互作用的一个不断建构的活动和过程。主体在认识中每遇到新的客体，总是先试图用原有图式去"同化"（assimilation）该客体，如获成功，便得到暂时的机能平衡（equilibrium）；如同化不成功，便调整原有图式或创建新图式以"顺应"（accommodation）该客体，直至它能被纳入新图式之中，方能达到新的暂时平衡。所谓"同化"和"顺应"，用皮亚杰的话来说，就是"刺激输入的过滤或改变叫作同化；内部图式的改变，以适应现实，叫作顺应"④。这也就是国民在面对来自国内外客体时的心理认知机制。

文化心理结构在国民的认识实践过程中也发挥着不可忽视的重要作用。文化是联结人的自然性和社会性并促使其走向文明的中介。文化不断发展演进，文化生态不断变迁，当这种历史进程在国民中积淀下来，便形

---

① 陶东风：《文化研究》，中国人民大学出版社 2010 年版，第 284 页。
② 胡安宁：《社会学视野下的文化传承：实践—认知图式导向的分析框架》，《中国社会科学》2020 年第 5 期。
③ 陶东风：《文化研究》，中国人民大学出版社 2010 年版，第 275 页。
④ ［瑞士］皮亚杰：《儿童心理学》，吴福元译，商务印书馆 1980 年版，第 7 页。

成了"文化心理结构"。这个心理结构，是一个特殊的完形(格式塔)，其中任何一个因素的改变，都会影响到整体。就国民个体而言，文化心理结构是由其生理心理中自然禀赋与习得的文化性经验两大领域的因素构成。这两种因素相互交织和相互作用，形成一个动态的结构。任何一种文化心理结构总是以传统的形式将其所携带的文化信息或文化基因传递绵延下去，因此作为主体的国民就不可避免地充当了传递载体。需要指出的是，文化心理结构自始至终都在以其独特的方式影响着认识活动的各个环节，制约着认识的发生和发展，发挥着不以主体意志为转移的强大认识功能。主体对认识客体的选择是在文化心理结构的监控下进行的，特别是其中的价值体系起着核心作用。一定的主体总是选择那些同自己的价值体系相一致的对象或方面，作为认识和把握的现实客体。①

公民社会的图式文化和个体文化在自我传承和系统传承的过程中，逐渐形成了具有同质性的国民文化。国民文化是一个国家的国民群体基于国家认同在公共生活中受到在政治、经济和文化等要素长期影响趋于同化而整合出来的文化完形和精神特质，是由物态文化层、制度文化层和行为文化层和心态文化层结构而成的庞大体系。国民文化的同质性主要体现在国民文化的核心——共同的政治文化，特别是占统治地位的意识形态。尽管在国民文化存在着多样性和统一性等的矛盾与冲突，但是所有的民族国家都竭力通过统一的政府机构、教育体系、传播体系和法律体系等，对国民进行宣传教育，使统治阶级的意识形态潜移默化地渗透到人们日常生活和思想文化之中，② 从而推动其从心理上、行动上效忠于民族国家。国民文化的同质性是传统文化的异质性的对立物，是在全国统一的现代经济联系的推动下对传统文化进行改造并力图消除其异质性而形成的。

在国民文化系统内，可感知部分("能指"或"再现体")，如饮食、服饰、建筑等具体实物在人类的经验和记忆过程中，逐渐凝聚了文化意义。在此过程中，可感知的具体实物与国家民族的历史传统经验(文本意义)不断重叠、融合，国民文化符号的形式与意义(所指或对象)不断被强化(符号化)。在国民文化体系的范畴中，国民(接收者)在特定的整体性国民文化符号体系中进行的联想与想象，产生出自身对于可感知部分的理解与认知，使国民文化符号具备了文化象征意义与共同记忆。扬·阿斯曼也有类

---

① 王铁林:《文化心理结构的认识功能》,《江汉论坛》1991 年第 8 期, 第 23~24 页。

② 赵晓丹:《中国共产党的文化领导权建设研究》, 西安外国语大学硕士学位论文, 2019 年, 第 14 页。

似论述："思想只有变得具体可感知才能进入记忆，成为记忆的对象，概念与图像在这个过程中融为一体。"①

转换中介对国民文化诸层面发挥着渗透、过滤与规范作用，国民文化对其具有反馈作用和能动作用。就国家文化与国民文化而言，国家意志的社会化对国民文化的形成具有关键作用。这种社会化既是一定政治文化传播和延续的过程，也是特有的政治态度、政治情感、政治价值观和政治认知模式的形成过程。在这一过程中，文化的传播是至关重要的环节。一个人之所以在一个社会体系中能够学到关于个人与政治体系的价值、规范、概念和态度，正是因为政治信息在该社会体系里的流动；同样，执政者要使自己确立的政治意识形态成为全社会共同的价值取向，也需要一个社会化的过程，即政治信息从权力的金字塔尖向下一直传输到最底层民众。②正因为这样，阿尔蒙德和鲍威尔才说，大众传媒工具对政治最重要的影响就是使政治事件引人注目。而政治事件之所以引人注目，是因为大众传媒工具促进了政治信息的普遍化程度。政治文化交流越频繁，相互渗透就越深，这也意味着政治信息流量越大，同样，在大量信息的冲击之下，文化的分化也越快。因此，对执政者来说，维护现有的政治权力体系，用自己的政治主张来塑造一种被广泛接受的同质文化尤为重要。③

国家意志的社会化对国民文化的形成具有关键作用。同时，国民文化的良性发展也有利于国家认同的形成。此二者之间形成互相作用、互相强化的棘轮效应。在上述过程中，国家与社会、国家与民族之间张力得以弱化，阶级与文化之间也确立了新的力量关系，新的权力平衡得以建构，最终实现了国家文化的统一性与国民文化核心的同质性。国家文化的统一性与国民文化的同质性将民族国家在文化层面上紧密的联结起来。当然，其中的关键是，国家文化经由转换中介灌输并沉淀于国民意识中的政治文化。就意识形态而言，国家文化与国民文化具有内在的一致性。

需要说明的是，一个国家在建构国家文化与国家身份时，必须考虑其本土文化与文化心理，按照本土文化和文化心理的基本特征来确定国家文化与国家身份的特征或特质，而对于其公民，应通过一定的途径使他们具

---

① ［德］扬·阿斯曼：《文化记忆：早期高级文化中的文字、回忆和政治身份》，金寿福、黄晓晨译，北京大学出版社 2015 年版，第 30 页。

② 张骥等：《国际政治文化学导论》，世界知识出版社 2005 年版，第 58 页。

③ 胡键：《信息流量与政治稳定》，http：//www. Blogchina. com/newdisplay/23802. html.

有本土文化所规定的文化心理与行为特质。① 国家文化与国民文化都是由具有一定文化心理的国民来创造并阐释，因此不能不受到文化心理结构的影响。而文化心理结构的产生、发展过程，是"凝结沉淀"与"氤氲化生"的过程，既互相对立又互相联系、相互转化，并且互相渗透、互相推移。两者双向不断构建的矛盾运动，使民族文化心理结构不断地由低级向高级发展。② 在此过程中，国家文化与国民文化通过各种符号或途径得以表征或呈现，各种符号的意义亦得以建构。

---

① 李炳全：《文化心理与国家身份》，《阴山学刊》2014 年第 3 期，第 12 页。
② 刘宓庆：《文化翻译论纲》，湖北教育出版社 1999 年版，第 45 页。

# 第四章 案 例 研 究

## 第一节 国家文化的基本类型

### 一、根据三种基本认同类型进行分类

国家文化的基本类型根据其认同系统可以分为宗教认同型国家、文化认同型国家及民族(族群)认同型国家。当代世界的国家认同方式主要存在民族认同、文化认同与宗教认同三种基本方式，但这三种国家认同间并没有绝对的界限，通常呈现一种"我中有你，你中有我"的互摄相渗的形态。具体到一个国家的国家认同，一般是族群认同、文化认同与宗教认同三者共同作用而形成的复合型认同。同时，每一个国家都有其特殊文化、历史，很难简单明了地认定哪种认同方式在一个具体国家中较为明显地占据了统摄性地位，下面就简单叙述一下本书中三种认同类型的国家的判断标准，并对当今世界上的国家进行了大致分类。

首先，文化认同指文化群体或文化成员认同该文化所包含的理想、信仰、价值和价值观，在认知上、情感上和行为上形成统一，进而了解、接纳、融入和传播某种文化。从心理学和价值哲学的视角来看，文化认同要经历认知、情感和行为三个阶段。文化认同是一个由表及里逐渐发展的内化过程，包括文化形式认同、文化规范认同、文化价值认同三个层次。作为意识形态的文化认同往往具有可解释性和确定性。马克思主义文化认同的可解释性表现为尊重文化的多元性和开放性，确定性既包括对多元文化的确定阐释，也包括对某一种主导文化即主流价值观的肯定。作为一种文化共同体，国家表现为拥有共同的语言、文化、历史记忆等因素。认同所蕴含的身份或角色合法性，都离不开文化。身份、角色、合法性，都只能在一定的文化中才能具有意义。文化塑造着每个人的精神和气质，塑造了国民的特定文化心理。文化认同可通过历史记忆与空间想象的建构、节日

符号意蕴的开掘等来实现,从而使国民形成共属一体的文化心理。

文化认同作为一种现象早已存在。但文化认同作为一个问题受到人们的关注,则是伴随着现代性及其引发的文化危机而出现的。以社会化大生产为标志的现代社会,改变了传统社会原有的结构和运行机制,打乱了传统社会原有的认同模式和认同格局,引发了真正意义上的认同危机。年龄、性别、社会经济地位、文化差异及社会支持等因素在个体的文化认同中都有十分重要的意义。值得注意的是,这些因素并非单独起作用,它们往往是交织在一起,共同对个体文化认同的建构和发展产生影响。当今世界上的多种文化,更多情况下是在融合与冲突中选择、借鉴、吸收、排斥,形成多种文化共存的"文化马赛克"(文化的中和效应)状态,而不是"文化流水线"式(文化的同化效应)的同化和"文化导火索式"(文化的离散效应)的冲突。这使得各种文化既能坚持自己的精神内核和独特品性,又能吸收和借鉴其他文化的优秀成果和有益部分,形成一幅色彩斑斓、互为补充的"文化马赛克"。①

以中国为例。中国作为文化认同型国家,与宗教认同型国家和民族认同型国家不同,中华文化是构成"国族"意识的社会心理基础。在与西方基督教文化和伊斯兰文化的对比中,中华民族的文化自信,能够为每一个社会成员提供区别于其他文化的价值坐标定位,能够帮助每一个成员反观自身文化和价值观的特征,从而形成身份认同的路径。这种五千年来不断承继和积累的文化身份认同,造就了中华文化的"大熔炉",逐步使中华文化具有了超越部落、氏族、血统与地域认同的超级融合能力,"种族之分,多系于其人所受之文化,而不在其人所承之血统"。能够将不同种族的人们融合在一起,形成具有共同文化价值观的文化共同体。除中国之外,文化认同型国家还有印度等。

其次,宗教认同是早于民族认同的一种社会认同。传统国家的形成与发展总是从宗教认同中寻求合法性,而现代国家则是通过积极有效的国家建设来解决其合法性来源,表现为公民身份的建构。但即使是公民身份得以建立,其体系也会经常受到其他身份认同因素的冲击。"公民身份"取代了传统社会的"血缘—宗教"成为连接现代国家与社会关系的纽带。但是,随着全球化的迅速发展,在国家层次上,国家间边界的模糊与全球宗教的复兴正在动摇着以公民身份为基础的心理与归属意义上的国家认同空间。

---

① 沈壮海、王绍霞:《全球化背景下青年学生的文化认同》,《思想理论教育》2014年第3期,第17页。

当前，作为传统意义上联结国家与社会的纽带，宗教认同尽管在法理上"失效"了，但是其影响力却仍然在政治与社会领域内广泛存在，进而形成了与公民身份的"认同博弈"。公民身份具有双重性，一种是基于"人为"的政治和法律纽带，这是政治法律意义上的公民身份；另一种是基于"天然"的文化和心理纽带，这是文化心理意义上的公民身份。就前者而言，宗教认同与公民身份之间建立的是一种"从属型关系"。就后者而言，宗教认同与公民身份之间建立的是一种"匹配型关系"。①

宗教信徒确认自己在文化心理上的国家归属，以国家共同体作为公民身份认同的标准或对象，这是文化—心理归属性的认同；而另一方面则包含了公民对国家政权系统的认同，以国家政权系统及其国家制度安排作为公民身份认同的标准或对象，是公民政治制度赞同性的认同。学者刘骞以近年来德国的穆斯林移民这一案例，讨论"传统社会纽带"宗教认同与"现代国家基石"公民身份之间的关系。穆斯林移民要融入德国，必须要实现穆斯林移民的宗教认同在政治和文化心理上的"两个超越"：意味着穆斯林移民的宗教认同体系要能够为德国的"政治—法律"系统所接纳，同时还需要与德国的社会各界实现良性的互动，在"文化—心理"意义上建立起归属感。②

上述情形也同时对应了宗教认同在内涵上和互动方式上与公民身份的关联性，构成了宗教认同与公民身份互动的"一体双元"模式。③当代世界中，比较典型的宗教认同型国家主要集中在西亚的伊斯兰教国家，除此之外，梵蒂冈、埃塞俄比亚、缅甸等国也应当属于宗教认同型国家。

最后，民族（族群）认同是现代西方主要发达国家的立国之基。在民族认同型国家中，对于单个民族认同是其现代国家认同的基础，之所以我们称为民族认同型国家而非族群认同型国家，因为民族认同型国家大多经历了现代民族主义运动及民族建构，其民族的含义是19世纪以来民族主义运动后所形成的主动、自决的政治意义上的现代国家民族（nation），而非原始的自然的文化意义上的族群（ethnic group）。当然，现代民族往往继承自古代的族群，但即使这两种意义上的民族在语言、血缘以及主权版图等方

---

① 刘骞：《全球化语境下的宗教认同与公民身份互动分析》，《世界宗教文化》2013年第2期。

② 刘骞：《对德国穆斯林移民社会融入的再思考——以宗教认同与公民身份互动为视角》，《国际政治研究》2017年第5期。

③ 刘骞：《全球化语境下的宗教认同与公民身份互动分析》，《世界宗教文化》2013年第2期。

面都有诸多重合之处，我们仍应加以现代与非现代的区分，例如现代的德意志人与罗马帝国时期的日耳曼人，从血缘上看，日耳曼人是德意志人的祖先，现代德语同样分化源自古日耳曼语，二者的生活区域也大致一致（阿尔卑斯山以北，莱茵河与易北河之间），但日耳曼人更多是一个历史上的文化和族群共同体，它的概念范围也远远大于现代的德意志人，包括了当今世界上的丹麦人、瑞典人、荷兰人等多个现代民族。由于族群的概念可大可小，同时一个大的族群中往往包含了许多小的族群，在历史发展的不同阶段，也会因为当时的统治形式而形成不同的族群，所以我们既可以说当代德意志民族是由日耳曼人分裂、增殖而形成的，也可以说当代德意志民族是由施瓦本人、撒克逊人、巴伐利亚人等古老族群聚合形成。这种现象普遍存在于各个欧洲现代民族国家，例如现代捷克人既是西斯拉夫人的一支，同时又可以说是波西米亚人、摩拉维亚人、西里西亚人。荷兰人（广义上的尼德兰人）与德意志人属于西日耳曼人的分支，但又可以视作荷兰人（狭义上指具体荷兰省及其周围）与弗里斯兰人（荷兰北部）共同联合组成的。

之所以在上文列举这些现代民族与族群关系的案例，是为了更好的表明原始族群与现代民族之间的差异。这里所提出的民族认同型国家，并不是简单地将族群认同作为国家认同的主导性方式，是在历史发展中所形成的文化族群的基础上，经历了现代民族主义建构的国家。

## 二、现代民族认同型国家的五种类型

周平认为，民族国家是一种国家形态，本质上是一套保障民族认同国家的制度安排。不同的国家认同构建模式不过是解决"族"与"国"关系中的矛盾和冲突的具体方式。因此，获得并保持一定的国家认同，是民族国家存在的基础，构建国家认同也成为民族国家国家建设的根本任务。[1]

在实践中，民族国家的认同构建有两种典型模式：一是"民族模式"，一是"族群模式"。前者为苏联、中国采用，后者为欧美国家普遍采用。从总体趋势和国际经验来看，一个国家内国民享有的共同文化、共同价值观越是广泛和深厚，越是容易建立起较为稳固的国家认同；反之，一个国家内国民分化或形成了各种刚性的社群组织，国家的认同就难免被这些刚性化的社群的认同所分割，从而具有更大的复杂性和不确定性。[2]

---

[1]　周平：《民族国家认同构建的逻辑》，《政治学研究》2017 年第 2 期。
[2]　周平：《民族国家认同构建的逻辑》，《政治学研究》2017 年第 2 期。

依照上述的逻辑与判断，我们进一步将当代的民族认同型国家大致分为五类。这五类的民族认同国家的典型程度由高至低，第一类是 17—19 世纪的近代中经历过民族独立与统一运动的民族国家，民族国家的典型程度最高。具体来说主要有德国、意大利、荷兰(尼德兰)、瑞士等国，其中德国和意大利是最为典型的民族主义运动中所统一形成的民族国家，而荷兰(尼德兰)、瑞士则是更早经历了对抗封建皇权的三十年战争，从而被威斯特伐利亚条约所承认的独立国家。

第二类民族国家是近代以来，第一次世界大战、第二次世界大战及东欧剧变后所形成的民族国家，尤其是从奥斯曼帝国、奥匈帝国、俄罗斯帝国及之后的苏联中分离出的新的民族国家。这类国家同样经过了民族意识觉醒和建构，只不过国家成立的时间较之第一类国家较晚，同时大多是凭借大国之间的外交条约与博弈而形成，较之第一类国家的民族建构，这类国家主要是由民族分离主义形成，这类国家主要有波兰、比利时、希腊、捷克、斯洛伐克、匈牙利、罗马尼亚、爱尔兰、芬兰等国。借由民族主义对抗的思想来对这类民族国家与第一类民族国家进行区分。

第一类民族国家所对抗的更多是中世纪的分封采邑制度与皇权教权，第二类则对抗的是近代列强们的领土划分。这类民族国家在近代以前大多有原型，但在中世纪末期或近代军事失败继而领土沦陷或由于王位继承被合并，成为了其他区域性大国的一部分，而在 19 世纪民族主义兴起后，要求依照民族原则独立而建立新的民族国家。这类国家的历史归属较为复杂，有些国家是仅经过一次被征服和合并的过程，例如匈牙利等国，有些则是被多次合并，例如克罗地亚王国就先被匈牙利合并，又经由匈牙利被奥地利帝国(奥匈帝国)所统治，在第一次世界大战结束后又成为了南斯拉夫的一部分。这种独立前历史归属的复杂性也造成第二类民族国家往往在领土划分的问题上拥有争议，形成不稳定因素，"二战"后大多领土争议与冲突，也往往发生在这类民族国家之中。

第三类民族国家是由中世纪延续下来的民族成分相对单一的国家，如丹麦、瑞典、法国、葡萄牙、奥地利、俄罗斯、土耳其、日本等国，这些国家拥有较为悠久和持续的历史，从中世纪以来几乎一直作为独立国家，即使在一段时间内被吞并(如德奥合并、菲利普王朝时期的葡萄牙、卡尔玛联合时期的瑞典等)，也很快重新获得了独立。这些国家虽然不像第一类与第二类国家经历过显著的民族自决建国的过程，但也受到了民族主义的极大影响，例如奥地利、俄罗斯、土耳其、瑞典等国是近代国家经历民族分离主义运动后所存留的以以往国家的主体民族所建立("残存")的新的民族国家，法国、日本等国也是经历过一系列民族主义事件的洗礼（普法战争、尊王攘夷等）的单一民族国家。

第四类民族国家较为复杂，最具代表性的是英国和西班牙两国，与第三类民族国家类似，英国与西班牙也是从中世纪延续而来的国家，在中世纪期间通过王室联姻形成了统一国家，同时，两个国家仍旧施行君主制，甚至两国的王室都是来自其他国家。在近代民族主义过程中，虽然形成了相对统一的文化共同体，但始终没有完全形成一个统摄全国各个民族的现代国家民族，各个地区之间的政治、经济、文化等较为独立，少数族裔的民族分离运动自始至终存在并未得到解决。这类国家依旧是民族国家，但在其基础上分化出新的民族国家的可能性一直存在。

第五类国家是前殖民地民族国家，这类国家的共同点是历史上经历过殖民统治并且拥有相对单一的民族成分。其中又可以分为两个子类型，一类是美洲的大多数国家与澳大利亚、新西兰等国，这类民族国家的独立年份相对较早，大多是在19世纪初独立建国（除少数英联邦国家外），按照本尼迪克特·安德森的说法，属于"欧裔海外移民先驱者"追求独立建国，这些国家大多是延续了殖民宗主国的语言与文化，并与当地原住民融合，在新的主权版图上形成了全新的国家民族。另一个子类型则是18世纪后被帝国主义殖民国家所强行霸占的具有相对悠久文化历史和规模巨大的原住民的国家，例如亚洲与非洲的大多数前殖民地国家，在文化和语言上虽然受到了原宗主国的影响，但相对来说更多继承自当地传统文化。

# 第二节　代表性国家的国家文化与国民文化结构

## 一、美国

美国的国家文化是基于民族—宗教认同的文化。它由主权领土和生态环境系统、政治经济系统和观念系统构成的，就其本质而言具有三低（权力距离、不确定规避、长期导向）两高（个人主义、阳刚气质）的特征。这些特征是由独立战争和《独立宣言》的深远影响、基督教新教的长期熏陶以及独特文化生态的长久形塑等因素交互作用而形成的。

### （一）美国国家文化

#### 1. 美国国家文化的基本构造

在移民构成上，最早迁往北美的移民被称为盎格鲁-撒克逊新教徒。据

18 世纪末期的第一次全国人口普查数据显示，在当时共有 390 万人口（只限白人）生活在美国土地上，其中 80% 是不列颠人及其后裔，98% 是信奉新教，其组成的美国社会无论在宗教信仰和人种上看都具有较高的相似性。① 美国作为多族裔汇集的移民国家，盎格鲁-撒克逊新教文化被视为美国主流文化的标志，移民在美国同化的过程中都更多地表现出盎格鲁-撒克逊新教的文化特性。

当前，"美国信念"已成为美国国家认同的主要特性。这并不是抛弃了"盎格鲁-撒克逊新教文化"这一美国核心传统文化，而是采用了更为隐蔽的方式，将其内置于"美国信念"之中，以应对文化多元主义的诉求。"美国信念"其实是对"盎格鲁-撒克逊新教文化"的提炼与传承。② 因此，可以说美国的国家文化是基于民族—宗教认同的文化。

美国国家认同构建渗透到社会各个方面，克服了民族、语言、文化等异质性带来的冲突甚至是离心倾向，实现了"一体"与"多元"的平衡。"美利坚国族共同体的建构经历完成了从'民族国家'向'公民国家'的创造性转换，给予全体国民平等的公民身份，以更高层次的统一的'国家民族'涵盖各个'文化民族'，促使族群认同向主权政治共同体认同的转型。既尊重多元性，又将多元性纳入了一个具有包容性的规则体系中，并在此基础上建构国族的一体性，总体上保持了国家认同的统一和族群关系的稳定。"③

毋庸置疑，美国的国家文化也是由主权领土和生态环境系统、政治经济系统和观念系统构成的。从主权领土和生态环境系统而言，美国位于北美洲中部，东濒大西洋，西临太平洋，横跨整个北美洲大陆，南连墨西哥和墨西哥湾，北与加拿大接壤。领土还包括北美洲西北端的阿拉斯加和太平洋中部的夏威夷群岛。总面积 937.3 万平方公里，人口 3.3 亿。美国幅员广大，地域辽阔，风景优美，气候宜人，其环境是得天独厚的。美国本土地形两侧高、中间低，明显分为阿巴拉契亚山脉、中部大平原、科迪勒拉山系 3 个纵列带。本土属温带和亚热带范围，气候的地域差异明显，类型复杂多样。国内河湖众多，水资源丰富。落基山脉构成了全国主要分水岭，而中部平原地区发育了世界最大的水系之一密西西比河水系和世界最

---

① ［美］卢瑟·路德克：《美国社会与文化——构建美国》，王波、王一多译，江苏人民出版社 2006 年版，第 66 页。

② 张龙强：《美国国家认同研究及对中国的启示》，山东大学硕士学位论文，2017 年，第 18 页。

③ 何良：《美国少数族裔的国家认同研究》，北京外国语大学博士学位论文，2015 年，第 4 页。

大的淡水湖群五大湖。① 美国的自然资源极其丰富，美国学者怀特曾经这样写道："东部的森林与田地出产木材、动物的毛皮及谷物；中西部的平原出产粮食和做衣料的植物纤维；北部湖区的牧场提供奶制品；西部的大草原与牧场提供牛肉、牛奶、猪肉及羊肉；落基山脉的矿床出产铁、铜、铅、锌及金矿。"②美国矿产资源总探明储量居世界首位。煤、石油、天然气、铁矿石、钾盐、磷酸盐、硫磺等矿物储量均居世界前列。全国森林面积约44亿亩，覆盖率达33%。马克思也曾大加称赞："美国拥有任何一个欧洲国家所没有的大量资源和优越条件。"③

从政治系统而言，美国独立后1787年的费城制宪会议，通过了具有历史意义的美国联邦宪法，确立实行立法、行政和司法"三权分立"的体制。美国作为联邦制国家，联邦权力机构由立法、行政、司法三大部分组成，这三种机构各自独立又互相制衡。美国各州拥有广泛的自主权。除宪法明确规定由联邦政府行使的国家权力外，其他各项权力都由各州政府独立行使，在不与联邦政府权力相抵触的情况下，州政府拥有高度的自主权。需要指出的是，美国有着悠久的资产阶级民主传统。人民主权的萌芽产生美国有着悠久的资产阶级民主传统。人民主权的萌芽产生于"五月花公约"。在殖民地时期，建立了自治机构——立法会议。后来又产生了议会制、陪审团髓、地方自治制，这就为资产阶级民主共和制的产生奠定了基础。④

从经济系统而言，美国的经济制度是在亚当·斯密《国富论》相关理论基础上建立起来的自由市场经济制度。它以民主和法制为基础，政府不直接干预经济活动。后来，美国政府重视通过宏观经济政策调控经济，但一般不直接干预微观经济活动。在经济运行中，强调自由竞争。企业、居民是市场经济的主体，进行分散决策。与欧洲各国和日本的经济模式相比，美国经济具有更多的自由主义特征。⑤ 它是当今世界上最发达的国家，具有高度发达的现代市场经济，其劳动生产率、国内生产总值和对外贸易额

①　王越：《环球国家地理百科全书·北美洲》，北京联合出版公司2016年版，第30页。

②　［美］唐纳德·怀特：《美国的兴盛与衰落》，徐朝友等译，江苏人民出版社2002年版，第53页。

③　《马克思恩格斯全集》第21卷，人民出版社1965年版，第418页。

④　李其荣：《美国精神》，长江文艺出版社1998年版，第22页。

⑤　徐胜源：《打开瞭望世界经济的窗口　轻松了解世界经济》，中国财富出版社2013年版，第147页。

均居世界首位，工业、农业与服务业都十分发达，有着较为完善的宏观经济调控体制。①

从观念系统而言，美国宗教文化与世俗文化的结合；本土文化与外来文化的融合；主流文化与边缘文化的磨合；传统文化与现代文化的汇合；阶级文化与种族文化的组合；精英文化与大众文化的弥合；外交文化与内政文化的配合；个人主义文化与民族主义文化的联合；熔炉文化与多元文化的整合。② 质言之，美国国家文化精神实质在于个人主义、个人自由、美国式民主、平等意识、自由竞争、爱国主义、勤奋工作和讲求实际。③ 这些正是盎格鲁-撒克逊新教精神的传承与弘扬。当前，美国文化在全球具有强大的影响力，其原因在于它的国际影响力模式。文化国际影响力的大小主要取决于四个相互联系的维度：价值观影响力、大众传媒影响力、文化市场影响力以及文化政策与文化活动的影响力。美国虽不是一个文化资源丰富的国家，但其在前三个维度上均列世界第一。换言之，"价值观影响力+大众传媒影响力+文化市场影响力"即构成美国文化的国际影响力模式。需要指出的是，此三者之间是彼此交织渗透，协同作用，这种协同作用使得美国文化国际影响力模式具有一种自发的有机性。④

2. 美国国家文化的特征

国家文化就其实质而言是指一国全体成员共有的深层次价值观，由一系列共同的准则、价值理念、优先事物构成，是全体成员的生活方式设计。世界上没有任何两个国家的国家文化是完全一样的，这种文化差异清晰地体现在经济政治体制、教育体系以及其他制度安排上。

国家文化之间的深层次差异可以通过一定的维度加以测量。目前，在这一方面较具影响力的是荷兰心理学家吉尔特·霍夫斯泰德的文化维度理论。文化维度理论认为，不同国家的国家文化差异可以从权力距离、不确定性规避、个人主义/集体主义、阳刚气质/阴柔气质、长期导向与短期导向等五个维度来衡量。权力距离是指一个社会中的人群对权力分配不平等这一事实的接受程度。不确定性规避是指人们在面对不确定或未知情况时感到威胁的程度。个人主义强调自我与他人的区别，认为个人时间、自由

---

①　王云等：《英美社会与文化》，上海交通大学出版社 2016 年版，第 86 页。

②　董小川：《美国文化特点综论》，《东北师大学报》（哲学社会科学版）2002 年第 4 期，第 13 页。

③　李其荣：《美国精神》，长江文艺出版社 1998 年版，第 36 页。

④　魏海香：《论美国文化国际影响力模式及其特点》，《新闻传播》2019 年第 2 期，第 4 页。

和挑战是最重要的。集体主义强调内外群体的区分，注重和谐，沟通方式往往是高情境沟通。阳刚气质/阴柔气质是在男女性别原型的基础上发展而来的。阳刚气质注重竞争、外在成就等；阴柔气质注重人际关系、生活质量等。长期导向与短期导向这一维度主要考查对长远利益和短期利益的价值观。长期导向，意味着培育和鼓励以追求未来回报为导向的品德，如坚韧和节俭；而短期导向，意味着鼓励和培养关于当前和过去的品德，如尊重传统、维护面子。① 现以霍夫斯泰德的文化维度理论及相关数据对美国的国家文化进行分析(表 4-1)。

表 4-1　　　　　　　　美国国家文化 5 个维度指数表

| 权力距离指数 | 分值 | 排名 | 备注 |
| --- | --- | --- | --- |
| 美国 | 40 | 57~59 | |
| 马来西亚、斯洛伐克 | 104、104 | 1~2 | 最高 |
| 奥地利 | 11 | 74 | 最低 |
| 个体主义指数 | 分值 | 排名 | 备注 |
| 美国 | 91 | 1 | 最高 |
| 危地马拉 | 6 | 74 | 最低 |
| 阳刚气质指数 | 分值 | 排名 | 备注 |
| 美国 | 62 | 19 | |
| 斯洛伐克 | 110 | 1 | 最高 |
| 瑞典 | 5 | 74 | 最低 |
| 不确定性规避指数 | 分值 | 排名 | 备注 |
| 美国 | 46 | 62 | |
| 希腊 | 112 | 1 | 最高 |
| 新加坡 | 8 | 74 | 最低 |
| 长期导向指数 | 分值 | 排名 | 备注 |
| 美国 | 29 | 31 | |
| 中国大陆 | 118 | 1 | 最高 |
| 巴基斯坦 | 0 | 39 | 最低 |

① [荷]吉尔特·霍夫斯泰德等：《文化与组织：心理软件的力量》(第二版)，李原、孙健敏译，中国人民大学出版社 2010 年版，第 224 页。

从上述 5 个维度而言，美国的国家文化三低（权力距离、不确定规避、长期导向）两高（个人主义、阳刚气质）。美国的权力距离指数较低，分值为 40，在 74 个国家中排名为第 57~59 位，在美国，"平等"观念深入人心。主要具有以下特征：权力的使用应该合法化，并应遵循善恶标准；技能、财富、权力和地位不必同时拥有；拥有大量的中产阶层；政界中有一个实力强大的中间派，社会贫富差距小；改变政治制度的方式是改变规则（渐进式）；国内政治更多采用对话方式；对腐败的容忍度低，等等。

美国的个人主义指数最高，分值为 91，在 74 个国家排名第 1 位。美国推崇个人主义，独立自主的观念根深蒂固。主要具有以下特征：个人利益高于集体利益；政府在经济体系中的作用是有限的；每个人都有隐私权，都拥有自己的观点；法律和权力对每个人都一视同仁；个人自由意识优于平等意识；个人的自我实现是最终目标；注重自我与他人的区分，等等。

美国的阳刚气质指数较高，分值为 62，在 74 个国家排名第 19。美国人喜欢竞争，渴望成功，关注工作成就。主要具有以下特征：绩效社会理念；对待移民持同化观念；对抗性的政治博弈；经济应该持续增长等。当然，随着人口的老龄化，美国有可能向阴柔气质的价值观移动。而贫困国家和地区只要依旧贫困，就不太可能向更加阴柔气质的价值观转变。

美国的不确定性规避指数较低，分值 46，在 74 个国家排名第 62。美国人的风险规避程度较低，较为包容，有着较强的尝试意愿。弱不确定性、较高的阳刚气质，使得美国的尊重需要凌驾于归属需要之上。在其他方面都相同的条件下，美国最重要的动机因素是成就与尊重的需要。主要具有如下特征：法律或不成文规则较少，且更加模糊；诉诸法律时能较快获得结果；公民素质普遍较高；百姓的抗议行为是可以接受的，百姓对政治感兴趣，他们相信政客、公务员和司法系统；自由主义；参加志愿者团体和活动的人较多；容忍度较高，等等。

美国的长期导向指数较低，分值为 29，在 39 个国家中排名第 31。主要具有如下特征：人们重视当前的生活和享受，储蓄额较低，投资于共同基金；强调拥有真理；监禁率较高；家庭成员之间不强调长幼次序；重视闲暇时间；注重短期收益和利润；精英主义盛行，等等。

3. 美国国家文化特征的成因分析

美国国家文化三低（权力距离、不确定规避、长期导向）两高（个人主义、阳刚气质）的特征，是长期以来多种因素交互作用而形成的。

一是美国独立战争和《独立宣言》的深远影响。自 1607 年以来的 100 多年，北美的 13 个英属殖民地之间交往日益密切。在统一的国内市场、共同的语言与文化等基础上，美利坚民族开始形成，民族意识和民主观念日益增强。为了反抗英国的剥削和暴政，英属北美殖民地人民奋起反抗。最终于 1776 年 7 月 4 日发表《独立宣言》宣告 13 个北美殖民地脱离英帝国而独立。人们的认同对象不再是大英帝国，而是各自所属的殖民地。当时的美国民众，许多人出于对生存和自由的集体渴望愿意为一个属于自己的独立国家作出努力和牺牲。也就是说，当时美国民众所向往的、所憎恨的、所害怕的，便构成了美国国家文化重要的现实动力与初始基础。①《独立宣言》在人类历史上第一次以国家的名义宣告人民的权力神圣不可侵犯，并将人民主权真正贯彻到民族国家建构的实践中去。《独立宣言》宣称："人人生而平等。造物主赋予他们若干不可让与的权利，其中包括生存权、自由权和追求幸福的权利。"不过，当时尚未建立起民族国家，直到 1787 年宪法的颁布，才"制造"了美利坚国家。② 1865 年国会通过有关废除奴隶制的宪法第十三条修正案，意味着美国现代形态的民族国家正式形成。需要指出的是，美国人民在赢得独立建立自己的国家时，只需要在政治上割断与宗主国英国的联系，而继续保持原统治民族的语言和文化。其原因在于殖民地 80% 的居民是英国移民及其后裔。可见，独立战争、《独立宣言》以及美利坚合众国的诞生，是英属北美殖民地人民追求平等的产物和体现。美国由于没有经过封建社会阶段，等级观念淡薄。这种文化基因影响深远，体现在国家文化维度上就是低权力距离。从《独立宣言》中，我们也不难看出，国家和政府的存在，是为了保障人民的生存权、自由权和追求幸福等权利。国家需要建立政府，但须被统治者同意并授权。国家和政府是一种基于信任和责任的委托-代理关系。这是美国实行立法、行政和司法"三权分立"的体制的深层次根源。需要指出的是，在法国大革命中极其显著的博爱或社会性，在美国独立战争中几乎完全阙如。由于美国幅员广阔，自然资源丰富，机会俯拾皆是，不像欧洲的阶层化社会那样束缚重重，因此美国的独立战争在本质上几乎完全是政治性的，并未积极尝试进行社会结构的重组以及财富的重新分配。美国独立革命仅仅是将权力从英

---

① 周笑：《重塑美国——美国新媒体社会的全面建构及其影响》，复旦大学出版社 2018 年版，第 87 页。

② 王立新：《美国国家认同的形成及其对美国外交的影响》，《历史研究》2003 年第 4 期，第 127 页。

国精英的手中转移至美国精英手中。①

二是基督教新教的长期熏陶。早期移民横渡大西洋、抵达美洲后，凭借自己的辛勤劳动来获取生活资料。为了成为"上帝的选民"，新教徒们崇尚勤奋工作。北美殖民地时期的清教牧师马瑟在一次布道中讲到，勤奋劳动直接关系着能否得到上帝的拯救；如果他们不用勤勉、奋斗、劳动去获得恩典和拯救，他们必将毁灭。② 1620 年 9 月 10 日乘"五月花"号船在现今马萨诸塞州建立普利茅斯殖民地的 102 位殖民者及其之后陆续到达的一批宗教和政治人物，如威廉·布鲁斯持和威廉·布雷福德。他们都是反对英国国教的新教信奉者。他们提倡信仰自由；与上帝的沟通是靠每个人自己对上帝的信奉；凡是信奉耶稣的人都有权传播基督教。③ 殖民地享有比英国还多的宗教自由和政治自由，特别是宗教自由成为区别于英国并进而产生美洲独特性意识的核心因素。在新英格兰逐渐出现了这样一些说法：殖民地人民是上帝的选民，新英格兰被视为新耶路撒冷、上帝的"应许之地"。在 18 世纪启蒙运动的影响下，美国人相信，殖民地的自治传统和政治体制使英国的自由理念在美洲变为了活生生的现实。④ 殖民地人民最初反抗英国高压政策的目的就是捍卫他们从英国那里继承的、作为英国人长期享有的自由。但是当殖民地人民决定独立的时候，他们捍卫的自由就不再是作为英国人享有的自由，而是普世的、全人类的自由。⑤ 美国的个人主义自有其根渊。美国哲学家杜威在谈到个人主义思想的根源时曾经这样说过："个人主义精神的根基可以追溯到中世纪的信仰中。它阐明了个人灵魂的本质，使生活的起伏围绕着个人命运旋转。"

新教信仰对于美国社会心理和政治模式影响巨大。美国"爱国主义"与宗教信仰密切结合在一起，强调忠于美国的政治价值观，相信美国是承担着上帝赋予使命的一个与众不同的国家(基辛格博士所谓的"传教士国家情结")。美国一直通过树立外部"敌人"(真实的与虚假的)来促进内部的国

---

① ［美］利昂·P. 巴拉达特：《意识形态：起源和影响》(第 10 版)，张慧芝、张露璐译，世界图书出版社 2010 年版，第 36 页。

② 温洋：《美国人价值观浅谈：节俭、勤奋》，《美国研究参考资料》1986 年第 8 期。

③ 李其荣：《美国精神》，长江文艺出版社 1998 年版，第 105 页。

④ 王立新：《美国国家认同的形成及其对美国外交的影响》，《历史研究》2003 年第 4 期，第 127 页。

⑤ 王立新：《美国国家认同的形成及其对美国外交的影响》，《历史研究》2003 年第 4 期，第 130 页。

家认同("爱国主义")。"自从建国起,美国就一直根据外部某个'邪恶堕落'的对手界定自己的'使命',凝聚国内的'爱国主义'。冷战结束、苏联解体使美国的'爱国主义'一度失去了明确的目标,多元文化主义抬头,美国国家认同面临挑战,'爱国主义'的基础随之发生动摇。'9·11'事件激发了美国人的'爱国主义'热情,使命感、'例外论'和非白即黑的宗教善恶观为美国反恐战争中的单边主义外交提供了国内动力。"①

总体看来,美国的个人主义脱胎于宗教信仰,先后经历了独立战争、西进运动以及工业化、后工业化等不同的历史时期。美国的国家文化则是个人与国家利益的动态平衡与融合并立。平衡与融合的前提是:国家以律法、军队、制度等多种形式全力保障个人利益。受到保护的个人,作为对国家护卫的自觉回报,当个人与国家利益发生冲突时,会考虑牺牲个人利益来维护国家利益。②

三是独特文化生态的长久形塑。美国学者利德基曾坦言:"美国民族的个性与价值观点,美国社会与政治的构成,最终是与其自然资源和得天独厚的气候条件密不可分的。这一观点从未受到过怀疑。"③开放的自然环境、得天独厚的自然条件为美国文化特征的形成提供了丰富的物质基础,同时培育了乐观进取的精神、民主观和个人主义。北美社会经济是朝资本主义方向发展的。北部的资本主义工业自不待言,就连中部的自由小农所有制和南部的种植园经济,在重要环节上也都与资本主义生产有着不可分割的联系。至于北美经济中的封建成分,其作用是十分微弱的。④ 正如黄仁宇所指出,"美洲殖民地的组织,自始就与资本主义精神相合"⑤。在这种资本主义经济模式中,滋生了资本主义民主精神,如殖民地时期较为民主的议会、经济生活的民主、不存在封建特权和等级制度以及盛行地方自治等。美国的政治制度对其国家文化特征的形成也具有重要影响。孙国栋、施国光指出:"什么样的政治制度,需要什么样的政治家、政治人格、政治道德与政治心理,同样,什么样的政治制度就造就什么样的统治者与

---

① 李晓岗:《美国的"爱国主义"与反恐战争》,《太平洋学报》2004 年第 9 期。

② 周笑:《重塑美国——美国新媒体社会的全面建构及其影响》,复旦大学出版社 2018 年版,第 86 页。

③ 李其荣:《美国精神》,长江文艺出版社 1998 年版,第 50 页。

④ 刘宗绪:《世界近代史》,北京师范大学出版社 1991 年版,第 150 页。

⑤ 黄仁宇:《资本主义与二十一世纪》,三联书店 1997 年版,第 306 页。

被统治者。"①"平等""自由"的价值观，不仅限于为制定国家的方针、政策提供理论根据，它也同样是人们生活中评判是非的标准。美国政治制度一方面要受到经济制度的制约及文化传统、民族特性等的影响，另一方面美国政治制度又对国家文化特征形成产生了较大的影响。②

### （二）美国国民文化

美国的国民文化分为器物层、制度层、行为层和心态层。在长期的历史发展过程中，这四个层次互相作用互相影响并保持着一种动态的平衡，逐渐形成多元一体、开放包容和乐观进取的特征。这些特征的形成，既与得天独厚的自然环境、族群结构的变化息息相关，又与美国人民对自身权利的不懈追求密不可分。

文化是包括物质文化和精神文化的一整套人的行为模式。它通过知识、信仰、艺术、法律、伦理、习俗等表现出来。国民文化指的就是该国在历史发展进程中孕育出来的属于本国国民的一种文化属性，其涌现出来的文化表征往往代表着本国国民独特的国民身份特性。③ 国民文化就其本质而言即国民性。"国民性"概念源于17—18世纪的欧洲启蒙运动，它既"与民族国家的建立和巩固密切相关，又表示一个民族与其生存的文化生态系统相互适应形成的共同心理结构"④。也就是说，它是"在长期的历史发展过程中，一定地域的人群与文化生态系统相互适应，逐渐形成了共同的文化及特定的习惯、态度、情感等比较稳定持久的精神状态、心理特征"⑤。它是"多数国民所具有的稳定的、反复出现的心理特质，是一种深藏于心灵深处的潜意识，属于低层次的社会意识"⑥。

1. 美国国家文化与国民文化的内在联系

任何国家的人民都具有自然与社会的双重属性，都是在自然场与社会场相交织的环境中创造文化的。国家文化是由主权领土和生态环境系统、

---

① 孙国栋、施国光等：《中华民族精神和素质研究》，杭州大学出版社1997年版，第30页。

② 李其荣：《美国精神》，长江文艺出版社1998年版，第89页。

③ 郑豪：《国民文化与政党制度的建构》，《才智》2011年第12期，第353页。

④ 吴晓蓉、林情：《国民性的内涵及其养成》，《教师教育学报》2014年第2期，第18页。

⑤ 吴晓蓉、林情：《国民性的内涵及其养成》，《教师教育学报》2014年第2期，第19页。

⑥ 刘克明、王克兴：《中国传统人格批判》，江苏人民出版社1995年版，第10页。

政治经济系统和观念系统构成的。前二者反映的就是一个国家的国家文化生态。而观念系统就是在这样的文化生态中孕育发展起来的具有国家特色的有形与无形的观念总体。任何国家的国家文化都具有基础性的支撑系统，这和支撑性系统往往是由以下体系构成的：文化遗产传承创新体系、文化旅游发展体系、民族宗教文化体系。国家文化经由宣传与传播渠道，法律、制度和政策以及文化产品生产与文化消费的转换环节，通过文化产品、文化服务、旅游以及文化教育的消费，最终无声无息地渗透到国民个体的社会实践中。

在国民个体(社会成员)和文化生态的相互作用下，最终氤氲化生为风格各异的国民文化。从结构上看，国民文化由外至内可大致分为以下四个层次：器物层、制度层、行为层和心态层。器物层是人类的物质生产活动方式和产品的总和，是可触知的具有物质形态的具体事物，它是最不稳定的，最容易发生变迁的。制度层是人类在社会实践中组建的各种社会行为规范。行为层是人际交往中约定俗成的以礼俗、民俗以及风俗等形态表现出来的行为模式。心态层是人类在社会意识活动中孕育出来的价值观念、审美情趣以及思维方式等主观因素。这是国民文化的核心，也是其中最稳定的组成部分。

美国的国家文化也是由主权领土和生态环境系统、政治经济系统和观念系统三部分构成。其基础性支撑系统各有特点。美国公共文化服务体系的突出特点在于，公共文化服务放置于市场经济和民间社会中自由成长，政府只提供宽松的外部环境和严格的法律保障，政府通过立法、经济政策、中介机构、民间文化机构来间接地管理文化事业，通过各种基金会来引导文化事业发展，因此被称为"便利提供者"模式。美国文化遗产传承创新体系有以下四个特点：民间参与，影响力大；机构健全，责权明晰；法律完备，有规可循；自然人文兼顾，保护利用协调。美国文化遗产的传承与创新得益于民众的自觉意识和民间团体的积极推动。从联邦政府的历史遗产保护咨询委员会和国家公园管理局，到各个州的历史遗产保护办公室及各个市县的文化遗产管理委员会，再到各地民间的文化遗产管理团体，形成了纵横交错、责权分明、相互配合的国家文化遗产保护系统。美国联邦政府注重用法律的手段保护历史文化遗产。从最初的仅限于保护国有土地上的独立战争纪念物、南北战争的战场遗迹等政府所拥有的历史文化遗产，到私人拥有的历史文化遗产，都逐步列入了法律保护的范围。美国历史文化遗产保护的一个显著特点就是把自然遗产与历史遗产融合在一起，从一开始就树立起建设供人游览的生态公园的理念。① 美国文化旅游发展体系主要有以下特点：运用各种遗址、文物反映丰富多彩的乡土历史；通过生动活泼的形式传播科学文化知识；体现文化特点的现代化管理水平。通过与遗址和文物结合来重视一个村落、一条街、一座房屋的历史情景，带有浓厚的乡土色彩。在内容和形式上千姿百态、丰富多彩。美国十分重视对博物馆的建设，它成为传播科学文化知识的重要阵地，也成为美国旅游的重要组成部分。在美国的大小城市，我们看到了规模不同的各种类型的丰富多彩的博物馆。运用各种现代化科学手段，为参观者掌握各种科学文化知识服务。② 美国实行政教分离，是世俗化的国家，但是将宗教信仰与爱国主义相结合，逐渐发展形成所谓的"民族宗教"。这种民族宗教成为美国价值观的支柱，表达了对大多数美国人至关重要的信念，即美国人是"上帝的选民"，美利坚民族被上帝关爱和佑护，这种信念成为美国人在急剧发展的世界变局中保持民族自信的心理基础。美国的民族宗教通过各种日常仪式、各种形式的爱国主义教育和潜移默化的影视文化进入美国人的日常生活。如总统就职典礼上、各种体育盛会上、教徒礼拜等。由于缺乏血脉传承、历史积淀和深厚的传统文化底蕴，民族宗教成为唤起美国人历史记忆，使美国人在精神上凝聚在一起，强化社会内部认同和统一的黏合剂。③

美国国家文化要经过宣传与传播渠道、制度和政策以及文化产品生产与文化消费三种转换环节，才能在建构国民文化的过程中发挥作用。其中，宣传传播渠道方面包括语言文字、广播电视、报刊出版、互联网以及基督教堂等。制度政策方面包括宪法、文化专门法（如《国家艺术及人文事业基金法》、版权法以及《数字千年版权法》）等。文化产品生产与消费方面包括戏剧、电影、音乐、展览、旅游等。经过这样的转换后，通过文化产品、文化服务、文化教育以及旅游的消费，最终形成独具特色的美国国民文化。

2. 美国国民文化的基本构造

当前美国国民文化同样可分为：器物层、制度层、行为层和心态层。

---

① 王星光：《美国如何保护历史文化遗产》，《学习时报》2016 年 2 月 25 日第 2 版。

② 蓝瑛：《七十年耕耘文集——献给中国共产党诞生九十周年》，上海社会科学院出版社 2011 年版，第 165 页。

③ 罗俊翀：《移民的政治参与——美籍华人与美中关系研究》，暨南大学出版社 2015 年版，第 29 页。

当前美国国民文化器物层，主要包括美国所生产的先进技术和引领时代潮流的产品。美国的物质生产能力非常强大，具有全球化代表意义的美国商品主要有以下几类：高技术工业制造产品、大众流行文化产品以及美式快餐产品。微软公司的产品占据全球市场。美国的影视、音乐等大众流行文化产品更是美国国民文化的体现。美国利用广播、电视、广告、流行音乐、通俗文化等大众媒介和大众文化，将自己的文化渗入到全球几乎每个角落。此外，美国快餐与饮品文化也渗透到全球各个角落，美式快餐和饮料如肯德基、可口可乐等广为人知，成为美国式大众消费文化的象征与符号。①

公认的美国国民文化的五大象征是：自由女神像、山姆大叔、芭比娃娃、野牛镍币以及《美国哥特式》（油画）。高耸于自由岛上的举世闻名的自由女神像，俯瞰着纽约港全景，是美国移民心中的保护神与人类向往自由的象征。自由女神像出自19世纪法国著名雕塑家弗里德里克·奥古斯特·巴托尔迪(1834—1904)之手，由法国人捐款，作为法国政府送给美国政府庆祝美国独立100周年的特别礼物。为世人所熟知的山姆大叔同自由女神像一样，具有很强的象征性。1961年，美国国会正式承认"山姆大叔"为美国的民族象征，象征着美国人民共有的诚实可靠、吃苦耐劳以及爱国主义精神等品质。芭比娃娃摩登玩偶自1959年面世以来，以不可思议的影响力风靡全球，现已销往世界上150多个国家，彻底颠覆了玩具的历史。随着这个玩偶的畅销，芭比娃娃远超越了玩具的定义，成为一个不朽的文化符号。她是20世纪美国生活的代表，是美国女性的一个象征。野牛镍币则象征着北美西部开发的历史以及在开发过程中遭受掠夺的大自然与土著印第安人。《美国哥特式》（油画）体现了美国农民庄严的自豪，象征着早年美国的清教文化传统。②

在服饰方面，美国人民就可以根据自己的个性、爱好和工作需要选择自己的服装样式。不过，由于美国主元文化的影响，英国绅士风度的传统，还是奠定了西装的主导地位。在美国高等院校，学生的服饰不拘一格，但在毕业典礼上依然穿戴那种19世纪的大礼服、绶带和方帽。在饮食方面，在吸收各地移民所带来的不同饮食习惯时，美国人的饮食始终体现出只重简便营养而不强调花样排场的实用主义观念。美国人的饮食虽然吸收了世界上许多民族的不同风格，种类繁多，但其主流还是欧洲传统食品

---

① 张登义：《论美国》，海洋出版社2012年版，第5页。

② 周毅：《美国历史与文化》（第2版），首都经济贸易大学出版社2015年版，第215~221页。

基础上形成的美国式快餐食品。这种食品总的特点是营养丰富食用简便、适宜批量加工。在居住方面，不同社区作为经济地位差异的标志也越来越明显。通常情况下，住在远郊和风景区附近的社区里的都是富裕阶层。这些社区的住房大多依山或傍海，高大宽敞，装饰华丽。住在近郊的中产阶级，是目前美国社会的主流。在他们居住的社区里，房屋的建筑结构比较统一。靠近市区和市区内的居住区，主要是低收入阶层黑人或新来移民的社区。这些社区中，住房面积和规模比中产阶级社区的要小一些，结构和质量也较差。其余的则是所谓的公寓式住房，居民多半是按月交租的房客。

美国国民文化的制度层，主要体现社会福利制度和公共医疗卫生制度。在美国，社会福利制度的建立和发展，是美国社会的需要。美国经济制度的基础是私人和自由的企业，美国人极为推崇美国 19 世纪作家和演说家拉尔夫·爱默森提出的"自立"精神，而且大多数美国人以能够自食其力为荣耀。然而，美国政府仍然以多种形式为那些有临时或永久需要的人提供帮助。在美国，这种提供帮助主要体现在两大领域：一个是社会福利，另一个是公共医疗卫生。美国社会福利保障制度的起源，可追溯到 16 世纪英国伊丽莎白时代。从 1597—1601 年，英国议会通过了一系列公共救济条例，即后来所称的伊丽莎白时代济贫法。从历史上看，美国社会福利保障大致经历了四个阶段自由放任阶段（1776 年—20 世纪 30 年代中期）、创建阶段（1935—1945 年）、发展阶段（1945 年—20 世纪 70 年代）和收缩阶段（20 世纪 80 年代初至今）。美国的社会福利制度比较完善，几乎涉及与美国人的工作和生活有关的各个方面。从总体上讲，美国的社会福利基本分为"社会保险"和"公共救济"两大类。美国社会福利保障制度，一方面对美国社会经济稳定发挥着积极作用，另一方面不断消耗着美国的国民财富，成为当前美国社会的一个沉重包袱。从资金来源上看，社会保险的资金来源是政府管理的、被归入特别基金的义务性摊款，受益人可在失业、工伤和亡故的情况下领取补助金。从保障机制多重化、社会保障私营化、年金保险储蓄化和退休年龄推迟化和医疗保险管理化等是美国社会福利保障制度的发展趋势。①

美国社会的公共医疗卫生有着相当长的历史。当代美国拥有发达的医疗体系，医学领域的诸多研究长期处于世界领先地位。美国用于社会健康照顾的费用约占国民生产总产值的 14%，居西方发达国家之首。不过，美

---

①　刘永涛：《当代美国社会》，社会科学文献出版社 2001 年版，第 104 页。

国也是少数几个没有实行全民保健的发达国家之一，其公共医疗卫生事业面临着医疗费用剧增、医疗保险覆盖面不全等严重问题。

1935 年 8 月 14 日，美国通过《社会保障法》，美国的医疗保险制度也随之建立。它成为今日美国社会健康照顾制度中的一个重要部分。美国医疗保健分政府项目和非政府项目。政府的项目包括医疗照顾、医疗补助、退伍军人医疗照顾、特殊患者医疗照顾。在非政府项目中，有私人医疗保险和保健团体两大类。私人医疗保险可细分为三种：非营利计划、独立计划、商业保险公司计划。保健团体项目主要是组织成员按月或季度交纳固定的费用，由组织与医院和医生团体订立医务合同，这样，组织成员就可以以优惠价格获得医疗服务。由上述可以看出，美国已逐渐形成一个由私人和社会共同负担医疗责任的混合制度。美国的大公司给 80%的雇员提供程度不同的医疗保健，即为他们购买医疗保险；各级政府及国有部门给全部工人购买医疗保险。当代美国联邦政府所实施的健康照顾计划是在 1965 年确定的。目前，它已发展成紧随社会保障计划之后美国政府第二大的社会计划。凡是年满 65 岁的美国公民（无论是已经退休还是在继续工作）均有资格享受政府所提供的健康照顾计划。长期伤残者或长期患病者也有资格享受这一计划。健康照顾计划由两个主要的项目所组成：医疗照顾和医疗补助。[①]

美国国民文化的行为层。美国人具有很强的独立性，他们对自己充满信心，他们一旦认准目标，就会全力以赴地去追求，他们经常更换工作以求创造成功的机会。在美国，孩子长大后多数离开父母去寻求自己的生活道路。美国是个强者的社会，崇拜强者，不同情弱者。美国人喜欢探新求奇，往往不满足于现状，一生中搬家四五次是非常普遍的事，每年有 10%的人迁徙。年轻人读大学喜欢选择离家远的学校，以便将自己带入一个陌生的世界。[②] 美国人性格外露直率，以不拘礼节闻名于世。第一次同别人见面，常直呼对方的名字。一般比较喜欢别人直呼自己的名字，认为这是亲切友好的表示。对于法官、政府高级官员、医生、教授等要用专业头衔。美国人的时间观念很强，很讲求效率。美国商界流行早餐和午餐约会谈判，每次约会要提前几天预约，应在约定的时间准时到场，迟到是不礼貌的。美国人习惯保持一定的身体间距，交谈时彼此站立间距约 0.9 米，每隔 2~3 秒有视线接触，以表示兴趣诚挚和真实的感觉。美国人喜欢谈论

---

① 刘永涛：《当代美国社会》，社会科学文献出版社 2001 年版，第 104 页。
② 宋薇：《中外礼仪大全》，译林出版社 2017 年版，第 261 页。

有关商业、旅行等方面的内容及当今潮流和世界大事，喜欢谈政治，但不喜欢听到他人对美国的批评。不喜欢讨论个人私事，特别尊重个人隐私权。美国的宗教节日主要是圣诞节复活节和感恩节。在美国，一般每逢节日、生日、婚礼时都有送礼的习惯。男子不要随便送美国女士香水、衣物和化妆品，易引起误解和麻烦。美国人忌讳与穿着睡衣的人见面，这是严重失礼的。美国人忌 13、星期五。美国人送礼在法律上有详细的规定，不提倡人际交往送厚礼。美国人忌讳用蝙蝠作图案的商品和包装，认为蝙蝠是凶神的象征。①

美国国民文化的心态层。例外论是美国文化的核心因素。美国文化建基于清教精神，他们认为自己是上帝的选民，赋予他们改造世界的重任。正是因为这一因素，美国积极向外推广和传播自己的文化价值，推动美国向西扩展，走向全球扩张，并"拯救"整个世界。也正是这一因素，美国积极地向外推广自己的自由主义和个人主义、民主与平等以及多元文化观。②美国国民文化心态还体现在"开拓进取、注重实效、积极行动、乐观向上"上。"美国社会普遍偏好向前进，因为它的意识形态源自 18 世纪的英国自由主义，而该意识形态主张进步变革。但这里所称的进步无所谓好与坏，它并不具有内在的价值。"③

美国民族的多元，文化的杂交，历史的短暂，资源的丰富，革命的彻底，所有这些都使这个世界上最大的移民国家为了生存和发展而轻装上阵。他们追求的是为创业服务的全新的价值观念。为此，创业时期的美国资产阶级要求人们正视现实，追求实效，发扬开拓进取的精神，履行功利主义原则，以激发起美国人民从现实有效的竞争、求实、创新、乐观的前锋意识出发，来解决社会迅速发展所面临的一切实际问题。于是，"开拓进取、注重实效、积极行动、乐观向上"成为创业时期美国的民族精神。在欧洲的影响下，美国资产阶级也开始了对传统美国精神的反思与升华，力争建构一种崭新的价值体系和哲学体系，顺应时代的需要，为资本主义的经济发展服务。于是，资产阶级意识形态实用主义哲学便产生了。④

3. 美国国民文化的特征及其成因

---

① 王景山：《商务谈判》，西北工业大学出版社 2009 年版，第 227 页。

② 张登义、鹿计本：《论美国》，海洋出版社 2012 年版，第 7 页。

③ ［美］利昂·P. 巴拉达特：《意识形态：起源和影响》（第 10 版），张慧芝、张露璐译，世界图书出版社 2010 年版，第 18 页。

④ 王岩：《政治哲学　理性反思与现实求索》，世界知识出版社 2006 年版，第356 页。

在长期的历史发展过程中，美国国民文化的器物层、制度层、行为层和心态层互相作用互相影响并保持着一种动态的平衡。如物质上美国住房宽敞舒适，孩子出生后很快就和父母分室而居，从而养成了独立自主以及保护自己的和尊重他人隐私的性格特点和心理倾向。[①] 从本质上看，美国国民的价值观念、思维方式和审美情趣等隐性因素，发散到器物、制度、行为和心态上，就分别形成了美国国民文化的器物层、制度层、行为层和心态层。从总体上看，美国国民文化具有多元一体、开放包容和乐观进取的主要特点。

一是从"盎格鲁遵从"走向多元一体。"盎格鲁遵从"诞生于北美殖民地和美国建国初期。到 19 世纪末 20 世纪初，该理论进一步系统化和社会化了。该理论强调：盎格鲁-撒克逊民族是"优秀种族"，其文化为社会的主流文化，亚民族和亚文化必须接受和服从主流文化及其生活方式。随着东南欧百万移民大军进入美国和美国进入工业化阶段，美国社会结构发生了巨变。在新的环境下，"盎格鲁遵从"理论被"熔炉"理论所取代。"熔炉"理论的要义在于，人的生长与植物一样受制于周围环境的影响，美利坚特殊的气候、政治制度、宗教和工作环境会将来自世界不同国家的移民熔成具有同样品质和理想的人。[②] "熔炉"理论在 20 世纪 60 年代受到挑战，文化多元论应运而生。其原因有三：一是由于战后美国族群结构的变化。战后美国族群结构中欧裔白人所占的比例趋于下降，其他少数民族所占的比例逐步上升。二是由于美国民权运动所致。民权运动是黑人争取民主权利的运动。三是美国人民争取自由与平等权的斗争一直得到国际友人的广泛支持，美国人民的斗争与全球文明多样化的进程有着内在联系。[③]

在美国国民文化中，一方面，新教伦理和启蒙思想是美国文化的核心价值观念，但另一方面，美国各个族群所信奉的不同宗教和所遵从的各种传统让美国文化不可避免地表现了多样性特征。美国的新教伦理强调简朴的生活、简单的宗教仪式、个人的不断奋斗等价值观。除了新教这个主要的信仰外，美国的天主教、犹太教以及各种少数族群的信仰，如伊斯兰教和佛教等，都在美国各种不同类型的社区内有相当的影响。一些少数族群，如中国人、意大利人、爱尔兰人及非裔人群等，都保留自己的民族风

---

① 汪波：《当代美国文化透视》，安徽大学出版社 1997 年版，第 13 页。

② 李其荣：《美国文化解读：美国文化的多样性》，济南出版社 2005 年版，第 2 页。

③ 余志森：《美国多元文化成因再探索》，《华东师范大学学报》2003 年第 5 期，第 69~70 页。

俗和生活习惯。因此，美国文化的多样性是美国社会人群结构及其传统观念的真实反映，同时也形成了美国文化多姿多彩的边缘地带，与文化中心形成了有机而充满活力的互动。文化多元意识实际上就成了美国文化传统的一个后天建构的突出特征。①

二是开放包容。众所周知，美国国民文化具有开放性和包容性的特征。"美国文化是一种兼容性很强的文化。它是一种开放文化，又是一种宽容文化。"②"美国对各种思潮采取兼容并蓄的态度，使美国思想文化表现出七彩纷呈、五光十色的局面。"③

美国国民文化的开放性，从形式上看，主要体现有以下几个方面：通过国民个体流动而实现的文化交流；通过报刊、印刷品和音像制品以及图书馆等进行文化交流；以及通过学校教育尤其是高等教育与计算机网络、卫星通信系统等科技手段实施文化开放。就内容而言，这种开放性体现在以下几个方面：民族特色文化开放；科学理性文化开放以及思想道德文化的开放。在最后一个层次上，文化开放的内涵极其复杂，它应包括该民族"所信奉的世界观、政治意识形态、道德规范、社会价值和社会理想等精神产品的相互关系和相互影响"④。

美国国民文化的包容性，主要体现在以下几个方面：首先，各种政治思想可以在美国共存。不仅古希腊和罗马哲学家以及康德、黑格尔、叔本华、尼采等的思想可在美国传播，而且马克思主义、空想社会主义在美国有生存空间。无政府主义思潮也得到了部分国民的赞许。其次，美国容纳了各国文化之精华，且各种文化互相渗透、彼此交融。如德意志文化的许多特点被德国移民带到了美国。如牛肉香肠、汉堡包和啤酒已成为美国生活方式的必备之物。犹如其他许多具有种族特色的食物一样。最后，这种包容性还体现在美国宗教和难民政策上。许多美国国民认为，民族特性和文化背后的神的力量可以呈现出各种各样的表现形式，并且可以为众多信徒们以不同的方式所领会：我们乘坐不同的航船驶向共同的彼岸。美国是世界上接纳难民最多的国家。如在第二次世界大战中对犹太难民以及 20 世

---

① 江宁康：《美国当代文化阐释：全球视野中的美国社会与文化变迁》，辽宁教育出版社 2005 年版，第 4 页。

② 仲掌生：《20 世纪美国文化断想》，《解放军外国语学院学报》2000 年第 3 期，第 100 页。

③ 王锦塘：《美国社会文化》，武汉大学出版社 1996 年版，第 10 页。

④ 叶自成：《对外开放与中国的现代化》，北京大学出版社 1997 年版，第 259 页。

纪 70 年代对越南难民的接纳。①

三是乐观进取。美国"进取"一词具有冒险（adventurous）和雄心（ambitious）的含义。美国国民更愿意冒风险和尝试新事物。美国国民的乐观进取的第一个层面就是他们的冒险精神上。这种精神不仅体现在邓巴探险、极地探险等地理考察上，而且还表现在他们对企业的风险投资上。"风险资本市场的繁荣和首次公开上市发行的活跃成为美国经济的独有特点。这已许可以部分地解释新经济为什么率先在美国出现而不是在欧洲或亚洲。"②乐观进取性的第二个层面就是美国国民对权利和优越的追求。美国公民权利的形成与发展经历了三个重要的转型时期，分别是革命和立宪时期、内战与重建时期。③ 从美国公民权的发展可知，美国公民的权利，从对自由主义式个人性权利的强调走向对集体性的社会经济权利的认同；公民资格的界定也是逐步从排斥性歧视走向多元性的包容，④

此外，美国国民对"美国梦"的追寻和开发西部是乐观进取精神的最生动的体现。"美国梦"是一种贯穿美国历史、最能体现美国精神生活方式和美国国民精神的理想。它对自由、平等、宽容、进取和成功进行不懈追求的理想主义信念，是对机会均等、人人都有成功的希望和创造奇迹的可能性的乐观自信。⑤ 而开发西部，更能体现美国人探索新事物的勇气，同时也锻铸了美国国民的乐观进取精神。

总体而言，在长期的历史演进中，美国国民文化逐渐形成了多元一体、开放包容和乐观进取的特征。这些特征的形成，既与得天独厚的自然环境、族群结构的变化息息相关，又与美国人民对自身权利的不懈追求密不可分。

## 二、英国

英国的国家文化是基于民族认同的文化。在西欧诸国中，英国的权力

① 李其荣：《美国文化解读：美国文化的多样性》，济南出版社 2005 年版，第 29 页。

② 宋玉华：《美国新经济研究——经济范式转型与制度化》，人民出版社 2002 年版，第 456 页。

③ 李其荣：《美国文化解读：美国文化的多样性》，济南出版社 2005 年版，第 32 页。

④ 王希：《美国公民权利的历史演变》，《读书》2003 年第 4 期，第 24~31 页。

⑤ 王军：《美国文化的精神情结——美国梦》，《美国大观》2000 年第 11 期，第 14 页。

距离指数居于倒数第二位，不确定性规避指数和长期导向指数均居于最后一位，个人主义指数居于第一位，阳刚气质指数居于第三位。这种三低两高的特征是由宗教和政治的交互渗透、王权与贵族长期势力均衡以及独特的文化生态与岛国情结等因素导致的。

## （一）英国国家文化

### 1. 英国国家文化的基本构造

约 25 万年前，已有原始人类生活栖息在不列颠群岛。直至公元 1066 年"诺曼征服"前，这个群岛先后遭受北欧海盗、盎格鲁人以及撒克逊人等侵扰和征服。盎格鲁人、撒克逊人与不列颠人通婚混居，最终融为一个民族，即不列颠盎格鲁-撒克逊民族，这就是现代英国民族的由来。① 需要说明的是，自"诺曼征服"后的 3 个世纪里，大量的法国诺曼人来到英格兰定居，法语成为贵族的语言，法律结构和社会结构在不同程度上受到了来自欧洲大陆的影响。②

英国是世界上第一个形成民族国家的。英法百年战争唤醒了英吉利的民族意识，此后民族语言（英语）的形成与普及进一步促进了其发展。玫瑰战争和都铎王朝的宗教改革，使封建王权取得了对世俗贵族和罗马教会的双重领导权。国家机构的日益完善也为民族国家的形成奠定了重要的组织基础。在 16 世纪 90 年代的伊丽莎白一世统治后期，英国的民族国家才初步形成。③ 不过，这一时期的民族国家存在于君主制的形式中，国王是民族国家的化身。此后，通过资产阶级革命，对以王权为代表的民族国家进行了资本主义改造，国家主权从专制君主手里转移到国民代表机构即议会手里。1707 年和 1800 年英国议会分别通过与苏格兰、爱尔兰的合并法案，直到此时，近代英国民族国家才最终形成。④

英国的民族精神是由宗教、政治等诸方面的经历交互作用而成。圣公会就是英国民族主义的一个汇聚点。此后，英国的民族主义轮廓越来越鲜明。在民族主义的推动下以及在与教皇的抗争中，亨利八世等王室权威开始演变为民族的人格化象征。1688 年确立起来的议会制度是英国民族主义

①　朱宾忠等：《大国文化心态·英国卷》，武汉大学出版社 2014 年版，第 1 页。

②　黄相怀：《英国精神》，当代世界出版社 2008 年版，第 5 页。

③　袁广雪、张士昌：《论近代英国民族国家的成因》，《哈尔滨学院学报》2012 年第 10 期，第 90~91 页。

④　宁骚：《论民族国家》，《北京大学学报》（哲学社会科学版）1991 年第 6 期，第 87~88 页。

发展的一座里程碑。在这一制度下，代表人民的议会开始与君主一道分享权威的行使，这就意味着强调在上帝之下人人平等的观念，其中包括君主必须要与他/她的人民分享权力的观念。① 由上可知，英国的民族认同在其民族国家建立的过程中发挥了关键作用，这种影响一直延伸至今。因此，从这一角度而言，英国的国家文化是基于民族认同的国家文化。

毋庸置疑，英国的国家文化是由主权版图系统、生态环境系统、政治经济系统和认同系统构成的。从主权版图系统而言，英国是由大不列颠岛上的英格兰、威尔士、苏格兰、北爱尔兰以及一系列附属岛屿共同组成的一个西欧联邦制岛国。国土面积 24.41 万平方公里（包括内陆水域）。西北部多低山高原，东南部为平原。英国位于北纬 50°~58°，温带海洋性气候，终年温和湿润。从生态环境系统而言，英国人均耕地面积 0.1 公顷，人均水资源量 2700 立方米/年，森林覆盖率达 11.8%。矿产资源较为丰富，主要有煤、铁、石油和天然气。2018 年英国环境绩效指数为 79.89，全球排名第 6 位。②

从社会政治系统而言，英国的政治制度是典型的君主立宪制。这种政治制度是长期历史发展中国王、议会、宗教三种主要政治力量之间的相互斗争与妥协的结果。宗教改革后，政治权力之争主要集中在国王和议会之间。1689 年颁布的《权利法案》，以法律形式对王权进行了限制，明确了议会的权力和地位，由此现代英国政治制度正式形成。在政治体制方面，英国开西方代议制民主之先河。"光荣革命"后，资产阶级的选举制度得以确立，后经若干次改革已日益完善。③ 中世纪西欧社会生成和发展了社会结社、多元权力结构共存和法律至上传统。近代英国宪政民主制的成功，得益于英国自中世纪以来一直存续和坚守的社会结社、多元权力共存结构和法律至上传统。④

需要指出的是，在英国，文明建立在一种克制意识之上：不要让任何事情走得太远。因此，当工党党员和保守党进行严肃的争论的时候，他们

① ［美］安东尼·奥罗姆：《政治社会学导论》（第 4 版），张华青、何俊志、孙嘉明等译，上海人民出版社 2014 年版，第 66~267 页。

② Yale University、Columbia University and the Economic Forum. 2018 Environmental Performance Index.

③ 张㑇：《英法美三国选举制度比较》，《国际关系学院学报》2002 年第 6 期，第 11~12 页。

④ 魏建国：《近代英法美三国宪政民主制成败原因考——以社会结社为视阈》，《北方论丛》2010 年第 4 期，第 100 页。

把这些争论限制在口头上。英国的政治游戏不是彻底消灭对方，而法国、德国和俄罗斯有时候就会彻底消灭对方。英国的政治家在面对对方的时候相当有分寸。①

从经济系统而言，英国是最早开始工业化进程的资本主义国家，拥有比较完整的工业体系和国民经济体系。1850 年，英国在世界工业总产值中占 39%，在世界贸易中占 21%。两次世界大战使英国经济遭受重创。20 世纪 70 年代以来，英国经济逐渐得到恢复和发展。英国的资产阶级革命及其制度创新揭开了世界现代化的序幕。这种创新自始至终与财政及税收的现代化密切相关。18—19 世纪，英国完成间接税体系取代国王所有权税制，进而又成功推行直接税逐步取代间接税，构建成现代化的税收体系。20 世纪，英国推动社会保障制度的建立和一系列改革，逐步建成世界上领先的福利制国家。由此可见，英国是以税收体系为着力点推动经济社会全面现代化的进程的。② 2018 年英国人均国内生产总值 4.25 万美元，居全球第 21 位。第三产业较为发达，其产值占国内生产总值的比重为 78.2%。英国经济较为依赖国际贸易，其对外贸易依存度 45.89%。③

就认同系统而言，自中世纪以来，英国先后经历了宗教认同、以王权为核心的王朝国家认同以及以人民主权为核心的民族国家认同。在民族国家时代，这种认同蕴含着对主权版图系统、生态环境系统以及政治经济共同体的认同，其中，建立在民主政治与自由价值、平等权利基础上的政治认同是国家认同的关键。④ 在英国，"中央(联邦)政府和地方民间均承认本国是由两个以上具有国家情感和主权意识的'nation'"构成的。⑤ 英国国内各民族的民族认同之间基本不相交，这无疑导致"民族认同"与"国家认同"相互分离。因此，英国在允许国内某些"民族"有自决权的同时，主要通过与建构一体层次"民族"认同无关的国家公民身份以及多元文化建设等

①　[美]迈克尔·罗斯金：《国家的常识：政权·地理·文化》，夏维勇、杨勇译，世界图书出版公司北京公司 2013 年版，第 56 页。

②　马金华、刘锐：《税收现代化推动经济社会现代化：英国路径分析》，《税务研究》2019 年第 9 期，第 123 页。

③　邓微、张颖等：《英语国家概况》，吉林大学出版社 2015 年版，第 39 页。

④　暨爱民、彭永庆：《国家认同建构：基础要素与历史逻辑》，《中南民族大学学报》(人文社会科学版)2016 年第 1 期，第 37 页。

⑤　叶江：《多民族国家的三种类型及其国家认同建构问题》，《社会科学文摘》2019 年第 6 期，第 11~13 页。

路径来建构"国家认同"。①

2. 英国国家文化的特征

国家文化就其实质而言是指一国全体成员共有的深层次价值观，由一系列共同的准则、价值理念、优先事物构成，是全体成员的生活方式设计。世界上没有任何两个国家的国家文化是完全一样的，这种文化差异清晰地体现在经济政治体制、教育体系以及其他制度安排上。国家文化之间的深层次差异可以通过一定的维度加以测量。目前，在这一方面较具影响力的是荷兰心理学家吉尔特·霍夫斯泰德的文化维度理论。现以霍夫斯泰德的文化维度理论及相关数据对美国的国家文化进行分析。

从上述 5 个维度而言，英国的国家文化三低（权力距离、不确定规避、长期导向）两高（个人主义、阳刚气质）。在西欧诸国中，英国的权力距离指数居于倒数第二位，不确定性规避指数和长期导向指数均居于最后一位，个人主义指数居于第一位，阳刚气质指数居于第三位。

英国的权力距离指数较低，分值为 35，在 74 个国家中排名第 63~65 位，在西欧诸国中相对较低，处于倒数第二位。主要具有以下特征：权力的使用应该合法化，并应遵循善恶标准；技能、财富、权力和地位不必同时拥有；拥有大量的中产阶层；政界中有一个实力强大的中间派，社会贫富差距小；改变政治制度的方式是改变规则（渐进式）；国内政治更多采用对话方式；对腐败的容忍度低，等等。英国个人主义指数在西欧诸国中最高，分值为 89，在 74 个国家中仅次于美国和澳大利亚，排名第 3 位。主要具有以下特征：社会组织结构较为松散；注重个人时间、自由和挑战；人权指数较高；个人的自我实现是最终目标；自治是理想的目标；注重自我与他人的区分。

英国阳刚气质指数较高，分值为 66，在 74 个国家中排名第 11~13 位；在西欧诸国中处于第 3 位，仅次于意大利与爱尔兰，与德国相同。主要具有以下特征：绩效社会理念；注重收入、提升、赏识以及挑战；对待移民持同化观念；对抗性的政治博弈等。

英国不确定规避指数较低，分值为 35，在 74 个国家中排名第 66~67 位，在西欧诸国中，与爱尔兰同处于最后一位。主要具有以下特征：法律或不成文规则较少且更模糊；人们的焦虑程度相对较低、压力较小；公民素质往往相对较高；对政府和政治总体上是持肯定态度的；组织中人员流

---

① 叶江：《多民族国家的三种类型及其国家认同建构问题》，《社会科学文摘》2019 年第 6 期，第 12 页。

动性较大，等等。此外，这些弱不确定性规避国家的人们归属需要(人际关系)凌驾于尊重需要之上；国家认同相对较为强烈，也更愿意为了祖国利益而奋斗；更经常地参与一些志愿者社团或活动以造福社会。

英国长期导向指数最低，分值为 25，在 39 个国家中排名第 32~33 位，在西欧诸国中处于最后一位。主要具有如下特征：人们重视当前的生活和享受，储蓄额较低，投资于共同基金；强调拥有真理；监禁率较高；谦卑仅适用于女性；家庭成员之间不强调长幼次序；重视闲暇时间；注重短期收益和利润；精英主义盛行。英国国家文化 5 个维度指数如表 4-2 所示。

表 4-2　　　　　　　　**英国国家文化 5 个维度指数表**

| 权力距离指数 | 分值 | 排名 | 备注 |
|---|---|---|---|
| 英国 | 35 | 63~65 | |
| 马来西亚、斯洛伐克 | 104、104 | 1~2 | 最高 |
| 奥地利 | 11 | 74 | 最低 |
| 个体主义指数 | 分值 | 排名 | 备注 |
| 英国 | 89 | 3 | |
| 美国 | 91 | 1 | 最高 |
| 危地马拉 | 6 | 74 | 最低 |
| 阳刚气质指数 | 分值 | 排名 | 备注 |
| 英国 | 66 | 11~13 | |
| 斯洛伐克 | 110 | 1 | 最高 |
| 瑞典 | 5 | 74 | 最低 |
| 不确定性规避指数 | 分值 | 排名 | 备注 |
| 英国 | 35 | 66~67 | |
| 希腊 | 112 | 1 | 最高 |
| 新加坡 | 8 | 74 | 最低 |
| 长期导向指数 | 分值 | 排名 | 备注 |
| 英国 | 25 | 32~33 | |
| 中国大陆 | 118 | 1 | 最高 |
| 巴基斯坦 | 0 | 39 | 最低 |

注：表中数据均来源于吉尔特·霍夫斯泰德等著《文化与组织：心理软件的力量》(第二版)。

3. 英国国家文化特征的成因分析

英国的国家文化呈三低(权力距离、不确定规避、长期导向)两高(个人主义、阳刚气质)的特征,是长期以来多种因素交互作用而形成的。

一是宗教与政治交相渗透。

尚武的盎格鲁-撒克逊人征服了不列颠岛,逐渐被南来的"两希"文明所征服,最终形成了英吉利民族。自597年开始,基督教在英国广泛传播。历经三四十年后,英国人基本上皈依了基督教。由于基督教的浸淫,英国人有了许多言行禁忌与行为准则。从这个角度而言,英吉利民族的形成是"两希"文明与北方精神南北融合的结果。① 基督教与英国政治之间互相渗透,又互相制约。英国的《权利法案》和《王位继承法》规定,英国君主必须信仰基督教。英国的国旗、国徽、国歌都与基督教紧密相关。教会人士也参与到政治机构之中,如一些大主教成为议员;当然政府对宗教也有很大的制约权,如国王担任教会的最高领袖等。

基督教与英国政治的这种关系,还体现在政治思想中某些核心观念的形成、发展和传播中。平等、民主以及自由作为英国民主政治基石的理念,都根源于《圣经》的教义。基督教主张在上帝面前人人平等。英国内战时期(1642—1945),在国会内的清教徒的努力下,平等的内涵由基督教内部的平等拓展到政治层面。由此,从"在上帝面前人人平等"引申出"在法律面前人人平等"和"在真理面前人人平等""在政治权利上人人平等"等。② 基督教认为人人都有原罪,每个人的道德、智能、生命有限,于是就用法律来制约掌权者;自由是神赋予人类按照道德良知行事的内心意念和行动力,是上帝给人的自主权。因此,自由是人类与生俱来的权利。③

二是王权与贵族长期势力均衡。

中世纪,整个西欧处于"主权在神"的时期,是一个只有"领地"而没有"国家"的世俗世界,教皇作为上帝的代表高高在上。国王王位的合法性来源于上帝(教会)的支持。国王的权力不仅被贵族分割,而且要受教会制约。④ 中世纪时期,英国的教会不断挣脱罗马教皇统治,本土化特性日益明显。教会英国化的原因部分与英国人独特的宗教体验相关,也与英国的

---

① 朱宾忠等:《文化心态·英国卷》,武汉大学出版社2014年版,第39~40页。

② 朱宾忠等:《文化心态·英国卷》,武汉大学出版社2014年版,第17页。

③ 朱宾忠等:《文化心态·英国卷》,武汉大学出版社2014年版,第17~18页。

④ 钱乘旦、陈晓律:《英国文化模式溯源》,上海社会科学院出版社2003年版,第14页。

法律和习惯密切相关。此外，英国教会及其建筑，也是由国王、贵族、乡绅和市民鼓励和赞助建立的。从中世纪后期起，罗马教皇的统治越来越受到挑战，王权和教会的权力斗争拉开了宗教本土化和世俗化的帷幕。在英国，为了限制教皇的权力，王室在14—15世纪颁布了一系列反教皇法令，在王权与教皇的权力较量中，教皇的权力不断被削弱，王权得到加强。国王以民族的代表自居，特别是通过亨利八世的宗教改革，从而真正实现了主权在王。

在王权逐渐强大的同时，抗拒王权、限制王权的传统也逐渐形成。这种限制在英国人看来就是争取"自由"。英国的自由(在中世纪，权利就是自由)，是从贵族与国王的抗衡开始的。① 在两者长期颉颃的过程中，王权应该受限制的思想便逐渐形成，法律成了约束王权的武器。② 这就是"王在法下"。同时，又形成了"王在议会中"的传统。被奉为宪政基础的《大宪章》，最初体现的是英国封建贵族的意志，后由于后人不断诠释逐渐演变为英国自由的正式宣言书。如"不征得王国一致的同意不得征收兵役免除税或捐助"，后人将其解释成"不经过人民的同意不得征收一切税"。③ 因此，它的原则及实质已包含后来的议会所具有的征税权、国民对政务的参与权、监督权等因素以及国民自由的观念。"自由"也不仅仅是贵族的"自由"，而是民族的"自由"、人民的"自由"。

三是独特的文化生态和岛国情结。

权力距离指数是与该国的地理纬度、人口规模以及国家财富密切相关。一般而言，一个国家的地理纬度越高，权力距离指数就越低；人口规模越大，权力距离指数就越高；富裕程度越高，权力距离指数就越低。④英国地处北纬50°~58°，纬度较高，这与较低的权力距离指数、较高的个人主义指数正相关。人口规模较小，总人口6500万左右。富裕程度较高，2018年人均收入46719.86美元，居于全球第13位。⑤ 英国的富裕程度，

---

① 钱乘旦、陈晓律：《英国文化模式溯源》，上海社会科学院出版社2003年版，第24页。

② 钱乘旦、陈晓律：《英国文化模式溯源》，上海社会科学院出版社2003年版，第26页。

③ 钱乘旦、陈晓律：《英国文化模式溯源》，上海社会科学院出版社2003年版，第26页。

④ [荷]吉尔特·霍夫斯泰德等：《文化与组织：心理软件的力量》(第二版)，李原、孙健敏译，中国人民大学出版社2010年版，第70页。

⑤ 搜狐财经 http://www.sohu.com/a/232312107_119746.

不仅导致了较低的权力距离指数，也可预测其较高的个人主义指数。①

从气候条件而言，英国属于温带海洋性气候。英国人往往在一天之内有着经历四季的体验。人们进而坚信，英国发生的一切有别于世界上其他地区发生的事。这种天气的不确定性对英国国家文化带来较为深刻的影响，在一定程度上使得不确定规避指数较低。

北海和英吉利海峡将不列颠群岛与欧洲其他地区隔开，使英国成为孤悬于欧亚大陆之外的岛国。英国凭借英吉利海峡和多佛尔海峡这样的天然屏障，成功地抵御了来自大陆的入侵者。这样独特的地理环境，一方面使英国人民对岛国形成了牢固的优越感和依赖感，另一方面他们享有比居住在大陆的人民拥有更多自由，更容易产生向外扩张的动力和欲望。由此，英国在具有自信、民主和开拓精神的同时，也具有排外等明显特点，从而形成了一种社会文化——岛国情结。②

在中世纪的英国，理性与非理性在基督教体系中共存，理性屈从于信仰。随着新大陆的发现、新航道的开辟以及随之而来的殖民扩张，导致新的经济社会制度诞生。教会难以提供满足人们精神需求的思想资源。传统的对外封闭式的心理开始让位给一种开放的、理性的人生态度与世界观。③

从认同的时间向度而言，国家文化的认同主要有现在——未来型和现在——过去型两种类型。在后一种类型中，过去不再是纯粹逝去的过去，而是立足于现在的过去，在这种文化认同中，过去被重新叙述并与现在组合，现在同过去的一种新关系被建构起来了。④ 从这一角度而言，英国国家文化及认同具有现在——过去的时间特性。"二战"以后英国面临更多的"二元"困境，诸如传统与现代、乡村与城市、人与自然、科学与宗教、英国性与欧洲性等。吉登斯提出了"超越二元对立，追求二元融通"的"第三条道路"，其"政治的总目标，是要帮助公民在我们这个时代的重大变革中找到自己的方向，这些变革包括全球化、个人生活的转变以及我们与自然

---

　　① ［荷］吉尔特·霍夫斯泰德等：《文化与组织：心理软件的力量》（第二版），李原、孙健敏译，中国人民大学出版社 2010 年版，第 114 页。

　　② 焦丽：《岛国地理环境对英国文化的影响》，《中小企业管理与科技》2010 年第 10 期，第 135 页。

　　③ 钱乘旦、陈晓律：《英国文化模式溯源》，上海社会科学院出版社 2003 年版，第 225 页。

　　④ 殷曼楟：《认同建构中的时间取向》，《南京大学学报》（哲学·人文科学·社会科学版）2006 年第 5 期，第 111~112 页。

的关系"。①

需要指出的是，英国国家文化是在传统与变革的冲突中走上融合的道路的，"现代英国文化是在历史的冲突中形成的，是冲突的双方在长期的斗争中相融合的结果。其最突出的几个特点都充分体现了在冲突中融合的基本趋势。君主立宪制是王权与议会在长期冲突与斗争中形成的；现代经济与社会体制，包括工业化与福利国家，则是'追求财富'和'追求平等'在尖锐斗争中达成的平衡。'激进'与'保守'的冲突造成和平渐进发展的道路；'信仰'和'理性'的交锋，导致在现代民族的思维方式中，'理性'虽是主导，'信仰'却也有一席之地"②。

## (二)英国国民文化

英国的国民文化分为器物层、制度层、行为层和心态层。在长期的历史发展过程中，这四个层次互相作用互相影响并保持着一种动态的平衡，逐渐形成具有浓厚的宗教色彩、自由与自律以及均衡与和谐等主要特征。这些特征的形成，是与独特的地理环境、英国国民的不懈追求等因素密不可分。

### 1. 英国国家文化与国民文化的内在联系

任何国家的人民都具有自然与社会的双重属性，都是在自然场与社会场相交织的环境中创造文化的。任何国家的国家文化都具有基础性的支撑系统，这种支撑性系统往往是由以下体系构成的：文化遗产传承创新体系、文化旅游发展体系、民族宗教文化体系。国家文化经由宣传与传播渠道，法律、制度和政策以及文化产品生产与文化消费的转换环节，通过文化产品、文化服务、旅游以及文化教育的消费，最终无声无息地渗透到国民个体的社会实践中。在国民个体(社会成员)和文化生态的相互作用下，最终氤氲化生为风格各异的国民文化。

英国的国家文化也是由主权领土和生态环境系统、政治经济系统和观念系统三部分构成。其基础性支撑系统各有特点。英国公共文化服务体系的突出特点在于，对于文化艺术单位的管理主要是运用政策手段为文化艺术产品培养潜在的文化消费市场，鼓励公众参与文化活动。政府虽然不对文化单位直接提供资金支持，但可以通过具体拨款方式对非政府公共文化

---

①　安东尼·吉登斯：《第三条道路——社会民主主义的复兴》，郑戈译，北京大学出版社 2000 年版，第 67 页。

②　钱乘旦、陈晓律：《英国——在传统和变革之间》，四川人民出版社 2003 年版，新版序言第 3 页。

机构在政策上加以协调，体现政府对文化艺术的管理目标和支持重点。这种国家对文化拨款的间接管理模式，被称为"一臂之距"（Arm's Length）。英国文化政策典型地遵循着国家作为赞助者这一模式。国家承担"赞助人"的角色，这种角色的基础在很大程度上是由封建私人贵族对文化和艺术赞助的历史传统延续而来的，其总体目标是提高艺术的品质和专业化程度。国家对艺术事业进行资金支持在本质上具有精英色彩。主要措施是成立企业赞助艺术联合会和发行国家彩票。英国吸引企业投资于文化遗产保护事业的制度性设计，叫"陪同投入制"或"配套投入制"。英国文化遗产传承创新体系有以下特点，在文化遗产领域，英国实行的是中央统一集权，文化、媒体及体育部负责全国的文化遗产保护工作。严谨完善的法律法规和细致入微的监督管理为英国的文化遗产保护提供了强有力的制度保障，同时，为保护和激励民众的积极性和热情，英国政府通过减免增值税、收入税、遗产税等方式给予一定的优惠或补贴，从而鼓励民众积极保护遗产或进行再利用。① 英国人的文化遗产保护意识根深蒂固，总是不遗余力地保护本国的文化遗产，在法制建设、宣传教育、监督管理、调动社会力量参与等方面均积累了丰富的经验。

英国文化旅游发展体系方面，文化与旅游融合度高，拥有31项世界遗产以及众多的历史文化建筑、宫殿、古堡庄园、教堂等。目前英国已停止对各类文化旅游资源的商业开发，专注于对旅游资源中的文化资源进行保护、传承与传播。一是给建筑、街道、雕塑等赋予了人文和历史故事，将历史遗产与文化活动有机融合，通过游客的亲身体验，使得英国文化在全球传播。二是举办文化旅游节庆活动，吸引世界各地游客，使其感受浓郁的文化氛围，得到相应的艺术熏陶。据不完全统计，英国共有600多个表演艺术节。三是开发文化创意产品，这也是文化与旅游紧密结合的重要载体。英国主要街道、旅游区都有体现宗教文化、博物馆文化等的各类创意产品售卖。

英国奉行宗教自由，政府不可以干涉公民的信仰自由，公民也可以随时改变自己的宗教信仰。英国的各种宗教信仰乃至不信仰宗教的存在，都得到承认和尊重，享有法律上的平等地位。同时，英国基本上实现了政教分离，国家在宗教信仰事务上保持中立，使宗教信仰成为私人事务，并且在不同的宗教信仰者之间以及在信教者和不信教者之间，培育相互宽容、

---

① 刘爱河：《英国文化遗产保护成功经验借鉴与启示》，《中国文物科学研究》2012年第1期，第91~92页。

相互尊重的精神，使宽容对待宗教信仰问题成为全社会的共识，而使英国成为一个宗教信仰自由的国家。英国宗教从近代开始出现了多元化的趋向。①

英国国家文化要经过宣传与传播渠道、制度和政策以及文化产品生产与文化消费三种转换环节，才能在建构国民文化的过程中发挥作用。其中，宣传传播渠道方面包括语言文字、广播电视、报刊出版、互联网以及基督教堂等。制度政策方面包括宪法、文化专门法、版权法如《版权、外观设计和专利法》与《数字经济法》等。文化产品生产与消费方面包括戏剧、电影、音乐、展览、旅游等。经过这样的转换后，通过文化产品、文化服务、文化教育以及旅游的消费，最终形成独具特色的英国国民文化。

2. 英国国民文化的基本构造

当前英国国民文化同样可分为：器物层、制度层、行为层和心态层。英国国民文化器物层可从服饰、饮食、住宅等方面得到体现。英国人对穿着十分讲究，当前蓝白领阶层的服装区别正在消失，人们在工作和闲暇期间都喜欢穿便装，只是在重大场合才穿西装。英国家庭一般是一日三餐加茶点。英国人食品结构趋向于多元化，一些意式、日式等餐饮流入英国。住房则趋于简单化，更多构造简单的红砖公寓房被认可。英国人喜欢传统的乡间别墅。富裕的人一般有两处住房，一处在城市，一处在乡间。住宅以两层小楼居多，虽然也有空调或现代供暖设备，但房内仍保留一个老式壁炉。②

英国国民文化的制度层，主要体现社会福利制度和公共医疗卫生制度。英国现在的福利制度很大程度上沿用了 1945 年以后贝弗里奇倡导的社会保险制度。1945 年的《贝弗里奇报告》是英国现代意义上的福利国家的里程碑。英国的福利制度的特点之一是项目的完整性。到第二次世界大战之前，英国福利制度基本上完成了项目扩张过程，已经涉及老年、疾病、生育、工伤、失业、残疾、贫困等生活事件，也出现了家属津贴福利以及住房方面的福利。英国福利制度的另一个特点是向家庭的渗透较深，在一定程度上取代了传统的家庭赡养职能。最典型的是提供给未成年子女的福利，无论家长的收入如何，子女都可以享受待遇，实际上是国家为家长承担了部分赡养责任。英国福利制度的第三个特点是它的普遍主义取向。英

---

① 王淑侠：《现代英国宗教多元化的成因》，《文化创新比较研究》2017 年第 13 期，第 104 页。

② 李麟主编：《世界上的十大帝国之谜》，内蒙古人民出版社 2008 年版，第 21 页。

国国民保险待遇是与收入脱钩的，无论受保人的缴费多少，都同样享受定额待遇，在受保人之间存在着明显的再分配。英国福利制度的第四个特点是政府在福利制度中的主体作用。在经费来源意义上，英国比较强调国家的责任。①

英国的公费医疗保健服务模式属于财政补偿模式。财政补偿模式是指政府财政承担公立医院绝大部分的开支，患者不付费或者付少量费用。在这种模式里，公立医院的资金来源于政府的税收，补偿方式传统上是按类目预算制，卫生部门根据公立医院历年的医疗费用，以及所辖范围的人口数等指标分配资金。1946 年，英国政府颁布《国家卫生服务法》，宣布建立国家卫生服务制度，1948 年正式开始施行。英国国民医疗保健服务体系是世界上第一个福利国家。不论个人收入多少，是否为纳税人，只要在英国有居留权，就可以享受免费的医疗服务。② 英国的工人阶级受益尤其多。英国人只花了国内生产总值的 9%在医疗保健上，但是比花了 15%的美国人还要健康。③

英国国民文化的行为层。在英国，尊重妇女是体现绅士风度的重要方面。英国人一向以冷漠和保守著称于世。尽管现在这种情况有所改变．但仍然是英国人的主要性格特征。英国人坐公共汽车或火车时．总是尽量找个旁边没人的座位坐下。英国人遵守纪律，排队时井然有序。他们赴约非常准时。男女之间除热恋者外，一般都不手牵手走路。见面时的称呼也都遵照传统的礼仪习惯。英国人谈吐幽默、文雅脱俗、说话声音不高、发音准确。④

英国国民文化的心态层。英国社会的核心价值观是"自由""平等"和"法治"。它是英国民众在漫长的历史岁月中不断探索、实践、积累、沉淀后形成的。英国社会对"自由"的追求实质上是追求"小政府、大社会"，是追求对权力的有效制约。英国社会的自由价值观经历了以下几个阶段：对政治自由的争取，对经济自由的追求和对意识自由的追求。英国社会对"平等"的追求经历了：从工业革命前后对平等的追求，到追求平等与自由

① 孙炳耀主编：《当代英国瑞典社会保障制度》，法律出版社 2000 年版，第 156 页。

② 连鸿凯、郝义彬、丁凡主编：《国内外医疗服务体系及分级诊疗管理现状》。郑州大学出版社 2016 年版，第 18 页。

③ ［美］迈克尔·罗斯金：《国家的常识：政权·地理·文化》，夏维勇、杨勇译，世界图书出版公司北京公司 2013 年版，第 81 页。

④ 董保军：《中外礼仪大全》，译林出版社 2017 年版，第 302 页。

的协调。英国社会对"法治"的追求经历：从习俗到习惯法，从习惯法到普通法，再到议会掌握立法权的过程。① 英国前首相托尼·布莱尔亦曾讲："英国是一个多族群、多种族、多文化、多宗教、多信仰的国家，英国的历史和国情决定了我们必须珍视自由、宽容、开放、公正、公平、团结、权利义务相结合、重视家庭和社会群体等英国的核心价值观。"②

3. 英国国民文化的特征及其成因

在长期的历史发展过程中，英国国民文化的器物层、制度层、行为层和心态层互相作用互相影响并保持着一种动态的平衡。从本质上看，英国国民的价值观念、思维方式和审美情趣等隐性因素，发散到器物、制度、行为和心态上，就分别形成了英国国民文化的器物层、制度层、行为层和心态层。从总体上看，英国国国民文化具有浓厚的宗教色彩、自由与自律以及均衡与和谐的主要特点。

一是浓厚的宗教色彩。

英国国民文化具有较为浓厚的宗教性。国民大多信奉基督教新教，约占成人总数的 60%。英国国民信仰基督教的历史可以追溯到公元 1 世纪。基督教在英国国民的社会生活中也具有较为特殊的地位并发挥较大作用。由于多数人信奉基督教，在许多学校中均开设有宗教类课程，学生和教师一同做祈祷。在他们的日常生活中，基督教成为不可或缺的文化修养。英国的婚丧嫁娶都有相应的宗教仪式。③ 英国国民的节假日中，只有少数节日，如五月节和万圣节(也称"鬼节")与基督教无关，绝大多数节日都与基督教有这样或者那样的联系，如情人节、圣大卫日、愚人节、复活节等。④

二是自由与自律。

英国国民大多"沉默寡言"。西方的一句著名谚语："英国人的家就是他的城堡"。他们一般不愿提及个人的体重、年龄、婚姻状况以及健康状况等。英国国民刻苦自律并遵纪守法。日常生活中，英国国民从不插队，人们一律排队上车或购物。即使在"二战"期间纳粹飞机狂轰滥炸之时，伦敦居民进入防空洞依然队列整齐井然有序。英国人具有凛然不可侵犯的尊

① 陶懋炜：《英国社会价值观溯源》，外交学院硕士学位论文，2017 年，第 1 页。

② 沈伟鹏、孔新峰：《英国的核心价值观及其启示》，《法制日报》2015 年 8 月 5 日第 11 版。

③ 陈俊森、樊葳葳：《外国文化与跨文化交际》，华中理工大学出版社 2000 年版，第 31 页。

④ 朱宾忠等：《大国文化心态·英国卷》，武汉大学出版社 2014 年版，第 30 页。

严和自由权利。洛克在想象"自然状态"时，把英国人的这种气质加到"自然状态的人"身上后，称那时"人人都有王者气度"。英国人因而是自重的，自重的人必然自律。①

三是均衡与和谐。

在社会生活中，英国国民较为关注均衡与和谐。他们将对均衡的追求推及到人际交往之中，他们认为人与人的相互作用也要同人作用于物时一样体现均衡。因此，英国国民的为人处世、艺术创作等过程中无不脉动着均衡的节奏与韵律。在科技研究中，科学家也自觉不自觉将这种均衡感融入到科研方法和科研成果之中。当然，对均衡的执着追求也体现在英国外交政策上，这就是其传统的"均势外交"。英国国民追求的"和谐"，是富有冒险性、新异性、高度理想化、携有目的的"和谐"，它强调"创造"，强调多样性。英国国民和谐观的另一层面是处理工作与休闲的关系。英国生活方式(The British Way of Life)一语常被用来指英国国民丰富多彩的闲暇生活。英国国民认为，紧张的工作和舒适的闲暇恰好构成了一种均衡的生活节奏，他们以此为人生的最高境界。②

需要指出的是，北海和英吉利海峡将不列颠群岛与欧洲其他地区隔开，使英国成为孤悬于欧亚大陆之外的岛国。英国凭借英吉利海峡和多佛尔海峡这样的天然屏障，成功地抵御了来自大陆的入侵者。这样独特的地理环境，一方面使英国人民对岛国形成了牢固的优越感和依赖感，另一方面他们享有比居住在大陆人民拥有更多自由，更容易产生向外扩张的动力和欲望。由此，英国在具有自信、民主和开拓精神的同时，也具有排外等明显特点，从而形成了一种社会文化——岛国情结。③

总体而言，在长期的历史演进中，英国国民文化逐渐形成了具有浓厚的宗教色彩、自由与自律以及均衡与和谐的主要特点。这些特征的形成，是与独特的地理环境、英国国民的不懈追求等因素密不可分。不过，英国天然的岛国地理，决定它的扩张性(殖民性)；英国引领世界工业文明数百年，也派生出它的优越性。自都铎王朝(1485—1603)以来，英国奉行"孤立主义"原则，尽可能置身于欧洲事务之外，这种传统在英国也具有较深

① 王催春、朱冬碧、吕政：《跨文化交际》，北京理工大学出版社2008年版，第23页。

② 陈俊森、樊葳葳：《外国文化与跨文化交际》，华中理工大学出版社2000年版，第32页。

③ 焦丽：《岛国地理环境对英国文化的影响》，《中小企业管理与科技》2010年第10期，第135页。

厚的基础。在这种文化生态的影响下，许多英国民众的欧洲认同较为薄弱。因此，如今闹得沸沸扬扬的"脱欧"风波中，英国民众中的"脱欧"者从未低于 25%，通常在 35%～45% 的区间内徘徊①；英国公众对欧盟其他成员国态度较为冷淡，对欧盟事务的了解也极为有限。因此，不利于他们在"脱欧"问题上作出公正客观的评判和选择。

此外，英国国民文化多元化特征也较为明显，正如尼克·史蒂文森所言："一种相对稳定的从全国角度阐发的同一性，至少在有些方面已经被一种更流动、更离散和更变幻不定的结构所取代。英国人似乎是被没有能力掌握其他语言、缺乏艺术能力、温啤酒和对极权主义的仇恨等因素凝聚在一起的。今天如果有人想要严肃地宣称，这个国家有一种共同的文化，那是不可能的。"②

## 三、法国

### (一)法国国家文化

法国的国家文化是基于民族认同的文化，具有三高(权力距离、不确定规避、个人主义)一居中(长期导向)一居后(阳刚气质)的特征。在西欧诸国中，法国的权力距离指数居于第 1 位，不确定性规避指数居于第 2 位，长期导向指数均居于第 3 位。这种国家文化特征是法国大革命和《人权宣言》的影响、新兴资产阶级和许多封建贵族推崇民主自由以及独特的文化生态与民众地位等因素密切相关。

1. 法国国家文化的基本构造

法国是欧洲的文明古国，有着悠久的历史。这块被大西洋、莱茵河、阿尔卑斯山、地中海和比利牛斯山所限定的"法兰西空间"，是人类在欧洲最早驻足、生活过的地区之一。③ 正因为如此，法国历史学家皮埃尔·米盖尔才会自豪地说："有些国家没有历史，但法国不在此列。自从欧亚大陆上有人类出现，在今天称为'法国'的这块空间内，就有事情发生。"④

① European Union Membership-trends, https：//www.ipsos.com/ipsos-mori/en-uk/european-union-membership-trends.

② [英]尼克·史蒂文森：《认识媒介文化——社会理论与大众传播》，王文斌译，商务印书馆 2013 年版，第 316 页。

③ 陈会颖：《法国政治经济与外交》，知识产权出版社 2014 年版，第 1 页。

④ [法]皮埃尔·米盖尔：《法国史》，蔡鸿滨等译，商务印书馆 1985 年版，第 1页。

法兰西民族是第一个形成民族的欧洲民族。法兰西民族又称法兰西人，是欧洲大陆西部的法国境内的主要人群，属欧罗巴人种。北部多是大西洋波罗的海型，中部多是阿尔卑斯山型，南部多为地中海型。法兰西人的祖先是古代克尔特人，在公元4世纪左右来到当地，被罗马人称为"高卢人"，后被罗马征服，又与罗马移民相结合，成为高卢罗马人。公元5世纪以后，北方日耳曼人入侵，在这里建立了法兰克王国，与高卢罗马人经长期融合同化，形成了法兰西民族，主要居住在莱茵河以西。原来使用的民间拉丁语也发展为法语。法兰西民族勤劳富于创造性，在古代以农业为主，葡萄酒制作和生产尤为著名。① 法兰西民族成分复杂，先后融合了凯尔特人、地中海的希腊人和罗马人以及来自草原游牧的匈奴人、斯堪的纳维亚人和日耳曼人、汪达尔人、斯维夫人、勃艮第人、阿拉曼人、西哥特人、法兰克人、阿拉伯人和维京人等欧洲众多民族而形成。②

法国的民族主义具有民主主义和普世主义两种特征。法国大革命不仅是一次民族主义运动，也是一次伟大的民主革命。法国大革命推翻了国王，确立了"主权在民"的原则，从而开创了现代主权国家。对国家、民族的忠诚取代了对国王的忠诚，"朕即国家"的时代一去不复返了。大革命把反对封建专制王权，争取"民主、共和"同爱民族、爱祖国相结合，成为法国启蒙思想家在民族主义理论建树上的突出特征。启蒙思想家卢梭就从公民与祖国的关系入手，以"社会契约"和"人民主权"理论把握近代民族主义的民主主义本质。法国民族主义的另一个特征就是其内生性的普世主义情怀。在法国民族主义者看来，民族的忠诚又是和追求普世价值合为一体的。法国大革命中的革命者们接受的是"天赋人权"的启蒙思想，信奉的是普世主义的自由平等法则。他们的革命是要建立一套以人的自由权利为基础的社会制度——这种社会制度在他们看来是超历史、超民族的。因此，从这个意义上说，这些革命者们都是坚定的普世主义者。普世主义与这种民族主义之所以可以结合在一起，是因为革命所建立的国家被视作民族的国家，因此，国家、人民与民族这三者之间被画上了等号，对国家的忠诚也就是对民族的忠诚。因此，这种民族主义并非是对某个特指的、与特定的语言或某种文化传统相联系的民族的忠诚，而是对国家和人民的忠诚，同时也就是对自由民主的忠诚和对启蒙理想的忠诚。③

---

① 边继石等：《共处世界》，中国少年儿童出版社2009年版，第73页。

② 陈会颖：《法国政治经济与外交》，知识产权出版社2014年版，第2页。

③ 王润斌：《民族主义演进与奥林匹克发展》，北京体育大学出版社2010年版，第40页。

13 世纪初，法国打败英国，成为西欧强国。此后经过路易九世的改革，法国王权得到加强。14 世纪，腓力四世公开与教皇对抗，他创建三级会议，并最终控制了教权，巩固了封建统治。此后，经过百年战争和路易十一对各封建割据势力的兼并，法国政治上达到了统一。法国的民族意识也在反抗外国侵略和政治统一的过程中形成了，法国各部族逐渐融合为法兰西民族。至此，法国开始成为政治统一的民族国家。①

法国的国家文化也是由主权领土和生态环境系统、政治经济系统和观念系统构成的。从主权领土和生态环境系统而言，法国位于欧洲西部，与比利时、卢森堡、瑞士、德国、意大利、西班牙、安道尔、摩纳哥接壤，西北隔拉芒什海峡与英国相望，濒临北海、英吉利海峡、大西洋和地中海四大海域。法国是欧洲国土面积最大的国家。本土面积为 543965 平方公里，包括海外领土面积为 632834 平方公里。边境线总长度为 5695 公里，其中海岸线为 2700 公里，陆地线为 2800 公里，内河线为 195 公里。法国地势东南高西北低，平原占总面积的三分之二。主要山脉有阿尔卑斯山脉、比利牛斯山脉、汝拉山脉等。法意边境的勃朗峰海拔 4810 米，为欧洲第二高峰；主要河流有卢瓦尔河(1010 公里)、罗讷河(812 公里)、塞纳河(776 公里)。法国本土西部属海洋性温带阔叶林气候，南部属亚热带地中海气候，中部和东部属大陆性气候。平均降水量从西北往东南由 600 毫米递增至 1000 毫米以上。1 月平均气温北部 1~7℃、南部 6~8℃；7 月北部 16~18℃、南部 21~24℃。法国的主要矿藏为铁矿，次为铝矾土和钾盐矿。铁矿蕴藏量约 10 亿吨，但品位低、开采成本高，煤炭储量几近枯竭，所有铁矿、煤矿均已关闭，所需矿石完全依赖进口。有色金属储量很少，几乎全部依赖进口。能源主要依靠核能，约 78% 的电力靠核能提供。此外，水力和地热资源的开发利用比较充分。森林面积约 1556.5 万公顷，覆盖率 28.6%。法国总人口 6600 万(2014 年 1 月 1 日)，其中法国本土 6390 万。居民中 64% 信奉天主教、3% 信奉伊斯兰教、3% 信奉新教、1% 信奉犹太教、28% 自称无宗教信仰。

从政治系统而言，在主要资本主义国家中，没有一个国家像法国那样，宪法和政体经历了如此之大的变化。从 1789 年确立的第一部宪法到今天的 200 多年时间里。就先后制定了 16 部宪法，实行过君主立宪、共和、帝制等多种政体。② 法国曾经是欧洲最专制的国家之一，其专制文化传统

---

① 鲁中石：《世界通史》，北京联合出版公司 2016 年版，第 118 页。

② 彭有祥：《西方主要国家政治制度与经济模式》，云南大学出版社 2007 年版，第 133 页。

在法国政治发展与政治制度的变迁中形成了很强的路径依赖。法国经过多次政权跌宕起伏最终选择了半总统制政体与之有着密切的相关性。① 世界上有不少国家实行了半总统制，但与法国不尽相同，如俄罗斯、韩国等。法国总统是受限制的总统：法国总统要在宪法内活动；要间接向议会负责受议会的弹劾；对全体国民负责。此外，为防止个人专制破坏共和制，宪法规定，法国总统在行使非常权力的时候，不得解散国民议会。

在现代民族国家的政治制度建设中，法国政治制度的构建漫长、多变而复杂，法国先后产生过五个共和国和两个帝国政治制度，经历了各种共和制度和君主制度，最后才形成了今天法国特有的共和制度。从法国政治制度变迁的过程分析，1789 年的法国大革命开启了法国共和时代，《人权宣言》塑造了法国政治的灵魂，当然地成为法国政治制度变迁的灵魂。它确立了主权在民原则、分权原则、法律面前人人平等原则、法律是公共意志的表现以及人权和公民权利。② 1791 年 9 月 3 日，法国的国民议会通过了宪法，它是法国政治史上的第一部宪法，也是欧洲国家中的第一部成文宪法。宪法确定了"主权在民""权力分立"的基本原则，建立了君主立宪制。③ 法国的政治理论，依然信奉卢梭的观念，认为利益集团是不道德的，因为它们代表的是部分的意愿而不是公意，这种观念倾向于认为利益集团是非法的。法国的传统是统制，自上而下，往往忽略利益集团的要求。④ 法国的官僚方式在"监护"这个词中得到淋漓尽致的表达，因为他们的行动更像是监护人，而不是公众的雇员。⑤

从经济系统而言，法国市场经济具有双重性。一方面它属于自由市场经济体制，私有经济居主导地位，另一方面法国政府为确保国家对经济的干预能力，通过国有化运动建立了一个庞大的国有部门，对关键行业或战略性部门进行控制。法国实行中央、省、市镇三级财政管理体系。法国是行政管理导向型市场经济模式，最明显的特征是国民经济的计划化形式，

---

① 史云贵、姜战朝：《比较行政学：关于政治、行政及其过程的比较》，光明日报出版社 2010 年版，第 80 页。

② 于玉宏、李小虎、张丽萍：《当代外国政治制度》，北京时代华文书局 2016 年版，第 81 页。

③ 于玉宏、李小虎、张丽萍：《当代外国政治制度》，北京时代华文书局 2016 年版，第 81 页。

④ ［美］迈克尔·罗斯金：《国家的常识：政权·地理·文化》，夏维勇、杨勇译，世界图书出版公司北京公司 2013 年版，第 147 页。

⑤ ［美］迈克尔·罗斯金：《国家的常识：政权·地理·文化》，夏维勇、杨勇译，世界图书出版公司北京公司 2013 年版，第 148 页。

而法国计划调节形式的形成，则是法国战后经济环境的特殊产物。战后，法国政府根据在战争中经济遭到严重破坏和私人垄断资本遭到严重削弱的特点，选择了扶植私人垄断资本的经济计划化形式。从历史上看，自由放任主义在法国不像在英、美等国那样得到普遍承认。相反，中央集权式统治在法国根深蒂固。从现实来看，"二战"以后，法国垄断企业与政府的关系十分密切，政府的经济计划得到大多数重要垄断组织的支持，垄断企业在国家的计划结构中发挥了重要作用，这是法国计划调节形式得以长期实施的一个重要原因。战后以来，尽管法国政权经常更迭，经济管理体制也时有改变，但经济计划化形式却一直被保持下来。①

从观念系统而言，启蒙运动是欧洲文化史上历时长、影响深远的一场思想改革运动。经过这场倡导科学理性和自由民主为核心的思想启蒙运动，自由、浪漫的法国文化和精神在不断刷新中变得异常醒目。启蒙运动，它不仅通过反教会、反封建的思想解放为法国大革命做了充分的思想和理论准备，而且奠定了以"自由、平等、博爱"为中心的现代法国精神的基础。② 法兰西文化对于人类文明的进步做出过巨大的贡献，尤其是近代以来，法国大革命以其对自由和平等的渴望与努力追求，极大地解放了人类的思想，撼动了旧世界的神经，开启了人类历史的新篇章，它的许多原则和精髓成为世界文明的重要内容，深深地影响着人类文明的前进方向。法国文化并不仅仅是浪漫，他们也有德国的理性思维。因此，19 世纪以来的法国文化，更多的是以浪漫灵活的思想维护理性。他们推崇理性却不被规则束缚，不会被独裁主义控制，法国的理性是魅力型的，而不是僵硬型的。法国人确信，依靠理性，人类可以建造自由、平等、博爱的理想王国，他们崇拜理性主义和浪漫主义的结合体。法国产生了众多集哲学家与文学家于一身的文化巨匠，如蒙田、卢梭、伯格森、萨特、加缪、罗兰·巴特等。③

2. 法国国家文化的特征

国家文化就其实质而言是指一国全体成员共有的深层次价值观，由一系列共同的准则、价值理念、优先事物构成，是全体成员的生活方式设

① 彭有祥：《西方主要国家政治制度与经济模式》，云南大学出版社 2007 年版，第 169~170 页。

② 何鹏程：《探索中国精神——大国筋骨是这样炼成的》，广东经济出版社 2015 年版，第 217 页。

③ 何鹏程：《探索中国精神——大国筋骨是这样炼成的》，广东经济出版社 2015 年版，第 218 页。

计。世界上没有任何两个国家的国家文化是完全一样的，这种文化差异清晰地体现在经济政治体制、教育体系以及其他制度安排上。国家文化之间的深层次差异可以通过一定的维度加以测量。目前，在这一方面较具影响力的是荷兰心理学家吉尔特·霍夫斯泰德的文化维度理论。法国国家文化5个维度指数如表4-3所示。

表4-3　　　　　　　　　　　法国国家文化5个维度指数表

| 权力距离指数 | 分值 | 排名 | 备注 |
|---|---|---|---|
| 法国 | 68 | 27~29 | |
| 马来西亚、斯洛伐克 | 104、104 | 1~2 | 最高 |
| 奥地利 | 11 | 74 | 最低 |
| 个本主义指数 | 分值 | 排名 | 备注 |
| 法国 | 71 | 13~14 | |
| 美国 | 91 | 1 | 最高 |
| 危地马拉 | 6 | 74 | 最低 |
| 阳刚气质指数 | 分值 | 排名 | 备注 |
| 法国 | 43 | 47~50 | |
| 斯洛伐克 | 110 | 1 | 最高 |
| 瑞典 | 5 | 74 | 最低 |
| 不确定性规避指数 | 分值 | 排名 | 备注 |
| 法国 | 86 | 17~22 | |
| 希腊 | 112 | 1 | 最高 |
| 新加坡 | 8 | 74 | 最低 |
| 长期导向指数 | 分值 | 排名 | 备注 |
| 法国 | 39 | 19 | |
| 中国大陆 | 118 | 1 | 最高 |
| 巴基斯坦 | 0 | 39 | 最低 |

注：表中数据均来源于吉尔特·霍夫斯泰德等著《文化与组织：心理软件的力量》（第二版）。

从上述5个维度而言，法国的国家文化三高（权力距离、不确定规避、个人主义）一居中（长期导向）一居后（阳刚气质）。在西欧诸国中，法国的权力距离指数居于第 1 位，不确定性规避指数居于第 2 位，长期导向指数均居于第 3 位，个人主义指数居于第 5 位，阳刚气质指数居于第 6 位。

法国的权力距离指数较高，分值为 68，在 74 个国家中排名第 27～29 位，在西欧诸国中居于第 1 位。主要具有以下特征：权力凌驾于权利之上，下级认为彼此之间天生不平等，社会等级分明；绝大多数较为贫困；中产阶级人数较少；政界中间势力较弱，左右翼实力强大；下级对上级有相当大的依赖性，表现为或偏爱、或完全抵触这种依赖性，上下级之间的感情距离很大；对腐败的容忍度高，丑闻经常被掩盖，等等。

法国个人主义指数较高，分值为 71，在 74 个国家中排名第 13～14 位，在西欧诸国中居于第 5 位。主要具有以下特征：社会组织结构较为松散；注重个人时间、自由和挑战；人权指数较高；个人的自我实现是最终目标；自治是理想的目标；注重自我与他人的区分。

法国阳刚气质指数较低，分值为 43，在 74 个国家中排名第 47～50 位；在西欧诸国中居于第 6 位，与比利时相同。主要具有以下特征：人际关系、生活环境、关心他人等较受重视；对主观幸福较为关注，在服务行业具有相对优势（例如咨询业和运输业）；政府由不同政党组成的联盟执掌，各个政党对待彼此的方式也相对温和；人们往往通过妥协和谈判解决矛盾和冲突，等等。

法国不确定规避指数较高，分值为 86，在 74 个国家中排名第 17～22 位，在西欧诸国中居于第 2 位。主要具有以下特征：法律或不成文规则较多且更精确，即使它们没有受到尊重；公民素质往往较低；人们往往存在较强的焦虑和压力，努力减少风险并建立应对机制；人们对政府、司法系统的认同度往往不高，等等。在这种强不确定性规避的文化中，安全需要更可能凌驾于其他需要之上。

法国长期导向指数居中，分值为 39，在 39 个国家中排名第 19 位，在西欧诸国中居于第 3 位。主要具有如下特征：对当前的生活和享受，拥有真理，家庭成员之间长幼次序，闲暇时间，长期或短期收益和利润等问题态度较为中立模糊。

3. 法国国家文化特征的成因分析

法国的国家文化呈三高（权力距离、不确定规避、个人主义）一居中（长期导向）一居后（阳刚气质）的特征，是长期以来多种因素交互作用而形成的。

一是法国大革命和《人权宣言》的影响。

法国大革命是世界历史上第一个彻底推翻封建制度的革命，是现代民主政治的"楷模"，法国人因此甚至以现代政治制度的开拓者身份自居。法国大革命带来的"自由、平等、博爱"的现代文化价值观在法国人心目中的价值各有不同，践行方法和目的也各有不同，但有一点也许是许多法国人都始料未及的，那就是法国革命的主流文化价值观实际上催生了后来在整个世界十分盛行的民族主义，甚至是令世界十分头痛的极端民族主义。

法国大革命的《人权宣言》中体现的"自由、平等、博爱"的价值观便成为了法兰西民族文化身份的特殊标志，以至于后来成为"法国例外"的特殊文化论了。到了17世纪末，主要以这些资产阶级构成的"第三等级"便开始要求取得更大的权力，以至于发动了法国大革命，建立了以"自由、平等、博爱"为其政治文化身份象征的法兰西第一共和国。资产阶级全面夺取了国家政权，并在拿破仑的枪炮支持下，向全欧洲甚至全世界推广"共和民族"的文化价值观。然而这种"自由"的"基因"在资产阶级全面胜利后的几百年间，却没少给资产阶级自己的地位添麻烦。在大革命中就已初现锋芒的"红色恐怖"专政者们、法国大革命后各阶段多次出现的新的资产阶级革命者们，特别是受形形色色"现代主义"思想影响的"后现代主义文化"精英们的影响下，1968年法国"红五月"运动，以"自由"的名义一点点地摧毁着法兰西这个以"自由、平等、博爱"作为其政体根基的世界现代政治文化模范国度的"民族"凝聚力。[1]

二是新兴资产阶级和许多封建贵族推崇民主自由。

不但革命的法国人被当成了现代政治文明的化身，就连法国封建统治者也在事关"民族"的问题上做出过许多努力，其中包括与封建政治文化理念相反的、有利于人民民主自由理念的举动。所以不仅法国新兴资产阶级构成了现代"民主"革命的中坚力量，而且连封建专制的当权者们也奇怪地戴着"民主自由"的光环。1774年，大英帝国在美洲的13块殖民地上的人民揭竿而起，拒绝执行英国此前推出的税收法，打出推翻英国统治的大旗。这时，还处于君主专制统治下的法国居然派出了以拉法耶特侯爵为首的一批"年轻的、热情高涨的贵族军官，组成志愿军，加入华盛顿的军队作战"。虽然我们知道这种举动的主旨是同英国争霸，但无论如何，法国封建朝廷做出的这个举动彰显的是整个法国人的形象。而且重要的是，法国封建朝廷支持美洲民主革命的举动在先，法国大革命的发动和胜利在后。就连被法国"革命文化"视为民族文化特殊性标志物的《人权宣言》，也是受到过《美利坚合众国独立宣言》很大影响的，尽管美国的独立宣言是在法国封建朝廷支持下产生的。甚至法国大革命的起因——"三级会议"的召

---

① 吴泓缈等：《大国文化心态·法国卷》，武汉大学出版社2014年版，第69页。

开，也正是在法国国王派往美洲支持美国独立战争的拉法耶特这些在美洲为民主而战斗过的法国人的威逼下，"国王才向整个民族发出号召，召开三级会议"。①

三是独特的文化生态与民众地位。

权力距离指数是与该国的地理纬度、人口规模以及国家财富密切相关。一般而言，一个国家的地理纬度越高，权力距离指数就越低；人口规模越大，权力距离指数就越高；富裕程度越高，权力距离指数就越低。法国地处北纬 43°~51°，纬度较高。人口规模较小，总人口 6600 万左右。富裕程度较高，2017 年人均收入 43789 美元，居于全球第 14 位。法国既是一个大西洋国家，又是一个地中海国家和一个阿尔卑斯山国家。法国的塞纳河、莱茵河、罗讷河和卢瓦尔河为其提供了贸易通道和四通八达的出海口。法国没有英国式的壕沟，为应对来自北部和东部大陆上的进攻，法国拥有规模庞大的军队。这有助于解释法国绝对主义兴起的原因，法国的国王们有军队可以依靠。② 法国曾经是欧洲最专制的国家之一，其专制文化传统在政治发展与政治制度的变迁中形成了很强的路径依赖。因此，在西欧诸国中，法国的权力距离指数居于第 1 位。法国的富裕程度，在相当程度上导致了较高的个人主义指数。

中世纪晚期，是法国从封建社会向资本主义社会过渡的重要时期。从 16 世纪开始，法国资本主义生产关系开始萌芽和发展；从 17 世纪起，新航路的开辟使法国对外贸易的重点从地中海转向大西洋。路易十四统治时期，法国的资本主义工商业得到了极大的发展。工人阶级在此情景下应运而生。

近现代法国政治可以说是极端动荡。1789 年开始的法国大革命是法国历史上重要的分水岭，它结束了 1000 多年的封建统治，开始了资本主义确立和发展时期。短短 200 年内，法国步入了城头变幻大王旗的年代，陆续经历了法兰西第一帝国、波旁王朝复辟、七月王朝、法兰西第二帝国以及第一到第五法兰西共和国，还有维希政府。

这种政治极端动荡，从侧面反映出统治阶级内耗十分严重，也就意味着他们对民众的统治力较为薄弱。统治阶级无法有效掌控底层民众，将自己的意志无缝隙地插入社会的各个角落。换句话说，统治阶级对于底层社会阶级其实处于一种失控的状态。法国统治阶级之间斗争激烈，各集团要

---

① 吴泓缈等：《大国文化心态·法国卷》，武汉大学出版社 2014 年版，第 61 页。

② ［美］迈克尔·罗斯金：《国家的常识：政权·地理·文化》，夏维勇、杨勇译，世界图书出版公司北京公司 2013 年版，第 91 页。

取得胜利，都必须借助民众的力量，对他们多有拉拢，这使得法国民众得以在国家政治结构中占据了很重要的地位。英美统治阶级之间的权力分配和博弈都有固定规则和套路，不需要对民权力量进行太大的发动利用，这种统治阶级的相对团结，就限制了民权膨胀的空间。法国则不一样。法国的政治长期动荡，对于民权的抑制天然不如英美等国，使得民权得到了极大的发展，进而掌握了更多的政治话语权，甚至组建了自己的武装和权利保障组织(即到如今都赫赫有名的工会)和无产阶级政党，开始登上了政治舞台，并在此后深刻影响了法国政坛。①

当然，法国政治文化中的分裂性似乎是造成政治不稳定性的深层因素，而这种分裂性根植于它的历史之中。在法国，约有一半的人口是天主教徒，较为保守，赞同一种强势的行政领导；而另一半人则反对教权，崇尚自由或者较为激进，支持一个强势的议会。中间派的人口规模较小；在历史上，拉丁欧洲的人们倾向于认同非左即右的阵营，并且两派对彼此都怀有强烈的不信任感。②

（二）法国国民文化

法国的国民文化分为器物层、制度层、行为层和心态层。在长期的历史发展过程中，这四个层次互相作用互相影响并保持着一种动态的平衡，逐渐形成革新精神、骑士风度以及对平等执着追求等主要特点。这些特征的形成，与法国的自然环境、历史传统以及人民对自身权利的不懈追求等有着密切的联系。

1. 法国国家文化与国民文化的内在联系

任何国家的国家文化是由主权领土和生态环境系统、政治经济系统和观念系统等系统构成的。国家文化都具有基础性的支撑系统，这种支撑性系统往往是由以下体系构成的：文化遗产传承创新体系、文化旅游发展体系、民族宗教文化体系。国家文化经由宣传与传播渠道，法律、制度和政策以及文化产品生产与文化消费的转换环节，通过文化产品、文化服务、旅游以及文化教育的消费，最终无声无息地渗透到国民个体的社会实践中。在国民个体(社会成员)和文化生态的相互作用下，最终氤氲化生为风格各异的国民文化。

---

① 云石：为什么老牌资本主义国家法国，会有浓郁的社会主义情结？ http：//dy. 163. com/v2/article/detail/DFR6DDA505238404. html.

② ［美］迈克尔·罗斯金：《国家的常识：政权·地理·文化》，夏维勇、杨勇译，世界图书出版公司北京公司 2013 年版，第 127 页。

　　法国的国家文化基础性支撑系统自有其特点。法国公共文化服务体系的突出特点在于，在于强调通过艺术家协会的方式，给政府权威机构一个有机的选择。① 法国政府非常重视文化发展，近年来文化预算占国家财政总预算的1%左右，这在西方国家中也是不多见的。因此，被称为"建筑师"模式。法国文化遗产传承创新体系有以下四个特点：其一，法国文化遗产保护的责任主体为中央政府，文化遗产保护行政体系完备而强大，且以集权为特征，主要工作由文化部来组织与协调。其二，《历史纪念物法》确立了两套主要的文化遗产保护途径：一是对重要的文化遗产进行注册，另一种是对较为次要的文化遗产进行登记。其三，不断壮大的民间组织如基金会、协会等，不仅是政府强有力的补充，更重要的是，他们的活动营造出了全民参与文化遗产保护的良好社会氛围。其四，重视人才培养，法国有完备的遗产保护专业培训机构和制度。② 法国文化旅游发展体系主要有以下特点：注重文化的保护与利用，法国充分利用包括历史文化遗产在内的文化设施，实行文化普及教育；实施多样性的文化战略，在国内实行文化分散政策，在国际上从中央到地方、从政府到民间，多层次、全方位、宽领域地积极加强和发展与世界各国的文化交流与合作；大力发展旅游文化产业。③ 法国民族宗教体系上，不把某一种宗教作为法国民族象征已经形成了共识，但天主教在民众生活中的影响依然不可忽视，因此，不仅在历史上，即使在现代，天主教也是法国民族认同中的一个重要的组成部分。④

　　法国国家文化要经过宣传与传播渠道、制度和政策以及文化产品生产与文化消费三种转换环节，才能在建构国民文化的过程中发挥作用。其中，宣传传播渠道方面包括语言文字、广播电视、报刊出版、互联网以及基督教堂等。制度政策方面包括宪法、文化专门法，如建构了包括《企业参与文化赞助税收法》《文化赞助税制》《共同赞助法》等在内的文化赞助法律体系。文化产品生产与消费方面包括戏剧、电影、音乐、展览、旅游

---

① 王列生等：《国家公共文化服务体系论》，文化艺术出版社2009年版，第277~278页。

② 教莹：《法国文化遗产保护的特点及发展前景分析》，《故宫学刊》2013年第1期，第363~368页。

③ 严昭柱：《法国旅游文化建设的启迪》，《瞭望新闻周刊》2001年第41期，第60~61页。

④ 董小川：《现代欧美国家宗教多元化的历史与现实》，上海三联书店2008年版，第62页。

等。经过这样的转换后，通过文化产品、文化服务、文化教育以及旅游的消费，最终形成独具特色的法国国民文化。

2. 法国国民文化的基本构造

当前法国国民文化同样可分为：器物层、制度层、行为层和心态层。法国国民文化的器物层面可从服饰、饮食、住宅等方面得到体现。在服饰方面，法国人将服饰视作身份的象征。男士一般穿全套黑色、灰色或蓝色西服；女士大多穿美观、舒适的流行时装，在正式场合会穿上华丽的礼服。在饮食方面，法国人讲究饮食，重视烹调技艺，法国亦被誉为"烹调之国"。法国的现代化高层住宅分两大类：第一类通常称作"低租金住宅"，其主要对象是收入较少的家庭；第二类住宅的租金很高，如在巴黎的三间一套带厨房住宅。①

法国国民文化的制度层面，主要体现在社会福利制度和公共医疗卫生制度。法国的社会福利的萌芽可以追溯到 16 世纪的慈善事业和救济活动。当时这些活动主要是由个人社团，行会和宗教团体承担。1930 年 4 月颁布的第一部《社会保障法》规定，低工资雇员可享受包括疾病、生育、残疾、老年和死亡补贴等项目的保险待遇。② 当前，法国的社会保障体系主要是由养老保障、医疗保障、家庭补助金以及失业保障等部分构成。养老保险方面，政府每年支出相当于国内生产总值 12% 的资金用于发放退休金，为工人发放相当于退休前工资 80% 的"基础退休金"和"补充退休金"。医疗保险方面，国家为居民提供大约 70% 的医疗疾病保险，剩余的 30% 由个人购买予以补充，而对于低收入及无收入的居民，国家提供 100% 的医疗疾病保险。家庭补助金方面，凡在法国居住，有一个以上子女的家庭，都有权领取家庭津贴，家庭津贴的资金来源为雇主和政府。失业保障制度方面，失业保险分强制性失业保险和社会援助两种制度，前者的覆盖范围是所有雇员，社会援助的保障对象是因各种原因而失业的失业者或需要帮助者。总体看来，法国社会福利制度具有以下特点：以大众的需求为导向；将保险与救助相结合；国家社会保障与行业社会保障相结合；政府、企业、社会团体以及民众多方参与，非政府组织作用明显。③ 与美国"竞争性的个人主义"不同，法国倾向于团结，认为社会作为一个整体应该照顾社会中境况最差的人。法国福利的接受者与美国接受者相比大约要多 50%。大多数

---

① 汪叔平、官互进、杨涛：《留学法国》，外文出版社 2002 年版，第 30 页。

② 刘怡菲：《法国社会福利制度的利与弊》，《今日财富》2009 年第 1 期，第 129 页。

③ 刘永涛：《当代美国社会》，社会科学文献出版社 2001 年版，第 30 页。

美国人乐于削减福利救济。

法国国民文化的行为层。法国人热情开朗，待人彬彬有礼，初次见面就能亲热交谈，他们乐意帮助外来人。法国是世界上使用亲吻礼频率最高的家。和法国人约会，准时赴约是有礼貌的表示。法国人忌讳黄色的花、黑桃图案、仙鹤图案以及墨绿色。① 法国人在公共场所从不大声喧哗，不随便指手画脚。男女一起看节目时，女子坐中间，男子坐两边。② 法国人有所保留且合乎礼仪地对待每一个人。他们尽量避免面对面的人际关系，宁愿采取一种有着明晰且有界限的行为领域，以及既已设定的且非个人化的固定规则。这样，人们便能知晓其所处位置，并且没有人闯进他人的私人领域。③

法国国民文化的心态层。法国人追求时尚浪漫，也较为关心政治，但73%的人不参加任何党派团体。警察、军队、教会和教育机构在法国社会享有较高的声誉，工会和新闻机构则不太受民众认同，声誉较低。在政治立场上，多数法国人属于中间派。在婚姻、性解放和家庭问题上，法国人的态度是比较开明开放的，对子女与异性交往甚至发生性关系持宽容态度。④

3. 法国国民文化的特征及其成因

在长期的历史发展过程中，法国国民文化的器物层、制度层、行为层和心态层互相作用互相影响并保持着一种动态的平衡。从本质上看，法国国民的价值观念、思维方式和审美情趣等隐性因素，发散到器物、制度、行为和心态上，就分别形成了法国国民文化的器物层、制度层、行为层和心态层。从总体上看，法国国民文化具有革新精神、骑士风度以及对平等执着追求的主要特点。

一是革新精神。

法国一直都是一个思想家辈出、政治流派纷呈的国家。法国16—17世纪的宗教改革提倡冒险精神，主张摆脱基督教的束缚，解放人们的思想。

① 董建辉、何叶：《旅游咨询师》(下)，上海交通大学出版社2013年版，第12页。

② 董保军：《中外礼仪大全》，民族出版社2005年版，第303页。

③ [美]迈克尔·罗斯金：《国家的常识：政权·地理·文化》，夏维勇，杨勇译，世界图书出版公司北京公司2013年版，第131页。

④ [法]J. 斯特泽尔等：《当代法国人的价值观》，《国外社会科学》1996年第5期，第46页。

后专制主义极大地遏制了人们追求自由平等的脚步,从而使得法国人民具有强烈的打破专制束缚的反抗思想。18 世纪后欧洲掀起启蒙运动,对宗教神学和封建专制主义进行了猛烈的批判,这一时期涌现的启蒙思想家如伏尔泰、卢梭、孟德斯鸠都是具有革新精神、反对特权的领军人物。尤其是 1789 年的大革命,是法国人民以其革新精神反对封建统治和贵族特权的证据。《人权宣言》是法国人民不畏强权追求民主的革新精神的集中体现,这一精神对许多国家的民主革命都产生了深远的影响。法国的宗教改革、启蒙运动以及大革命在很大程度上影响了法国国民的民族性格和思维方式。法国屡见不鲜的罢工现象正是历史上革新精神的延续和体现。当前,罢工已成为法国的一大特色文化,是法国国民用来追求自身权利表达个体诉求的一种运动,全世界没有任何国家的罢工运动像法国一样频繁,这种特殊的文化现象自然与其蕴含革新精神的文化土壤密切相关。①

二是骑士风度。

今天欧美国家的许多礼仪和习俗都源于法国中世纪的骑士风度。骑士,顾名思义即骑马打仗的职业军人。到 12 世纪,出于共同的职业荣誉感,骑士们形成了一个独特的、封闭的团体——骑士团。在骑士团内部,由于财富和实力的差异,因而在地位和爵号上就表现出等级来。② 每个骑士还须选择一名贵妇、淑女作为自己崇拜的偶像。骑士以能够得到贵妇的关心、垂青为荣耀,而贵妇则常常扮演对骑士的教育者和监护人的角色。在当代法国的社交和一切公开场合,有教养的男人依旧保持着那种“殷勤”。在舞会上,男士应处处照顾女伴,直至终场后将她送回家;在进餐时,男士要为女士找好座位并挪好椅子,征得她同意后方可点菜。餐毕,还应照顾女士穿戴整齐。在主人家作客时,遇有女士入室,男士必须起立表示敬意。总之,只要是有女士时,男人均有照顾她的义务和保护她的责任。这正是法国历史上骑士风度的传承与延续。③

三是对平等的执着追求。

1789 年 8 月 26 日的《人权宣言》宣告:“在权利方面,人们生来是而且始终是自由平等的。”“它以雷霆万钧之力冲破了美国人在‘平等’价值观上

---

① 程晶:《解析法国民族特性——叛逆精神》,《大众文艺》2016 年第 23 期,第 265 页。

② 严双伍:《法国精神》,长江文艺出版社 1999 年版,第 294 页。

③ 严双伍:《法国精神》,长江文艺出版社 1999 年版,第 296~297 页。

所设置的藩篱，集中体现了法国人在这方面显著不同于盎格鲁-撒克逊人的期望。"①正是对这一绝对平等价值观的追求，法国大革命才表现出前所未有的激进性和彻底性。法国国民这种独特的平等观是由其国情所决定的。中世纪的法国曾是封建制度的典型国家，长期是诸侯割据王权衰微。大革命前，法国贵族同王权紧密结合在一起，成为资产阶级革命所必须扫除的障碍；封建特权也是法国民众所深恶痛绝的。法国大革命所表现的那种独特的平等观，是作为旧制度的对立物而出现的。②

需要说明的是，法国是欧洲各国中较少与世隔绝、较不"闭塞"的国家。在陆地上，自东北至西南，法国与比利时、卢森堡、德国等8个国家接壤。它处在世界陆地中心，成为了很多国际组织的所在地和很多国际会议的开会地点。在海疆上，大西洋海湾沿岸的港口，为法国与西非、南北美洲诸国的经济文化交流提供了较为便利的条件，并在一定程度上催发了法国资本主义的萌芽，使之在16世纪得到迅速而稳健的发展；濒临地中海，与北非及南欧的水上交通非常便利。优越的地理位置和气候条件等因素，对法国国民文化产生了较为深刻的影响，同时，它兼具海洋与大陆、北方与南方、盎格鲁-撒克逊与希腊、罗马等影响于一身。"③

当然，个体意义的法国人爱好自由，而公众意义的法国人（在学校中，在工作中，以及面对官僚机构的法国人）却知道他需要理性、秩序和正式且非个人的规则。一个典型的法国人常常被描绘为暗地里羡慕警察的无政府主义者和暗地里羡慕无政府主义者的警察。④

总体而言，在长期的历史演进中，法国国民文化逐渐形成了革新精神、骑士风度以及对平等执着追求等主要特点。这些特征的形成，是与其便利的自然条件、历史文化传统以及人民对自身权利的不懈追求有着密切的关系。对法国国民文化的构造、特征及成因的研究，或许能为我国国民文化的发展提供一定的借鉴和参考。不过，鉴于我国国情和国民文化发展的实际，在全球化的浪潮中我们应当自觉地增强文化自信，切实维护意识形态安全和文化安全。

---

① 高毅：《法兰西风格——大革命的政治文化》，浙江人民出版社1991年版，第101页。

② 高毅：《法兰西风格——大革命的政治文化》，浙江人民出版社1991年版，第101页。

③ 潘小漪：《法国》，世界知识出版社1993年版，第8页。

④ [美]迈克尔·罗斯金：《国家的常识：政权·地理·文化》，夏维勇、杨勇译，世界图书出版公司北京公司2013年版，第132页。

## 四、加拿大

### (一)加拿大国家文化

加拿大民族国家的历史并不长。1867 年，它成为一个准民族国家，直到 1982 年才成为一个真正的民族国家。然而加拿大的发展业绩是不平凡的，在不那么长的时间里，它已悄悄成长为西方七大经济实体之一，并成为全球生活质量最高的地区之一。

加拿大自古以来就是一个移民地区。30000 年以前，亚洲游牧部落就从西伯利亚步行通过结冰的白令海峡，来到阿拉斯加和加拿大北部地区。今天的因纽特人和土著印第安人就是他们的后裔，也是加拿大最古老的移民后裔。另一支古老的移民维京人大约在公元 100 年来到加拿大东海岸，这是加拿大最古老的欧洲移民。1492 年，哥伦布开辟了一个新的移民时代。英国人、法国人、葡萄牙人、西班牙人纷纷来到东海岸，将其作为北大西洋渔业资源的开发基地。① 加拿大先后是法国、英国的殖民地，通过和平与渐进的方式逐步获得了独立。1982 年 4 月 7 日，《加拿大宪法法案》的通过，标志着加拿大彻底消除了殖民地的痕迹。加拿大是现代文明的产物，继承了欧洲文化的传统，没有经历过漫长的封建社会。从建国的初期开始，加拿大置身于欧洲和北美的资本主义经济体系和制度文明之中。②

1. 加拿大国家文化的特点

按照主权版图、生态环境系统、政治经济系统和认同系统的构成要件，加拿大国家文化也别有特色。

从主权版图而言，加拿大位于北美洲北半部，南临美国，北面是北冰洋，东北部隔巴芬湾与格陵兰岛相望，西北部与美国的阿拉斯加接壤。加拿大领土位于北纬 41°~83°，海岸线长度为 202080 公里。加拿大国土面积998.467 平方公里。主要气候类型有亚寒带针叶林气候、温带大陆性气候。加拿大地处北半球高纬度地带，全国约有 1/5 的地区在北极圈内，所以有将近一半的面积是冻土。加拿大国土辽阔，各地气候差异较大。

从生态环境而言，加拿大人均耕地面积 1.32 公顷，人均水资源量91666 立方米/年，森林覆盖率达 34.10%。加拿大地大物博，铀、钾、石油和天然气等蕴藏量极为丰富。人均石油储量 4805 桶，人均天然气储

---

① 俞可平主编，储建国著：《当代各国政治体制·加拿大》，兰州大学出版社1998 年版，第 4 页。

② 姜芃等：《美丽的加拿大》，上海文艺出版社 2006 年版，第 2 页。

量 45778 立方米。2018 年加拿大环境绩效指数为 72.18. 全球排名第 25 位。

从社会政治系统而言，加拿大人口达 3731 万，人口密度为 4.08 人/平方公里，65 岁以上比例 16.9%，人均 GDP 达 4.61 万美元，城镇恩格尔系数 0.24。加拿大原是英国的殖民地，英国的君主立宪制对加拿大影响很深，加拿大政体中至今仍保留着女王、总督枢密院等名称和机构。加拿大的政治体制又受美国的影响，但根据自己的特点，设立了省和地区政府，不同于美国的州和英国的郡。加拿大的政治体制，名义是君主立宪制，有女王作为自己的国家元首；实际上实行的是议会民主制，由立法行政、司法三个权力机构组成；同时又是一个联邦制国家，联邦政府中央政府与省政府分离权力。在联邦政府这一级，行政机构由总理及其内阁组成，立法机构由加拿大议会包括女王及总督、上议院和下议院组成，司法机构则是以加拿大最高法院、省地方法院及上诉法院。[①]

从经济系统而言，加拿大拥有得天独厚的经济发展条件，她与美国为邻，地广人稀，自然资源极为丰富。40 多年来，她稳居西方七大强国之列。加拿大是一个能源战略型、资源加工型、技术密集型、外贸依赖型的富庶国家。加拿大与西方大多数发达国家一样，采取国有和私营两种并存的经济制度。私营经济占主导地位，但国有经济控制着国民经济命脉的一些重要部门。加拿大的经济特色主要有：具有浓厚的"资源性"特征；环保是经济发展的重要准则；经济发展与美国关系密切；政府能够有效地调控宏观经济。[②] 2018 年加拿大人均 GDP4.61 万美元，第三产业产值占 GDP 的比重 70%，城镇登记失业率 6.4%，较为依赖国际贸易，对外贸易依存度 53.13%。

从认同系统而言，自中世纪以来，加拿大先后经历了宗教认同、以人民主权为核心的民族国家认同。在民族国家时代，这种认同蕴含着对主权版图系统、生态环境系统以及政治经济共同体的认同，其中，建立在民主政治与自由价值、平等权利基础上的政治认同是国家认同的关键。[③] 在加拿大，"中央（联邦）政府和地方民间均承认本国是由两个以上具有国家情

① 金良浚主编：《世界之旅丛书·加拿大》（第 2 版），旅游教育出版社 2001 年版，第 8 页。

② 杜青钢总主编：《大国文化心态·加拿大卷》，武汉大学出版社 2014 年版，第 192~193 页。

③ 暨爱民、彭永庆：《国家认同建构：基础要素与历史逻辑》，《中南民族大学学报》（人文社会科学）2016 年第 1 期，第 37 页。

感和主权意识的' nation' "①构成的。加拿大国内各民族的民族认同之间基本不相交，这无疑导致"民族认同"与"国家认同"相互分离。因此，加拿大在允许国内某些"民族"有自决权的同时，主要通过与建构一体层次"民族"认同无关的国家公民身份以及多元文化建设等路径来建构"国家认同"，②并在此过程中强调多元文化政策的作用。

世界上没有任何两个国家的国家文化是完全一样的，这种文化差异清晰地体现在经济政治体制、教育体系以及其他制度安排上。国家文化之间的深层次差异可以通过一定的维度加以测量。目前，在这一方面较具影响力的是荷兰心理学家吉尔特·霍夫斯泰德的文化维度理论。文化维度理论认为，不同国家的国家文化差异可以从权力距离、不确定性规避、个人主义/集体主义、阳刚气质/阴柔气质、长期导向与短期导向等5个维度来衡量。权力距离是指一个社会中的人群对权力分配不平等这一事实的接受程度。不确定性规避是指人们在面对不确定或未知情况时感到威胁的程度。个人主义强调自我与他人的区别，认为个人时间、自由和挑战是最重要的。集体主义强调内外群体的区分，注重和谐，沟通方式往往是高情境沟通。阳刚气质/阴柔气质是在男女性别原型的基础上发展而来的。阳刚气质注重竞争、外在成就等；阴柔气质注重人际关系、生活质量等。长期导向与短期导向这一维度主要考查对长远利益和短期利益的价值观。长期导向，意味着培育和鼓励以追求未来回报为导向的品德，如坚韧和节俭；而短期导向，意味着鼓励和培养关于当前和过去的品德，如尊重传统、维护面子。③ 现以霍夫斯泰德的文化维度理论及相关数据对加拿大的国家文化进行分析。

表4-4　　　　　　　　加拿大国家文化5个维度指数表

| 权力距离指数 | 分值 | 排名 |
|---|---|---|
| 加拿大 | 39 | 60 |
| 马来西亚、斯洛伐克 | 104~101 | 1~2 |

---

① 叶江：《多民族国家的三种类型及其国家认同建构问题》，《社会科学文摘》2019年第6期，第11~13页。

② 叶江：《多民族国家的三种类型及其国家认同建构问题》，《社会科学文摘》2019年第6期，第12页。

③ ［荷］吉尔特·霍夫斯泰德等：《文化与组织：心理软件的力量》(第二版)，李原、孙健敏译，中国人民大学出版社2010年版，第224页。

续表

| 权力距离指数 | 分值 | 排名 |
|---|---|---|
| 奥地利 | 11 | 74 |
| 个人主义指数 | 分值 | 排名 |
| 加拿大 | 80 | 4~6 |
| 美国 | 91 | 1 |
| 危地马拉 | 6 | 74 |
| 阳刚气质指数 | 分值 | 排名 |
| 加拿大 | 52 | 33 |
| 斯洛伐克 | 110 | 1 |
| 瑞典 | 5 | 74 |
| 不确定性规避指数 | 分值 | 排名 |
| 加拿大 | 48 | 60~61 |
| 希腊 | 112 | 1 |
| 新加坡 | 8 | 74 |
| 长期导向指数 | 分值 | 排名 |
| 加拿大 | 23 | 34 |
| 中国大陆 | 118 | 1 |
| 巴基斯坦 | 0 | 39 |

注：表中数据均来源于吉尔特·霍夫斯泰德等著《文化与组织：心理软件的力量》（第二版）。

从上述 5 个维度而言，加拿大的国家文化一高（个人主义）三低（权力距离、不确定性规避）一居中（阳刚气质）。

加拿大个人主义指数铰高，分值为 80，在 74 个国家中排名第 4-6 位。主要具有以下特征：社会组织结构较为松散；注重个人时间、自由和挑战；人权指数较高；个人的自我实现是最终目标；自治是理想的目标；注重自我与他人的区分。

加拿大权力距离指数较低，分值为 39，在 74 个国家中排名第 60 位，在西欧诸国中相对较低，处于倒数第二位。主要具有以下特征：权力的使用应该合法化，并应遵循善恶标准；技能、财富、权力和地位不必同时拥有；拥有大量的中产阶层；政界中有一个实力强大的中间派，社会贫富差

221

距小；改变政治制度的方式是改变规则(渐进式)；国内政治更多采用对话方式；对腐败的容忍度低，等等。

加拿大阳刚气质指数较高，分值为52，在74个国家中排名第33位。主要具有以下特征：绩效社会理念；注重收入、提升、赏识以及挑战；对待移民持同化观念；对抗性的政治博弈等。

加拿大不确定规避指数较低，分值为48，在74个国家中排名第60~61位。主要具有以下特征：法律或不成文规则较少且更模糊；人们的焦虑程度相对较低、压力较小；公民素质往往相对较高；对政府和政治总体上是持肯定态度的；组织中人员流动性较大，等等。此外，这些弱不确定性规避国家的人们归属需要(人际关系)凌驾于尊重需要之上；国家认同相对较为强烈，也更愿意为了祖国利益而奋斗；更经常地参与一些志愿者社团或活动以造福社会。

加拿大长期导向指数较低，分值为23，在39个国家中排名第34，在西欧诸国中处于最后一位。主要具有如下特征：人们重视当前的生活和享受，储蓄额较低，投资于共同基金；强调拥有真理；监禁率较高；谦卑仅适用于女性；家庭成员之间不强调长幼次序；重视闲暇时间；注重短期收益和利润；精英主义盛行。

2. 加拿大国家文化特征的成因分析

加拿大的国家文化呈一高(个人主义)三低(权力距离、不确定性规避)一居中(阳刚气质)的特征，是长期以来多种因素交互作用而形成的。

一是英国殖民和独立方式的影响。

独立战争胜利后，美国便摆脱了英国的统治，而加拿大长期是英国的殖民地，直到1982年收回宪法，才正式脱离英国。成千上万的北美"保皇党人"不愿或不能把命运寄托于新的美国，离开了南方来到残留的英国殖民地，形成了早期加拿大社会的雏形。这些具有典型的"传统""中庸""非暴力"的人构成早期加拿大英裔民族的主体。这些保皇派、效忠派实际上就是保守派，他们拥护英国式的君主立宪制度，反对美国式的共和制度；他们重视的不是自由，而是传统；他们反对革命和殖民地独立，主张通过和平与渐进的方式，在大英帝国之内寻求殖民地自身之发展。这样，加拿大与英国保持长期密切的政治联系，保持公共秩序一直是英国和加拿大当局高度重视的社会政策，个人权利相对于社会目标占第二位。加拿大不像美国那样产生于革命和战争，而是通过合法的方式和现存的英国皇家政体的基础上，谨慎地摆脱了英国政府政治上的控制，获得了自己的独立。加拿大从英国的殖民地进化为独立国家的进程是缓慢的，即使在加拿大联邦政体建立之后，他们仍然与母国保持着密切的联系，这种小心谨慎的态度是加拿大人所特有的。因而加拿大宪政制度的重要特色之一是反对暴力革命，主张用和平、协商手段解决争端。加拿大崇尚"和平、秩序和良好的政府管理"。①

在独立的方式上完全不同：美国采取了激进的革命方式与宗主国英国进行了为期7年的独立战争；加拿大却在长达100年的时间里，通过一系列的和平谈判，用渐进的方式一点一点地从宗主国英国手中拿回了应该属于自己的全部权力。截然不同的历史进程造就了不同的传统。② 加拿大的自由主义具有与保守主义相结合的特征。这种保守主义体现为和平渐进的方式及妥协与阶级调和的色彩。这样，加拿大在提倡个人自由的同时，也提倡顾及群体和社会整体的利益。③

二是宗教的影响。

加拿大最早的移民多为法国天主教徒和英国安立甘宗教徒。他们一直持守法国和英国的旧传统。在加拿大，没有一种超乎各宗教之上的统一精神和统一文化，这也使得各民族都能保留其宗教与文化。④ 教会在加拿大的早期发展过程中发挥了重要的作用，但是，它并没有赋予加拿大社会一种独特的、持久的宗教特色。"加拿大人自然把他们的社会视为英国和法国社会在新大陆的翻版或延续，或者是由各国移民带来的不同文化所组成的马赛克。教会所赋予加拿大人的不是一种全新的创新精神，而是一种协调持续的性情。"当前，在加拿大，由于大量法裔居民的存在，天主教是最大的教派，教徒占总人口的46%。加拿大最有影响的新教教会是加拿大联合教会和加拿大圣公会，二者都是非常温和的教派。⑤

三是多元主义的影响。

加拿大历史发展的某些条件使它唯独适应多元主义：英法双元主义，这是加拿大社会自效忠派移民开始的一个基本特征，更加多样性的大不列颠而不是排外的早期益格鲁加拿大的英格兰属性，宗教与国家的分离以及

① 朱虹：《美加文化差异及加拿大多元文化研究》，吉林大学硕士学位论文，2007年，第5~6页。

② 姜芃等：《美丽的加拿大》，上海文艺出版社2006年版，第3页。

③ 姜芃等：《美丽的加拿大》，上海文艺出版社2006年版，第3页。

④ 唐湖露：《略谈加拿大宗教及其特征》，《世界宗教资料》1994年第1期，第49页。

⑤ 朱虹：《美加文化差异及加拿大多元文化研究》，吉林大学硕士学位论文，2007年，第8~9页。

相对的宗教自由一直存在于加拿大，教育管理是省而不是联邦政府的责任。① 加拿大没有发展自己普遍性的意识形态，能够团结大多数民族的事情如共同的历史、英雄和象征经常是分割的。而从加拿大国家的制度结构特征来看，加拿大公共生活是精英主义传统的，它继承了英国贵族政治结构的模式。加拿大人在政治生活中的公民角色观念更加保守和消极。与美国相比，加拿大人更少个人主义，更少对抗，更服从于权威，更愿意妥协，更少显著的爱国情感。②

此外，加拿大独特的生态环境也有着一定的影响。权力距离指数与该国的地理纬度、人口规模以及国家财富密切相关。一般而言，一个国家的地理纬度越高，权力距离指数就越低；人口规模越大，权力距离指数就越高；富裕程度越高，权力距离指数就越低。③ 加拿大地处北纬41°～83°，纬度较高。人口规模较小，总人口3731万左右。富裕程度较高，2018年人均收入44094.85美元，居于全球第16位。④ 加拿大的富裕程度，不仅导致了较低的权力距离指数，也可预测其较高的个人主义指数。⑤

加拿大的国家文化的基础性支撑系统各有特点。加拿大公共文化服务体系的突出特点在于，加联邦政府一方面积极对外推广本国文化，在国际文化贸易中实行"文化例外"条款，对内则采取法律保障、资金扶持、税收减免等措施维护国家文化主权和意识形态领域安全。通过立法和资金扶持等政策，对广播电视和电影业严加保护；政府出资与立法，扶持本土出版商和报刊业；重视思想文化建设，强化主体意识形态，如专门成立互联网管理机构并出台网络安全战略，旨在维护网络时代的意识形态与文化安全，还通过各种节庆等的文化活动进行爱国主义教育。⑥ 加拿大文化遗产传承创新体系有以下4个特点：遗产保护意识超前法律先行；机构配套，

① C J Jaenen. Mutilated Multiculturalism[A]. J D Wilson. Canadian Education in the 1980s[C]. Calgary: Destelig, 1981: 81.

② Alan M Sears. "In Canada Even History Divides": Unique Features of Canadian Citizenship[J]. International Journal of Social Education. FALL/WINTER 1996—1997(11): 53-67.

③ [荷]吉尔特·霍夫斯泰德等：《文化与组织：心理软件的力量》（第二版），李原、孙健敏译，中国人民大学出版社2010年版，第70页。

④ 搜狐财经 http://www.sohu.com/a/232312107_119746.

⑤ [荷]吉尔特·霍夫斯泰德等：《文化与组织：心理软件的力量》（第二版），李原、孙健敏译，中国人民大学出版社2010年版，第114页。

⑥ 吕永久：《加拿大如何维护国家文化和意识形态安全》，《中国文化报》2018年5月21日。

人员和经费充足，责权明晰；重视宣传，公关到位；监管有方，制度保障。加拿大文化旅游发展体系主要有以下特点：建立具有地方特色的生态保护区；加拿大的人文旅游资源种类丰富，在寒冷气候影响下形成的旅游项目是加拿大旅游业贯穿全年的关键，如在旅游中融入印第安人和因纽特人的生活，可以提高游客体验感和满意程度，从文化的角度来看，可以维护原著居民的传统文化，并起到宣传的作用，甚至可以促进各民族间的交流；加拿大有丰富的冬季节日及活动，使季节性对旅游业的影响减小。加拿大的民族宗教体系特点：（1）不同宗教信仰的和平共存。在加拿大，有天主教、基督教、伊斯兰教，也有佛教、犹太教，还有很多来自南美洲、非洲和印度的小的宗教体系。（2）宗教信仰的存在方式。基本上所有的宗教信仰都是通过教众的捐赠生存的，政府是不投入资金的。加拿大政府为了支持宗教信仰的生存，对社会民众的捐赠款都允许免税，从而支持了教堂等宗教组织的生存和发展。（3）政府对多元宗教信仰较为宽容。加拿大的宗教信仰多元化首先是土著印第安人的宗教信仰多元化，加拿大宗教多元化是与移民不可分割的。此外，加拿大宗教还具有地区性、现代化和世俗化的特点。[①]

加拿大国家文化要经过宣传与传播渠道、制度和政策以及文化产品生产与文化消费三种转换环节，才能在建构国民文化的过程中发挥作用。其中，宣传传播渠道方面包括语言文字、广播电视、报刊出版、互联网以及基督教堂等。制度政策方面包括宪法、文化专门法（如《国家艺术及人文事业基金法》、版权法以及《数字千年版权法》）等。文化产品生产与消费方面包括戏剧、电影、音乐、展览、旅游等。经过这样的转换后，通过文化产品、文化服务、文化教育以及旅游的消费，最终形成独具特色的加拿大国民文化。

### (二)加拿大国民文化

当前加拿大国民文化同样可分为器物层、制度层、行为层和心态层。当前加拿大国民文化器物层。在服饰方面，加拿大男子的正式服装为西服，平时多数人穿夹克衫。妇女多穿裙服。加拿大人衣着很注意场合，上班、去教堂、赴宴、上剧院着装整齐。平时购物、旅游、看电影，衣着比较随便。衣服的趋势是宽松方便，重款式不太重衣料。加拿大妇女的衣着

---

① 唐湖露：《略谈加拿大宗教及其特征》，《世界宗教资料》1994 年第 1 期，第 45～47 页。

比男子更为讲究，样式也更丰富，款式新颖时髦，颜色多种多样，喜欢标新立异。① 加拿大饮食以肉类、蔬菜为主，面食、米饭为辅，喜欢饮酒，尤以白兰地、香槟酒为最爱。他们讲究菜肴的营养与质量，注重菜肴的鲜与嫩。偏爱甜味。对煎、烤、炸等烹调方法制作的菜肴偏爱。在居住方面，加拿大的住房大致可分为以下几种：House，独立住房，一般价格比其他房型较高，拥有自己的产权土地，有三到五间卧室。使用面积一般在200~500平方米。户型还可分为平房、复式、两层或三层。Town house，连体住房，价格比独立房和更便宜，也拥有自己的一块划界明确的土地，但是房屋一排连为一体的。室内结构和户型类似于半独立房。房屋使用面积一般在130~200平方米。一般都建在交通发达，市中心或用地比较狭小的好地段。Condo，公寓的简称，和中国的商品住宅楼类似。房屋使用面积一般在50~250平方米。一般Condo都建在交通发达，市中心或用地比较紧张的好地段。在出行方面，交通很发达，公路网四通八达，高速公路和普通公路总长达84万公里，几乎遍及全国每个有居民的角落。横贯加拿大的高速公路(7725公里)于1971年全线通车，是全世界最长的国家高速公路。加拿大拥有两条横贯东西海岸的铁路大动脉，加上其支线基本上覆盖了北极以南的加拿大领土。全加铁路网向南与美国东西海岸的铁路干线相连，构成了四通八达的北美铁路系统。在航空方面航空运输在加拿大占有独特的地位，东起圣约翰斯，西至维多利亚，各大城市都有班机往来，还有支线沟通很多小城镇。在水运方面，海洋运输是加拿大传统的重要对外运输渠道，加拿大的远洋巨轮来往于世界各主要港口。

　　加拿大国民文化的制度层，主要体现社会福利制度和公共医疗卫生制度。加拿大是世界上福利较高的国家之一，其完善的福利制度使加拿大成为世界上人文发展指数最高的国家。完善的合理的福利制度即社会保障体系不仅体现了一个国家的政治、经济和文化发展的水平，而且也体现了一个国家人民的价值取向，即他们是以什么样的再分配制度来弥补他们初次分配制度的不足而体现某种程度的社会公正的。第二次世界大战后加拿大政府开始设立的社会福利制度，是基于三个主要的原则：条件均等（Equality of Condition）、机会均等（Equality of Opportunity）与均等对待（Equality of Consideration），形成了收入分配计划、医疗保健计划和社会服务计划三大类，涉及养老保险、就业保险、医疗保险、工伤保险、公共救助及各种社会服务等各个领域。加拿大在社会保障制度模式设计中，既重

---

① 姚彦芳：《国外的服饰》，中国社会出版社2006年版，第119页。

视平等与团结，重视再分配的效应，也重视权利与义务的对等。① 加拿大采用的是西欧福利国家的国家卫生服务保障模式，实施的主体制度是公共卫生保健制度(Public Health System，PHS)，是继英国之后国家卫生服务保障制度模式的又一典型代表。加拿大的医疗保障制度由"住院保险"(Hospitalization Insurance)和"医疗保健"(Medical care)两项公共福利计划组成。这种全民健康保险制度的最大特色就在于由联邦政府直接兴办医疗保障事业，制定全国性医疗保健标准，全体公民公平地享有免费或低收费的医疗服务。资格界定只是居住时间的长短，并不因其种族、职业、收入以及年龄的不同而不同。联邦政府通过税收筹措医疗保险基金，采用预算拨款的方法为各省区医疗保障和服务计划提供资助。各省和地区负责管理和实施自己的医疗保健计划。②

　　加拿大国民文化的行为层。加拿大人因受欧洲移民的影响，他们的礼貌礼节和英法两国差不多。握手被认为是一种友好的表示，一般在见面和临别时握一下就行。公务时间，加拿大人很注意个人仪表和卫生。交谈要选择众人共同关心的话题，喜欢谈加拿大经济文化发展、天气、体育、旅游、风俗等话题。在公众场合，他们注重文明礼貌，不大声喧哗，观看表演要提前入座，中途不走动。

　　加拿大国民文化的心态层。加拿大的主流价值观是福利制度的基础。加拿大是在欧洲文化传统基础上建立的移民国家。与美国一样，加拿大的主流价值观是自由主义，主张个人主义和人道主义，维护私有财产权的神圣地位；把市场机制作为自由实现个人目标的最有效途径，主张政府在这种体制下只发挥调节功能，而不是基础性、主导性作用。然而，加拿大的建国之路与美国完全不同，它没有经过战争和鲜血的洗礼，而是和原宗主国英国保持长期、密切的政治联系，保持公共秩序一直是英国和加拿大当局高度重视的社会政策；个人权利相对于社会目标占第二位。这种"大不列颠连续性"使加拿大人强调服从法律，受到更多旨在保护更大集体性的法律和行政统治的约束。因而加拿大价值体系中带有更多平稳、中庸的因素，有更多强调集体或公众权利的因素。所以学者贝莱米和埃尔文(Donald F Bellamy、Allan irving)认为加拿大福利体系的主导价值观念背景有两个方面：一是占统治地位的自由主义价值观，强调个人主义和自我依靠；二是

---

①　杜青钢：《大国文化心态·加拿大卷》，武汉大学出版社2014年版，第183～184页。

②　杜青钢：《大国文化心态·加拿大卷》，武汉大学出版社2014年版，第183～184页。

集体主义的价值观。这种"平稳、中庸"的"个人主义+集体主义"福利文化观强调个人与集体的一致性，这就使得加拿大在社会保障制度模式设计中，既重视平等与团结，重视再分配的效应，也重视权利与义务的对等。这与美国的强烈的个人中心主义价值观，强调通过个人奋斗，强调利用市场的商业保险原则来设计社会保障制度，还是存在很大差异的。在这种社会背景下，加拿大人尊重权威，重视国家在公共生活中的作用，重视通过国家满足自己的需要。加拿大人认为国家应担负起举办福利、照顾民众的责任，涉及公共利益的福利保障事业更应该由国家来管理，不可交由民间执行。①

在长期的历史发展过程中，加拿大国民文化的器物层、制度层、行为层和心态层互相作用互相影响并保持着一种动态的平衡。从本质上看，加拿大国民的价值观念、思维方式和审美情趣等隐性因素，发散到器物、制度、行为和心态上，就分别形成了美国国民文化的器物层、制度层、行为层和心态层。从总体上看，加拿大国民文化具有多元包容、尊重法律与秩序、注重族裔平等的主要特点。

1. 多元包容

加拿大人拥有丰富的思想文化传统。不同历史时期到加拿大的移民，不仅为加拿大提供了人才和劳动力，而且带来了自己的文化和传统。早期从不列颠群岛来的英裔居民就把他们的制度和意识形态带到了加拿大。他们在政治、经济、社会和文化等各领域所发挥的作用和影响是任何其他民族群体都远远不及的。19世纪末和20世纪初的英国和爱尔兰大批手工艺者移民又带来了工联主义的意识和社会主义的思想，而来自美国、东欧和中欧的移民则带来了西方的民主传统等。这些文化传统在第二次世界大战后逐步形成了几种主要的政治思潮，有占主流地位的自由主义，处于右翼的保守主义，处于左翼的是与劳工运动有密切联系的社会主义。② 加拿大在历史上没有轰轰烈烈的法国的启蒙运动、没有深邃经典的英国的鸿篇巨制、没有强烈奋进的美国的个人主义，然而却能兼收并蓄、适时纳弃，形成了一系列符合加拿大国情的思想传统。③ 在这个主要靠外来移民维持人

---

① 杜青钢：《大国文化心态·加拿大卷》，武汉大学出版社2014年版，第184页。

② 杜青钢：《大国文化心态·加拿大卷》，武汉大学出版社2014年版，第182页。

③ 杨令侠：《加拿大国民性刍议》，《历史教学》(高校版)2007年第10期，第17页。

口增长的国家，尊重并包容差异并不是一句空话。加拿大社会允许锡克教徒出于宗教原因缠系头巾，甚至在工作状态。政府机构允许穆斯林妇女戴面纱，也允许穆斯林男子放下手里的工作每天进行几次祷告。加拿大人对多元文化现状的宽宏态度并不表明他们比其他国家的人民更仁慈、更乐于主动接受外来文化，也不表明他们是有意识地把自己塑造成这种容忍的心智和绅士的风度，而说明加拿大人善于利用历史的"遗产"，通过政治、经济和文化的撞击与磨合，为自己营造了一个适合这个国家国情的文化模式。1971 年 10 月 8 日，颁布多元文化主义政策。1988 年，加拿大正式通过《加拿大多元文化法》，进一步明确了加拿大政府的多元文化主义政策。其总体目标是：使加拿大人能够广泛接触到世界范围内的各种文化产品，同时确保加拿大能够享受到自己的文化产品，并保持加拿大的文化多样性。

加拿大的地大物博和人口稀少，也是加拿大国民有容乃大文化心态的基础之一。在一个资源贫乏或地域狭小的国度，生存的压力往往使其国民产生不愿与他人分羹的文化心态。而加拿大地广人稀，需要大量移民，他们为了与自然环境抗争，必须合作、包容，由此而生的加拿大人宽容和接纳的文化心态就不足为奇了。①

2. 尊重法律与秩序

加拿大是一个讲求自由、民主和平等的国家，但是加拿大人对法律的崇尚和对秩序的追求是坚定的。在加拿大人心目中，民主不是一个概念，而是一种秩序。这种秩序是需要程序保障的。这个程序的细节有时恰恰是非常苛刻甚至是专制的。加拿大人处世温和、理性。加拿大从未开展过革命战争或内战，也从未倡导过轰轰烈烈的大规模的社会或政治运动。

目前，加拿大社会容纳了世界上最多的种族、民族和各种宗教文化，基本上是在法律和协商的基础上解决矛盾和冲突。尤其在联邦政府建立以后，加拿大几乎没有发生过国家与百姓、国家与民族、民族与民族间的流血革命、战争或者动乱，其社会发展之平稳在全世界范围内也是极其罕见的。②

在自治领成立之前，加拿大人已经从 1861—1865 年的美国南北内战中汲取了教训。新兴美国血流成河的悲惨场面对加拿大人刺激很深。为避免内战可能带来的痛苦，加拿大联邦之父在规划自治领蓝图时，决定宁可牺

---

① 杜青钢：《大国文化心态·加拿大卷》，武汉大学出版社 2014 年版，第 6 页。

② 杜青钢：《大国文化心态·加拿大卷》，武汉大学出版社 2014 年版，第 10 页。

性自由，也要拥有强大的中央政府。他们提倡的"和平、秩序和良好的政府"的理念包含着宽容、服从和安宁的含义，认为稳定比个人主义更重要。由于西部开发的最终目的是遏制美国的吞并，所以加拿大开发西部时，政治利益常常高于经济利益，地方利益服从国家利益。比如，自治领在成立后为了和美国争夺西部的控制权，争分夺秒地在西部建立新省，以在地理上抗衡美国。为了巩固和加强新兴的联邦政府，西部各省在加入联邦时，不惜牺牲本省利益，同意联邦政府对省内土地和自然资源拥有控制权。①

3. 注重族裔平等。

西方国家较早就坚持人与人平等的观念，一般认为平等的类型包括政治平等、法律面前平等、宗教平等、机会平等和性别平等。在这些平等中，美国人认为人人平等为上，加拿大人可能会以族族平等为上。这不能说明加拿大人不崇尚人人平等，而是认为少数族裔也只有确保本民族具有与其他民族平起平坐的地位这一前提下，才能言个体人的平等，这两个前提是同样重要的。这的确与西方国家讲求个性、追求个人权利的原则有些区别。加拿大人的爱国主义也只有在国家面临危难或共同的对手时才能明显地体现出来，平时则更倾向吾爱吾族。国家不以社会协调为名而剥夺不同民族的平等地位，同时也不允许任何一个民族将自己的利益和要求置于整个社会之上。因此，加拿大联邦制度本身既要保障不同的种族在统一的社会结构中保持自身文化传统，又要保障各民族之间的正常关系和促进他们之间的相互交流，以便超脱任何一个民族的意识，而对整个国家和社会产生一种共同的归属感和责任感。②

## 五、伊朗

### (一)伊朗国家文化

伊朗，古称"波斯国"，是一个具有四五千年悠久历史的文明古国。我国古代史书把伊朗叫做"安息国"。伊朗低权力距离、弱不确定性规避、低阳刚气质、个人主义指数居中。在弱不确定性规避的伊朗，人们归属需要(人际关系)凌驾于尊重需要之上；国家认同相对较为强烈。一般而言，如果个体主义指数低，人均国民生产总值、国家经济增长指标等就会较低。

1. 伊朗国家文化的基本构造

---

① 杨令侠：《加拿大国民性刍议》，《历史教学》(高校版)2007年版，第15页。

② 马冉：《加拿大的文化产业政策措施评析》，《辽宁行政学院学报》2009年第11期，第17页。

在漫长的历史演进过程中，各种事物的跨界流动一直在发生，这种流动对位于欧亚大陆中心的伊朗而言尤为频繁。外来的各种冲击并未消除伊朗作为一个国家的存在，反而促使其延续至今。从文化史的视角看，伊朗文化是外来影响促使内在元素重构的结果，即伊朗文化因外部的输入和内在的吸收而不断地积淀和延续，演化成如今的形式与内容，又反过来教化了伊朗文化的载体——伊朗人。①

"伊朗"一词本身就隐含了外来民族之意。早在公元前 2000 年，古印欧人的一些部落进入伊朗高原，他们自称"雅利安人"。雅利安人征服了以埃兰人为代表的原住民之后，联合高原上原有的部落和民族，建立了自己的国家——米底和波斯，从此成为高原的主人，开始了在军事上对外征服和被外族征服而在文化上同化外族的历史，同时，它也在不断塑造着自身的民族性。在波斯帝国时期，伊朗发生了第一次大规模的民族融合，初步形成了以波斯民族为主体的伊朗民族，并通过吸纳当时周边文明的成果，确立了自己的语言文字、宗教信仰、风俗习惯和社会制度。此后，又先后经历了多次民族大融合。

伊朗民族通过不断地将外来民族转化为本土民族的一部分，完成了自我重建和自我凝聚。这些外来民族通常是文化相对落后的游牧民族（希腊人例外），他们在人数上并不占优势，大多是以武力征服的方式进入伊朗，在军事上强于而在文化上落后于先来的民族。因为后者在人口数量和文化上的劣势，他们最终被同化，成为伊朗民族新的一分子，并且逐渐继承了主体民族历史与文化正统性的优越感以及对外来民族强烈的警惕与不信任。当相对于伊朗具有全面优势的近代西方势力出现时，这种警惕和不信任被进一步强化，并影响到其对外来文化的态度。②

伊朗的国家文化也是由主权领土和生态环境系统、政治经济系统和观念系统构成的。从主权领土和生态环境系统而言，伊朗位于亚洲西南部，北邻亚美尼亚、阿塞拜疆、土库曼斯坦，西与土耳其和伊拉克接壤，东面与巴基斯坦和阿富汗斯坦相连，另与哈萨克斯坦和俄罗斯隔海相望。南面濒临波斯湾、霍尔木兹海峡和阿曼湾。它是亚洲东部到小亚细亚和欧洲陆路交通的必经之道，有欧亚陆桥之称。当代，它又是东西交通的空中走廊，地理位置具有重要的战略意义。陆地面积约 164.5 万平方千米，海岸

---

① 程彤：《历史视域下的伊朗文化构建》，《新丝路学刊》2019 年第 1 期，第 30 页。

② 程彤：《历史视域下的伊朗文化构建》，《新丝路学刊》2019 年第 1 期，第 41 页。

线 2700 千米。境内多高原，东部为盆地和沙漠。伊朗高原是一个具有众多山脉和广大高平原的巨大隆起，它把广大的土兰低地和里海凹地同印度洋分开。伊朗气候四季分明。北部春夏秋季较为凉爽，冬季较为寒冷，南部夏季炎热、冬季温暖。伊朗主要有三种气候类型：沙漠性气候和半沙漠性气候，伊朗国内大部分地区和南部沿海地区属这种气候；山区气候，如阿尔卑斯山脉和扎格罗斯山脉等；里海气候，如地处里海与大高加索山脉之间的里海地区。伊朗石油、天然气和煤炭蕴藏丰富。截至 2016 年年底，已探明石油储量 1584 亿桶，居世界第四位，石油日产量 460 万桶，居世界第四位。天然气储量 33.5 万亿立方米，居世界第一位。天然气年产量 2024 亿立方米，居世界第三位。其他矿物资源也十分丰富，可采量巨大，如铜矿储量约占世界总储量的 5%，居世界第三位；锌矿储量居世界第一位。森林覆盖率为 6.6%。伊朗总人口 8.1163 千万，人口密度为 49.8 人/平方公里。伊朗是个多民族国家，波斯人占总人口的 66%，是伊朗的主体民族，阿塞拜疆人占 25%，库尔德人占 5%，这三大民族占伊朗总人口的 95% 以上。另外还有土库曼人、阿拉伯人、亚美尼亚人等人数较少的民族。伊朗 98.2% 的人信仰伊斯兰教。伊斯兰教在伊朗社会生活的各个方面都占绝对统治地位。其余 1.2% 的人信仰袄教、基督教和犹太教。由于伊朗是东西文化交流的桥梁和南北文化交往的通道。因此，历史上不同种族不同语言和不同宗教在伊朗都或多或少地留下了一些痕迹。[1]

从政治系统而言，从古到今，虽然伊朗的制度被历代征服者和周边国家所效仿和沿用，但其自身也在不断吸纳外来的社会治理经验和方式，逐渐形成了自己的治理传统。伊朗的郡县制始于波斯帝国大流士一世时期。到伊朗的伊利汗王朝时期，为便于少数蒙古人统治多数伊朗人，统治者们借鉴了一些中国的官僚体制，如在行政与税收方面设置了双宰相制。在法律制度方面，也是如此。[2] 近代，伊朗曾沦为英国和俄国的半殖民地。1979 年伊朗爆发了震惊世界的伊斯兰革命，推翻了世俗的巴列维王朝。伊斯兰革命胜利后，在一次全民公决中，伊朗终结了延续了 2500 年的君主制。霍梅尼依靠其巨大的影响和丰富的政治经验，在排除异己后掌握了国家政权，建立了以伊斯兰意识形态为指导思想的神权政治体制。所谓神权政治体制就是"神权与政权合为一体，宗教领袖与政治领袖合二为一，国

---

① 王新中、冀开运：《中东国家通史·伊朗卷》，商务印书馆 2002 年版，第 5 页。

② 张文德：《论明与中亚帖木儿王朝的关系》，《历史档案》2007 年第 1 期，第 61 页。

家机关与宗教机构紧密结合，借用神的权威进行统治的政治体制"。① 革命后的伊朗从伊斯兰教义出发，对外输出伊斯兰革命，排斥东西方世俗文化，实行"不要东方，不要西方，只要伊斯兰"的对外政策，对海湾和中东国际关系产生了重大影响，也使伊朗的国际地位十分孤立。20 世纪 90 年代以来，海湾和世界局势以及伊朗自身发生的巨大变化使伊朗外交的伊斯兰因素下降，但是仍然发挥着巨大影响，制约了它与美国、海湾和中东国家、欧洲以及其他国家关系的发展，对其国际地位的提升和外交空间的拓展带来了不利的影响。

最高领袖制度是伊朗政治体制的核心，根据伊朗宪法，其思想基础是霍梅尼的"教法学家统治"思想。伊朗政治权力的原则是终身任职的法基赫（最高领袖）的监护。最高领袖能够运用《古兰经》和相关的伊斯兰的注解来决定所有的问题，即使是那些与宗教无关的问题。霍梅尼是第一位也是奠基性的法基赫。法基赫比总统的权力更大，并能够阻止任何改革。② 伊朗政府实行总统内阁制，总统既是国家元首，又是政府首脑，由全民普选产生，是继最高领袖之后的国家最高领导人。伊朗最高立法机构为伊斯兰议会，实行一院制。司法总监是司法最高首脑，由最高领袖任命，最高法院院长和总检察长则由司法总监任命。伊朗是一个由什叶派主导的伊斯兰共和制国家。伊斯兰教在伊朗拥有至高无上的道德权威，是公共生活的最高准则。伊朗的建国领袖明确拒绝西方民主体制，首任最高领袖霍梅尼清楚地表示，在理想的政体中，国家权力应该由阿訇执掌，议会仅有有限的权力。与多数威权政体不同的是，伊朗是中东（或者是西亚地区）最民主的国家之一。伊朗是一个多党制国家，有着较为发达的选举制度，选举结果能在很大程度上反映真实民意。伊朗在一定限度内允许公民享有生活方式的多元选择权。这种将神权统治和民主选举相结合的"伊斯兰共和国"迄今仍是世界上独一无二的政治体制。此外，相对于其他中东国家，伊朗实行较为开放的媒体政策。③

从经济系统而言，霍梅尼认为，伊朗伊斯兰共和国经济制度是有计划地建立在国营、合作经营和私营三种成分的基础上的。一是要强调国家政府的经济作用和公有制；二是要对非法的私人财产所有权的监管与处罚；

---

① 郑勉之：《伊斯兰教简明词典》，江苏古籍出版社 1993 年版。

② ［美］迈克尔·罗斯金：《国家的常识：政权·地理·文化》，夏维勇、杨勇译，世界图书出版公司北京公司 2013 年版，第 491 页。

③ 任孟山、张建中：《伊朗大众传媒研究：社会变迁与政治沿革》，中国传媒大学出版社 2016 年版，第 2 页。

三是要照顾穷人的利益；四是要用伊斯兰伦理原则规范生产、分配、交换、流通和消费领域，建立理想而和谐的伊斯兰社会。从理论上讲，这些原则一定程度上体现了作为第三世界国家的伊朗发展独立的公正的平等的民族经济的强烈愿望，基于伊朗国情、民情的民族化道路的思考，具有民族的伊斯兰文化传统上的合理性。

伊朗经济伊斯兰化开始于1979年的大规模国有化。在伊斯兰共和国建国初期，因为大量没收巴列维王朝的国家和国王个人财产以及大批私有企业国有化，1985年工业增加值的60%由国营企业提供。实际上这些国有化的措施借鉴了社会主义国家和一些发展中国家的国家资本做法。由于霍梅尼推行经济领域的伊斯兰化，神职人员操纵国民经济，而他们的现代管理、文化科学知识十分贫乏，轻视或忽视生产和科学的发展，把精力集中于满足人们的"精神需要"，致使伊朗的经济发展一直十分困难，8年的两伊战争使伊朗经济濒临崩溃的边缘，引起人民的普遍不满，国内危机四伏。正是由于过分注重政治因素的主导性，忽视了经济建设，伊朗经济长期处于困境，亟待进行探索和调整。面对这种困境，拉夫桑贾尼政府经济改革的核心是摆正位置，把经济工作作为中心任务。为改变伊朗的经济困境，拉夫桑贾尼政府确立了经济自由化的方针，主张利用国际分工和外国资本发展民族经济，恢复国内私人资本的投资信心，调动私人投资的积极性。拉夫桑贾尼政府进行经济结构调整，推行银行的私有化、商业化、国际化改革，因此，伊朗经济建设中属于伊斯兰的空想的守旧的东西日益减少。相反，越来越多地借鉴国际上市场经济条件下的制度和经验，采用合理的符合经济规律的做法，积极参与国际分工和国际市场，实现产业多元化和出口多元化。这些说明伊朗的经济现代化在改革和开放中越来越具有理性，越来越具有活力和国际性。[①]

从观念系统而言，在伊朗人眼中，伊朗是一个自由、民主、独立、有尊严的国家，政教合一的体制相对完善。伊朗意味着伊斯兰复兴的标榜性力量，其发展模式对伊斯兰世界尤其是周边一些长期受美国压迫的伊斯兰国家，有着强大的吸引力。伊朗不仅是一个区域大国，且在全球都发挥着重要的作用。当然，伊朗是西方完全主导世界的"全面不服从力量"。伊朗的价值观是有别于西方的独立存在。自古以来，伊朗就为世界做出诸多贡献，如确立基督教礼拜日的仪式、最早主张思想自由以及善待犹太人等。

---

① 冀开运、蔺焕萍：《二十世纪伊朗史 现代伊朗研究》，甘肃人民出版社2002年版，第209页。

美国研究文明史的知名教授詹姆斯·库尔思曾说，世界文明正在从现代全球文明向轴心文明时代转化，这些在 20 世纪下半叶兴起的轴心文明，主要分布在中国、印度、伊朗什叶派、伊斯兰逊尼派中。这些文明的共同特点就是，对以美国主导下的现代全球文明进行抵制。从这个角度看，伊朗什叶派抵制美国，只是世界新文明时代的一个突出特征。无论如何，伊朗仍是 2011 年"阿拉伯之春"以来最稳定的区域之一，对世界的和平与发展起到了重要作用。①

表 4-5　　　　　　　　　　伊朗及部分国家文化 5 维度指数

| 权力距离指数 | 分值 | 排名 |
| --- | --- | --- |
| 伊朗 | 58 | 43~44 |
| 马来西亚、斯洛伐克(最高) | 104、104 | 1~2 |
| 奥地利(最低) | 11 | 74 |
| 个体主义指数 | 分值 | 排名 |
| 伊朗 | 41 | 36 |
| 美国(最高) | 91 | 1 |
| 危地马拉(最低) | 6 | 74 |
| 阳刚气质指数 | 分值 | 排名 |
| 伊朗 | 43 | 47~50 |
| 斯洛伐克(最高) | 110 | 1 |
| 瑞典(最低) | 5 | 74 |
| 不确定性规避指数 | 分值 | 排名 |
| 伊朗 | 59 | 48~49 |
| 希腊(最高) | 112 | 1 |
| 新加坡(最低) | 8 | 74 |
| 长期导向指数 | 分值 | 排名 |
| 伊朗 | | |
| 中国大陆(最高) | 118 | 1 |
| 巴基斯坦(最低) | 0 | 39 |

---

①　王文：《大国的幻象 行走世界的日记与思考》，东方出版社 2013 年版，第 28 页。

伊朗的权力距离指数居中偏下，分值为 58，在 74 个国家中排名为第 43~44 位；个人主义指数居中，分值为 41，在 74 个国家中排名为第 36 位；阳刚气质指数较低，分值为 43，在 74 个国家中排名为第 47~50 位；不确定性规避指数较低，分值为 59，在 74 个国家中排名为第 48~49 位；长期导向指数阙如。

2. 伊朗国家文化特征的成因分析

第一，独特的地理位置的造就。伊朗始终以伊朗高原为核心统治区域，坐落在欧亚大陆的中间地带。它北邻高加索、里海和中亚的土库曼斯坦，南临波斯湾，西部与两河流域的伊拉克、安纳托利亚高原的土耳其接壤，东部与帕米尔高原的阿富汗和信德河流域的巴基斯坦相邻，更与沙特、科威特、阿联酋、巴林、卡塔尔和阿曼隔波斯湾和阿曼湾相望。这些国家和地区所包围的就是伊朗高原。伊朗高原的平均海拔为 900~1500 米，其北部是厄尔布尔士山脉，从西北沿里海南岸一直延伸到东边的兴都库什山脉。从西北向东南延伸的是扎格罗斯山脉，扎格罗斯山从伊朗西北部的乌鲁米耶湖延续到霍尔木兹海峡，其山地的面积几乎占了伊朗国土的一半。伊朗高原的东部边缘则是由索尔赫山、加恩山、比尔詹德山和塔夫坦山组成的断续的山地。这些山脉和山地将伊朗的两大荒漠盆地卡维尔荒漠和卢特荒漠围在中间。如果俯视伊朗高原则可以发现，它好像一口类似梯形或三角形的缺边的碗。山脉构成了伊朗高原的内外分界线。自然的地理分隔在某种程度上造成了伊朗人的物质世界与精神世界的内外区分和由外向内的改变。①

第二，伊斯兰教的深刻影响。1979 年伊斯兰革命后，伊朗在政治体制、法律和法制以及经济、社会生活和文化上，实行伊斯兰化。伊朗是现今世界上独一无二的实行全面伊斯兰化的政教合一的共和制神权国家。伊斯兰文化是影响国际关系的一个重要因素。伊斯兰教历经数百年的发展演变，已作为伊斯兰世界的主体文化渗透到社会和生活的各个层面，成为社会价值观念的坐标，主导着绝大多数穆斯林的思维模式和行为趋向。伊斯兰文化的主要特点是强烈的政治性，政治性在伊斯兰教传统的文化思想体系中占有十分突出的地位。这种政治性又是"万物非主，惟有安拉"原则之下的先知政治权威论。政治文化的主要来源是《古兰经》和《圣训》。《古兰经》是安拉的语言，为安拉意志的真实、具体表述。而安拉使者穆罕默德

① 程彤：《历史视域下的伊朗文化构建》，《新丝路学刊》2019 年第 1 期，第 30~41 页。

的言行录——"圣训"则是对《古兰经》的解释和补充。伊斯兰强调真主主权论，国家本身并无主权，但国家作为真主意志的执行者，有权"代行"原本属于真主的政治、法律主权。在国际关系方面，根据伊斯兰的教义，整个世界被简单地划分为两部分，即伊斯兰区域和战争区域，前者指接受伊斯兰教统治的地区，后者指伊斯兰统治区以外的地区。伊斯兰区域和非伊斯兰区域一直处于一种经常性的战争状态，伊斯兰教把这种战争称为"圣战"。①

但全球化对伊朗产生了深刻的影响。在全球化强力冲击下，世界各国出现了多重认同并存的局面。伊朗也不例外。伊朗作为主权国家的排他性的、独享领土内人民认同的垄断地位已经不复存在，民族国家在超国家和次国家两个层次都受到挑战，在国家与社会之间正出现权威和认同的重叠。得益于伊斯兰教在中东社会所具有的根深蒂固的广泛影响，伊斯兰认同在冷战后对中东地区的民族国家认同构成了越来越大的挑战，一方面，作为当前国际体系的一个成员，伊朗受到体系结构的制约，现实的伊朗国家利益是其外交政策的根本出发点；但是，从另一方面来说，伊朗伊斯兰共和国的性质又使得伊斯兰的原则和价值观成为限制伊朗外交选择的重要因素。伊斯兰认同和国家认同之间的相互作用导致了伊朗外交政策中一系列悖论和困境的出现，即国家认同和伊斯兰认同既相互竞争，又相互依存，它们之间的互动对这种认同结构的塑造将很大程度上决定未来中东国际关系发展的趋势。②

第三，坚韧的伊朗意识的作用。伊朗国家崛起与宗教信仰强化之间存在着紧密的联系。无论是祆教还是伊斯兰教什叶派，政教合一的过程中客观上也形成并强化了伊朗各民族的"伊朗意识"。伊朗是一个文化昌盛、商业繁荣并且人才辈出的区域性大国，同样也是与周边邻国交往互通的沃土。"伊朗意识"不仅仅是强调伊朗文化的主体性与特殊性，而且对外来征服者的统治产生了积极影响，并因此使伊朗文化在融合与转变中得以传承和延续，对于伊朗国家统一具有重要的支撑作用。从伊斯兰文明征服到萨法维王朝崛起的数百年间，伊朗主要是作为文化实体而不是统一的政治实体存续下来，这不仅是由于地理和生态的原因，还在于波斯语的流行和伊朗文化的生命力。伊朗文化并非一成不变，伊朗文明是在交往中形成，在

① 张骥等：《国际政治文化学导论》，世界知识出版社 2005 年版，第 493～494 页。
② 叶青：《伊斯兰教与后冷战时期中东国际关系中的双重认同问题研究》。复旦大学博士学位论文，2007 年，第 3 页。

交往中发展和传承。作为文明的"底色",伊朗的原始文化历史悠久。伊朗是民族迁徙的走廊,雅利安人的文化构筑了伊朗文明的"本色"。在被游牧民族征服和统治的过程中,伊朗的文化的韧性使其仍保有"伊朗意识",其文化传承也并未完全中断。总的来说,伊朗阿契美尼德王朝、安息王朝、萨珊王朝将近1300年历史是本土伊朗化的历史阶段,祆教、摩尼教、基督教在伊朗发展与传播,对于伊朗历史产生了重要且深远的影响。祆教信仰构筑了伊朗古代文明的思想根基。公元7世纪阿拉伯人的征服为伊朗带来了伊斯兰教。7—10世纪是伊朗伊斯兰化的历史阶段。以萨曼王朝建立为标志,伊斯兰教开始了伊朗化,经过200多年的建构,形成了独具伊朗特色的伊斯兰教,基本上完成了伊斯兰教伊朗化。伊朗人在这一过程中逐渐接受了伊斯兰教信仰,伊斯兰文明也因此成为了伊朗文明的核心要素。近现代以来,东西方文明的交流与交融成为伊朗觉醒与复兴的动力。当代伊朗充分利用自身的地缘优势、历史机遇和各种资源,在中东地区扮演着更为重要的大国角色。①

## (二)伊朗国民文化

伊朗的国民文化分为器物层、制度层、行为层和心态层。在长期的历史发展过程中,这四个层次互相作用互相影响并保持着一种动态的平衡。伊朗国家文化要经过宣传与传播渠道、制度和政策以及文化产品生产与文化消费三种转换环节,才能在建构国民文化的过程中发挥作用。其中,宣传传播渠道方面包括语言文字、广播电视、报刊出版、互联网以及清真寺等。制度政策方面包括沙利亚法、宪法、文化专门法等在内的文化赞助法律体系。文化产品生产与消费方面包括戏剧、电影、音乐、展览、旅游等。经过这样的转换后,通过文化产品、文化服务、文化教育以及旅游的消费,最终形成独具特色的伊朗国民文化。

1. 伊朗国民文化的基本构造

伊朗国民文化的器物层面可从服饰、饮食、住宅等方面得到体现。在服饰方面,伊朗人百年来的服装,无论男女都穿着长袍,差别在于男人大多腰缠宽大的白布带,头戴厚重的头缠或筒帽、尖顶帽,女人着宽大连衣裙和头巾。自20世纪20年代,礼萨汗掌权并推行西化,逐步改变了伊朗人的传统服饰,城市里的变化尤为明显,男人以西装为时髦,公职人员上

---

① 邢文海:《试论伊朗文化的传承与"伊朗意识"的嬗变》,《内蒙古民族大学学报》(社会科学版)2019年第3期,第85~86页。

班时，甚至要求穿西装必须系领带。伊斯兰革命后，伊朗实行伊斯兰法。规定妇女的正式服装是"黑夹布"（源自阿拉伯语"遮蔽"之意）。将女性的所有特征隐蔽起来的服装才真正符合伊斯兰教法的规定。① 此外，伊朗做工细腻、精妙绝伦的手织地毯，世界闻名。它历经数千年，承载了伊朗的历史、文化和传统，是伊朗民族精神的集中体现。伊朗的饮食习惯在全国各地有所不同。在农业地区，以面饼为主食，在畜牧地区的游民中，则以肉类和奶酪为主食。而城市中的伊朗人，除主食面饼之外，也用米饭和肉类、菜类、调料制成抓饭，用右手抓食。对牛肉、羊肉、鸡肉都喜欢吃，特别喜爱吃羊肉，土库曼人视羊头、羊脑和羊脚为营养品。伊朗人的口味清淡，食物少而精，不爱吃带油的菜和红烧的菜。他们习惯喝酸奶和饮红茶，红茶饮用时要加糖，是喜庆活动时不可缺少的饮品。② 由于他们洁身时多用左手，因而认为左手是不干净的，所以在接触、取物、递东西时不能用左手。在斋月来临前，即在伊历8月下旬，伊朗家家户户都要清扫庭院、房间，彻底打扫卫生，有的自动到清真寺和公共场所打扫卫生，以清洁明亮的环境迎接尊贵的斋月的到来。在斋月里，起来做把斋饭是非常重要的。另一项宗教活动是到清真寺里聚众礼拜，礼拜结束后，大家围坐在清真寺里念诵《古兰经》。伊朗人对是否拥有住房十分重视。房屋质量方面，金属架构住宅比例从1977年的0.3%增加到了2017年的57%。该比例如果较低意味着贫民窟规模较大。拥有住房的家庭比例一直在70%以上，但是近年来该比例有所降低。

伊朗国民文化的制度层面，主要体现在社会福利制度和公共医疗卫生制度。伊朗目前已经建立了包括缴纳制和非缴纳制在内的养老保障体系，两种制度安排覆盖了伊朗全体劳动力的50%以上，同时有接近60%的老年人被纳入该体系的保障范围。从总体上来看，伊朗的养老保障基金与社会救助社会保险社会福利基本上含义相同，通常是由国家机关或者政府附属机构来实施管理。③ 从医疗制度上看，医疗体系分为直营体系（医疗保健和药品是直接提供给患者，通过属于社会的安全与合作组织的医疗设施）与间接系统（通过公立和私立医院和诊所提供医疗服务，以及通过大学，医院和没有合同的医生）。伊朗医疗保险包括：疾病保险与生育保险。疾病保险，有家属的被保险人在过去3个月的被保险人的平均收入的75%；66%为单一的工人。如果未婚，并在社会安全与合作组织医院住院的好处

---

① 刘振堂：《波斯风情：伊朗》，上海锦绣文章出版社2010年版，第130页。

② 雷鸣：《职业行为艺术》，花城出版社2006年版，第287页。

③ 于洪：《外国养老保障制度》，上海财经大学出版社2005年版，第234页。

是减少到50%的被保险人的平均收入；如果被保险人有家属，不减少。生育保险，投保妇女前3个月的平均收入的66%，支付最多6个月（1年三胞胎的情况下）。

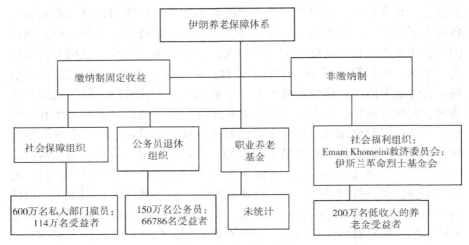

图 4-1　伊朗养老体系结构图

数据来源：世界银行报告，2003年。

伊朗国民文化的行为层。伊朗人讲文明、懂礼貌、有良好的卫生习惯。他们具有超乎寻常的民族自信心和自豪感；固守东方人重视家庭亲情的传统观念，特别敬重长者，崇尚道德；见不到不排队挤公共汽车，甚至不给"老弱病残孕"让座的现象；见不到随地吐痰、乱丢烟头，更见不到酷暑天在公众场合"赤膊上阵"，或只顾自己、旁若无人地高声喧哗的现象。① 在社交场合通常行握手礼，有时握手后双方还要互吻面颊；非社交场合时按传统习俗行礼。有身份的人，先是热烈拥抱，再互亲嘴唇，平民百姓，一般是互亲面颊，身份地位低下者，往往向地位身份高者行跪拜大礼。守时赴约是伊朗人的良好习惯，非常守时，绝不迟到。② 在出入公共场所时，男女是不能成双成对在一起行动的，如购物、上学、乘电梯、坐汽车乃至坐飞机都必须男女分开才行。③

伊朗国民文化的心态层。伊朗人在内在中表现超验，这一点典型地表

---

① 刘振堂：《波斯风情：伊朗》，上海锦绣文章出版社2010年版，第10页。
② 雷鸣：《职业行为艺术》，花城出版社2006年版，第287页。
③ 雷鸣：《职业行为艺术》，花城出版社2006年版，第286页。

现在毛毯编织、卓越的诗歌作品、美妙的艺术品、杰出的形而上学、宗教礼拜活动直至日常事务和日常谈话之中。从历史的黎明直至现在，伊朗人一直献身于宗教生活和精神性。伊朗人的生活与文化的特点就是真正的虔诚与奉献，它表现在生活的一切领域，以至最微小的细节中，并塑造了知识、文化和社会领域。它影响了伊朗社会的个人与集体维度。伊朗人的宽宏大度精神和宗教宽容表现在整个历史过程中，对于所有那些同伊朗居民一起度过最有意义的共同生存的宗教少数派来说，伊朗一直是一个避难所和安全的天国。伊朗文化曾经 6 次遭到了斯基台人、匈奴人、希腊亚历山大、阿拉伯人、土耳其人、蒙古人猛烈的入侵。每一次入侵，它都能够再次吸收入侵的文化，并产生一种原创性的综合，而不损害其历史和文化的同一性。①

2. 伊朗国民文化的特征及其成因

从本质上看，伊朗国民的价值观念、思维方式和审美情趣等隐性因素，发散到器物、制度、行为和心态上，就分别形成了伊朗国民文化的器物层、制度层、行为层和心态层。从总体上看，伊朗国民文化具有虔诚自信、不畏磨难和强权以及宽容和谐的主要特点。

（1）虔诚自信。伊朗人的虔诚自信主要表现为宗教信仰的虔诚和对精神领袖的忠诚及对昔日帝国辉煌的憧憬与向往。从历史的黎明直到现在，伊朗人一直献身于宗教生活和精神生活，"阿舒拉"等重要节日的悲壮场面折射出伊朗人独特的虔诚的民族精神气质，这亦是波斯民族精神传承的一种表现。由于伊朗历史上战乱频繁、危机不断的缘故，使备受苦难的伊朗人民对宗教有一种特殊的情结。作为国教的伊斯兰教，成为伊朗全部精神生活与物质行为的核心。"我们曾经辉煌过"则是伊朗人最爱说的一句话，而伊朗五千年的历史文明、盛极一时的波斯帝国则是他们永恒的骄傲与自豪，也是他们源远流长的帝国情结的渊源所在。

（2）不畏磨难与强权。一部伊朗史就是一部波斯民族饱受屈辱的苦难史。自 7 世纪至 16 世纪沙法维王朝建立的 800 年间，外族入侵一直困扰着波斯的发展。阿拉伯人、蒙古人、突厥人、阿富汗人等民族的征服与统治，致使伊朗从未有过真正的独立和建立过统一的中央政府。自 16 世纪以来，英、法、俄、德、美等列强纷至沓来，波斯民族饱受摧残和蹂躏，国家主权丧失殆尽。他们默默地承受着痛苦，同时也默默地吸收、改造侵略

①　［伊朗］哥拉瑞扎·阿瓦尼、刘玉梅：《以上帝的名义：伊朗文化精神》，《华中科技大学学报》（社会科学版）2004 年第 5 期，第 9~11 页。

者的文化，特别表现为伊朗伊斯兰化的同时，伊斯兰也在被伊朗化。在国家和民族处于生死危亡的关键时刻，特别是在涉及整个国家命运与民族利益的两伊战争期间，他们在几乎耗资数千亿、捐躯数百万并几乎与整个世界为敌的前提下，波斯民族也从未胆怯、从未屈服。

（3）宽容和谐。宽容和谐，是伊朗各族人民一直崇尚的社会发展状态。崇尚宽容和谐的动机源于伊朗历史上的多宗教信仰。宗教是绝大多数伊朗人精神生活的中心，宗教信仰中所主张的宽容、平和与大度已经内化为引导伊朗人行为的主导意识，已经世俗化为社会生活中的伦理准则。伊朗文化要求人们对待同胞的过失，既要指出其错误所在，促其改正，又要宽容大度，不能耿耿于怀。现代的伊朗人，可以说是极其开明、宽容与和谐。虽然伊朗与西方特别是与美国处于敌对状态，但他们对西方文化或美国技术从不抱偏见。

伊朗国民文化具有虔诚自信、不畏磨难和强权以及宽容和谐的主要特点，与其民族历史的屈辱烙印、宗教文化的影响以及政治整合有着密切的关系。从民族历史来看，伊朗在东西方交通上独特的位置，使得它常常成为被觊觎的对象。自古以来，伊朗这片土地一再上演着征服与被征服的戏码。外族入侵一直困扰着波斯民族的发展，特别是蒙古人以非常野蛮的方式对伊朗进行的反人类、非人性的致命性打击，在波斯民族的内心深刻留下了深刻的痛苦烙印。西方列强纷至沓来也使得伊朗人民痛苦深重。在长期不屈不挠的反抗斗争中，伊朗铸就了不畏磨难和强权的民族精神。从宗教文化的影响来看，伊朗历史上的三大宗教琐罗亚斯德教、摩尼教、伊斯兰教，构成了波斯传统文化与现代伊斯兰文化的主体。伊朗文化是以宗教文化为主体、以宗教思想为内容、以社会道德伦理和社会生活方式为体现的多种文化的综合体，它自古以来就引导着伊朗人民的生活理想、道德操守，规定着伊朗社会的基本结构和风俗习惯并影响和渗透到伊朗人的生产生活方式。从政治整合来看，伊朗民族精神萌芽于久远的波斯帝国时代，发轫于巴列维王朝时期，发展于霍梅尼时期，在后霍梅尼时期得到进一步发展。波斯帝国时代，无论是在社会制度、经济文化还是军事方面，都创造了当时世界上无可比拟的辉煌成就。巴列维王朝时期，尽一切可能在当时的国际环境下维护伊朗的国家主权和民族独立。在精神和文化特征上保持、继承和发展伊朗的民族优势和民族传统，树立伊朗的民族自信心和自豪感。霍梅尼的伊朗伊斯兰民族主义是现代主义、民族主义和原教旨主义的有机结合。在坚持伊朗伊斯兰民族主义的基础上进行渐进的、温和的、局部的改革，强化了经济建设，淡化了政治革命和伊斯兰公正原则。①

## 第三节　国家文化构成的分型与国家文化实力模型②

根据上文所阐述的国家文化构成理论，国家文化构成可以看作文化认同、族群认同和宗教认同三者之间的内隐结构，与由政治经济共同体、主权版图、生态环境构成的外显结构。在国家文化的宏观层面上，外显结构通过内隐结构而发挥作用。内隐结构不同耦合关系的结构化特征，构成了不同形态的国家文化结构形态。外显结构与内隐结构的状态及两者之间的关系，构成了国家文化实力的核心。

### 一、国家文化类型模型

国家文化的核心部分是由文化认同、族群(民族)认同以及宗教认同的不同关系耦合而成的认同系统，它是判别国家文化类型的基本依据。文化学者和社会心理学者都认为，文化认同是一个由表及里逐渐发展的内化过程，包括文化形式认同、文化规范认同、文化价值认同三个层次。作为意识形态的文化认同一般具有可解释性和确定性。

不同文化认同的相互作用，将反映在社会稳定和国家凝聚力(或离心程度)上。为此，研究纳入了和平基金会提供的脆弱国家指数衡量社会稳定主要与国家凝聚力的相关指标，包含社会安全、精英派系和群体分裂情况。其中，社会安全指标度量了对国家的安全威胁，例如恐怖袭击、叛乱、政变等；精英派系指标度量了国家机构在种族、阶级、民族或宗教方面的分裂，以及统治阶层之间的政策僵局；群体分裂指标则关注社会中不同群体之间的分裂和分裂，特别是基于社会或政治特征的分裂，以及他们在政治进程中的作用。

因此在判别国家文化类型时，我们分别构造宗教认同指数、民族认同指数、文化认同指数和社会稳定指数作为判别国家文化类型的依据：

---

① 韩继伟、孙金光：《从历史文化视角解读伊朗民族精神》，《黔西南民族师范高等专科学校学报》2009年第4期，第7~10页。

② 特别说明：本节内容由课题组成员田扬戈副教授、傅才武教授完成，田扬戈副教授承担了数据收集和数学模型设计，傅才武教授提供了基本的理论框架模型。作为数据与文化学理论融合的探索性成果，本节内容仍然是一种初步性成果，并非定论，课题组仍然不断优化调整的过程中。

①宗教认同指数。

宗教认同指数＝某国宗教人口比例＊P（该国任意两人宗教信仰相同的概率）

②民族认同指数。

民族认同指数＝P（某国任意两人民族成分相同的概率）

③文化认同指数。

在构造文化指数时，我们借鉴了 Fearon 的文化多样性指数，定义：

文化认同指数＝1－文化多样性指数

④社会稳定指数。

社会稳定指数＝1－离心程度＝1－1/3＊（安全设备指数+派系精英指数+群体申诉指数）

在匡家文化数据库以及和平基金会的数据支持下，得到不同国家的宗教认同指数、民族认同指数、文化认同指数和社会稳定指数。

在上述四个指数的基础上，根据 K-means 聚类算法将各国划分为不同的文化类型。K-means 算法是一种聚类算法，即根据相似性原则，将具有较高相似度的数据对象划分至同一类簇，将具有较高相异度的数据对象划分至不同类簇。K-means 算法中的 $K$ 代表类簇个数，means 代表类簇中心。K-means 算法以距离作为数据对象间相似性度量的标准，即数据对象间的距离越小，则它们的相似性越高，则它们越有可能在同一个类簇。在 K-means 算法中，常用欧氏距离作相似性度量。因此，K-means 算法的目标就是最小化误差平方和 SSE：

$$SSE = \sum_{i=1}^{k} \sum_{x \in C_i} (C_i - x)^2$$

其中，$C_i$ 代表第 $i$ 个类的类簇中心，$x$ 为属于该类簇的数据点。

由于 K-means 算法需事先指定类簇个数 $K$，因此，此处引入轮廓系数 $S$ 以确定 $K$ 值的合适取值。轮廓系数 $S$ 是描述簇内外差异的关键指标，最早由 Peter J. Rousseeuw 于 1986 年提出，它结合内聚度和分离度两种因素。计算公式为：

$$S = \frac{b - a}{\max(a, b)}$$

其中，$a$ 表示样本点与同一簇中所有其他点的平均距离，即样本点与同一簇中其他点的相似度（内聚度）；$b$ 表示样本点与下一个最近簇中所有点的平均距离，即样本点与下一个最近簇中其他点的相似度（分离度）。对于每个簇而言，其簇内差异小，而簇外差异大。

通过 K-means 算法中 $K$ 的不同取值绘制轮廓系数曲线，如图 4-2 所示：

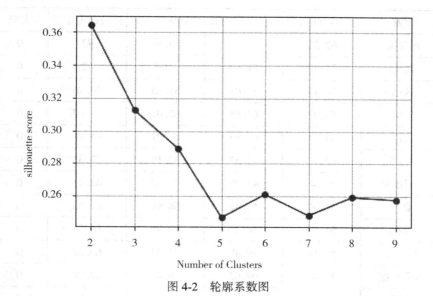

图 4-2　轮廓系数图

通过分析轮廓系数曲线，当取 $K=6$ 时，轮廓系数位于顶点之上，表明此时聚类效果较佳。

据此，运用 K-means 聚类算法得到 6 种国家文化类型，如表 4-6 所示。基本上 0 类是 3 种认同度均为中等的高稳定国家，以美法为代表；1 类是高宗教认同的低稳定国家；2 类是 3 种认同度均较高的低稳定国家，主要分布在中东和南美；3 类是 3 种认同度均较高的高稳定国家，主要分布在欧洲；4 类是高文化认同的高稳定国家，主要分布在亚太；5 是 3 种认同度均较低的低稳定国家，主要是亚非的一些不发达国家。

表 4-6　　　　　　　　　　国家文化类型

| 国家 | 宗教认同指数 | 民族认同指数 | 文化认同指数 | 社会稳定指数 | 类型 |
|---|---|---|---|---|---|
| 阿联酋 | 61.89 | 56.1 | 37.54 | 70.33 | 0 |
| 澳大利亚 | 59.97 | 16.83 | 90.71 | 73 | 0 |
| 比利时 | 58.54 | 58.11 | 46.26 | 61 | 0 |
| 保加利亚 | 72.32 | 60.87 | 64.73 | 51.95 | 0 |
| 博茨瓦纳 | 65.93 | 64.2 | 63.3 | 63.48 | 0 |

续表

| 国家 | 宗教认同指数 | 民族认同指数 | 文化认同指数 | 社会稳定指数 | 类型 |
|------|-----------|-----------|-----------|-----------|------|
| 加拿大 | 62.53 | 36.8 | 30.76 | 73 | 0 |
| 瑞士 | 75.37 | 51.69 | 50.4 | 82 | 0 |
| 爱沙尼亚 | 39.41 | 55.01 | 51.65 | 46.26 | 0 |
| 法国 | 55.92 | 62.88 | 62.01 | 58.67 | 0 |
| 加蓬 | 63.71 | 64.85 | 26.21 | 45.68 | 0 |
| 卢森堡 | 67.78 | 31.57 | 52.18 | 77.33 | 0 |
| 拉脱维亚 | 55.4 | 45.99 | 48.32 | 47.41 | 0 |
| 蒙古 | 47.8 | 67.42 | 68.99 | 61.28 | 0 |
| 新西兰 | 51.39 | 38.46 | 60.75 | 80.67 | 0 |
| 卡塔尔 | 50.19 | 79.49 | 31.32 | 65.33 | 0 |
| 坦桑尼亚 | 50.83 | 98.02 | 26.47 | 47.08 | 0 |
| 美国 | 73.41 | 54.72 | 72.2 | 44 | 0 |
| 阿富汗 | 99.4 | 26.99 | 35.22 | 12.22 | 1 |
| 安哥拉 | 86.49 | 26.51 | 32.79 | 26.39 | 1 |
| 伯利兹 | 84.27 | 36.66 | 35.64 | 47.34 | 1 |
| 玻利维亚 | 91.96 | 40.05 | 33.29 | 29.67 | 1 |
| 中非 | 81.65 | 16.91 | 25.86 | 13.39 | 1 |
| 吉布提 | 94.14 | 48.49 | 47.65 | 38.33 | 1 |
| 厄瓜多尔 | 93.7 | 53.66 | 52 | 30.66 | 1 |
| 几内亚 | 73.82 | 25.31 | 28.18 | 9.74 | 1 |
| 危地马拉 | 94.51 | 48.78 | 48.88 | 21.38 | 1 |
| 印度尼西亚 | 77.13 | 26.38 | 35.27 | 31.42 | 1 |
| 印度 | 65.45 | 58.18 | 36.33 | 24.31 | 1 |
| 约旦 | 94.53 | 50.77 | 54.42 | 28.98 | 1 |
| 肯尼亚 | 74.76 | 9.96 | 19.09 | 18.13 | 1 |
| 利比里亚 | 76.3 | 9.81 | 23.06 | 32.95 | 1 |
| 摩尔多瓦 | 96.22 | 55.68 | 48.64 | 32.09 | 1 |
| 墨西哥 | 94.9 | 44.33 | 45.82 | 31.67 | 1 |

续表

| 国家 | 宗教认同指数 | 民族认同指数 | 文化认同指数 | 社会稳定指数 | 类型 |
|---|---|---|---|---|---|
| 马里 | 87.88 | 17.05 | 32.82 | 21.33 | 1 |
| 缅甸 | 65.62 | 48.11 | 51.11 | 11.33 | 1 |
| 毛里塔尼亚 | 98.31 | 33.99 | 41.57 | 24.33 | 1 |
| 纳米比亚 | 96.9 | 28.11 | 44.99 | 55.05 | 1 |
| 尼日尔 | 97.51 | 36.86 | 35.91 | 15 | 1 |
| 巴基斯坦 | 93 | 26.14 | 31.8 | 12.33 | 1 |
| 秘鲁 | 90.54 | 41.89 | 42.32 | 26.24 | 1 |
| 菲律宾 | 78.6 | 12.38 | 41.06 | 17.33 | 1 |
| 苏丹 | 83.47 | 58 | 30.39 | 9.41 | 1 |
| 塞内加尔 | 93.06 | 24.74 | 32.94 | 40.39 | 1 |
| 叙利亚 | 88.15 | 31.49 | 59.92 | 0.67 | 1 |
| 乌干达 | 76.88 | 7.11 | 63.7 | 19.67 | 1 |
| 南非 | 77.53 | 64.21 | 27.11 | 34.93 | 1 |
| 亚美尼亚 | 98.3 | 96.27 | 88.05 | 42.67 | 2 |
| 阿塞拜疆 | 93.99 | 84.01 | 79.68 | 35.2 | 2 |
| 布隆迪 | 84.13 | 74.22 | 94.94 | 20.67 | 2 |
| 孟加拉国 | 81.52 | 96.05 | 98.17 | 17 | 2 |
| 白俄罗斯 | 71 | 70.97 | 80.35 | 33.49 | 2 |
| 巴西 | 85.9 | 41.98 | 98.81 | 31.33 | 2 |
| 哥伦比亚 | 91.62 | 77.35 | 92.26 | 26.72 | 2 |
| 阿尔及利亚 | 97.6 | 98.02 | 68.25 | 28 | 2 |
| 埃及 | 90.32 | 99.49 | 82.07 | 14.67 | 2 |
| 西班牙 | 76.33 | 75.8 | 71.84 | 43.33 | 2 |
| 格鲁吉亚 | 80.03 | 76 | 51.82 | 24.67 | 2 |
| 赤道几内亚 | 83.02 | 74.05 | 67.48 | 30 | 2 |
| 洪都拉斯 | 85.76 | 81.54 | 87.5 | 36.11 | 2 |
| 海地 | 84.53 | 90.5 | 100 | 26.4 | 2 |
| 伊朗 | 99.1 | 95.69 | 42.5 | 12.01 | 2 |

续表

| 国家 | 宗教认同指数 | 民族认同指数 | 文化认同指数 | 社会稳定指数 | 类型 |
|---|---|---|---|---|---|
| 伊拉克 | 98.11 | 63.37 | 63.73 | 12.33 | 2 |
| 柬埔寨 | 94.13 | 95.28 | 79.51 | 29 | 2 |
| 黎巴嫩 | 52.4 | 90.42 | 87.38 | 14.6 | 2 |
| 利比亚 | 93.58 | 94.18 | 65.34 | 10 | 2 |
| 莱索托 | 96.7 | 99.4 | 79.93 | 43.4 | 2 |
| 摩洛哥 | 99.8 | 98.02 | 55.55 | 31.29 | 2 |
| 尼加拉瓜 | 84.16 | 51.56 | 90.64 | 37.33 | 2 |
| 巴拉圭 | 94.97 | 90.5 | 85.1 | 36.86 | 2 |
| 俄罗斯联邦 | 65.31 | 60.77 | 76.47 | 18.67 | 2 |
| 沙特阿拉伯 | 87.31 | 82 | 82 | 22.67 | 2 |
| 所罗门群岛 | 95.08 | 90.93 | 88.9 | 34.33 | 2 |
| 萨尔瓦多 | 87.41 | 76.42 | 82.19 | 42.61 | 2 |
| 索马里 | 99.6 | 74.5 | 89.08 | 5.3 | 2 |
| 塞尔维亚 | 88.66 | 69.72 | 54.27 | 32.67 | 2 |
| 泰国 | 87.44 | 92.03 | 50.42 | 15.39 | 2 |
| 塔吉克斯坦 | 94.96 | 72.54 | 51.14 | 30.23 | 2 |
| 土库曼斯坦 | 87.34 | 73.02 | 70.68 | 37 | 2 |
| 突尼斯 | 99.2 | 96.06 | 96.09 | 26.67 | 2 |
| 土耳其 | 97.21 | 56.89 | 69 | 12.58 | 2 |
| 乌克兰 | 82.34 | 63.56 | 66.51 | 30.74 | 2 |
| 乌兹别克斯坦 | 94.32 | 70.83 | 64.36 | 28 | 2 |
| 赞比亚 | 95.75 | 99.08 | 33.19 | 47.67 | 2 |
| 津巴布韦 | 82.35 | 98.81 | 68.13 | 17 | 2 |
| 阿尔巴尼亚 | 68.68 | 70.18 | 79.14 | 47.76 | 3 |
| 阿根廷 | 82.7 | 94.54 | 100 | 59.67 | 3 |
| 奥地利 | 75.07 | 66.46 | 90.06 | 69 | 3 |
| 巴巴多斯 | 92.42 | 85.65 | 91.25 | 59.82 | 3 |
| 智利 | 87.47 | 91.21 | 81.39 | 68.67 | 3 |

续表

| 国家 | 宗教认同指数 | 民族认同指数 | 文化认同指数 | 社会稳定指数 | 类型 |
|---|---|---|---|---|---|
| 哥斯达黎加 | 89.72 | 88.67 | 94.16 | 63.56 | 3 |
| 塞浦路斯 | 60.71 | 97.62 | 90.67 | 43 | 3 |
| 德国 | 63.13 | 76.9 | 83.75 | 68.33 | 3 |
| 丹麦 | 79.24 | 76.07 | 85.78 | 76.67 | 3 |
| 多米尼加 | 86.92 | 89.05 | 100 | 41.59 | 3 |
| 芬兰 | 80.82 | 83.04 | 88.81 | 83 | 3 |
| 英国 | 64.52 | 76.27 | 90.99 | 46.67 | 3 |
| 希腊 | 82.96 | 84.26 | 82.32 | 57.17 | 3 |
| 格林纳达 | 94.28 | 80.58 | 93.33 | 52.36 | 3 |
| 克罗地亚 | 91.94 | 81.97 | 78.98 | 59.23 | 3 |
| 匈牙利 | 80.6 | 75.38 | 85.08 | 60.75 | 3 |
| 爱尔兰 | 90.25 | 72.24 | 91.31 | 82.67 | 3 |
| 冰岛 | 93.53 | 69.22 | 93.22 | 88.33 | 3 |
| 意大利 | 79.37 | 86.11 | 91.8 | 50.33 | 3 |
| 牙买加 | 72.24 | 85.18 | 77.92 | 56.4 | 3 |
| 立陶宛 | 89.6 | 71.63 | 70.99 | 67.67 | 3 |
| 挪威 | 79.96 | 70.63 | 94.19 | 78.33 | 3 |
| 巴拿马 | 90.86 | 46.17 | 78.24 | 55.74 | 3 |
| 波兰 | 94.2 | 94.43 | 84.94 | 57.33 | 3 |
| 葡萄牙 | 92.04 | 92.52 | 95.49 | 84 | 3 |
| 罗马尼亚 | 99.1 | 70.5 | 70.25 | 53.33 | 3 |
| 斯洛文尼亚 | 75.12 | 70.09 | 85.39 | 77.96 | 3 |
| 瑞典 | 62.15 | 67.62 | 94.17 | 79.33 | 3 |
| 乌拉圭 | 56.55 | 77.43 | 100 | 68.93 | 3 |
| 萨摩亚 | 96.11 | 92.24 | 99.22 | 55.33 | 3 |
| 中国 | 17.59 | 83.96 | 86.21 | 32 | 4 |
| 古巴 | 49.45 | 49.52 | 98.02 | 52 | 4 |
| 捷克 | 23 | 48.09 | 94.06 | 56.33 | 4 |

续表

| 国家 | 宗教认同指数 | 民族认同指数 | 文化认同指数 | 社会稳定指数 | 类型 |
|------|------------|------------|------------|------------|------|
| 日本 | 31.05 | 96.25 | 98.81 | 75.67 | 4 |
| 韩国 | 25.92 | 92.77 | 99.8 | 71 | 4 |
| 荷兰 | 44.85 | 60.02 | 89.47 | 67.67 | 4 |
| 朝鲜 | 11.29 | 92.77 | 96.08 | 25.67 | 4 |
| 新加坡 | 21.67 | 57.62 | 61.43 | 77.67 | 4 |
| 越南 | 33.93 | 73.66 | 76.5 | 44.63 | 4 |
| 贝宁 | 38.98 | 20.8 | 31.55 | 49.33 | 5 |
| 布基纳法索 | 45.56 | 29.84 | 34.99 | 30.33 | 5 |
| 巴林 | 53.57 | 42.19 | 54.24 | 23.12 | 5 |
| 不丹 | 60.95 | 39.49 | 42.49 | 33.67 | 5 |
| 喀麦隆 | 55.92 | 15.85 | 15.74 | 13 | 5 |
| 厄立特里亚 | 53.01 | 39.77 | 45.42 | 24.72 | 5 |
| 埃塞俄比亚 | 51.51 | 20.29 | 49.33 | 14 | 5 |
| 斐济 | 50.06 | 46.4 | 45.41 | 31 | 5 |
| 加纳 | 61.42 | 28.41 | 35 | 55.67 | 5 |
| 圭亚那 | 51.2 | 29.48 | 48.02 | 39.01 | 5 |
| 哈萨克斯坦 | 58.16 | 45.58 | 40.24 | 32.94 | 5 |
| 科威特 | 57.75 | 30.2 | 46.93 | 51.33 | 5 |
| 老挝 | 53.49 | 32.08 | 55.1 | 33.63 | 5 |
| 斯里兰卡 | 51.37 | 58.38 | 59.26 | 15.67 | 5 |
| 莫桑比克 | 43.77 | 0 | 34.23 | 35.84 | 5 |
| 马拉维 | 71.91 | 19.33 | 41.42 | 39.33 | 5 |
| 马来西亚 | 45.32 | 32.66 | 41.23 | 39.46 | 5 |
| 尼日利亚 | 48.33 | 20.35 | 16.94 | 7.67 | 5 |
| 尼泊尔 | 66.74 | 6.71 | 42.82 | 19.5 | 5 |
| 塞拉利昂 | 65.28 | 24.86 | 53.72 | 40.67 | 5 |
| 苏里南 | 35.07 | 17.11 | 28.92 | 46 | 5 |
| 乍得 | 48.29 | 15.29 | 14.86 | 10 | 5 |
| 多哥 | 35.96 | 28.17 | 18.82 | 33.33 | 5 |

## 二、国家文化实力模型

在评价一个国家的国家文化实力时，应从国家文化核心要素及支撑条件两个方面出发，具体从文化资源、文化绩效、财政、人口、环境、社会、国土、经济等维度加以综合考量，对于不同的维度慎重选取相应的代表性指标。

（1）文化资源。一个国家在民族、宗教、历史、自然环境及文化旅游方面的资源禀赋，可以采用民族多样性、宗教多样性、文化多样性、生物多样性、世界文化遗产数等指标来加以衡量。

（2）文化绩效。一个国家的文化绩效可以通过选择多个典型的文化行业的产出来进行评价，在本研究中主要选择了年出版书籍、国际学生数、旅游收入和电影票房分别对出版、教育、旅游、电影等行业进行综合评价以评估该国文化成果绩效。

（3）经济维度。本研究中选取两个指标衡量国家文化支撑条件中的经济维度，一是该国每年 GDP 总量，代表国家总体经济发展水平；二是国家人均财富，代表国民经济生活水平。

（4）国土维度。土地和水源是孕育国家文化的源头，本书选取领土面积和领海面积来评估国家文化支撑条件中的国土维度。

（5）社会维度。联合国以"预期寿命、教育水平和生活质量"为基础，通过一定的计算方法来综合衡量联合国各成员国社会发展水平。本书借鉴联合国的概念，选择预期寿命、教育指数及犯罪率衡量国家文化支撑条件中的社会维度。

（6）环境维度。国民生活环境是国家文化的重要支撑条件，本书选择环境绩效指数（EPI）和生态容量作为环境维度的代表。环境绩效指数 EPI（Environmental Performance Index）重点关注于环境的可持续性和每个国家的当前环境表现。生态容量代表了生态承载力，但该指标不容易衡量，由于目前世界范围内人们的生活活动还在生态承载力内，因而本书以生态足迹侧面反映生态容量。

（7）人口维度。人是文化的载体和表象，是国家文化的本质支撑条件，处于不同环境下的人往往创造出不同的文化，目前，城市是文化的主要承载者，互联网是文化发展的新动力。因而本书选择总人口数量、城市人口数量及互联网人口比重代表人口维度。

（8）财政维度。强大的政府和军力是国家文化发展的保证，以政府财政收入和军费支出评估国家文化支撑条件中的财政维度。

　　结合层次分析和德尔菲法，确定了相应的指标及其权重。基于国家文化层次模型和国家文化数据库，选择最新的相关指标，对其统一进行的Min-Max 标准化，得到每个指标的相应得分；根据指标权重，加权计算得出每个国家上述 8 个维度指标得分以及国家文化实力总体得分。详见表4-7。

表 4-7　　　　　　　　　　　　国家文化实力得分

| 国家名称 | 文化资源 | 文化绩效 | 财政 | 人口 | 环境 | 社会 | 国土 | 经济 | 总分 |
|---|---|---|---|---|---|---|---|---|---|
| 美国 | 42.26 | 95.22 | 100.00 | 34.47 | 66.17 | 74.87 | 69.64 | 97.22 | 71.19 |
| 中国 | 71.24 | 54.53 | 54.76 | 92.09 | 22.13 | 69.99 | 47.24 | 60.59 | 61.34 |
| 法国 | 52.85 | 31.12 | 19.03 | 21.33 | 67.78 | 85.93 | 26.63 | 16.19 | 40.50 |
| 德国 | 50.92 | 31.36 | 24.21 | 21.35 | 65.55 | 97.39 | 1.63 | 20.44 | 40.12 |
| 英国 | 36.48 | 43.73 | 1.70 | 20.85 | 76.81 | 94.09 | 14.06 | 16.51 | 38.82 |
| 澳大利亚 | 50.43 | 16.58 | 6.82 | 16.99 | 74.56 | 93.18 | 52.50 | 13.70 | 37.80 |
| 印度 | 62.97 | 15.30 | 10.23 | 81.84 | 6.67 | 62.31 | 19.23 | 12.22 | 37.02 |
| 俄罗斯 | 41.45 | 25.16 | 7.92 | 20.45 | 41.17 | 76.70 | 89.48 | 7.46 | 36.23 |
| 日本 | 37.37 | 25.01 | 23.28 | 23.51 | 62.77 | 91.04 | 12.26 | 25.30 | 35.83 |
| 加拿大 | 42.92 | 14.17 | 8.51 | 18.52 | 67.66 | 92.17 | 55.06 | 12.69 | 35.20 |
| 意大利 | 55.29 | 19.55 | 12.17 | 16.61 | 57.71 | 84.10 | 2.55 | 12.25 | 34.34 |
| 西班牙 | 48.75 | 22.34 | 6.83 | 17.58 | 58.23 | 86.39 | 4.59 | 9.52 | 33.27 |
| 瑞士 | 38.84 | 5.58 | 3.24 | 17.82 | 71.02 | 93.73 | 0.17 | 14.14 | 28.33 |
| 比利时 | 41.16 | 5.54 | 3.46 | 18.95 | 67.81 | 92.95 | 0.14 | 8.00 | 28.15 |
| 荷兰 | 35.90 | 9.09 | 4.99 | 19.46 | 63.68 | 95.09 | 0.53 | 9.97 | 28.05 |
| 巴西 | 41.15 | 7.11 | 5.58 | 23.78 | 34.63 | 65.38 | 44.30 | 7.95 | 27.20 |
| 墨西哥 | 47.24 | 8.56 | 3.34 | 18.32 | 35.35 | 72.21 | 15.78 | 5.90 | 26.81 |
| 韩国 | 28.95 | 13.81 | 6.07 | 20.18 | 56.44 | 89.89 | 1.13 | 10.30 | 26.77 |
| 瑞典 | 28.72 | 4.68 | 3.48 | 17.45 | 72.43 | 95.43 | 2.24 | 7.74 | 25.51 |
| 印度尼西亚 | 51.03 | 3.01 | 1.96 | 21.55 | 17.57 | 68.81 | 22.55 | 4.92 | 25.42 |
| 捷克 | 39.76 | 4.81 | 0.09 | 14.35 | 59.33 | 88.71 | 0.33 | 2.32 | 25.40 |
| 以色列 | 39.59 | 2.41 | 2.31 | 15.52 | 57.25 | 87.20 | 0.15 | 5.39 | 25.07 |

续表

| 国家名称 | 文化资源 | 文化绩效 | 财政 | 人口 | 环境 | 社会 | 国土 | 经济 | 总分 |
|---|---|---|---|---|---|---|---|---|---|
| 卢森堡 | 27.14 | 0.63 | 0.38 | 16.81 | 99.81 | 85.27 | 0.01 | 8.16 | 24.62 |
| 奥地利 | 27.89 | 7.66 | 2.86 | 12.58 | 69.97 | 89.80 | 0.35 | 6.63 | 24.52 |
| 马来西亚 | 47.82 | 7.72 | 1.00 | 11.37 | 33.16 | 72.44 | 2.18 | 1.98 | 24.45 |
| 丹麦 | 20.91 | 4.64 | 2.51 | 18.59 | 71.20 | 95.34 | 6.23 | 7.65 | 23.83 |
| 新加坡 | 32.80 | 5.30 | 0.31 | 16.06 | 54.79 | 85.52 | 0.00 | 7.03 | 23.81 |
| 土耳其 | 33.46 | 15.84 | 2.98 | 15.51 | 27.04 | 69.91 | 3.90 | 3.60 | 23.12 |
| 伊朗 | 33.97 | 11.75 | 1.20 | 14.98 | 30.68 | 75.15 | 7.41 | 2.86 | 23.03 |
| 爱沙尼亚 | 33.33 | 1.02 | 0.15 | 13.72 | 58.56 | 88.16 | 0.28 | 1.40 | 22.69 |
| 挪威 | 18.40 | 3.02 | 2.78 | 17.45 | 65.14 | 97.11 | 7.73 | 6.21 | 22.48 |
| 希腊 | 26.62 | 5.57 | 0.15 | 16.39 | 55.26 | 87.92 | 1.76 | 2.57 | 22.40 |
| 阿联酋 | 31.99 | 8.23 | 0.00 | 9.23 | 43.94 | 82.75 | 0.35 | 3.64 | 22.28 |
| 拉脱维亚 | 32.79 | 0.85 | 0.02 | 12.99 | 53.44 | 87.35 | 0.34 | 1.29 | 21.99 |
| 菲律宾 | 48.23 | 0.95 | 0.94 | 11.51 | 16.80 | 67.64 | 5.05 | 1.73 | 21.48 |
| 苏里南 | 47.42 | 0.04 | 0.01 | 9.29 | 32.09 | 68.18 | 0.99 | 0.10 | 21.46 |
| 芬兰 | 17.23 | 3.13 | 0.12 | 15.73 | 68.77 | 96.49 | 1.62 | 3.87 | 21.40 |
| 新西兰 | 33.04 | 2.58 | 0.09 | 8.64 | 14.30 | 92.23 | 15.94 | 6.59 | 21.36 |
| 南非 | 41.39 | 2.90 | 0.09 | 10.66 | 27.46 | 68.88 | 8.76 | 1.78 | 21.29 |
| 哈萨克斯坦 | 34.20 | 1.63 | 0.05 | 9.83 | 35.25 | 83.00 | 11.38 | 1.29 | 21.27 |
| 特立尼达和多巴哥 | 41.53 | 0.05 | 0.00 | 10.51 | 44.54 | 70.42 | 0.02 | 0.81 | 21.27 |
| 斯洛文尼亚 | 23.55 | 0.95 | 0.28 | 11.95 | 62.02 | 94.95 | 0.09 | 2.20 | 21.14 |
| 阿根廷 | 22.64 | 7.66 | 1.74 | 15.66 | 35.67 | 83.47 | 14.38 | 1.97 | 21.01 |
| 乌克兰 | 27.59 | 8.73 | 0.17 | 12.06 | 32.26 | 80.36 | 2.87 | 0.84 | 20.52 |
| 波黑 | 40.60 | 0.32 | 0.00 | 9.45 | 29.13 | 75.72 | 0.21 | 0.58 | 20.44 |
| 秘鲁 | 37.98 | 1.22 | 0.08 | 11.22 | 25.44 | 72.43 | 7.31 | 1.21 | 20.18 |
| 文莱 | 37.91 | 0.04 | 0.03 | 9.92 | 40.72 | 71.09 | 0.05 | 0.69 | 20.13 |
| 斯洛伐克 | 26.16 | 1.90 | 0.62 | 11.32 | 53.60 | 82.61 | 0.20 | 1.55 | 20.08 |
| 波兰 | 18.20 | 7.33 | 3.48 | 12.22 | 47.60 | 86.64 | 1.38 | 3.57 | 20.05 |

续表

| 国家名称 | 文化资源 | 文化绩效 | 财政 | 人口 | 环境 | 社会 | 国土 | 经济 | 总分 |
|---|---|---|---|---|---|---|---|---|---|
| 葡萄牙 | 21.55 | 3.59 | 1.36 | 14.89 | 51.86 | 80.91 | 4.50 | 3.33 | 19.97 |
| 保加利亚 | 28.38 | 3.15 | 0.04 | 13.55 | 40.75 | 80.37 | 0.54 | 0.87 | 19.93 |
| 科威特 | 32.49 | 0.93 | 0.20 | 10.84 | 50.95 | 69.34 | 0.10 | 2.69 | 19.88 |
| 爱尔兰 | 13.45 | 2.86 | 1.26 | 12.88 | 62.11 | 95.44 | 1.27 | 6.03 | 19.83 |
| 巴林 | 29.51 | 1.95 | 0.04 | 11.92 | 46.68 | 75.72 | 0.03 | 1.59 | 19.73 |
| 尼日利亚 | 46.44 | 0.12 | 0.07 | 16.60 | 9.91 | 55.61 | 4.38 | 2.06 | 19.59 |
| 喀麦隆 | 50.26 | 0.37 | 0.01 | 7.18 | 12.42 | 56.80 | 2.02 | 0.20 | 19.58 |
| 立陶宛 | 21.95 | 1.00 | 0.31 | 13.27 | 53.39 | 87.49 | 0.29 | 1.26 | 19.48 |
| 塞浦路斯 | 23.03 | 0.91 | 0.01 | 12.17 | 50.68 | 87.16 | 0.27 | 2.44 | 19.46 |
| 肯尼亚 | 48.89 | 0.36 | 0.03 | 5.77 | 13.08 | 57.92 | 2.70 | 0.59 | 19.35 |
| 沙特阿拉伯 | 19.84 | 6.81 | 1.64 | 11.98 | 34.75 | 77.95 | 9.52 | 4.41 | 19.11 |
| 玻利维亚 | 36.32 | 0.40 | 0.02 | 8.29 | 27.63 | 70.65 | 4.59 | 0.36 | 19.00 |
| 白俄罗斯 | 24.41 | 2.63 | 0.32 | 15.88 | 41.88 | 77.94 | 0.87 | 0.63 | 18.95 |
| 匈牙利 | 19.33 | 4.74 | 0.93 | 14.42 | 46.03 | 82.41 | 0.39 | 1.55 | 18.93 |
| 斯里兰卡 | 37.50 | 0.85 | 0.21 | 4.18 | 17.99 | 77.12 | 1.54 | 0.73 | 18.79 |
| 卡塔尔 | 28.62 | 0.61 | 0.69 | 12.09 | 42.66 | 72.27 | 0.12 | 3.17 | 18.78 |
| 罗马尼亚 | 19.36 | 5.89 | 1.11 | 12.15 | 46.39 | 79.06 | 1.05 | 1.85 | 18.76 |
| 泰国 | 30.05 | 6.89 | 0.21 | 11.64 | 27.84 | 61.86 | 2.86 | 2.65 | 18.63 |
| 克罗地亚 | 20.28 | 2.28 | 0.37 | 11.90 | 48.25 | 84.24 | 0.38 | 1.38 | 18.58 |
| 多哥 | 49.28 | 0.06 | 0.02 | 4.74 | 8.40 | 56.46 | 0.27 | 0.04 | 18.57 |
| 越南 | 35.31 | 4.00 | 0.00 | 11.71 | 13.57 | 66.55 | 2.38 | 1.31 | 18.50 |
| 乌干达 | 46.90 | 0.20 | 0.03 | 4.94 | 14.52 | 55.76 | 1.01 | 0.16 | 18.48 |
| 埃塞俄比亚 | 50.30 | 0.14 | 0.17 | 8.52 | 12.77 | 41.29 | 4.61 | 0.43 | 18.35 |
| 加纳 | 44.01 | 0.45 | 0.01 | 7.41 | 8.93 | 61.68 | 1.56 | 0.37 | 18.35 |
| 莫桑比克 | 50.17 | 0.20 | 0.00 | 5.33 | 11.87 | 44.56 | 4.70 | 0.07 | 18.24 |
| 古巴 | 33.25 | 0.93 | 0.69 | 8.38 | 28.72 | 69.30 | 1.29 | 0.44 | 18.16 |
| 哥伦比亚 | 25.75 | 2.62 | 0.26 | 13.77 | 32.79 | 70.30 | 6.70 | 1.61 | 18.16 |
| 斐济 | 36.46 | 0.16 | 0.02 | 5.98 | 18.02 | 72.16 | 3.13 | 0.27 | 18.11 |

254

续表

| 国家名称 | 文化资源 | 文化绩效 | 财政 | 人口 | 环境 | 社会 | 国土 | 经济 | 总分 |
|---|---|---|---|---|---|---|---|---|---|
| 贝宁 | 49.80 | 0.33 | 0.00 | 0.73 | 9.66 | 52.78 | 0.55 | 0.09 | 18.11 |
| 尼泊尔 | 46.13 | 0.26 | 0.01 | 3.52 | 11.03 | 57.79 | 0.61 | 0.18 | 18.10 |
| 阿尔巴尼亚 | 29.18 | 1.30 | 0.01 | 8.58 | 30.02 | 76.47 | 0.15 | 0.55 | 17.98 |
| 智利 | 16.58 | 1.90 | 0.80 | 13.42 | 42.03 | 81.20 | 11.92 | 2.04 | 17.93 |
| 冰岛 | 9.38 | 0.56 | 0.00 | 17.63 | 47.41 | 97.20 | 2.22 | 5.66 | 17.85 |
| 格鲁吉亚 | 27.47 | 1.33 | 0.01 | 10.68 | 20.91 | 82.82 | 0.34 | 0.30 | 17.78 |
| 厄瓜多尔 | 28.69 | 0.82 | 0.49 | 9.49 | 31.81 | 70.87 | 3.64 | 0.72 | 17.71 |
| 不丹 | 40.49 | 0.03 | 0.01 | 4.63 | 28.11 | 54.29 | 0.16 | 0.01 | 17.60 |
| 阿曼 | 24.16 | 0.93 | 0.49 | 10.44 | 34.84 | 76.83 | 2.56 | 0.96 | 17.50 |
| 约旦 | 28.14 | 1.90 | 0.06 | 9.70 | 33.91 | 68.54 | 0.37 | 0.64 | 17.50 |
| 黑山 | 24.37 | 0.23 | 0.02 | 11.63 | 31.83 | 80.64 | 0.08 | 1.01 | 17.46 |
| 圭亚那 | 39.87 | 0.03 | 0.01 | 4.40 | 19.92 | 58.63 | 1.23 | 0.21 | 17.38 |
| 刚果(布) | 40.59 | 0.02 | 0.04 | 7.01 | 10.09 | 60.07 | 1.43 | 0.06 | 17.27 |
| 巴拿马 | 30.83 | 0.42 | 0.17 | 9.35 | 30.02 | 64.72 | 1.11 | 0.99 | 17.19 |
| 伯利兹 | 35.91 | 0.05 | 0.01 | 4.50 | 18.41 | 66.68 | 0.18 | 0.17 | 17.07 |
| 老挝 | 42.11 | 0.79 | 0.00 | 3.98 | 13.71 | 52.36 | 0.99 | 0.19 | 16.98 |
| 乌拉圭 | 22.14 | 0.96 | 0.27 | 15.85 | 32.07 | 72.43 | 1.07 | 1.23 | 16.83 |
| 蒙古 | 25.42 | 0.12 | 0.04 | 8.95 | 24.80 | 73.56 | 6.53 | 0.15 | 16.59 |
| 巴基斯坦 | 37.18 | 0.35 | 0.30 | 16.16 | 10.88 | 47.75 | 4.09 | 1.17 | 16.59 |
| 纳米比亚 | 35.28 | 0.30 | 0.01 | 5.80 | 22.38 | 55.12 | 4.79 | 0.29 | 16.56 |
| 马拉维 | 40.69 | 0.11 | 0.02 | 2.63 | 15.90 | 52.59 | 0.49 | 0.06 | 16.47 |
| 科特迪瓦 | 51.60 | 0.39 | 0.02 | 1.59 | 5.26 | 32.52 | 1.77 | 0.00 | 16.38 |
| 安哥拉 | 37.65 | 0.03 | 0.03 | 8.49 | 8.03 | 53.89 | 6.44 | 0.40 | 16.33 |
| 乌兹别克斯坦 | 23.18 | 0.44 | 0.26 | 9.05 | 25.84 | 76.84 | 1.87 | 0.24 | 16.24 |
| 吉尔吉斯斯坦 | 27.03 | 1.23 | 0.03 | 4.80 | 20.40 | 74.27 | 0.83 | 0.12 | 16.19 |
| 中非 | 41.96 | 0.01 | 0.00 | 4.36 | 15.77 | 41.22 | 2.60 | 0.01 | 15.92 |

续表

| 国家名称 | 文化资源 | 文化绩效 | 财政 | 人口 | 环境 | 社会 | 国土 | 经济 | 总分 |
|---|---|---|---|---|---|---|---|---|---|
| 坦桑尼亚 | 37.78 | 0.17 | 0.02 | 7.40 | 10.46 | 49.83 | 4.53 | 0.30 | 15.91 |
| 布基纳法索 | 42.72 | 0.10 | 0.05 | 4.08 | 17.02 | 39.31 | 1.14 | 0.08 | 15.90 |
| 塞拉利昂 | 43.19 | 0.10 | 0.01 | 4.61 | 5.08 | 46.25 | 0.81 | 0.02 | 15.89 |
| 瓦努阿图 | 37.28 | 0.02 | 0.00 | 2.83 | 6.01 | 60.35 | 1.63 | 0.00 | 15.81 |
| 委内瑞拉 | 17.90 | 0.39 | 0.00 | 12.47 | 35.06 | 72.46 | 4.93 | 0.89 | 15.76 |
| 博茨瓦纳 | 26.53 | 0.25 | 0.02 | 7.63 | 26.34 | 65.25 | 2.43 | 0.32 | 15.76 |
| 黎巴嫩 | 24.65 | 1.15 | 0.20 | 9.25 | 31.14 | 62.52 | 0.09 | 1.13 | 15.68 |
| 哥斯达黎加 | 19.62 | 0.70 | 0.11 | 11.61 | 35.12 | 68.78 | 1.58 | 0.98 | 15.58 |
| 乍得 | 44.94 | 0.02 | 0.01 | 3.10 | 6.65 | 35.80 | 5.36 | 0.05 | 15.53 |
| 巴哈马 | 19.62 | 0.18 | 0.00 | 13.27 | 37.71 | 66.02 | 1.62 | 0.98 | 15.52 |
| 埃及 | 19.17 | 3.39 | 2.20 | 11.05 | 24.41 | 65.44 | 4.81 | 1.63 | 15.43 |
| 刚果(金) | 30.04 | 0.06 | 0.05 | 9.40 | 14.11 | 55.40 | 9.80 | 0.22 | 15.40 |
| 塞尔维亚 | 13.01 | 1.56 | 0.25 | 10.67 | 37.30 | 79.36 | 0.37 | 0.72 | 15.22 |
| 马耳他 | 6.00 | 0.44 | 0.00 | 17.52 | 45.89 | 84.58 | 0.13 | 2.51 | 15.20 |
| 摩尔多瓦 | 22.07 | 0.16 | 0.04 | 9.20 | 24.43 | 71.75 | 0.14 | 0.29 | 15.18 |
| 冈比亚 | 38.41 | 0.06 | 0.00 | 6.31 | 6.59 | 48.29 | 0.10 | 0.04 | 15.17 |
| 塞内加尔 | 38.71 | 0.75 | 0.06 | 5.78 | 9.77 | 42.59 | 1.20 | 0.16 | 15.10 |
| 危地马拉 | 31.66 | 0.43 | 0.01 | 6.02 | 12.72 | 56.20 | 0.73 | 0.32 | 14.89 |
| 阿尔及利亚 | 14.79 | 1.50 | 0.82 | 11.41 | 25.76 | 70.21 | 10.25 | 0.84 | 14.75 |
| 几内亚 | 39.33 | 0.02 | 0.03 | 4.24 | 6.22 | 42.82 | 1.17 | 0.09 | 14.68 |
| 缅甸 | 34.13 | 0.77 | 0.07 | 6.21 | 5.04 | 49.74 | 4.10 | 0.39 | 14.65 |
| 马里 | 38.50 | 0.02 | 0.02 | 5.39 | 9.42 | 37.21 | 5.18 | 0.10 | 14.54 |
| 牙买加 | 18.46 | 0.29 | 0.06 | 7.50 | 28.36 | 71.92 | 0.66 | 0.38 | 14.51 |
| 阿塞拜疆 | 17.10 | 0.90 | 0.06 | 10.12 | 27.91 | 70.48 | 0.36 | 0.38 | 14.40 |
| 亚美尼亚 | 12.27 | 0.53 | 0.05 | 8.79 | 33.22 | 78.32 | 0.12 | 0.42 | 14.16 |
| 马达加斯加 | 31.46 | 0.10 | 0.02 | 5.27 | 5.15 | 52.92 | 5.37 | 0.08 | 14.14 |
| 毛里求斯 | 13.98 | 0.26 | 0.00 | 8.35 | 29.79 | 72.97 | 3.07 | 1.09 | 13.95 |
| 巴巴多斯 | 11.99 | 0.08 | 0.02 | 9.91 | 33.12 | 74.94 | 0.45 | 1.05 | 13.83 |

续表

| 国家名称 | 文化资源 | 文化绩效 | 财政 | 人口 | 环境 | 社会 | 国土 | 经济 | 总分 |
|---|---|---|---|---|---|---|---|---|---|
| 巴布亚新几内亚 | 29.65 | 0.03 | 0.05 | 1.63 | 13.34 | 50.12 | 7.66 | 0.20 | 13.79 |
| 阿富汗 | 33.67 | 0.25 | 0.03 | 4.62 | 3.63 | 46.66 | 2.73 | 0.09 | 13.73 |
| 密克罗尼西亚联邦 | 25.99 | 0.01 | 0.00 | 2.86 | 9.92 | 59.79 | 7.15 | 0.21 | 13.72 |
| 巴拉圭 | 16.22 | 0.47 | 0.01 | 7.41 | 32.99 | 64.18 | 1.70 | 0.34 | 13.63 |
| 摩洛哥 | 20.38 | 0.89 | 0.49 | 9.19 | 22.15 | 57.64 | 2.52 | 0.71 | 13.62 |
| 多米尼加 | 15.69 | 1.26 | 0.00 | 10.45 | 28.45 | 62.88 | 0.20 | 0.37 | 13.44 |
| 突尼斯 | 13.72 | 1.09 | 0.03 | 9.08 | 28.19 | 67.94 | 0.93 | 0.44 | 13.34 |
| 尼加拉瓜 | 22.88 | 0.34 | 0.05 | 6.89 | 18.38 | 55.49 | 0.84 | 0.24 | 13.18 |
| 赞比亚 | 23.65 | 0.13 | 0.01 | 5.40 | 12.97 | 57.72 | 3.14 | 0.13 | 13.16 |
| 所罗门群岛 | 28.45 | 0.00 | 0.01 | 3.42 | 6.17 | 52.65 | 3.91 | 0.01 | 13.14 |
| 塔吉克斯坦 | 18.20 | 0.12 | 0.00 | 3.12 | 16.08 | 70.27 | 0.59 | 0.12 | 12.91 |
| 安提瓜和巴布达 | 14.48 | 0.03 | 0.00 | 2.27 | 38.40 | 64.75 | 0.26 | 0.01 | 12.89 |
| 孟加拉国 | 19.17 | 0.13 | 0.13 | 14.01 | 6.78 | 60.49 | 0.81 | 1.43 | 12.76 |
| 苏丹 | 25.03 | 0.10 | 0.03 | 5.85 | 11.64 | 43.21 | 9.52 | 0.15 | 12.43 |
| 津巴布韦 | 25.20 | 0.04 | 0.10 | 1.12 | 11.16 | 45.40 | 0.72 | 6.53 | 12.14 |
| 圣文森特和格林纳丁斯 | 10.48 | 0.01 | 0.00 | 10.13 | 31.96 | 63.49 | 0.09 | 0.00 | 12.12 |
| 厄立特里亚 | 38.85 | 0.09 | 0.00 | 4.38 | 7.47 | 16.90 | 0.68 | 0.04 | 12.05 |
| 尼日尔 | 28.49 | 0.13 | 0.03 | 2.81 | 10.84 | 33.69 | 5.29 | 0.06 | 11.66 |
| 毛里塔尼亚 | 21.35 | 0.01 | 0.02 | 5.75 | 10.62 | 47.43 | 4.31 | 0.07 | 11.50 |
| 塞舌尔 | 4.13 | 0.05 | 0.01 | 9.13 | 33.96 | 68.56 | 3.19 | 1.04 | 11.47 |
| 圣多美和普林西比 | 14.25 | 0.00 | 0.00 | 7.54 | 17.13 | 60.70 | 0.00 | 0.06 | 11.45 |
| 洪都拉斯 | 17.57 | 0.18 | 0.01 | 6.83 | 17.85 | 51.35 | 1.06 | 0.10 | 11.41 |
| 萨尔瓦多 | 16.34 | 0.45 | 0.01 | 9.17 | 24.00 | 46.35 | 0.30 | 0.66 | 11.34 |
| 格林纳达 | 5.26 | 0.22 | 0.00 | 7.93 | 26.54 | 69.46 | 0.07 | 0.00 | 10.92 |

| 国家名称 | 文化资源 | 文化绩效 | 财政 | 人口 | 环境 | 社会 | 国土 | 经济 | 总分 |
|---|---|---|---|---|---|---|---|---|---|
| 圣卢西亚 | 7.34 | 0.07 | 0.01 | 5.58 | 25.06 | 66.06 | 0.04 | 0.01 | 10.70 |
| 汤加 | 1.82 | 0.01 | 0.00 | 2.14 | 27.67 | 77.62 | 1.58 | 0.00 | 10.46 |
| 马绍尔群岛 | 10.66 | 0.00 | 0.00 | 7.73 | 7.82 | 57.70 | 4.75 | 0.00 | 9.98 |
| 东帝汶 | 13.78 | 0.01 | 0.01 | 0.13 | 12.12 | 57.60 | 0.23 | 0.08 | 9.95 |
| 柬埔寨 | 14.08 | 0.90 | 0.02 | 3.37 | 12.53 | 50.16 | 0.90 | 0.20 | 9.91 |
| 萨摩亚 | 4.84 | 0.03 | 0.00 | 1.81 | 20.42 | 70.56 | 0.32 | 0.00 | 9.86 |
| 海地 | 15.50 | 0.06 | 0.02 | 6.31 | 4.56 | 50.20 | 0.42 | 0.03 | 9.74 |
| 布隆迪 | 18.44 | 0.09 | 0.01 | 1.84 | 5.09 | 46.78 | 0.12 | 0.01 | 9.68 |
| 多米尼克 | 10.91 | 0.01 | 0.16 | 0.00 | 23.92 | 47.96 | 0.00 | 0.00 | 9.11 |
| 科摩罗 | 9.73 | 0.00 | 0.00 | 2.87 | 10.60 | 55.44 | 0.40 | 0.08 | 8.94 |
| 基里巴斯 | 2.40 | 0.00 | 0.00 | 5.48 | 14.40 | 60.50 | 8.21 | 0.00 | 8.76 |
| 卢旺达 | 15.16 | 0.08 | 0.03 | 2.31 | 11.77 | 38.48 | 0.11 | 0.10 | 8.58 |
| 莱索托 | 9.10 | 0.14 | 0.00 | 2.91 | 8.45 | 53.72 | 0.13 | 0.02 | 8.48 |

# 第四节 国家文化和国民文化在演进中的变化规律[①]

如前文所言，国家文化通过种种渠道和转换环节，从器物层面、制度层面、行为层面以及心态层面对国民个体(社会成员)产生影响，最终氤氲化生成风格各异的国民文化，由于国家文化具备高度的凝聚性，探索其在文化演进中的变化规律难度较大，受国家文化影响而产生的国民文化千姿百态融入和体现在国民生活的方方面面。本节将从国民文化的器物、制度、行为和心态四个层面出发，进一步分解为艺术、灾难、经济、教育、娱乐、探索、法律、文学、哲学、政治、器物、宗教神学、科学、体育运动和战争等子维度，利用统计学方法从宏观层面探索国民文化随时间发展的变化规律，同时从侧面反映国家文化的变化规律。

---

[①] 特别说明：本节内容由课题组成员田扬戈副教授、傅才武教授、余冬林教授完成，田扬戈副教授承担了数据收集和数学模型设计，傅才武教授、余冬林教授提供了基本的理论框架模型，作为数据与文化学理论融合的探索性成果，本节内容仍然是一种初步性成果，并非定论，课题组仍然在不断优化调整的过程中。

## (一)数据描述和预处理

### 1. 数据描述

既然研究要从国民文化的维度着手,自下而上地探索国民文化和国家文化的变化规律,就必须选择一个可以包罗万象的数据源,确保其能够对世界各国各时代的文化符号(人物、事件、器物等)有所记录,因而本节将Wikidata 和 DBpedia 作为研究的数据源。Wikidata 是一个开放、协作的项目,主要用于存储所有维基媒体姊妹项目(如维基百科)的结构化数据。目前,Wikidata 已经拥有 500 万以上的注册用户,超过 9000 万的实体,是多种在线任务的关键资源,例如语音识别、实体链接、问答或语义搜索。本节采用的数据是 2018 年的全数据版本,拥有接近 5000 万的实体条目,单个实体数据结构由 ID、标签、别名、简短描述、声明和网站链接六个部分组成,其中标签、别名和简短描述拥有多个语言版本。DBpedia 是链接开放数据云最重要的节点之一,它从 Wikidata 的词条中抽取出结构化的数据,以强化 Wikidata 中数据的搜索和应用,具有成熟的知识本体和稳定的数据发布周期。在本次研究中,我们使用了 DBpedia 关于 Wikidata 的层次结构数据,主要包括超过 200 万个目录和超过 3000 万条实体—目录的关系。单个层次结构数据为 RDF 三元组形式,即实体—关系(从属)—类别。

从表 4-8 中,我们可以观察到一些信息,比如孔子在公元前 479 年出

表 4-8　　　　　　　　　　　　　孔子及其所属目录

| Entity | Catalog |
| --- | --- |
| Confucius | 479 BC deaths |
| | 551 BC births |
| | 5th-century BC Chinese people |
| | 5th-century BC historians |
| | 5th-century BC philosophers |
| | 6th-century BC Chinese people |
| | 6th-century BC historians |
| | …… |
| | Guqin players |

生，于公元前 551 年去世；孔子是中国的思想家和教育家等。同样的，在实体所属的类别中，一般蕴含了实体的国籍信息、时序信息，多个实体整合起来，既可以从国家截面上观察由这些实体代表的文化随时间的变化，又可以从时间序列中观察不同国家截面的文化结构的异同。为了从实体中提取出时序信息和蕴含的文化信息，需要对现有的数据进行预处理操作。

2. 数据预处理

进行数据预处理的目的是为了赋予实体更丰富的信息，同时去除冗余信息。对本节的源数据，主要的处理操作如下：

（1）抽取实体的国籍信息。基于维基百科中主权国家的标准名称，辅以部分民族名称和城市名称构造国籍的识别词典，基于国籍识别词典从实体的简短描述和实体所属的类别中抽取实体中的国籍信息，建立起实体——所属——国籍的联系。

（2）抽取实体的时序信息。由于时序信息具备明显的结构特征，因此主要基于正则表达式提取实体的时序信息，建立起实体——所处——时间的联系。本节将实体的创造或存在所处的时间区间作为实体的时序信息，比如将公元前 497 年至公元前 551 年作为孔子的时间标签。

（3）统计实体的类别数目。实体拥有的类别数目与实体的重要性和地域传播力呈正比关系，越重要、传播力越强的实体拥有更多的类别数量，统计所有实体的类别数目并作为实体的重要性和传播力的衡量标准，为实体赋予权重标签。

（4）去除冗余数据，将缺少时序信息或国籍信息的实体作为冗余数据去除。由于数据量很大，不可避免地会有部分数据具备特殊的描述格式，导致一定的信息遗漏，但这些实体在文化发展中不具备较大的意义，或者原本就是数据源中的冗余信息。

3. 数据分布特点

经过预处理的单个实体除原本的 ID、标签、别名、简短描述、声明和网站链接外，还拥有了时序信息、国籍信息和权重信息。

经过数据预处理后，实体具备了时序和截面两个维度，通过从时序和截面两个维度进行单独统计，观察实体在统计层面的分布特点。

（1）实体在时序维度的分布特点。

由于实体的数目庞大，本节将以 50 年为区间长度对实体在时序上的分布进行单元统计，并将统计值进行对数处理以方便显示。实体在时序维度的分布如图 4-3 所示。

从图 4-3 可以看出，实体记录的分布在时序范围内具备不平衡性，古

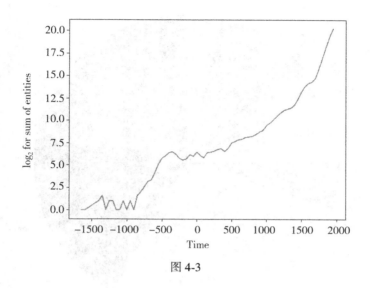

图 4-3

今记载量差距明显，随时间的发展迅速增长。实体所处的时代越古老，在数据源中记载数目越少，近代以来实体的记录数量呈爆炸性增长。另一方面，从数据源记载的数据质量来看，时代越古老，数据记录的质量越高，被记录的均为所处时代最具代表性的文化元素；时代越靠近当下，数据记录中存在的冗余元素越多，并且同质化严重，可能会存在量变引起质变的风险。

（2）实体在国籍截面的分布特点。

以实体的国籍为截面，实体在截面维度的分布占比如图 4-4 所示。

从图 4-4 可以看出，实体记录的分布在国籍截面上同样具备不平衡性。一方面，由于开放知识协作平台的发展时间更早、大众化程度更高，欧美国家在数据源中拥有更多的记录数量。另一方面，由于国家发展水平和国家综合国力的不同，各国在数据源中的记录数目存在明显的两极化，美国等发达国家的记录数最多，中国等综合国力较强的发展中国家也拥有较多的记录数量，国家发展水平较低、综合国力较弱的国家在数据源中的记录数明显减少。并且，在截面上，实体数据的质量与数据记录的数目仍然呈反比。

（二）国民文化演进分析模型

国民文化结构的分类多种多样，但内容都大同小异，大致可分为器物

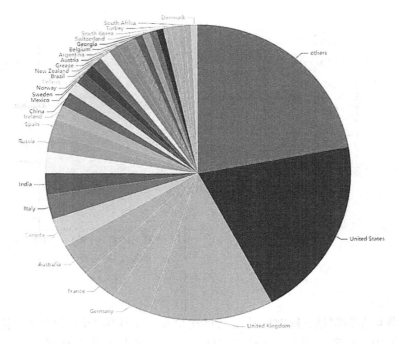

图 4-4

层、制度层、行为层和心态层四个层次，为对国民文化结构进行更细粒度的分析，本节将四个层次结构扩充至艺术、灾难、经济、教育、娱乐、探索、法律、文学、哲学、政治、器物、宗教神学、科学、体育运动和战争15 个子层次。基于这 15 个子层次构建国民文化演进分析模型，探索主要国家的国民文化结构随时间发展的变化规律。

1. 抽取时序和国籍截面维度中最具代表性的实体

由于数据源中的实体的分布在时序和国籍维度同时具有不平衡的特点，并且数据的质量与数据记录的数目呈反比，因而不能直接将单个时序维度内的国籍截面的实体作为国家的文化元素，本节将采取一种平衡抽取算法，抽取国家在各个时代中最具代表性的实体。具体的做法如下：

（1）以 50 年为单元区间，将实体按时序标签分配至各个单元区间中，通过国籍标签进行聚类，确定各个国家在单元区间内的实体。

（2）基于统计结果确定模型的筛选阈值，使代表性实体得到保留。在统计中发现，除美国等建立时间较短的国家，主要国家的单元实体数目在时序变化中的中位数在 1000 左右，因而选定 1000 作为模型的阈值。

（3）对单元区间中单位截面的实体按权重进行排位，综合考量筛选阈值和排位占比，确定国家的代表性实体。在单位区间内，对每个国籍截面的实体按权重大小进行排位，当排名前十分之一的实体的数目不少于阈值时，将其作为单元区间内国家的代表性实体，否则取与阈值相等数目的排名靠前的实体作为代表性实体。

2. 抽取代表性实体中的特征

我们认为通过平衡抽取算法抽取到的实体彼此是等价的，皆是各个文化领域中的佼佼者，每个实体对各自的文化领域产生的贡献与实体的权重成正比。比如对于孔子这一实体，我们可以将思想家、政治家、教育家作为其实体的文化特征，代表其在哲学、政治和教育三个维度上产生贡献。对权重较大的实体，DBpedia 为丰富实体的结构，使其便于查询，会对其进行多重标记，比如孔子拥有中国思想家，古代思想家、中国思想家等多重标签，在方法中予以保留，对相应文化领域产生多重贡献。具体的做法如下：

(1) 挖掘代表性实体对应的所有类别，通过分词、依存分析等技术抽取类别的主干词。

(2) 对抽取的主干词进行去除停用词、词形还原。

(3) 进行词性判断，仅保留名词作为单个实体的特征。

3. 计算时序单元区间内截面上的文化结构

获得代表性实体的特征后，对每个国籍截面在每个时序单元的文化结构进行计算，就可以从时序维度中观察单个国家各个时代文化结构的变化，从而分析产生变化的原因，总结变化的规律。主要做法如下：

(1) 通过人工和机器学习相结合的方法为实体的代表性特征分类，将特征词整合到艺术、哲学等 15 个子层次下，不对特征词进行强行划分，舍弃步骤 2 产生的与子层次无关的特征词。

(2) 在单位截面的时序单元区间中基于一词一贡献的原则计算特征词对文化子结构的贡献，将贡献的总量作为单个文化子结构的权重。

(3) 分别计算所有文化子结构的权重占比，作为单位截面上时序单元区间的文化结构。

(三) 世界主要国家的文化演进

1. 中国

中国拥有长达 5000 多年的悠久历史，但在数据源中公元前 700 年之前的记录寥寥无几，基于国民文化演进分析模型，中国上下 2000 年的文化结构变化如图 4-5 所示：

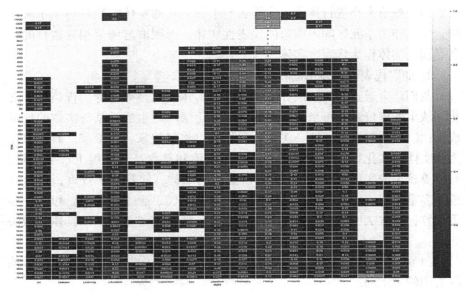

图 4-5

基于中国上下 2000 年的文化结构变化，我们可以得出以下规律：

（1）政治要素从始至终都在中国的文化舞台中占据重要的地位。从封建帝国到人民民主共和国，中国人民治理国家的方式经历了巨大变化，但政治要素一直都在中国的文化结构中居于主导地位。

（2）中国的哲学是最早站上文化舞台的要素之一。中国的哲学从春秋战国时期开始萌芽，并迅速成为最主要的文化要素之一，开创了百家争鸣的历史局面。在中国历史上，春秋战国是思想和文化最为辉煌灿烂、群星闪烁的时代。这一时期出现了诸子百家彼此诘难、相互争鸣、盛况空前的学术局面，在中国思想发展史上占有重要的地位。春秋战国结束以后，百家争鸣的盛况不再，但百家争鸣遗留的珍贵思想文化遗产得到了长足发展，经过儒、释、道数百年的相颉颃相融汇，最终推出了精致完备影响深远的宋明理学。

（3）中国的科学要素深刻影响了中国的文化结构。从图 4-5 中可以看出，中国科学最早的兴盛时期同样出现在春秋战国，并且成为百家争鸣历史局面的有力支撑。正是由于科学技术取得了较大进步，如天文学、数学、光学、声学、力学、医学等方面在当时均达到较高水平，提高了人们认识的水平，丰富了人的精神世界和物质生活，使得人们能够参与到这场盛况空前的思想运动中去。随着时代的发展，科学要素始终在中国文化结构中占有一席之地，影响着中国人民的生活。

（4）文学是中国国民文化中不可或缺的一部分。中国的文学要素同样在春秋战国时期萌芽，历经魏晋南北朝时期之自觉，并在盛唐时期达到鼎盛，在几千年的发展历程中，中华民族创造了大量的文学经典，涵盖了生活的方方面面，最具影响力的当属诗歌。诗歌是最古老也是最具有文学特质的文学样式，中国的诗歌形式经历了诗经，楚辞，汉赋，汉乐府诗，建安诗歌，魏晋南北朝民歌，唐诗，宋词，元曲，明清诗歌，现代诗的发展历程，直至现在都在人民的日常生活中广为流传，是国民文化不可或缺的一部分。

（5）近代战争冲击了中国的国民文化结构。由 1840 年鸦片战争开始，中国人民开始了长达百余年的近代战争。在战争时期，中华民族的文学、运动、娱乐等要素迅速下降，教育要素迅速发展并占据主要地位，中华民族从政治思想、教育人才、科学发展等方面开始救亡图存。中国自 1840 年来兴办了大量的学校，发展和革新了自己的军事，有了自己的思想武器，文化结构发生了剧烈变化。

（6）现代以来，体育运动成为国民文化的重要组成部分。随着生产力的发展，国民生活水平的提高，人们开始追求精神上的充实，并且更加注重自身的健康水平，体育运动成为国民关注的重点，对现代中国的文化结构产生了巨大影响。

2. 希腊

同为著名的文明古国，希腊的历史源远流长，基于国民文化演进分析模型，希腊上下 2000 年的文化结构变化如图 4-6 所示。

希腊上下 2000 年的文化结构变化规律如下：

（1）哲学对古希腊产生了重要影响。自公元前 600 年左右，古希腊的哲学就开始萌芽，开始逐渐摆脱神论的束缚，打开了理性思考的世界的大门。首先是自然哲学阶段，自然哲学的主要代表有以泰勒斯为代表的米利都学派；以巴门尼德为代表的"爱利亚学派"；以毕达哥拉斯为代表的"毕达哥拉斯学派"。这一时期涌现出了非常多伟大的哲学家，比如提出"气本原论"的阿那克西美尼、提出"火本原论"的赫拉克利特、提出"原子论"的德谟克利特、提出"数本原论"的毕达哥拉斯等。从公元前 400 多年的普罗泰戈拉提出"人是万物的尺度"，古希腊哲学进入第二阶段，这一时期诞生了古希腊最为著名的三大哲学家：苏格拉底、柏拉图和亚里士多德。这一时期的思想特点是从外部的自然界，转向了关注人类自身。从探索万物的

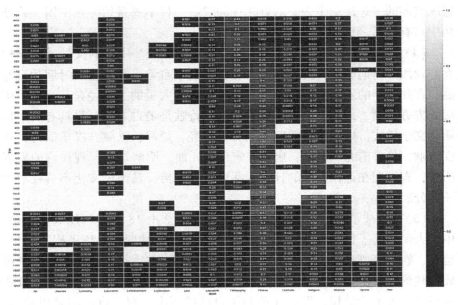

图 4-6

构成，转向关注人性的善恶、道德以及知识等与人类自身相关的话题。苏格拉底提出了"认识你自己"，并一生致力于启迪他人思考，传播知识；柏拉图的"理念论"影响了西方此后上千年的思想和文明；亚里士多德是古希腊哲学和科学的集大成者，是一个百科全书的思想家，是逻辑性和生物学的创始人，也第一次系统地提出了"形而上学"这一概念和思想体系，其中包括他的"四根说""十范畴"等。在亚里士多德之后的公元前 300 多年到公元前 200 多年，古希腊文化逐渐走向衰落。这一时期出现了古希腊四大思想流派：犬儒学派、伊壁鸠鲁学派、斯多葛主义、怀疑主义。这一时期的古希腊思想的特点是，他们对世界并不感兴趣，他们也并不关心国家和社会的发展，而唯一关心的是人自身的感受，以及如何获得快乐和幸福等话题。比如伊壁鸠鲁学派就以快乐哲学甚至以纵欲主义闻名；而斯多葛学派则追求灵魂的快乐和幸福，而放弃对肉体和现实的幸福的追求。

（2）希腊的文明发展受政治影响深远。希腊是最早提出民主政治的国度，尽管希腊的民主政治因自身局限性而最终湮灭在历史长河中，但民主政治的思想对西方诸国都产生了深远的影响。另一方面，公元前 3 世纪，罗马势力入侵巴尔干半岛，随着希腊化诸国的逐渐灭亡，罗马人成为希腊的主宰，古代希腊的历史就此终结。罗马帝国作为一个高度集权的封建帝国，其代表的政治理念在当时具备先进性，深刻影响了希腊的文化进程，使得政治元素在希腊文化中占据了重要地位。

（3）宗教神学是希腊文明的重要组成部分。东正教的前身希腊教会正式诞生，此后逐渐发展壮大。东正教的实体通称正教会（东正教会），全称正统天主教会。象征1世纪到11世纪的基督教会及整体风格，融合了耶路撒冷、安条克、亚历山大港、拜占庭（君士坦丁堡）、罗马五大原始的自治教会。随着基督教在罗马帝国的合法与国教化，君士坦丁堡成为帝国政教合一的"新罗马"首都教会，以及整个基督教的首都教会。在罗马帝国统治下，希腊成为东正教的教区之一，受教会影响深远。罗马帝国解体后，依独立政权组建的独立教会概念诞生，宗教在希腊仍然具备长足影响力。

（4）现代以来体育运动成为希腊国民文化的重要组成部分。随着国民生活水平的提高，社会的稳定，希腊人民开始注重精神的充实和身体健康，体育和娱乐成为国民文化的重要组成部分。

# 第五节 国家文化和国民文化谱系综合研究

国家文化和国民文化都是一个复杂的总体，通过谱系研究梳理文化的内部结构和联系被认为是一条深入认识文化的可行途径。但受制于数据获取困难和分析手段有限，这方面的研究长期进展不大。

本节选取 YouTube 视频平台作为数据来源，在采集了全球100多个国家文化相关视频信息基础上，借鉴文本挖掘中的 TF-IDF 方法，提出视频标签的评价指标 TW-IDF，以度量视频标签热度和独特性；并在此基础上，构造文化的特征向量，以分析不同国家国民文化的相似度；利用 K-means 聚类算法对世界各国进行文化文本聚类，得出世界文化谱系图，并对中国文化特质及其在世界上的传播状况进行了分析。

## （一）数据采集和处理

YouTube 是世界上最大的视频分享网站，其用户分布全球近200个国家，具有广泛的代表性；同时网站对数据采集较为友好，还提供了 API 便于研究者获取其相关数据；因此本节选择 YouTube 作为研究的数据来源，选取了数据较为完备的188个国家，几乎覆盖了世界上现存的所有国家；对于每个国家，在 YouTube 上以"国家英文名+culture"作为关键词，按照播放量降序排列，截取排序前100的视频数据，每条视频的数据包括其ID、观看数、赞踩数、评论数以及关键的主体部分，即视频的标题、简介及标签。

由于 Google 开发者平台对每天的数据采集有一定数量限制，截至 2021 年 1 月，研究者采集了 188 个国家文化关键词下的播放量排名前 100 的视频相关信息，用以分析国家文化的谱系关系；此后，又陆续采集了 11 个主要国家排名前 100 条视频的前 100 条评论信息，用以分析观众的兴趣点；采集了中国播放量大于 1000 的全部视频信息，以分析中国文化的海外传播特点，如表 4-9 所示。

表 4-9                   **YouTube 平台中的中国视频数据**

| 搜索关键词 | 视频数（条） | Tag 数（条） | 平均 Tag 数（条） | 播放量达 1w—100w 的视频（条） | 播放量达 100w 以上的视频（条） | 最大播放量（万次） |
|---|---|---|---|---|---|---|
| Chinese culture | 341 | 2860 | 8.4 | 110 | 12 | 1409 |
| Chinese | 488 | 5284 | 10.8 | 266 | 168 | 25264 |
| China | 578 | 6233 | 10.8 | 387 | 147 | 167442 |
| 合计 | 1407 | 14377 | — | 673 | 327 | |

采集到的所有数据经过清洗转换后，按照统一的格式统一存在数据库 MongoDB 中。由于 YouTube 支持多种语言，为便于统计，研究在通过 Unicode 编码来判断记录所属的语种后，调用翻译 api 将其统一翻译为英文小写进行汇总统计；对应翻译的结果结合人工检查以保证翻译的准确性。

（二）国家文化与国民文化特征分析

1. 文本挖掘中的特征分析

YouTube 视频标签是用户或观众根据自己对上传视频文件内容的定义，对该视频类别设置的一个或多个描述，包含了用户或观众对视频内容的理解。因此其内容多样、没有标准的格式、不同国家视频的标签也往往具有很大的差异，如表 4-10 所示：

表 4-10               **部分国家文化 YouTube 标签数量**

| 国家名 | Tag 数（条） |
|---|---|
| Chinese | 747 |
| South Korean | 775 |

续表

| 国家名 | Tag 数(条) |
|---|---|
| Japanese | 1108 |
| Indian | 877 |
| Polish | 1061 |
| Irish | 1014 |
| French | 1056 |
| Spanish | 1020 |
| American | 1073 |
| Mexican | 1060 |

由于 YouTube 视频标签往往是短文本，因此不能运用传统的数据分析技术，必须借鉴文本挖掘技术对其进行分析。

分析文本类数据，首先需要将非结构化的文本数据转化为结构化的统计数据，才能利用数学方法分析。特征工程作为数据挖掘中重要的一环，目的就是通过某种方式从海量的数据中提取出某些具有代表性的特征并将其数字化，*TF-IDF* 方法便是其中的经典方法。

*TF-IDF* 为词频—逆向文件频率，是文本挖掘领域中常用的加权技术与统计方法，它用以评估于一个文件集中某标签对于某文件的重要程度与独特程度。标签的重要性取决于它在文件中出现的次数，关系为正比，与此同时也取决于它在语料库中出现的频率，关系为反比。

*TF-IDF* 用以衡量一个标签的区分能力，其值越高说明越适合分类，且能很好地反映这个标签对于这篇文章的独特性。

*TF* 指词频，代表标签在文本中出现的频率，对其进行归一化可以避免长文本文件对其的影响。公式为：

$$TF_{i,j} = \frac{n_{i,j}}{\sum_k n_{k,j}}$$

分子代表标签在文件中出现的频数，分母为文件中所有标签的频数总和，也即：

$$TF_w = \frac{某文档中词语\ w\ 出现的次数}{该文档中所有的词条数目}$$

*IDF* 指逆向文件频率，如果包含某个标签的文档越少，则其 *IDF* 值越大，该值标识标签的独特性，这说明其具有良好的类别区分能力。标签

*IDF* 值的计算方法为：

$$IDF_i = \log \frac{|D|}{|\{j : t_i \in d_j\}|}$$

其中分子为语料库中的文件总数。分母标识包含有目标标签的文档个数，也即：

$$IDF = \log\left(\frac{\text{文档集合中的文件总数}}{\text{包含标签 } w \text{ 的文档数}}\right)$$

*TF-IDF* 为两者的乘积，故高权重的标签不仅代表了本身的高频性，同时也反映出了其独特性，因此 *TF-IDF* 可以在过滤常见词的同时保留频数低且重要的标签。公式为：

$$TF\text{-}IDF = TF * IDF$$

2. 国家文化标签特征提取方法：*TW-IDF*

在前一小节基础上提出 *TW-IDF* 公式。

TW(Term Weight)指词权，本节将词频 *TF* 换为另一种计量值即词权 *TW*。按照经典的词频公式，一个标签的权重值仅与这个标签所在文本出现的次数有关，在一些改进的方法中，权重值可能还与词语出现在文本中的位置有关，在本课题获得的数据中，除有视频的标题和简介外，还有更值得关注的数据，即此视频的播放量、点赞量、评论量等，这些都是衡量文化要素影响力的因素，因此本课题需要在标签对应的权重值中，较为合理地体现上述影响力因子，故此权重值的计算公式不同于经典 *TF* 计算公式，经适应改造后，新的权重值计算公式为：

$$TW_{view} = \frac{view}{\text{总 } view} * \frac{\dfrac{1}{\log_2 \text{总 } view}}{\dfrac{1}{\log_2 \text{总 } view} + \dfrac{1}{\log_2 \text{总 } like} + \dfrac{1}{\log_2 \text{总 } comment}} * 100$$

$$TW_{like} = \frac{like}{\text{总 } like} * \frac{\dfrac{1}{\log_2 \text{总 } like}}{\dfrac{1}{\log_2 \text{总 } view} + \dfrac{1}{\log_2 \text{总 } like} + \dfrac{1}{\log_2 \text{总 } comment}} * 100$$

$$TW_{comment} = \frac{comment}{\text{总 } comment} * \frac{\dfrac{1}{\log_2 \text{总 } comment}}{\dfrac{1}{\log_2 \text{总 } view} + \dfrac{1}{\log_2 \text{总 } like} + \dfrac{1}{\log_2 \text{总 } comment}} * 100$$

$$TW_{初始} = TW_{view} + TW_{view} + TW_{view}$$

$$TW_{最终} = TW_{初始} * (1 + 0.1 * tag \text{ 在 } title \text{ 出现次数} + 0.05 * tag$$
$$\text{在 } description \text{ 出现次数})$$

初始 $TW$ 值由三个重点影响力因子的初始 $TW$ 值相加而得到，同时本课题还需要考虑到视频的其他元数据，包括视频标题和视频简介，因此规定该标签若在视频标题里出现次数每达一次，则词权数值增加初始 $TW$ 值的 10%，该标签如果在视频简介里出现次数每达一次，则词权数值增加初始 $TW$ 值的 5%，由此可以得到最终的标签 $TW$ 值。

对于所有视频的 $tag$ 均按照上文的 $TW$-$IDF$ 公式计算，且以国家为单位将这些 $tag$ 以其词权值降序排列。图 4-7 截取自中国标签的 $TW$ 排序分布。

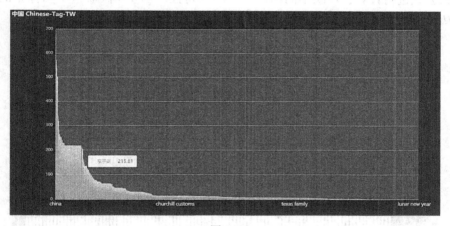

图 4-7

通过研究不同国家中权重值较高的标签，不难发现各国家文化中一些备受关注与热门的领域。如：

（1）在中国文化中，大众偏向于中华传统文化、中国历史、中国风、中国食物，标签"李子柒"的权重值非常高，李子柒在宣扬中国风和中式生活方面起到了非常显著的影响，外国人对其关注度和追捧度可见一斑。除此之外，中国城市如北京上海也较为频繁地被提起，这些标签和另一个关注度同样较高的标签有一定联系，即关注作为一个外国人在中国生活的感受及生活的质量；另外，许多标签显示人们对于中日两国异同点感兴趣，这不仅出于中日两国在历史上的关联，更是作为亚洲影响力较强的两个国家而为世界关注。

（2）在美国文化中，大众偏向于其与欧洲及英国的对比，这符合美国舆论的引导和关注点；作为起源与发展的部分，部分民众对本土印第安原居民的关注度同样较高；在亚洲地区，美国对日本更为关注，而对中国并未投入相当的关注热度，这也同舆论引导等因素有关；另外，美国文化中受关注的范围较广，大众对于汽车、电子行业、政治、影视娱乐方面都有一定关注度。

（3）在日本文化中，抽取权重值较高的标签进行查看，发现其中包含许多对日本各领域的关注，包括礼节、生活、办公文化、学校、旅游、交通、日语、人口、汽车等，不难看出领域众多，也反映了大众对于日本文化的普遍关注。

*TW* 计算完毕后，将每一个国家都视为一个单独的文件，利用 *IDF* 经典公式进行计算，反映不同国家标签的独特性。图 4-8 截取自中国标签的 *IDF* 排序分布。

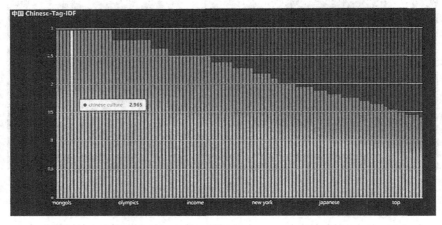

图 4-8

其中的分布明显多为阶梯状，原因是计算 *IDF* 时与 *TW* 的计算并不相似，后者的影响力因子比前者要更加多元丰富，影响力因子所带来的变量差异会更为明显；而 *IDF* 中的唯一变量即包含此标签的文档数，因此图中跃迁状态会较为明显。

于中国而言，头部阶梯的数据集中在中国传统文化、中国风视频中，以李子柒为代表的中国食物和中国生活更为大众所偏好与接纳；在之后的中部与尾部标签中则出现了更多多元化的数据，如影视行业、政治事件、艺术生活等。上述说明在当前中国文化下，中国传统文化依然是最独具一格的特色文化。

3. 文化标签集中度分析

为分析各国文化标签领域的集中程度，本节采用 *HHI* 指数，即赫芬达尔—赫希曼指数来衡量。赫芬达尔—赫希曼指数是一种测量产业集中度的综合指数，是指一个行业中各市场竞争主体所占行业总收入或总资产百分比的平方和，用以计量市场份额的变化，即市场中厂商规模的离散度。赫芬达尔—赫希曼指数是产业市场集中度测量指标中较好的一个，它不仅是经济学界和政府管制部门使用较多的指标，更被广泛借用于其他领域用以衡量集中度。计算公式如下所示：

$$HHI = \sum_{i=1}^{N} (X_i/X)^2 = \sum_{i=1}^{N} S_i^2$$

式中 $X$ 代表市场的总规模，$X_i$ 代表着 $i$ 企业的规模，$N$ 代表该产业内企业数，$S_i$ 则代表第 $i$ 个企业的市场占有率。以上符号用在本研究中，分别代表一个国家中的所有文化标签的 *TW* 权值总和、第 $i$ 个标签的 *TW* 权值、总标签数、第 $i$ 个标签的热度占有率。

对于一个国家来说，计算结果若越接近于 1，则其文化标签的集中度越高，头部标签的权重值越高，即头部标签的"垄断效应"越明显；而计算结果越接近 0，则说明文化关注度倾向于多元化，各文化领域所受到的关注度相差不大。计算后的结果见下页表。将所有主要国家的赫芬达尔—赫希曼指数计算后得到分布如图 4-9 所示：

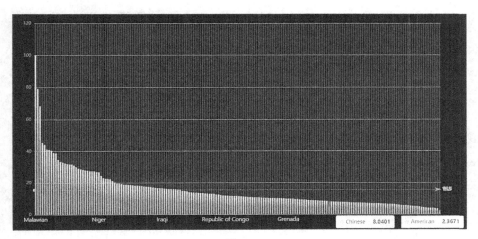

图 4-9

图 4-9 中显示各国赫芬达尔—赫希曼指数平均值为 15.5，中国的赫芬

达尔—赫希曼指数为 8.04，在分布图中的中后部，而美国的赫芬达尔—赫希曼指数为 2.367，处于各国的末位。

结合表 4-11 中的数据中不难看出，相对于西方国家等文化传播性较强的地区，中国文化的 *HHI* 指数较高，这反映了我国受关注的文化领域较为集中，对比美国等国的 *HHI* 指数，可以看出西方国家的文化领域更具辐射性。具体查看美国文化标签，不难发现其涵盖的领域是多方位的，也即美国文化在某种程度上来说更加呈多元化态，因此反映在外界对其的关注度也就会广。文化多元化的好处显而易见，这样辐射的群体会更广，尾部效应也会更明显。

中国文化在挖掘和宣传上需要多元化，中国文化被关注的领域较为集中，这也与长期以来西方人民对东方生活和文化的刻板印象有关，人们更多只会选择其更感兴趣的、同时也更符合自身认知的视频，因此中国需要在不同维度上打破西方的固有印象与偏见，在多方位"破圈"，打造自己的多元文化模型，仍需不断探索。

表 4-11　　　　　　　　　　　部分国家 *HHI* 指数表

| 国家名 | *HHI* ∗ 1000 |
|---|---|
| Chinese | 8.04 |
| Dutch | 7.83 |
| German | 7.25 |
| South Korea | 6.76 |
| Polish | 6.43 |
| Japanese | 6.00 |
| Australian | 5.42 |
| Spanish | 4.38 |
| British | 3.86 |
| French | 3.78 |
| American | 2.37 |

(三)基于文化主题的国家文化与国民文化谱系研究

考虑到标签之间存在语义包含、近似等关系，结合标签词频和人工筛选，从高频标签中选取了出具有区分意义且有文化代表性的标签主题，共计 62 个，其中包含的领域有食物、歌舞、电影、生活、运动、旅行、教育、娱乐、社会、政治等。

基于 Gensim 自然语言处理库下的 Word2Vec 模型，构建起 62 个主题的特征向量模型；通过计算与各个主题特征向量的余弦夹角，将所有视频都分别归类到相应的主题下；在此基础上，统计所有的主题标签频率。部分标签内容及频数如表 4-12 所示：

表 4-12                          部分标签词频表

| 标签 | 频数 |
|---|---|
| travel | 1772 |
| food | 1465 |
| music | 1288 |
| dance | 1109 |
| history | 777 |
| people | 704 |
| life | 656 |
| news | 608 |
| language | 548 |
| documentary | 547 |

按照上述 62 个维度为所有国家构建起文化特征变量，每一维对应数值为此维标签在相应国家标签集合中出现的频数。在此基础上，选用 K-means 算法对所有国家文化特征变量进行聚类分析。

K 均值聚类算法作为无监督聚类中的经典算法，可以将样本点自动地归为某一类别，假设给定含 $n$ 个聚类点对象的数据样本 $Y = \{Y_1, Y_2, Y_3, \cdots, Y_n\}$，其中每个聚类点对象都含有 $m$ 维属性，该算法将这 $n$ 个聚类点对象依据给定标准下的相似度划分至 $k$ 个聚类簇中：

首先初始化 $k$ 个聚类中心 $C = \{C_1, C_2, C_3, \cdots, C_k\}$ $(1 < k \leq n)$，基于此计算每个对象到 $k$ 个聚类中心的距离值，这个距离可以为多种数学属性，包括欧式距离、马氏距离、余弦相似度等，本节选用欧式距离。$K$ 的值设置为 7(实验得到的最佳取值)。聚类结果如图 4-10。

可以看出大部分欧美发达国家和澳大利亚、日本被划为 1 类；东欧、

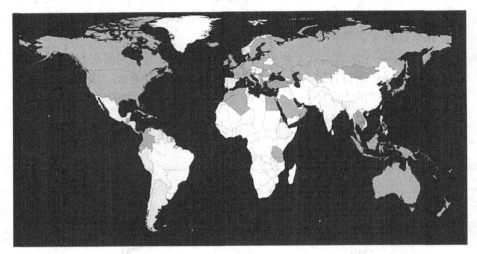

图 4-10

俄罗斯和埃及、沙特等威权国家被划为 1 类；中国、伊朗和大部分非洲国家被划为 1 类；印度、巴西、南非等国被划为 1 类。这些划分与人们的一般感受较为一致，也为深入分析不同文化之间的谱系关系提供了参考和新的思路。

谱系学方法是一种分析社会现象的方法。由尼采提出，后由福柯加以运用和发挥，用以说明一个事物在不同条件下以不同的形式继续地表现出来。在本节中，将世界各国在不同主题下的特征值视为一个个基因，62 个基因的表达情况，构成该国文化在世界上的存在形态，而对不同国家的文化存在形态进行分析比较等研究，得到的就是世界各国的文化谱系图。因此除使用 K 均值聚类研究外，本节还应用层次聚类方法处理各个国家的特征向量，得到世界各国文化谱系图。

层次聚类（Hierarchical Clustering）是聚类算法的一种，通过计算不同类别的相似度类创建一个有层次的嵌套的树。层次聚类算法基本步骤如图 4-11 所示。

假设有 $n$ 个待聚类的样本

步骤一：（初始化）将每个样本都视为一个聚类；

步骤二：计算各个聚类之间的相似度；

步骤三：寻找最近的两个聚类，将它们归为一类；

步骤四：重复步骤二，步骤三；直到所有样本归为一类。

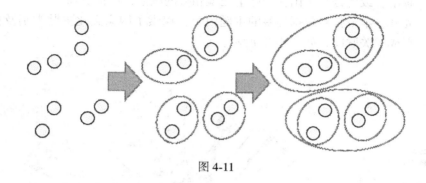

图 4-11

　　本节中，通过层次聚类，探讨世界各国的文化集聚，从而形成谱系，部分国家的文化谱系如图 4-12 所示：

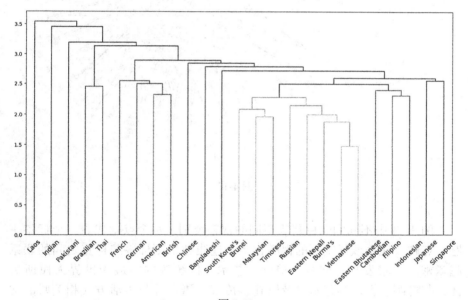

图 4-12

　　从世界文化谱系图可以看出，具有相似文化气息的国家，反映在主题特征向量的层次聚类中应该在同一族或最近的邻族。如日本和新加坡，同为"二战"后在美国扶持下高速发展的亚洲国家，在谱系图中属于共同的子族；文化同源的美国和英国，也在谱系图中处于同一子族；与中国同属一个大族的国家，基本都是受中国文化影响的东亚国家，如韩国、马来西

277

亚，越南，或者是与中国在国际上处境相似的国家，如俄罗斯。

此外，本节针对数据标签的主题内容，探索了国家文化主题类别及关联，形成了关联图，如图 4-13 所示：

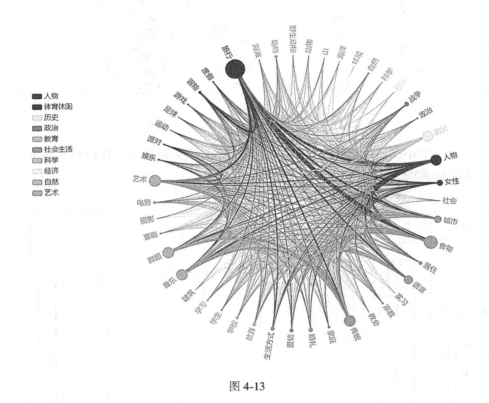

图 4-13

图 4-13 中不同的颜色代表不同的视频类别，每个点则代表一个标签主题，点越大代表该标签下的视频越多，连线越粗则标签与标签之间的联系越紧密。考察发现，旅行、美食、艺术、传统等内容最为世界人民所关注，与舞蹈、音乐等艺术以及婚礼、传统、语言等与生活方式相关联的文化内容，形成全球性讨论交流的话题，这就为跨越意识形态、社会制度等障碍，讲好中国故事、宣传好中国文化提供了便利条件。

（四）中国国家文化与国民文化情况

通过对中国与世界其他国家高影响力视频信息的比较分析，发现当前亚洲国家的视频传播影响力总体靠前，中国的影响力虽然居于国际上的第一梯队，但既低于同为东亚文化圈的韩国、日本等近邻，也低于印度（如

图 4-14 所示）。

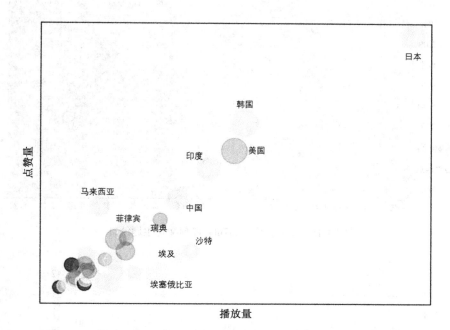

图 4-14　主要国家 YouTube 高影响力文化视频数量、播放量与点赞量

在图 4-14 中，横坐标是视频播放量，纵坐标是视频点赞量，点的大小代表了高影响力视频数量，点的颜色则代表了国家所在的洲。从上图看，中国文化的国际传播工作仍然任重道远。

在图 4-15 中，横坐标是 15 个主要文化主题，纵坐标是 10 个文化影响比较大的国家，格网中的数据是对应国家在该主题下的高影响视频数量。从主题上看，中国文化主题较为单一，集中在历史、美食、文艺、传统、语言等主题上；对比其他国家，我们在各个主题上的优势都不突出；特别是和文化背景类似的韩国、日本比较，我们仅仅在历史、人物、文艺主题上占据优势，而在自身资源更加丰富的传统、旅行、美食、自然等主题上落后于这些东亚邻邦。

同时，分析发现，从增长趋势看，近年来中国高影响力视频数量在不断增加，从 2010 年的 1 个左右增加到 2020 年的 42 个，进步明显，特别是出现了诸如李子柒等成功案例，说明近年来中国国际文化输出取得了一定的成效，如图 4-16 所示。

| | 文艺 | 旅行 | 美食 | 传统 | 历史 | 人物 | 语言 | 女性 | 音乐 | 战争 | 教育 | 舞蹈 | 电影 | 宗教 | 自然 |
|---|---|---|---|---|---|---|---|---|---|---|---|---|---|---|---|
| 韩国 | 13 | 31 | 23 | 17 | 8 | 6 | 6 | 10 | 6 | 9 | 2 | 2 | 4 | 4 | 1 |
| 美国 | 14 | 20 | 18 | 12 | 24 | 24 | 12 | 6 | | 13 | 6 | 2 | 6 | 3 | 0 |
| 印度 | 58 | 18 | 19 | 32 | 19 | 6 | 5 | 9 | 10 | | 15 | 16 | 9 | 6 | 1 |
| 日本 | 15 | 27 | 24 | 16 | 14 | 8 | 17 | 15 | 10 | 6 | 2 | 2 | 4 | 1 | 3 |
| 法国 | 38 | 17 | 10 | 4 | 6 | 20 | 16 | 7 | 6 | 8 | 3 | 1 | 5 | 0 | |
| 中国 | 23 | 12 | 19 | 14 | 22 | 9 | 14 | 10 | 4 | 10 | 8 | | | | |
| 英国 | 20 | 12 | 13 | 10 | 19 | 21 | 16 | 4 | 4 | 10 | 7 | 1 | 10 | 1 | 0 |
| 埃塞俄比亚 | 9 | 15 | 21 | 22 | 2 | 8 | 0 | 5 | 36 | 2 | 1 | 24 | 4 | 2 | 0 |
| 马来西亚 | 5 | 25 | 16 | 9 | 9 | 13 | 3 | 5 | 0 | 9 | 0 | 6 | 0 | 1 | 2 |
| 德国 | 15 | 21 | 24 | 6 | 10 | 8 | 17 | 11 | 3 | 8 | 12 | 2 | 4 | 3 | 0 |

图 4-15　主要国家 YouTube 视频文化主题统计

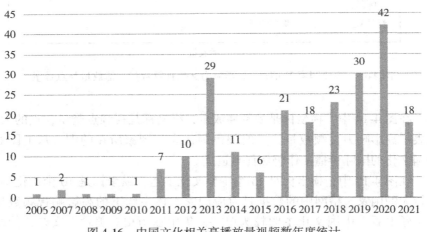

图 4-16　中国文化相关高播放量视频数年度统计

## 第六节　不同国家文化演进中的共性关键因素

本节探究不同国家文化的演进过程中的共性关键因素，具体分为内生性因素和外生性因素。基于国民文化演进分析模型，内生性因素指在时序演进中占据主导地位、发挥重要作用，并且为多个国家截面所共有的相似性因素。外生性因素强调由外来因素引起国民文化结构改变，如列强侵华战争、十字军东征、罗马帝国扩张等。本节将基于国民文化演进分析模型,提出共性关键因素识别方法,结合各个国家截面自身发展中的国民文化结构变化,识别和分析文化演进中的共性关键因素。

### (一)共性关键因素识别方法

(1)基于国民文化演进分析模型抽取的特征,在单位截面单元时序区间内计算各个特征的权重。本节将单位截面、单元时序区间内特征词的词频作为特征词的权重 $weight_{i,j,t}$。计算公式如下:

$$weight_{i,j,t} = \frac{n_{i,j,t}}{\sum_k n_{i,j,k}}$$

其中,$n_{i,j,t}$ 表示特征词 $n_t$ 在单元时序空间 $i$、单位截面 $j$ 的出现次数。

(2)在单元时序区间中,在国籍截面轴上对不同截面的 $weight_{i,j,t}$ 进行求和,得到特征词在单元时序区间上的权重 $weight_{i,t}$,在时序轴上对 $weight_{i,t}$ 进行求和,得到特征词的权重 $weight_t$ 计算公式如下:

$$weight_t = \sum \sum weight_{m,k,t}$$

(3)基于 $weight_t$ 对特征词进行排序,设置阈值,高于阈值者认定为共性关键因素。

### (二)文化演进中的共性关键因素

基于共性关键因素识别方法,考虑各国上下 2000 年演进过程中的文化结构,排名前 10 的共性关键因素如下:

| Trait | Weight |
|---|---|
| monarch | 2.48166746 |
| monk | 1.004851209 |
| ruler | 0.575120517 |
| king | 0.461520894 |
| philosopher | 0.410761847 |
| politician | 0.383733319 |
| roman | 0.338696499 |
| pharaoh | 0.316646402 |

| writer | 0. 224997524 |
| poet | 0. 183761555 |

本节考虑的时序区间长达 4000 年，由于人类文明仅有百余年处于近现代水平，因而所识别的共性关键因素更倾向于近现代之前的文化演进共性因素，为了更形象地观察共性因素的分布，本节取阈值为前 10%，统计共性因素在 15 个文化子维度中的分布情况，结果如图 4-17 所示：

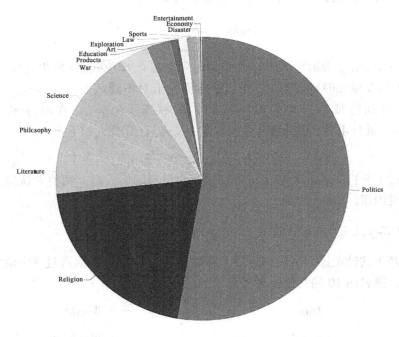

图 4-17　关键共性因素的分布

对于内生性因素，基于共性关键因素识别方法可以做到相对准确识别；对于外生性因素，我们需要结合国民文化演进分析模型进行综合分析。经过综合考虑，文化演进中的关键共性因素主要包括以下特点。

（1）内生性因素。

第一，以帝王、法老等最高统治阶级为代表的政治因素是文化演进中的关键共性因素。如上所示，君主、法老、帝王等最高统治阶级成为世界各国文化演进中权重最高的因素，在关键共性因素的分布中，政治因素的占比超过 50%。这主要由于在封建社会，最高统治阶级拥有近乎无约束、无界限的权力，顶层统治者的更迭往往会为国家注入不同的政策法规、不同的治国理念，其不同的个人能力往往直接影响到国民文化结构，因而在时序区间内考察各国的文化发展时，最高统治阶级的更迭是近现代以前的国民文化演进中最突出的内生性要素。在当下民主共和时代，领导阶级内部的变化也同样会对国民生活产生一定的影响。

第二，宗教神学是文化演进中的共性关键因素。如图 4-17 所示，宗教要素的占比极为显著，仅在政治因素之后。宗教的本质是给人在精神上的一种"终极关怀"，这是宗教学上的一个公认的基本定义。所谓"终极关怀"就是人在面对死亡时所需要的精神上的抚慰，这是人最大的精神需求。不同的宗教解决这个问题的方法是不同的。比如，基督教认为，人的一生是赎罪的一生，因为人一出生就背负着祖先对上帝犯下的"原罪"，如果人在一生中能够赎罪，经过上帝的审判，就可以上天堂得到永生，所以基督教把人生的意义延伸到天堂；佛教则认为人生是苦海，而且世代轮回在这个苦海中，只有实现涅槃成佛以后，才能永远不受苦，佛教不承认世界上有神，它把人生的意义延伸到涅槃成佛，脱离人生苦海；中国道教解决这个问题最为明快间接，道教追求的是现实人生的长生不老，就是成仙永生，道教把人生无限延长来解决人生的意义问题。正是由于宗教满足了人们精神的需要和信仰上的归属感，在人类文明发展历程中产生了大量的宗教，它们一方面对协调社会物质财富的增长和人们精神境界的提升，形成和谐、稳定的社会结构和秩序有积极作用；另一方面，由于宗教信仰认同中包含着不同信仰之间的差异性甚至排斥性，当某些宗教强化这种差异性和排斥性，以狭隘的心理对待其他宗教或其他信仰，采取极端形式推行自己的信仰，扩充自己的势力，就会引发宗教纠纷、社会冲突、甚至战争。但无论如何，宗教在很长一段时间内都作为国民文化的重要组成部分，深刻影响了各国的文化结构，在当下，尽管科学技术发展迅速，但只要人类还会走向死亡，人类就需要精神上的终极关怀，宗教就会作为一种精神信仰一直存在下去，始终成为国民文化的组成部分。

第三，哲学与科学是文化演进中的关键共性因素。人类早期的哲学与科学在本质上是相同的，如上所示，哲学家、经典著作等哲学要素的权重表现突出，在关键共性因素的分布中，哲学要素和科学要素的总体占比同样处于突出地位，这可以从文明起源和发展的角度对其做出解释。依据雅斯贝尔斯的"轴心时代"理论，由公元前 800 年至公元前 200 年这 600 年的时间里，世界各大主要文明相继构建起自身的核心理念，中国的先秦诸子、希腊的哲学家、印度的《奥义书》和佛陀、伊朗的琐罗亚斯德以及巴勒斯坦的犹太先知等。他们的思想创造为后来的世界文明奠定了基础，深刻影响了世界各国的国民文化结构。为解释雅斯贝尔斯的"轴心时代"现象，世界著名历史学家汤因比提出了挑战与应战的文明起源与发展理论，他认为文明起源和发展于人类对艰苦恶劣的自然环境和社会环境的挑战和应战。人类为了应对艰苦恶劣的自然环境和社会环境，在文明起源的过程中需要具有创造性的社会模仿，停滞的文明一般模仿过去的人（比如先祖），活动的文明则模仿创造性的人（比如孔子、佛陀、耶稣），以使文明从静止状态进入活动状态；在文明的成长过程中，适度的挑战刺激文明成功应战，并催生新一轮应战。文明从失衡到平衡再到失衡循环累加，挑战逐渐从外部到内部，从宏观到微观，内部和微观的挑战就要求文明具有自省的能力，自省就是文明成长的标准。汤因比认为，文明的自省常常是创造性的个人（孔子、佛陀、耶稣等）的出现，引起社会模仿，导致冲突，让当前社会失衡，然后，社会政治进行宏观修正来回应微观变化，进入新的平衡，社会实现成长，形成属于自己的国民文化。

第四，文学是文化演进中的共性关键因素。作家、诗集等文学要素的权重排名靠前，在关键共性因素的分布中，文学要素也拥有较高的占比。文学经典是人类文化，特别是文学艺术和哲学艺术中的精华，它凝聚着一个时代的各种文化成果和现实生活价值，成为时代生活的写照。文学在任何时候都与世俗生活相关，都与社会进程相关，都与人类的整体前途命运相关，文学是人类价值建构和精神生长的过程，是人类生存意义的自我确证。在各个时代，文学都是国民生活的重要组成部分，无论是荷马史诗、希腊悲剧、《神曲》、《浮士德》、莎士比亚、托尔斯泰，还是屈原、史记、唐诗宋词、元代杂剧、清代的民间戏曲，无论它们是什么题材体裁，实质上都是记录生活、告诉人们生活的意义。每一个时代的文学经典都是文化传承的重要载体，承载着国民当时的生活记忆，思想认知和行为准则，是国民文化的重要组成部分。

（2）外生性因素。

第一，地理大发现是文化演进中的共性关键因素。本节将以地理大发现的主角——西班牙为分析对象，观察地理大发现这一历史事件对国家文化结构的影响。西班牙的文化结构变化如图 4-18 所示。

从图 4-18 可以看出，从 15 世纪到 19 世纪，战争要素在西班牙的国民文化结构中的占比呈现先提升后下降的趋势，并且一度成为国民文化中的主导元素，这与地理大发现这一历史事件关系密切。地理大发现是指 15 世纪到 17 世纪，欧洲的船队出现在世界各处的海洋上，寻找新的贸易路线和

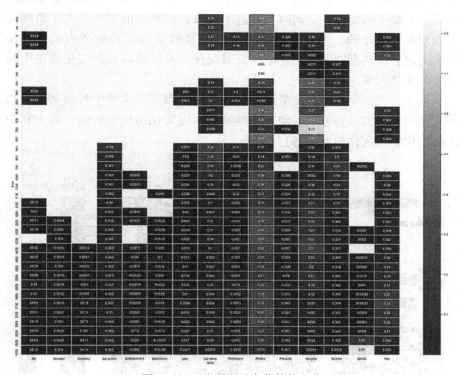

图 4-18 西班牙国民文化结构变化

贸易伙伴，以发展欧洲新生的资本主义所进行的远洋航行，又名新航路开辟。在这个过程中，欧洲人发现了许多当时在欧洲不为人知的国家与地区。而西班牙和葡萄牙正是欧洲进行环球探险、殖民扩张和开拓跨洋商路的急先锋。西班牙征服者摧毁了阿兹特克文明、印加文明和玛雅文明，将北美洲和南美洲的广阔土地纳入自己的版图。西班牙在地理大发现时期进行了大量的殖民战争，使得战争元素在西班牙的文化结构中显著上升，成为当时国民文化的重要组成部分。

当然，因地理大发现而产生国民文化结构变化的国家数目较多，此处不再赘述。地理大发现极大促进了人类文明的历史进程，通过地理大发现，环球航行得到了证实，宗教迷信关于地球外形的种种说法最终被否定；证实了地球上存在着一个统一的世界大洋，海洋与陆地相比较，海洋占据了地球表面的大部分面积，推动了全球海洋和陆地的考察研究；促进了地球科学的进步，也促进了天文学、航海学、天气预告学的发展及造船技术等科学技术的近代化过程；促进了欧洲的资本原始积累和世界市场的出现，开始了殖民掠夺，同时也促进了西欧各国经济的发展。由于地理大发现对欧洲、非洲、美洲和亚洲地区的国家的文化发展都产生了重要作用，通过分析典型国家的文化结构发展变化，可以确认其为文化演进中的重要外生性因素。

第二，文艺复兴是文化演进中的共性关键因素。本节中将以文艺复兴的主角——意大利为分析对象，观察其对国民文化结构的影响。意大利的国民文化结构变化如图 4-19：

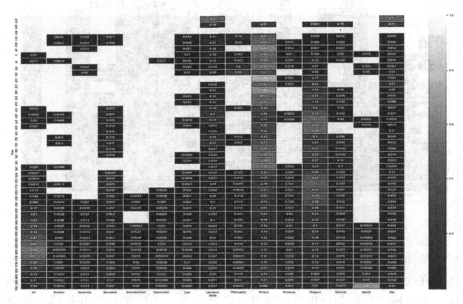

图 4-19　意大利国民文化结构变化

从图 4-19 可以看出，从 14 世纪到 18 世纪，艺术元素在意大利国民文化元素中的占比迅速增长，成为国民文化中的主导要素，随后下降，与文艺复兴这一历史事件的发展趋势不谋而合。文艺复兴是西欧近代三大思想解放运动(文艺复兴、宗教改革与启蒙运动)之一，首先在意大利开始。但丁在 1300 年左右写了《神曲》，反对教皇独裁；彼特拉克从 1338 年起用了四年的时间，写下了《阿非利加》。史诗《阿非利加》使彼特拉克蜚声诗坛，后来，彼特拉克到处演讲，他把自己的文艺思想和学术思想称之为"人学"或"人文学"，以此和"神学"相对立。"一个古代学术——它的语言、文学风格和道德思想的复兴"是彼特拉克的宣言，也正式拉开了文艺复兴的序幕。随后几百年时间，文艺复兴扩展到西欧各国，带来一段科学与艺术革命时期。随着文艺复兴的思潮已深入人心，宣告了中世纪至资本主义时代的过渡完成，当资本主义革命开始，文艺复兴逐渐结束。

文艺复兴是历史上第一次资产阶级思想解放运动，使人们的思想正式步入近代历史，在欧洲乃至世界都产生了巨大的影响，这也是文化演进中的经典的外生性因素。

# 第五章　国家文化、国民文化
## 互相转化和影响

　　当今世界，我们处在一个由民族国家组成的全球政治体系之中。作为政治基本单元的民族国家，其实只是近代以来的产物。民族国家及民族国家体系起源于近代欧洲，此后伴随着西欧各国的武力扩展至全世界。第二次世界大战之后，民族国家日渐成为了全球范围内的主导政治形式。布热津斯基曾说，目前世界上，"民族国家仍是公民效忠的基本中心"①，而"民族国家"则往往与特定文化紧密关联。随着科学技术的迅猛发展和经济全球化步伐的大大加快，国与国之间的竞争实质上是综合国力的竞争。综合国力是一项综合性的指标，它不仅包括经济实力、科技实力、军事实力等"硬实力"的竞争，而且还包括民族精神、国家凝聚力等文化内容在内的"软实力"竞争。英国罗伯特·汤普逊把国民意志作为国家实力的重要部分。美国柯林斯在其《大战略》一书中，把影响国内外人民的思想和行动的政治力量、人民的性格、精神面貌和教育程度以及起领导作用的因素都视为国力的组成部分。美国约瑟夫·弗兰克尔在他的《国际关系论》一书中提出，国力就是影响他人心理和行动的能力。他把心理和社会以及在国际上的战略地位等因素作为国力的重要组成部分，而且突出了心理因素的重要影响。美国的德裔学者汉斯·摩根索在其《国家间政治》一书中，把民族性、国民士气、外交质量、政府素质都视为国力的构成要素。美国学者尼克拉斯·斯拜克曼在论述国力时，把软力量视为国力的重要部分。他把民族同质性、社会综合程度、政治稳定性、国民士气都视为软力量。

　　"在影响国家权力的具有定性的三项的因素中，民族性格和国民士气是突出的因素。因为我们难以对它们进行合理的预测，也因为它们对于一

---

　　①　[美]布热津斯基：《大失控与大混乱》，潘嘉玢、刘瑞祥译，中国社会科学出版社 1995 年版，第 235 页。

个国家在国际政治的天平上有着持久并且经常是决定性的影响"①，"国民士气以公众舆论的形式提供了一个无形的因素，没有它的支持，任何政府，无论民主的还是独裁的，都不能完全有效地推行其政策"②。根据美国学者克莱因"国力方程"的分析，体现国力的两个主要方面是国家战略目标和贯彻国家战略的国民意志。国家民族的凝聚力的强弱、政府领导阶层的水平和效率的高低、民众对国家战略和国家利益的关心程度等因素都是意志的体现。国家人口再多，如果不能形成统一意志，也无法形成真正强大的国力。显然，战略和意志与物质形态的国家实力的关系十分密切，充分调动和统一国民意志，就可以使固有或潜在的硬实力发挥出更大的效用，这也就是克莱因国力方程所强调的国家凝聚力的巨大能动作用。③

软国力与硬国力的关系不是一般的加减关系，而是一种几何级数的关系。美国宾夕法尼亚州印第安纳大学历史学教授王希在谈到美国文化、国家利益与国家凝聚力时指出，"公民的个人利益——包括经济利益、社会利益、文化利益、道德利益等在内——与国家利益日益相互认同，并产生出一种下意识的、但同时具有隐性强制力的利益共识。在这种政治文化的影响下，国家不再仅被视为是一种具有强制性和压迫性的权力机制，而更多地被视为是一种意识形态，一种价值体系，一种经济利益的汲取和分配机制。当国家成为了公民利益的绝对基础时，维护国家利益便成为公民的愿望与义务"④。

一个国家凝聚力的强弱，总是与其文化发展的水平相联系。一个缺乏优秀文化的国家，无论其社会制度如何优越、物质生产如何发达，都难以保持持久的凝聚力。尤其是近年来世界形势变化带来的文化因素（智力、思想道德、意识形态、民族传统的综合）在国家利益中地位日益加强。

对于多民族国家来说，不同追求中的族际利益分配使得文化的作用更为重要。"民族的整合，国家的统一，不仅需要协调各民族、种族以及阶级、阶层、社会集团，还要协调这些社会群体中个人的行为及其规范。不论哪一种社会过程，群体整合都要求其成员在文化规范、价值意识、目标

---

① ［美］汉斯·摩根索：《国家间政治》，徐昕、赫望等译，中国人民公安大学出版社1990年版，第175页。

② ［美］汉斯·摩根索：《国家间政治》，徐昕、赫望等译，中国人民公安大学出版社1990年版，第183页。

③ 张骥等：《国际政治文化学导论》，世界知识出版社2005年版，第46页。

④ 王希：《美国历史上的"国家利益"问题》，《美国研究》2003年第2期，第28页。

取向等方面顺从和适应群体的价值。因此，群体整合实际上是文化整合，是价值意识的整合，它是一个共建群体文化意识和价值参照系统的过程，其目的是为了使群体成员共享一种文化规范和价值观念，以便进行共同的价值认识、判断和选择。"①生产方式能否建立与之相适应的文化模式，关系到一种文明的前途与命运，但多民族国家的文化整合并非朝夕之功可完成。一种完整的社会构架(生产方式与文化模式相适应的社会)不但需要上层建筑的推动，更有赖于社会公众(包括社会精英)的判断、实践与认同。②

文化本身的一个特质是非垄断性和扩散性，由于文化影响的流动性不受边界制约，故文化的原始价值是世界性的，是人类的共同财富，可以共享。但由于文化的创造者、传承者、享用者是民族，在近代民族国家形成和文化民族进化为政治民族以后，政治民族基本上都保存了作为文化民族的种种特征。结果，这种民族与国家之间密切的本体关系，使文化附着了国家的政治特性。于是，随着文化与国家直接关联密切程度的加深，一种新的文化形态即"国民文化"应运而生，成为民族国家文化的根本象征。③

必须对"国民文化"与"民族文化"进行区别。所谓"国民文化"(national culture)与传统意义上的"民族文化"(ethnic culture)在含义上有所不同。有学者认为，民族文化一般是指各族体千百年来在各种不同的地理环境和社会环境所限定的范围里形成的族体文化，其特点是：①有一定的封闭性和排他性；②有一定的神秘性或半神秘性；③彼此之间在政治认同和政治忠诚上存在歧义。④

国民文化则是指在领土范围内，在不同的族际文化基础上，民族国家通过吸收与综合世界文化、国内各族文化中适应本国经济、社会和政治现代化进程需要的文化要素而形成的新文化。其主要特点是：①具有世界共通性和全国统一性。②其本质是一种同质的政治文化。民族国家通过灌输一定的意识形态体系并使之社会化，通过政治体系的政治沟通和政治录用职能，通过各种形式的社会动员和政治动员，通过国民教育体系和大众传播网络，通过制定与实施经济、社会发展战略以及对经济活动的干预和调控，竭力使具有不同文化背景的全国各族人民形成统一的政治认同、政治信仰、政治忠诚乃至政治共识，即形成同质的政治文化。国民文化的核心

① 司马云杰：《文化价值论》，山东人民出版社1990年版，第122～123页。
② 张骥等：《国际政治文化学导论》，世界知识出版社2005年版，第50页。
③ 肖佳灵：《国家主权论》，时事出版社2003年版，第442页。
④ 肖佳灵：《国家主权论》，时事出版社2003年版，第442页。

内容是：对民族国家的认同与忠诚，对民族国家命运利益和尊严怀有一种近于神圣的情感。因此，它代表的不仅仅是一国内文化民族的文化，更是一国内政治民族的文化。①

在民族国家体系中，国民文化经过漫长的历史演进，已经比较牢固地扎根下来，有了相当的文化积累，比较肯定地获得了主流文化的地位。因此，在国际关系实践中，通常所称的国家之间的关涉"民族文化"的差异、矛盾甚至冲突，实际上既有基于族体文化的原因，也有基于国民文化的原因。而在一国国内，在国民文化的现代性与民族文化的传统性之间也存在着差异、矛盾甚至冲突。不过，当国家终于把政治民族召集到国民文化的旗帜下时，必然也就开始了它依据国家利益的需要，对民族文化和国民文化的渐进影响及深刻改造。②

# 第一节 国家文化与国民文化结构转换的内在机理

任何国家的国家文化都具有基础性的支撑系统形成的稳定结构，这种支撑性系统往往是由以下体系构成的：公共文化服务体系、文化遗产传承创新体系、文化旅游发展体系、民族宗教文化体系。国家文化经由宣传与传播渠道，法律、制度和政策以及文化产品生产与文化消费的转换环节，通过文化产品、文化服务、旅游以及文化教育的消费，最终无声无息地渗透到国民个体的社会实践中。在国民个体(社会成员)和文化生态的相互作用下，最终氤氲化生为风格各异的国民文化形态和结构。

## 一、国家文化结构中文化领导权居于核心地位

文化问题的核心是文化领导权。文化领导能否顺利而有效地实现，最终取决于是否真正掌握文化领导权。尤其从国家层面而言，没有掌握文化领导权，就无法真正实现有效的文化领导。与政治领导权强调"统治"和"强制"不同，"文化领导权"的确立不是单方面自上而下的"文化操纵"过程，而是用世界观、价值观去教育民众、争取民众"同意"的过程，是"分子式"的潜移默化的过程，是通过吸引力、感召力和同化力获得权力行使的过程。③

在葛兰西之前，"文化领导权"(hegemony)从来不是马克思主义社会理

---

① 肖佳灵：《国家主权论》，时事出版社 2003 年版，第 442 页。
② 肖佳灵：《国家主权论》，时事出版社 2003 年版，第 443 页。
③ 舒绍福：《文化领导》，国家行政学院出版社 2015 年版，第 109 页。

论的重要概念，在马克思的思想中也没有形成系统认识。这个概念及其理论，是葛兰西哲学与学术思想中最核心、最具创造性的发展，也是葛兰西对马克思主义最突出的贡献。按照葛兰西的"文化领导权"理论，资产阶级的统治并不仅仅依赖暴力的国家机器，更是建立在统治者与被统治者协商（negotiation）的基础上，从而赢得认同、达成共识。而文化领导权的意义，就在于生产一种包括社会各个阶级与团体都接受的世界观、价值观和道德体系。① 他认为，以武力为基础的国家"暴力"与以文化领导权为基础的"协商"完全不同。文化领导权是在一种看似自觉自愿的基础上形成的，通过思想文化的润物细无声而日益获得民众对社会现状与体制的认同。简言之，文化领导权的目的在于"赢得民心"。②

在葛兰西看来，文化领导权是通过"弥漫式的""毛细血管式的"长期渗透和潜移默化所获取的。文化领导不仅为政权存在的政治合法性赢得普遍认同、同意与支持，还能够为政权存在提供深层次的文化和道德合法性支持，从而有助于对被领导者实现有效的柔性领导。③

葛兰西认为，文化领导权绝不是先天给定的，而是必须去争取、去证明的，只有被广大民众接受、认可甚至于同化了你的存在和价值理念，才能够拥有它。所以，文化领导权的本质是意识形态的领导权和舆论的主导权。葛兰西的文化领导权理论，赋予文化以特有的对社会现象的解释权力。广义的权力包括社会权力和国家权力，狭义的权力主要是指国家权力。权力归根结底属于政治范畴，尽管物质权力、政治权力、文化权力在现实的社会生活中密切联系、不可分割，但所有这些现象的解释却属于文化领导权的范畴。④ 正如利科所言："社会现象的说明是建立在对文化意义上的解释之上的，在有意义的活动的底部隐藏的利益是表现于文化意义中的。"⑤

文化领导权的核心是意识形态领导权。葛兰西认为，资产阶级通过对政治、军事、文化等各领域领导权的掌控来实现对国家的统治和治理，掌握意识形态领导权就是对民众实行宣传教育，从思想文化层面获得广大人

---

① ［英］波寇克：《文化霸权》，田心喻译，远流出版社1991年版，第60页。

② 李彬、曹书乐：《欧洲传播思想史》，复旦大学出版社2016年版，第113页。

③ 舒绍福：《文化领导》，国家行政学院出版社2015年版，第109～110页。

④ 李金勇：《葛兰西文化领导权思想研究——从思想政治教育权力的视角》，中国矿业大学出版社2015年版，第103页。

⑤ ［法］保罗·利科：《哲学主要趋向》，李幼蒸等译，商务印书馆1988年版，第386页。

民群众由衷的认可和支持，从而顺服于统治阶级，其统治地位也具有合理性和权威性。统治阶级不仅要通过暴力手段来获取革命斗争的胜利，也要通过对民众文化和精神领域的宣传教育，使统治阶级的意识形态潜移默化地渗透到人们日常生活和思想文化之中，这样人们就能"由衷"地对统治阶级产生认同。①

文化领导权的基础是市民社会。市民社会作为民间的社会组织机构的总和，包括了大众媒介、报纸、刊物等社会团体，还有教育机构、政党等民间社会团体，无产阶级政党要在市民社会中传播无产阶级意识形态，能把意识形态教育渗透到对民众思想、文化、精神和道德等领域中去。葛兰西从这个角度来理解市民社会，提出了与马克思不一样的见解，而且让人们可以更注重文化、意识形态领域对一个政党或国家，建政、执政的重要性与影响力。通过在市民社会的思想领域宣传教育，以及在政治社会的政治运动斗争，对两种不同的领域运用针对性的策略，才能完善对国家的统治职能，从而更全面、有效地稳固国家政权。②

政治社会化既是一定政治文化传播和延续的过程，也是特有的政治态度、政治情感、政治价值观和政治认知模式的形成过程。在这一过程中，文化的传播是至关重要的环节。一个人之所以在一个社会体系中能够学到关于个人与政治体系的价值、规范、概念和态度，正是因为政治信息在该社会体系里的流动；同样，统治者要使自己确立的政治意识形态成为全社会共同的价值取向，也需要一个社会化的过程，即政治信息从权力的金字塔尖向下一直传输到底层民众。③ 正因为这样，阿尔蒙德和鲍威尔才说，大众传媒工具对政治最重要的影响就是使政治事件引人注目。而政治事件之所以引人注目，是因为大众传媒工具促进了政治信息的普遍化程度。政治文化交流越频繁，相互渗透就越深，这也意味着政治信息流量越大，同样，在大量信息的冲击之下，文化的分化也越快。因此，对统治者来说，维护现有的政治权力体系，用自己的政治主张来塑造一种被广泛接受的同质文化尤为重要。④

---

① 赵晓丹：《中国共产党的文化领导权建设研究》，西安外国语大学硕士学位论文，2019年，第14页。

② 赵晓丹：《中国共产党的文化领导权建设研究》，西安外国语大学硕士学位论文，2019年，第15页。

③ 张骥等：《国际政治文化学导论》，世界知识出版社2005年版，第58页。

④ 胡键：《信息流量与政治稳定》，http://www.Blogchina.com/new/display/23802.html.

## 二、国民文化结构中文化消费居于中心位置

20 世纪以来，世界范围内文化消费理论伴随着文化消费现象逐步萌芽、产生和发展，到 20 世纪 30 年代后，作为文化社会学的分支之一开始得到西方理论界的高度重视。这种变化与西方社会在第二次世界大战后社会关系与生产模式的转变，即大众消费社会的整体兴起以及资本主义向大规模工业生产方式转变有着密不可分的联系。文化消费理论在西方国家的兴起始于 20 世纪五六十年代。随着第二次世界大战结束，世界经济迅速复苏，新的科技革命极大促进了生产力的发展，欧美等西方发达国家出现了大批富余劳动力，物质资料获得满足的人们不再仅仅关注产品的使用价值，开始对其文化价值提出了更高的要求，社会消费重心不断向精神文化领域转移。随着社会消费重心的变化，文化消费理论作为后现代主义理论的一个分支开始蓬勃兴起，经过西方多位专家学者的持续不断研究，形成了一系列卓有成效的文化消费理论研究成果。①

文化消费涉及的对象是文化商品，文化消费即是对这类精神文化产品以及精神文化性劳务的占有、欣赏、享受和使用等。"所谓文化消费，顾名思义就是对文化产品的消费享受，它是指消费者为了满足精神生活的需要，采取不同的方式消费文化消费品的过程。"②具体而言，文化消费所消费的是社会以及他人提供的精神财富，包括物质形态和非物质形态的产品。与此同时，这种消费过程又涉及了精神产品的消化、继承、积蓄、再造和创新过程。由此可以看出，当文化作为商品供人们消费时，它的产生必然不同于传统方式，这种文化生产的出现并逐渐成为一个生产部门是现代社会所独有的。文化消费理论自产生以来，就是一个跨学科的理论体系，西方学者的研究涵盖了多个领域，研究也是多视角的。文化消费理论主要有齐美尔的"时尚"消费理论、凡勃伦的"炫耀性消费"理论、安东尼奥·葛兰西的文化主导权理论、阿多诺的文化工业主宰理论、马尔库塞的文化价值平庸理论、布尔迪厄的"品位区隔"理论、鲍德里亚的"符号消费"理论，等等。③

---

① 赵颖：《文化消费理论在我国的接受溯源及再思考》，《学习与探索》2019 年第 3 期，第 171 页。

② 程洪海、薛华：《我国文化消费问题研究》，《企业家天地》2006 年第 4 期。

③ 赵颖：《文化消费理论在我国的接受溯源及再思考》，《学习与探索》2019 年第 3 期，第 171 页。

# 第二节 国家文化结构影响国民文化结构的路径

国家文化经由宣传与传播渠道，法律、制度和政策以及文化产品生产与文化消费的转换环节，通过文化产品、文化服务、旅游以及文化教育的消费，最终无声无息地渗透到国民个体的社会实践中。

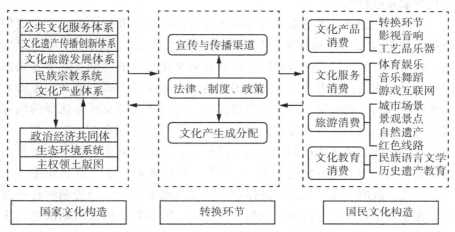

图 5-1　国家文化与国民文化的内在逻辑

## 一、宣传与传播渠道

进入现代社会后，与地域、部落、家庭和宗教密切相关的"前现代的"认同建设路径被弱化或者被削减了。"传统的身份资源（教堂、家庭、地方社群、民族国家等）处在日益的衰落之中。在该语境下，最大意义上的'政治社群'——民族国家的维系、巩固与重构成为民族主义与民族国家亟须解决的问题。大众媒介对'想象社群'的形成所起的促进作用成为国家认同建构的新途径。"①在当代国家文化建设和国际文化软实力竞争的大舞台上，"资本支持、技术控制、规则垄断、话语操纵"成为西方国家宣传传播的四大"法宝"。

---

① 刘燕：《国家认同建构的现实途径：大众媒介与"想象社群"的形成》，《浙江学刊》2009 年第 6 期。

## 二、法律、制度、政策

自 20 世纪七八十年代以来，欧美发达国家文化政策从文化艺术自身及意识形态目标转向经济文化交融并重的多元目标体系，从严格的政府管制和政治调控主导转向放松规制和经济法律调控主导，从机械的科层管理转向互动的网络合作模式，为提升发达国家经济文化实力培育了市场主体、文化要素及运行体制。

经济文化交融并重的多元目标体系提升国家经济和软实力。文化定位政策服务于国家形象和软实力提升战略。由于文化和文化产业对意识形态、价值理念的形塑功能及对民族国家对外文化战略的影响，欧美各国普遍重视以文化输出的方式来传播本国价值观念和生活方式，提升国家形象和文化影响力。在政策工具、手段选择上，通过体现国家战略选择的领导言论和官方文献等定位性政策，将文化和文化产业纳入国家战略。

放松规制和经济法律调控，培育跨行业运作的经营主体、文化要素及行业吸引力。西方最重要的文化政策变革发生在规制领域。20 世纪七八十年代以来，政府干预、垄断经济体制的弊端逐渐显现，放松管制和特殊豁免精神主导了各国文化传播领域的司法走向。欧美各国的反垄断法也逐步放松了对企业集中化的管制，媒介管制也让位于"媒介解法"时代。在此期间，欧美国家电信、广播和电视等公司之间规则"壁垒"被打破，支配媒介所有权的法律也被废除或放宽。此外，知识产权保护体系培育产业链及跨产业运作的文化要素；货币、税收、贸易政策提升行业吸引力。自 20 世纪七八十年代起，为实现文化政策的多重目标，欧美各国将文化艺术视作经济规划的直接利用品，将经济学方法运用于政策分析，并调整政策举措，从明显的政治调控转向经济、法律调控，以资金供给保障和较高的市场盈利水平吸引企业投资文化和文化产业。

合作互动的网络模式构建文化与经济、科技融合的运行体制。从机械的科层管理转向合作互动的网络模式。文化目标和调控手段转向的另一个结果，则是文化政策的生成机制和运行模式发生了变化，过去纯粹以国家为基础制定文化政策的方法，已被更广泛的跨地区和多层次的方法所替代。文化政策与其他公共政策融合。文化政策目标、调控手段转向影响了文化政策的内容和形式。当文化尤其是文化产业日益被视为一个经济部门，各国开始致力于将文化整合于公共管理体系内，探索文化与发展、文化与经济、文化与科技相互依存的新形式。

### 三、文化生产与分配

文化生产是一种创新性生产，是文化资本调节的特殊性生产，是经济效益与社会效益互动互生的复合型生产。不同于与体力劳动和大规模的机械化生产相联系的物质生产，人们习惯于把精神性生产或艺术性生产等与脑力劳动相关联的诸种生产归于文化生产。大规模的文化生产必然是社会的物质生产力发展到一定历史阶段上的产物，它有特定的生产过程和工艺流程，有特定的技术指标和数据参数。从静态的结构来看，它包括内容含量、意义指向和物质载体三个层次。

例如，作为国家文化生产和分配体系的重要构成，中央和地方政府大多会通过公共文化服务体系建设，建立起文化与政治、公民个人与民族国家的紧密联系。有学者试图在全球化的视野下探讨公共文化服务建设中的政府行为与文化认同的政治建构之间的关系，以及文化认同与政治认同之间的关系，为政府公共文化服务体系建设提供新的理论解释。

在全球化的格局下，"文化"与"政治"的关系已经发生了革命性的变化，以国家利益为核心的竞争将建构文化认同这一主题置于政治学的研究范畴内，予以新的思考。在激烈的国家竞争当中，建构文化认同、提升国家文化软实力成为国家战略的重要组成部分。从人类历史的经验中得知，以文化认同为根基的民族国家往往能够经受历史的考验而生存下来。"对于全球化时代的政府而言，文化认同是一种重要的战略资源，那种能够在文化认同与政治认同之间建立起联系的政府才是有效的政府，因为这样的政府有能力将文化认同培育为一种稳定的合法性来源。"[1]

在以西方工业科技文明为核心的当代全球格局中，"政治"与"文化"的互动融合成为基本趋势。文化上升至战略层面并成为国家竞争的重要资源。西强东弱、西方的"文化霸权主义"给后发现代化的国家带来了极大的挑战。后发现代化国家围绕"文化认同"以及以它为核心的国家文化软实力建设目标，展开了公共文化服务体系、民族文化遗产保护体系和现代传播体系的建设。其中，国家公共文化服务体系战略的制定实施，就是国家为实现以文化认同为中心的政治建构的关键环节，"公共文化服务体系结构框架的建立与服务功能的实现是文化认同政治建构的具体形式"。"作为文化认同建构平台的公共文化服务体系则是提升国家文化软实

---

[1]　俞楠：《"文化认同"的政治建构：当代中国公共文化服务战略研究》，华东师范大学博士学位论文，2008年，第2页。

力的有形基础。"①

宣传和传播渠道为国家文化形塑国民文化提供路径和方式，对国民文化的心态层的形成具有重要作用。法律、制度和政策为国家文化形塑国民文化提供制度保障，对国民文化的制度层的形成具有重要作用。文化产品生产与分配，则通过对国民日常生活方方面面的影响，从而促进国民文化的行为层和器物层的形成。

## 第三节　国民文化结构影响国家文化结构的路径

### 一、国民文化消费对国家文化供给的制约

居民文化消费具体体现在文化产品消费、文化服务消费、旅游消费以及文化教育消费四个方面。其中文化产品消费包括影视音响、工艺品、乐器等。文化服务消费包括体育娱乐、音乐舞蹈、游戏互联网等。旅游消费包括城市场景、景观景点、自然遗产以及旅游路线等。文化教育消费包括民族语言文字、历史遗产教育等。

文化产品消费既拉动生产，是文化产品盈利的最终阶段；又推动下一阶段的生产，是文化产品创新的创意提供方。与一般产品相比，个人文化产品消费决策更多受到社会人口学因素（如受教育程度）和社会因素（如口碑）影响；文化产品消费具有边际效用递增、网络外部性、偏好累积等特点；对文化产品消费一般理论的探索处于初级阶段。

文化产品消费的影响因素如表 5-1 所示。

表 5-1　　　　　　　　　文化产品消费的影响因素

| 影响因素 | 主要内容 | 备注 |
|---|---|---|
| 社会人口学因素 | 受教育水平、社会地位、阶级、年龄、性别、所在国家 | |
| 经济因素 | 可支配收入、价格以及替代品 | |
| 社会因素 | 口碑、专家评论、周围人的消费习惯 | |
| 科技因素 | 互联网等 | |

① 俞楠：《"文化认同"的政治建构：当代中国公共文化服务战略研究》，华东师范大学博士学位论文，2008 年，第 2 页。

"文化消费要素链"着眼于文化消费的关键因素，借鉴管理学中的供应链要素管理，旨在将文化消费的关键因素形成完整的一个"链"，以生动反映文化消费过程中文化消费主体与客体之间复杂的相互联系与作用。在此基础上构建由"需求、供给、行为、信心和环境"五大部分的文化消费水平评价体系。

文化服务消费是文化消费的重要组成部分，特指人们享用文化服务产品的参与和体验过程，如观看文艺表演、电影电视以及参与文化鉴赏和其他文化娱乐活动等。文化服务消费主要分为终端性消费和生产性消费二类。前者主要表现为直接为个体或团体消费者提供服务产品，满足消费者的文化消费需求特别是体验性消费需求。包括：博物馆纪念馆和文化遗产地的观光旅游，观摩表演艺术活动或参加文化节庆庙会，观看美术作品、摄影作品或手工艺术作品，参加图书馆讲座或图书展览活动等。这类产品的服务对象是个人或团体，以个人的参与式体验为实现路径。后者不直接面向消费者的体验，而是为文化产业链提供支持性服务，满足文化产业链建设的需求。包括：软件设计、服装设计、工艺设计和广告设计等服务，博物馆数字化技术系统等。这类产品的服务对象不直接面向个人，而是面向文化产品的生产商和提供商，进入文化生产与文化传播的过程。

旅游消费是指人们支付货币购买旅游产品以满足自身旅游需求的行为。旅游消费作为一种消费方式，主要由旅游消费意识、旅游消费习惯、旅游消费能力、旅游消费水平、旅游消费结构等要素构成。旅游消费意识和由此而形成的旅游消费习惯是旅游消费的基本动因；旅游消费能力和旅游消费水平是旅游消费的客观条件；旅游消费结构是旅游消费发展到一定水平的结果，反映着消费的旅游产品的质量、数量及其比例关系，是衡量一个国家或地区旅游业发展水平的重要标志。

旅游消费不是人类生存的必要消费，因此它的需求弹性较大，很多因素都会影响旅游消费的数量和质量。除了国际上政治、经济、环境和气候变化等因素的影响外，旅游者的收入水平、年龄、性别、职业、受教育程度、风俗习惯以及兴趣爱好等，都是影响旅游消费结构的因素，此外旅游目的地的服务项目、服务质量、服务态度、旅游各部门的协调配合能力以及社会治安等也都是影响旅游消费结构的因素。概括起来，影响旅游消费结构的主要因素有以下七个：旅游客源地经济发展水平、旅游者的收入水平、旅游者的构成、旅游产品的结构、旅游产品的质量、旅游产品的价格以及旅游者的心理因素。

文化教育消费可以使人们获得科学文化知识和技术技能，提高人们认识和驾驭客观规律的能力。此外，文化教育消费的增加对于扩大内需，促进经济增长具有重要的作用。文化教育消费的水平是衡量一个国家历史文化积淀、社会文化氛围和国民文化素养的重要标志；文化教育消费的价值指向则是观察人们精神面貌和社会发展变化的晴雨表；文化教育消费在消费总支出中所占比重是衡量国民生活质量的重要指标。文化教育消费是指居民对文化教育服务的消费，包括接受学校教育、成人教育、岗前培训、技能培训、兴趣教育等各种形式的教育，也包括参与各种健康有益的文化生活、学习活动等。影响文化教育消费的因素主要有居民的收入水平、消费观念、政府政策、教育供给、社会保障等。

## 二、国民文化心理结构对国家文化结构的影响

文化是把人的自然性和社会性连接起来，使人成为文明人的中介。文化不断发展进步，"特定的环境"也跟随不断变化，当这种历史进程在人的心里凝结、积淀下来，便形成了人的"文化心理结构"。这个心理结构，是一个特殊的完形(格式塔)。在整个完形中，任何一个因素的改变，都会影响到这个整体，而整体也就存在于各种因素的相互作用之中。因此，文化心理结构是指特定民族在长期历史发展过程中，由一系列相对稳定的文化条件相互作用而形成的心理素质、价值体系和思维方式的总和。文化心理结构作为一个民族文化传统的"深层结构"，是对该民族传统的实践方式和生活方式深层次的折射反映。它往往是综合地反映一定历史时代社会群体的共同愿望、利益、要求和心理倾向，体现着人们对真、善、美的追求。一个民族或个体都有其相对固定的"文化心理结构"。

就国民个体而言，文化心理结构是由其生理心理中自然禀赋及一生中通过学习和实践获得的文化性经验两大领域的因素构成。前者属于自然的范畴，包括积淀下来的深层的集体无意识、认知结构、思维结构、情感结构、理想结构等；后者属于文化的范畴，包括学习获得的信息、后天的经验等。个体自然禀赋的心理深层表现为种种慢变因素，而文化性经验却是与时代精神息息相关的种种快变因素。慢变因素和快变因素相互交织和相互作用，形成一个动态的结构。

从另一角度而言，"文化心理结构"被与"工艺社会结构"相并举，两者分别对应于心理本体和工具本体：前者体现"个体主体性"，后者体现"类的主体性"；前者侧重"人性内在结构"，后者侧重"人类外在结构"。这就

把"文化心理结构"和心理本体、"人性"等同起来了(表5-2)。①

表5-2　　　　　　　　　　　文化心理结构示意②

| 文化心理结构 | 内容 | 知 | | 意 | 情 | |
|---|---|---|---|---|---|---|
| | | 认识领域 | | 伦理领域 | 审美领域 | |
| | | 理论理性 | | 实践理性 | 审美情感 | |
| | | 自由直观 | | 自由意志 | 自由享受 | |
| | 所处位置 | 工具本体 | 类的主体性 | 主体性的客观方面 | 人类外在结构 | 人文 |
| | | 心理本体 | 个体主体性 | 个体性的主观方面 | 人性内在结构 | 人性 |

当我们从文化视角对作为主体的人做全息透视的话,那就会发现,主体的素质就是一种文化素质,固化于其生理和意识之中最深层的就是一种体现着一定民族特色的文化心理结构,并且这种结构是主体完成任何一种认识所必需的主体性条件。换言之,客体的信息只有通过它的过滤和处理,才能成为主体的意识。这样一来,文化心理结构最终"转化"成了主体认识结构的一个重要组成部分,并构成了主体的一种深层认识机制。任何一种文化心理结构总是以传统的形式将其所携带的文化信息或文化基因传递下去,作为主体的人们就不可避免地充当了文化心理结构遗传因子的载体。因为文化心理结构强大的遗传功能,一定会使他们把具有某种特色和固定格式的心理素质、价值观念、思维习惯等承继下来,内化为自身认识结构的深层部分,作为认识和思维的起点及参照系统,从而实现传统和现实的结合和衔接。

从本质上来讲,它是文化作用于人的心理而构成的某种理性构架与形式,也是人的生活方式、行为方式、人生态度、价值取向、思维习惯、情感方式与精神状态所受文化的影响,更是文化通过教育传承、积淀、凝聚

---

① 刘阳:《"文化心理结构":李泽厚意识论命题的语言论析疑》,《玉溪师范学院学报》2018年第11期,第2页。

② 刘阳:《"文化心理结构":李泽厚意识论命题的语言论析疑》,《玉溪师范学院学报》2018年第11期,第2页。

在人的心理结构之中，内化为人的心性结构。① 文化心理结构的产生、发展过程，是"凝结沉淀"与"氤氲化生"的过程。这两者是文化心理结构历史发展过程中，既互相对立又互相联系、相互转化，并且互相渗透、互相推移的两个方面。两者双向不断构建的矛盾运动，使民族文化心理结构不断地由低级向高级发展。②

文化心理结构作为主体的一种深层认识机制，自始至终都在以其独特的方式影响着认识活动的各个环节，制约着认识的发生和发展，发挥着不以主体意志为转移的强大认识功能。文化心理结构影响主体对认识客体的选择。主体的每一具体认识活动的开始，首先必须做出对象性选择，即在纷繁复杂的外部世界中把认识对象区分出来。不过，主体的选择不仅仅是无意识的生理选择，更重要的是有意识的自觉选择。此时，主体的需要是对象性选择的根据，但选择的实际过程，则是在文化心理结构的监控下进行的，特别是其中的价值体系起着核心作用。一定的主体总是选择那些同自己的价值体系相一致的对象或方面，作为认识和把握的现实客体。③

当前，许多国家非常重视国家身份和国家文化的建构，以此增强公民的国家意识与国家认同以及国家凝聚力。科里甘和塞耶认为，国家是一个文化实体，它在规范特定种类的文化形式方面不遗余力，因此它应当被当作文化实体来理解，这是把国家作为一个文化实体来创造或者建立的问题。④ 质言之，一个国家在建构国家文化与国家身份时，必须考虑其本土文化与文化心理，按照本土文化和文化心理的基本特征来确定国家文化与国家身份的特征或特质，而对于其公民，应通过一定的途径使他们具有本土文化所规定的文化心理与行为特质。⑤ 而国家身份具有两方面内涵：一是国家的形象、独特性及其标识或标识物综合，如语言、国旗、国歌、疆域、文化、政治与法律制度、国际地位、哲学思想、传统、人种及其特征等；二是一个国家中的人所具有的共同的有别于其他国家的人的特征或标

① 戴妍：《试论信息时代的民族文化心理结构及其培育》，《民族教育研究》2008年第5期，第26页。

② 刘宓庆：《文化翻译论纲》，湖北教育出版社1999年版，第45页。

③ 王铁林：《文化心理结构的认识功能》，《江汉论坛》1991年第8期，第23~27页。

④ ［英］阿雷恩·鲍尔德温、布莱恩·朗赫斯特、斯考特·麦克拉肯等：《文化研究导论》，陶东风译，高等教育出版社2005年版，第166页。

⑤ 李炳全：《文化心理与国家身份》，《阴山学刊》2014年第3期，第12页。

识，如服装、生活方式、行为等。① 前者属于国家文化的内容，后者属于国民文化的内容。

国家文化与国家身份既由具有一定文化心理的人来创造，其形成受文化心理影响，又通过具有一定文化心理的人来理解或解释，它与文化心理结构密切相关。首先，国家文化是通过各种符号或途径得以表征或呈现，如各种政策、制度以及文化产品的生产与供给等。而表征或呈现是重要的心理活动，不可避免地会受国民文化心理结构的制约，如用什么符号来表征、符号携带什么意义等都离不开文化心理的作用。二是对符号意义的建构离不开文化心理影响。符号总是指代一定意义，没有意义的符号没有价值或意义。如国旗既可以指代占据一定地理范围、拥有一定人口的"国家"这一物质实体，也可以指代诸如爱国主义等抽象的价值观念，也可以指代国家的政府以及政治与经济制度，还可以指代一个国家的各民族或各阶层的关系等。而符号意义是由人在文化活动或文化行为中建构起来的，因此它既是文化心理作用的结果，又是文化心理的表现或体现。三是人们对国家文化符号的理解或认同受国民文化心理的影响。文化研究和文化心理学研究表明，塑成、制约乃至决定人的心理活动和行为的因素是符号所指代或表征的意义。同样的符号，人们所感受到或理解的意义或内容不同，所产生的心理反应或行为也就不同。人们对国家身份的符号的理解也是如此，它反映了国家与个体、国家符号与公民、符号的设计或制作者与理解者等之间的关系，体现出理解者的态度或心态。而所有这一切，都建立在文化心理基础上。②

此外，文化身份是一个人属于某一文化或民族的感觉，这种感觉是通过其在某一文化中的成员身份逐渐形成的，在这个过程中他要学习和接受这个文化的传统、文化遗产、语言、宗教、祖先、美学观念、思维模式、社会结构等东西。也就是说，文化身份是一种社会心理感觉或者状态，即对自己社会文化身份的一种自我判断或者认定。这种判断和认定是基于自己长期生活的文化以及自身的社会文化特点有意识或者无意识地确定的，这些特点包括世界观和价值观念、语言、非语言行为、生活习惯等。当人们生活在单一文化中时，周围的人都属于同一文化，没有异文化的干扰，文化认同比较容易，因此文化身份也容易确定。

文化身份认同形成和演变的历程可以追溯到早期人类社会巫术信仰和

① 李炳全：《文化心理与国家身份》，《阴山学刊》2014 年第 3 期，第 10 页。
② 李炳全：《文化心理与国家身份》，《阴山学刊》2014 年第 3 期，第 11 页。

仪式的孕育阶段。随着民族国家概念的确立，伴随着血缘关系和宗教信仰影响力的依然存在，民族国家开始成为文化身份认同的首要单元。20世纪90年代以来，是全球化进程最快的时期，但也是新一轮民族主义力量勃兴的时期。全球化的深入发展，人员、资金、信息技术的频繁跨国流动，使主权国家的边界变得相对模糊；超主权力量的出现，弱化了民族国家的传统功能；大众消费主义的文化帝国主义稀释了民族文化的差异。当前，全球化进程加剧，民族国家和家庭的地位式微，文化遗产、传统伦理价值、社会理想、人生观和世界观对文化身份认同的影响弱化，种族、性别、族群作为文化身份认同的基本单元得以强调，大众媒介开始成为身份认同的主要来源。在此形势下，人们都会自觉或不自觉地把自己的文化与外国或外民族文化加以对比。对比的范畴包括价值观和道德观、政治和经济体制以及生活方式等。这种对比通常能够不断地加强对自己文化的认同感，从而进一步巩固自己的文化身份。不过，从根本上看，数字技术虽然带给个体更多的自由，却无法从根本上消除利益集团的控制。文化身份认同的建设须建立在文化间性的基础之上。

　　需要指出的是，随着信息技术、网络技术的发展，人类社会开始了向信息时代迈进的步伐，尤其是作为第四媒体的"因特网"的出现，使得国际互联网已不仅仅是一种一般意义上的媒体，它已成为一种人们赖以生存的空间。在此形势下，国民文化心理受到剧烈的冲击。这种冲击完全是浸润性和弥漫性的，网络突破了地缘政治、地缘经济、地缘文化的概念，形成一个跨国界、跨文化、跨语言、跨民族的开放性的虚拟文化空间。[①] 信息时代帮助人们消除了因时空距离而造成的封闭、保守、墨守成规的心理的同时，也对国家文化和国家认同造成不同程度的冲击。因此，要建设真正富强、民主、文明、和谐的现代化国家，培育国民文化心理结构乃是适应历史发展和社会进步之必然。坚持弘扬优秀传统文化，宣传国情以培养爱国意识，使得国民正确认识国家文化逐步增强文化自信，从而在开放的信息环境中实现国民文化心理结构的优化。

---

　　① 　戴妍：《试论信息时代的民族文化心理结构及其培育》，《民族教育研究》2008年第5期，第25页。

# 第六章　作为文化认同型国家的
# 文化战略构架①

　　基于中国文化认同型国家的属性，建设中华民族文化共同体是中华民族迎接 21 世纪全球化、现代化与信息化挑战的必然选择。中华民族文化共同体是以中华民族历史、价值观和语言文字等为纽带组成的民族文化有机整体，如何处理中华民族共同体与中华民族文化共同体、文化共同体与政治共同体、文化共同体与命运共同体等的关系，以及文化共同体建设与 21 世纪中华民族的复兴之间的关系，就构成了国家文化战略框架。

## 第一节　建设 21 世纪中华民族文化共同体

　　自美国政治学教授亨廷顿（Samuel P. Huntington，1927—2008）提出"文明冲突论"以来，世界范围内文化的冲突与政治、经济与军事的冲突结合在一起，越来越呈现出错综复杂之势。进入 21 世纪后，世界范围内文化经济化、文化政治化和经济文化化的深入发展，推动了民族国家的竞争由军事经济硬实力竞争模式向软硬实力相结合的巧实力竞争模式的转化。民族文化共同体作为 21 世纪国家文化软实力竞争的支撑结构，日益成为世界主要国家借以展开国际竞争的基本手段。作为民族文化共同体的中华民族当然也不会例外。

### 一、构建中华民族文化共同体，是中华民族回应西方工业文明挑战的纵深延展

　　发源于 17 世纪的近代工业革命开启了全球范围内以民族国家为主体的

---

　　① 本章参考了傅才武与其博士生严星柔发表的论文《论建设 21 世纪中华民族文化共同体》[《华中师范大学学报》(人文社会科学版)2016 年第 5 期]、傅才武的《推进文化强国建设的重大战略设计》(《人民论坛》2020 年 11 月)和《文化认同型国家属性与国家文化战略构架》(《人民论坛》2021 年 2 月)。

国际竞争序曲。1840年鸦片战争以后的百年间，随着西方资本主义的工业文明对中华农耕文明的压倒性胜利，中华民族作为一个文化共同体被纳入世界体系，中华民族需要应对其他文明体的全方位挑战。中华民族回应西方工业文明挑战的过程曲折而漫长，经历了从物质文化层、制度文化层到整体文明体、由浅入深的艰难而曲折的认识过程。中华民族在回应一次比一次深重的民族危机中深刻反思"中国不如欧美"的原因时，逐步导致了"天朝上国、礼仪之邦"的文化自信的丧失，对于中华传统文化的敬仰逐步瓦解，文化认同消退。直到走入20世纪后期，中华民族才又重新进入"文化自信、理论自信、制度自信和道路自信"的整体文化体系重建过程。

　　1840年和1860年两次鸦片战争的失败，洋务派认识到西洋"船坚炮利"的事实，开启了以改良物质文化为标的洋务运动，以迎接西方文明的挑战，这一时期伴随着洋务运动的进程，中华民族业已从实践层面上否定了自身物质文化的先进性，尽管仍然固守"中体西用"、在文化层面上留下了少许自尊，但对于中华传统农耕文明的总体性认同已经发生动摇。1894年中日甲午战争以日本国的全盘胜利宣告洋务运动的失败，中华民族的先进知识群体猛然认识到，是物质文化背后的制度文化、经济制度之上的政治制度导致了中西方的先进与落后，又从实践层面上否定了中华传统文化政治制度和社会制度的先进性，伴随着以君主立宪制度为改良目标的戊戌变法的失败，关于中华文化之"体"的权威性也随之发生动摇，中华传统文化在物质文化层面和制度文化层面均已出现"认同危机"。1911年辛亥革命，尽管结束君主专制制度，建立当时最先进的民主共和制度，然而业已千疮百孔的传统文化系统无法提供与民主共和政体相配套的思想和观念支持系统，政治上强权崛起、社会乱象丛生，中华民族进入重建中华文化共同体的历史阶段。1919年开始的以"民主与科学"为号召的五四新文化运动，由当时最先进的知识分子领导，通过引入与现代工业文明相配套的价值观念，体现了重建中华民族的文化观念系统，揭开了重建中华民族文化共同体的序幕。但这一进程却由于日本发动侵华战争而中断，在全民族生存危机面前，"救亡压倒了启蒙"，中华民族未经系统启蒙又不得不投入各种救亡运动中，直到1949年中华人民共和国的建立，才得以重启中华文化共同体的重建进程。

　　中华民族文化共同体涉及公民文化权利和精神家园，建设文化共同体必须要基于中华民族全体成员"同意"基础上，这也从核心层面上体现出国家的文化软实力。"相互之间的、共同的、有约束力的思想信念作为一个共同体自己的意志，就是这里应该被理解为默认一致（consensus）的概念。

它就是把人作为一个整体的成员团结在一起的特殊的社会力量和同情。"①
这种"默认一致"即指"对民族集体文化价值观的同意",是现代国家核心竞
争力的重要来源。

当前,开启中华文化共同体的建设进程,既是 1949 年以来这一历史进
程的延续,又是 1840 年以来中华民族作为一个以儒家文化价值为内核的中
华文化共同体回应西方文明挑战的历史进程的延续。尽管抗战后特别是中
华人民共和国成立后中华民族作为民族共同体的文化自信有所回归,但同
时也遗留下了战争造成的巨创深痛和文化自信的失落;以儒学为主体的中
华文化核心价值体系经过"五四新文化运动"和"文化大革命"的淘洗,总体
上已经支离;改革开放后出现的"寻根文学",1980 年代中后期的"文化
热"直至近年来的"国学热",都是中华民族在历经否定之否定之后重建自
身民族文化认同的努力。

## 二、文化分离主义现象时隐时现,对中华文化共同体的自上而下的传统建设模式形成了严重挑战

经春秋战国时期的文化生发时期后,再经秦代"辙同轨、书同文"和汉
代"罢黜百家,独尊儒术"的文化同一性的铸造,造就了中华传统文化中
"道统"与"政统"的两位一体。历代政府利用行政权威和道德制高点的先天
优势,建立了自上而下的"精英主导—大众跟随"的文化共同体建设模式。
政治和文化精英集团主导全社会的核心价值生产,通过控制信息传播渠道
对全社会进行定向传播。这一模式能够成立的基本前提是,精英集团对信
息传播渠道能够基本控制或者能够实施管制。这一基本前提在传统社会的
政治环境和技术条件下能够做到,但在网络技术环境下,这种条件已经难
以成立,即在网络传播时代,随着自媒体的快速发展,政治精英和文化精
英集团已经无法控制信息传播渠道,由精英集团主导的自上而下的文化建
设模式面临挑战。

在宗法专制的皇权时代,"精英主导—大众跟随"模式以官民金字塔式
的权力网络结构为基础,自上而下推动承载中华民族核心价值的道统文化
向社会大众传播,然而道统文化的生产者与传播者却从未超出政治与文化
精英集团的范围,占绝大多数的底层民众则处于跟随者的角色,这与钟敬
文先生指出的中国传统文化是知识精英的上层文化、作为民俗的下层文化

---

① [德]斐迪南·滕尼斯:《共同体与社会:纯粹社会学的基本概念》,林荣远
译,商务印书馆 1999 年版,第 71~72 页。

则长期受到压制和忽视的观察相一致。政治和文化精英集团通过对信息渠道的有效管控，实现对士农工商等底层民众的文化灌输和文化动员，"民可使由之，不可使知之"，形成了一种以精英文化集团为核心的圈层式文化共同体。

然而，进入近代社会后，传统社会的地方经济和专制政治土壤不再，专制皇权权力网络体系不再，代之而起的是发达的商品经济与民主共和的政治土壤，数字信息技术推动了一个平民化的文化生产和文化传播时代的到来，知识与文化失去了神秘的面纱，成为后工业化时代社会大生产和社会传播的工业化复制品。相应地，传统知识精英集团的话语权与文化霸权日益消解，大众的文化参与程度迅速增强，成为核心价值的保有者、传播者甚至是参与生产者，大众的文化权力的登场，形成了对传统文化建构模式的冲击。在日益松动的民族文化共同体之下，地域文化认同和民族文化认同意识浮现，导致传统大一统文化共同体的"裂隙"。如中华人民共和国成立后出现的"台独、疆独、藏独、港独"随着中国现代化进程的高速发展而日益显性化，形成对中华文化共同体的传统建设模式的挑战。这些分离主义的力量都基于其特定的地域、方言、标识和历史传统等文化认同的因素，是将其民族认同和地方认同凌驾于民族国家认同之上的结果，这从内部构成了对中华民族文化共同体的破坏，因此，在新的信息技术环境下，必须创新中华民族文化共同体建设的模式和路径。

### 三、现代数字信息技术造就了全球公共文化领域，建设中华民族文化共同体成为建设国家文化软实力的重要渠道

移动互联网、大数据云计算技术，实现了区域公共文化领域的即时和无缝对接，形成了全球公共文化领域。"全球性文化公共领域的建立将促进世界范围文化的交流和开放，为不同文化的发展、创新提供机遇与空间。"①全球性公共文化领域的形成促进了文化的流动与共享，由于频繁的和普遍的思想交流与交锋，进一步形成了全球性思想市场。区域性公共文化领域或者民族国家公共文化领域的议程设置、文化交流和思想发展，一定程度上受到全球思想市场固有议程的影响和制约，一个国家或者民族不再有在人类文明"轴心时代"单独进行思想和观念创发的条件。作为全球大

---

① 王丽雅：《文化全球化与全球性文化公共领域》，《燕山大学学报》（哲学社会科学版）2006 年第 1 期。

家庭中的一员，民族或国家因全球化而联系在一起，不再是孤立的存在，且通过数字信息技术手段实现了普遍的交往，彼此在文化和思想上相互影响渗透、紧密相连，组成你中有我我中有你的人类文化共同体。因此，在全球互通和万物互联的 21 世纪，民族国家必须在全球公共文化领域进行思想生产和观念传播，世界联结成一个共同的舞台，所有民族国家必须同台竞技，实现于竞争中学习、在学习中竞争。

在全球互联时代，中国要在全球展示中国的文化影响力，就必须进入全球思想市场，在全球公共文化领域中进行文化生产和文化传播。在文化生产和文化传播中，中国还必须要生产和传播本民族文化，这样才能在全球公共文化领域内建立与其他民族进行平等交流的基础，构成中华文化的影响力的核心——中华民族与其他民族不同的民族性。中华民族文化所表现出来的独特思维和行为模式，赋予了中华民族不同于世界其他民族的个性，构成了中华民族文化的优势。这种新形势下的文化生产和文化传播方式，不仅依赖族群中的精英集团，而且更多的是必须依赖本民族文化共同体的集体创新创造和全球传播，依赖由民族文化共同体支撑的文化符号系统。

在 21 世纪的世界文化舞台上，中华民族作为与西方基督教文化相区别的儒家文化共同体，能够在世界"新人文主义"的建设中贡献独特的思想资源。14—17 世纪西欧文艺复兴运动把"人"从"神"的束缚中解放出来，带领西欧走出中世纪的蒙昧和黑暗，成为人类建设现代工业文明的思想库。同时，文艺复兴一方面推动了建立以世界市场为基础的现代世界体系，但另一方面又支持建立了帝国式殖民体系的政治结构和南北分野的经济结构，造成了全球性的生态危机、信仰迷茫和精神焦虑。随着由数字信息技术推动的信息社会的来临，追求天人合一、世界和谐的中华文化思想体系，借助全球公共文化领域和全球性思想市场，能够并且应为处于困境的世界文化体系的重建，提供思想和价值资源。英国著名历史学家汤因比说过，"避免人类自杀之路，在这点上现在各民族中具有最充分准备的，是两千年来培育了独特思维方法的中华民族"①。这种"天人合一，仁者爱人，以和为贵，和而不同"所体现出来的中国式人文主义关怀，是中华民族回应 21 世纪人类发展重大关切的重要思想资源，反过来又可以为建设"人类命运共同体"提供强有力的文化支撑。

① ［英］汤因比、［日］池田大作：《展望二十一世纪——汤因比与池田大作对话录》，荀春生等译，国际文化出版公司 1985 年版，第 295 页。

## 第二节　中华民族文化共同体的内涵与外延

要讨论中华民族文化共同体，一方面固然要弄清文化共同体本身的内涵、基本框架，另一方面必须要通过区分文化共同体与民族共同体、政治共同体、国家共同体和命运共同体之间的关系，最后方可确定中华民族文化共同体的内涵与外延。

### 一、共同体与文化共同体

德国著名社会学家滕尼斯（Ferdinand Tönnies，1855—1936）在其名著《共同体与社会》中对"共同体"的内涵有着精辟的阐述，他认为共同体是自然发展起来的对内外同时发生作用的现实的有机联合体，是建立在传统习惯法和共同记忆之上由各种相互关系组合而成的综合体。滕尼斯认为，共同体不是它们的各个组成部分加起来的总和，而是有机地浑然生长在一起的整体。血缘共同体、地缘共同体和宗教共同体等是人类社会共同体的基本形式。"共同体的类型主要是在建立在自然的基础之上的（家庭、宗族）里实现的，此外，它也可能在小的、历史形成的联合体（村庄、城市）以及在思想的联合体（友谊、师徒关系等）里实现。他认为，共同体是建立在有关人员的本能的中意或者习惯制约的适应或者与思想有关的共同的记忆之上的。"①人类社会正是由不同的共同体组合而成，"通过这种积极的关系而形成族群，只要被理解为统一地对内对外发挥作用的人或物，它就叫做是一种结合。关系本身即结合，或者被理解为现实的和有机的生命——这就是共同体的本质，或者被理解为思想的和机械的形态——这就是社会的概念"②。

文化共同体只是人类社会众多共同体类型中的一种类型。所谓文化共同体，是基于共同或者相似的价值观念和文化心理定式而形成的社会群体，是一种特定文化观念和精神追求反映在组织层面上的有机统一体。与政治共同体、宗教共同体、科技共同体、经济共同体等不同，文化共同体以文化价值的同质性为纽带，引导和规范个体采取或者实施相同或者相似

---

① ［德］斐迪南·滕尼斯：《共同体与社会：纯粹社会学的基本概念》，林荣远译，商务印书馆1999年版，第 ii~iii 页。

② ［德］斐迪南·滕尼斯：《共同体与社会：纯粹社会学的基本概念》，林荣远译，商务印书馆1999年版，第52页。

的行为规范。"文化"在这一共同体中具有起承转合的核心地位。①

文化共同体属于人类社会共同体中的高级形式，本质上是一种精神共同体。滕尼斯认为，精神共同体是人类最高形式的共同体："血缘共同体作为行为的统一体发展为和分离为地缘共同体，地缘共同体直接表现为居住在一起，而地缘共同体又发展为精神共同体，作为在相同的方向上和相同的意志上的纯粹的相互作用和支配。地缘共同体可以被理解为动物的生活的相互关系，犹如精神共同体可以被理解为心灵的生活的相互关系一样。因此，精神共同体在同从前的各种共同体的结合中，可以被理解为真正的人的和最高形式的共同体。"②文化共同体与宗教共同体，是人类精神共同体中最主要的两种基本形式。

文化认同是文化身份或自我意识的自觉和把握，无论从族群还是个人，政治、语言、宗教、心理、地域等把握方式都只是人们把握世界的方式，文化的把握方式是世界各个民族共用的基本方式。文化认同也是一种社会共享的文化经验或体验。③ 所以，文化认同是个体与群体基于某一特定文化观念和心理定式融入一个民族或者一个国家所经历的过程，也是个体自我身份意识的确定与定位的过程。文化认同作为一个历史发展过程，具有时空的先后次序，不仅赋予个体在意识上的身份确认和社会系统定位，而且还通过对比的视角赋予个体的独特的文化身份符号与位置标识。

对于个体和群体来说，文化认同的过程包含着从低到高的三个阶段："首先是承认，承认一种文化的合理性，合法性。这种'承认'本身既包含了对特定文化价值指向的认可；其次是接受，'接受'表明了个体与某一种文化价值之间的同一性；再次是融入，'融入'是文化认同的最高境界，为此而做出必要的文化改变，甚至是发挥积极的作用去创造。"④

---

① 本章从这一意义上来使用"文化"的概念。所谓文化即"人类化"："是人类价值观念在社会实践过程中的对象化，是人类创造的文化价值，经由符号这一介质在传播中的实现过程，而这种实现过程包括外在的文化产品的创制和人自身心智的塑造。"参见冯天瑜、何晓明、周积明：《中华文化史·导论》，上海人民出版社 2005 年版，第14~15 页。

② ［德］斐迪南·滕尼斯：《共同体与社会：纯粹社会学的基本概念》，林荣远译，商务印书馆 1999 年版，第 65 页。

③ 陈刚：《全球化与文化认同》，《江海学刊》2002 年第 10 期。

④ 欧阳康：《多元化进程中的文化认同与文化选择》，《华中科技大学学报》(社会科学版)2010 年第 6 期。

## 二、明确文化共同体与民族共同体、政治共同体、国家共同体、命运共同体的区别与联系

要弄清文化共同体，必须了解文化共同体的内涵与外延，必须明了文化共同体与民族共同体、政治共同体、国家共同体、命运共同体的区别联系，由此建立文化共同体明确的范围边界。

### （一）文化共同体与民族共同体的区别联系

文化共同体与民族共同体在范围上交叉，因为文化认同往往与民族认同相互交叉重叠，因此文化共同体在现实世界的载体往往就是民族共同体。但正如文化与民族存在区别一样，文化共同体与民族共同体也有区别。民族是由一定共同的血缘关系、历史文化记忆组成的群体。民族共同体的存在基于民族认同，"认同"是建立在区分"我"和"他"的基础之上的观念、价值和身份同一性的过程。民族认同是族群成员对自己民族归属的自我认知。民族认同的基础是文化认同，其根源在于民族的存在和维系要依据文化的不同。差异性文化既是民族借以存在的基础，也是民族认同存在的根基。

文化认同与民族认同的不同之处是，文化认同的出发点是文化形态的同质性，而民族认同的归结点则常常指向血统渊源，如汉民族的祖先基本上指向"炎黄"，苗族的祖先大多指向"蚩尤"。但现代民族则显示出超越血缘关系的"拟态"特征，血缘认同逐渐为文化认同所替代，如中华民族既包含了汉族，也包含了苗族。

文化认同和民族认同都具有相同或者相似的发生机制，即来源于异质文化或者不同民族的交流和比较，借助异质文化比较的"镜像"机制，形成了"他族不同于我族""我族文化不同于他族文化"的现实对比，从而确立自己的族群定位和价值归属。在中国先秦时期，华夏民族正是通过"华夷之辨"的对比机制，即梁启超先生的"对他而自觉为我"的过程，建立起中原汉民族的文化认同和民族认同机制，这种民族认同和文化认同的天然聚合性成为保证中华文明世代沿袭的强大力量。

另一个区别是，如果从一个历史纵向的角度上考察，文化共同体与民族共同体既相互交叉也相互包含。在历史上的民族融合阶段，民族共同体的血缘因素往往会被弱化，有关民族交往、交流甚至民族冲突的历史文化记忆作为连接纽带的功能往往会被强化，共同的文化记忆和价值追求将会逐步取代血缘而成为民族共同体的重要支柱，成为民族共同体中的"集体

无意识"，民族共同体将会向文化共同体逼近。在这一历史进程中，文化认同日益成为扩大的民族认同的基础，且作为民族认同的最主要和最核心的价值之维和功能之轴，同时，文化共同体往往寓于民族共同体的载体中，此时，民族共同体又包含着文化共同体，文化共同体也就成为了民族共同体的一种抽象存在。

## （二）文化共同体与政治共同体、国家共同体的区别与联系

政治共同体是指"由具有共同的政治利益、公认的政治机构和特定的居住区域的人们所构成的社会集合体。国内的政治共同体是国家政治生活有序的结构基础，国际的政治共同体一般指不同的国家出于安全利益而组成的国家集团"①。政治共同体最典型的代表即政党。但值得注意的是，政治共同体与文化共同体是两种性质不同的社会组织。

文化共同体不像政治共同体一样具有公认的管理机构、特定的区域和比较严密的组织系统，文化共同体更像是具有相同或相似文化价值观的社会成员组织的松散联合体。但文化共同体与政治共同体之间相互影响，共同构成国家共同体的组成部分。文化共同体与国家共同体在现实世界的另一具体化载体便是国家。从国际法来看，定居的居民、确定的领土、政府和主权，是构成国家的四个法理因素。② 这四个因素的独立，是国际上一个国家最终得以产生的基础。除了对这四个因素的认同外，国家认同更是"指一个国家的公民对自己祖国的历史文化传统、道德价值观、理想信念、国家主权等的认同"③，国家共同体则是这一过程的结果。文化共同体与国家共同体的不同之处在于，文化共同体是形而上的理想信念、价值观甚至是宗教同一性或者同质性的松散联合体，国家共同体则是形而下的政治和法权认同以及形而上的文化认同的有机统一体。政治和法权认同赋予基本法律和政府强制力量的合法性，文化认同则以公民自愿自发的"同意"赋予国家暴力机制以意识形态的合理性。前者造就国家共同体的躯体，后者造就国家共同体的灵魂。

从这一意义上说，文化共同体作为国家共同体的核心价值支撑，是国家共同体的哲学或者说抽象存在，这种抽象存在是国家共同体躯体借以获得生命与灵魂的源泉。阿里·迈兹认为，文化是从共同体内部影响成员选

---

① 王邦佐等编：《政治学辞典》，上海辞书出版社 2009 年版，第 25 页。

② 冯玉军主编：《法律基础》，宗教文化出版社 2013 年版，第 254 页。

③ 贺金瑞、燕继荣：《论从民族认同到国家认同》，《中央民族大学学报》（哲学社会科学版）2008 年第 3 期。

择的重要力量：（1）文化提供了观念与认识的透镜，人们对世界持何种观点很大程度上受一种或多种文化范式的作用；（2）它提供了人类行为的动机；（3）它提供了价值尺度；（4）它提供了认同基础；（5）它提供了交流方式；（6）它提供了划分阶层、阶级、等级与身份的基础；（7）它影响着生产与消费的方式。① 文化作为一种认识论范式，通过全体社会成员实行意识形态化规范的过程造成了社会成员对民族国家的潜移默化的认同，它意味着从社会内部建立起一种思想和观念整合的控制论模式。

经验证明，当世界上国家出现分裂的时候，往往也是文化共同体的瓦解的时候，低水平的文化认同，往往难以支撑国家共同体的庞大身躯，在这一点上，苏联的出现及其瓦解的过程，为文化共同体与国家共同体的关系，提供了一个极好的注脚。

同时，这里也需要指出民族共同体与国家共同体的区别与联系。民族共同体与国家共同体皆为文化共同体的载体且包含着文化共同体。在历史上看，民族是国家形成的基础，国家是民族生存的保障。民族共同体倾向于自然地理环境与血缘，以传统文化观念和习惯法作为维系民族运转的基石；国家共同体则基于政治与法理，以社会契约和暴力机器作为维系国家运转的基础。文化共同体最初作用于民族共同体，继之与民族共同体一起作用于国家共同体，国家共同体中的道德观念、信仰、价值理念等文化内容首先是自然隐含在民族共同体中，但同时又作为一种抽象的存在，进入国家意识形态的各个领域。在这一意义上，"文化认同构成族群认同与国家认同的中介形式"②，国家认同是文化认同与民族认同的升华。民族共同体是国家共同体的初始状态，国家共同体是民族共同体的机械形态。

## （三）文化共同体与命运共同体的区别联系

命运共同体最初指日本家族企业将职工职业生涯与企业的长远发展目标和企业命运挂钩而形成的利益共享、风险共担、个人前途与企业发展一体化的企业组织模式，后来引申为基于共同愿景和共同利益而组成的各类社会经济组织，是在历史上曾经因"共同利益和共同记忆"③、为实现集体

① ［日］星野昭吉：《全球政治学——全球化进程中的变动、冲突、治理与和平》，新华出版社 2000 年版，第 193 页。

② 韩震：《论国家认同、民族认同及文化认同——一种基于历史哲学的分析与思考》，《北京师范大学学报》(社会科学版) 2010 年第 1 期。

③ ［法］吉尔·德拉诺瓦：《民族与民族主义：理论基础与历史经验》，郑文彬等译，生活·读书·新知三联书店 2005 年版，第 200 页。

共同利益而自愿或被迫形成的社会集团。命运共同体既具有共同的经济利益目标，也具有共同的集体(族群)安全、文化(宗教)安全目标，因此，命运共同体也可以体现为经济共同体、政治共同体和文化(宗教)共同体。从历史上看，命运共同体是民族共同体形成的必要条件："为什么历史造就民族？因为没有'命运共同体'就没有民族特征。所有不同的民族理念都试图创造并保存共同命运。民族将历史转变成命运。"①而在命运共同体推进民族共同体形成的过程中，文化共同体逐步形成。正是在命运共同体形成中，族群成员历经"磨难的幸与不幸"，共同的命运作为桥梁将族群成员联系在一起，交流互动，从而形成全体成员认可的组织理论、共同的生活方式、公认的标识符号、共通的语言等文化元素，从而形成族群共同的"语言文字、典章制度、人物故事"等共同的文化价值系统。这种文化价值系统一旦定型，反过来又成为维系命运共同体的强大力量，文化共同体与命运共同体之间相互渗透，从而形成一种稳定的社会组织。五千年来中华民族延续不断、日益壮大，就得益于秦汉之间形成的华夏族群文化共同体与命运共同体相互支撑的独特结构。

### (四)中华民族文化共同体的内涵

民族"泛指依靠历史、语言或种族联系组成的人群共同体"。中华民族是由"中华"与"民族"共同构成的复合词，中华是"中国"和"华夏"的复合简称。"华夏民族与国家的演进和互动走着一条与西方不同的发展道路，由此形成古代中国民族认同与国家认同的同一性传统及民族意识中的民族与国家认同相一致的深层价值结构，同时也导致古代中国独特的政治地缘与民族地缘的特征。它使中国在国家与民族认同上呈现重要特点：即族别上的兼容性、民族统一与国家安全的一致性、文化的开放性。"②

近代以降，伴随着西方近代文化与中国传统文化的交融，发源于西方的近代民族国家观念迅速传入中国，这一观念与中国本身的"华夷之辨"观念交错杂糅，经历了碰撞、冲突和融合，逐步形成"中华民族"的称谓。中华民族概念最初由梁启超于1901年的《中国史叙论》中提出，是指"历来生息于中国的诸族总称"③，且于1905年的《历史上中国民族之观察》中提出，中华民族是历史上多民族混合而成的，"逼近中华民族乃多元一体之

---

① [法]吉尔·德拉诺瓦：《民族与民族主义：理论基础与历史经验》，郑文彬等译，生活·读书·新知三联书店2005年版，第199页。

② 李禹阶：《华夏民族与国家认同意识的演变》，《历史研究》2011年第3期。

③ 冯天瑜：《中国文化生成史》，武汉大学出版社2013年版，第63页。

大民族的论断"。这一概念后来被 1907 年主张"排满革命"的章太炎解释为汉族。1912 年中华民国建立。中华民国由"中华"与"民国"二词组成,"中华"是指"中华民族","民国"是指"民主共和制度的国家"。中华民国一词包含着晚清以来积弱的中国和迫切希望民族振兴的人民大众对于建设民族国家的热切期许。辛亥革命后,孙中山提出"五族共和",将民族主义矛头由对内革命转向一致对外争独立与平等,汉、满、蒙、回、藏五族都归入中华民族共同体。"近代以降,传统'家天下'的国家与民族意识受到严峻挑战,其认同观念面临断裂和重新阐释、再塑的问题。以孙中山为代表的近代仁人志士积极探索民族国家的重建途径,创造性地提出政治革命与民族革命相统一的思想,并以此为核心构建近代中华民族国家中民族认同与国家认同新的一致性。"[①]

1935 年,傅斯年在《中华民族是整个的》一文中提出"中华民族是整个的"的思想,开始了国族建构的尝试。[②] 蒋介石继承了孙中山的"五族共和"与傅斯年的"中华民族是整个的"的思想,认为中华民族(五族)是一个整体,且应由中华民国作为载体建立中华民国的国族。冯天瑜先生提出,"时至近代,'中华民族'作为一个文化人类学(非体质人类学)概念,已然为生活在中国及散居世界各地的具有中华元素的诸族众所共认、共用,成为一个具有强大概括力、凝聚力的称号"[③]。中华民族作为文化共同体的特征开始为社会各界和全世界华人群体所认同。

1949 年中华人民共和国成立后,经过 1949—1990 年的民族调查和区分,确定了 56 个民族组成的中华民族共同体,在 20 世纪 80 年代末期,我国著名社会学家费孝通(1910—2005)提出了"多元一体"中华民族共同体的观点。他认为,中华民族存在自觉的民族实体与自在的民族实体之分,前者是抗击西方列强条件下自觉形成的团结各民族的武器,而后者则是历史自然发展进程的产物,这两个民族实体统一于中华民族一个实体中。[④]

"中华民族"一词,既与中国人的国家认同相关,也与中国人的文化认同相关。中国自古即以"华夷之辨"的对比性文化观念作为区分"中原汉民族与边疆民族"标准,与国际通行的以种族归属区分民族的方法不同,中

---

① 李禹阶:《华夏民族与国家认同意识的演变》,《历史研究》2011 年第 3 期。

② 彭池:《傅斯年国家建构思想研究》,武汉大学博士学位论文,2015 年,第 42 页。

③ 冯天瑜:《中国文化生成史》,武汉大学出版社 2013 年版,第 68 页。

④ 费孝通:《中华民族多元一体格局》(修订本),中央民族大学出版社 2003 年版,第 3 页。

国传统社会更注重使用文化人类学标准而不是体质人类学标准，进行民族划分。因此，文化认同作为划分民族的标志获得了社会普遍的认同。梁启超于 1905 年的《中国历史上民族之研究》中有精彩论述，"凡遇他族而立刻有'我中国人'之一观念浮于脑际者，此人即中华民族一员也"①，直接从文化认同角度阐明中华民族的"族性"。杨度比梁启超又前进了一步，论述了中华民族实为一"文化之族名"："中国自古有一文化较高、人数较多之民族在其国中，自命其国曰中国，自命其民族曰中华，即此义以求之，则一国家与一国家之别，别于地域，中国云者，以中外别地域远近也。一民族与一民族之别，别于文化，中华云者，以华夷别文化之高下也。即此以言，则中华之名词，不仅非一地域之国名，亦且非一血统之种名，乃为一文化之族名……以西人学说拟之，实采合于文化说，而背于血统说。"②杨度认为，中华民族的本质属性既不是西方国家所遵循的地域认同，又不是血缘认同，而是文化认同。杨度指出了中华民族作为文化共同体区别于西方民族作为地域共同体和血统共同体的特征，同时揭示出"华夷之辨"在建构中华民族文化认同的独特价值。

　20 世纪 80 年代以后，中国学界在民族研究与民族实践工作中逐步摆脱斯大林关于民族的经典定义，③ 逐步从对中华民族概念的探讨深入中华民族作为文化共同体的内核。提出"民族是人们在历史上形成的以各自的文化为特征的人类集团，是文化共同体，它是人类文化变异的产物"。"以民族为研究对象的民族学，其研究内容始终是各民族绚丽多彩的文化。在某些国家，这门学科被称之为'文化人类学'。"④"文化不仅表现一个民族的外在风貌，而且是它内在的'灵魂'。一个民族的成员的思维方式与行为方式，都受其文化模式的制约。"⑤民族是"从文化的角度来区分的人们共同体，同时又是具有内聚力的利益集团"⑥。循着这一思路，中华民族是由"文化共同体"向"法律共同体"过渡，进而演进为民族国家。⑦ 因此，中华

---

① 梁启超：《中国历史上民族志研究》，《饮冰室合集》之八《饮冰室专集》，中华书局 1989 年版。

② 杨度：《金铁主义说》，《中国新报》1907 年 5 月 20 日。

③ 李振宏：《新中国成立 60 年来的民族定义研究》，《民族研究》2009 年第 5 期。

④ 郭庆：《试论民族共同体》，《中央民族学院学报》1990 年第 3 期。

⑤ 熊锡元：《略论民族文化的全民性与整体性——对"两种民族文化"论的再认识》，《民族研究》1991 年第 8 期。

⑥ 何叔涛：《略论民族定义及民族共同体的性质》，《民族研究》1993 年第 1 期。

⑦ 朱智毅：《从"文化共同体"到"法律共同体"——有关"中华民族"的想象与形成》，《现代交际》2011 年 9 月。

民族是国家共同体和文化共同体的"两位一体",民族国家则是文化共同体的自然发展趋势。这从历史文化和法理两个维度揭示了中华民族作为文化共同体和作为国家共同体的内在本质特征。

长期以来,由于"中华民族"的内涵与外延不明晰,从晚清以来就一直争论不断。但如果将中华民族视为"中华民族共同体",则可理解为以中华人民共和国版图为范围的政治法律共同体和以华人社会和取得中国国籍的其他人士为范围的文化共同体的"两位一体"。文化共同体是其神,政治法律共同体是其形。中华民族文化,包括共同历史经历与历史记忆,不仅是中华民族的精神内核,更是民族共同体与国家共同体的社会心理基础和精神支柱。

## 第三节 建构中华民族文化共同体过程中面临的挑战

进入 21 世纪,中华民族共同体建设取得了辉煌的成就,民族兴旺、经济繁荣、文化发展,整体上呈现出良好的发展态势,且得到海内外中华民族儿女的普遍认同。费孝通先生概括的 56 个民族"多元一体"格局下的民族文化共同体的框架基本形成,呈现出一定的生命活力和精神活力。同时,在这一宏大发展的背景下,由于历史上的政治认同、宗教认同和国家认同等遗留问题的存在,影响到当代中华民族文化共同体的建设,对中华民族共同体的建设提出了挑战。

### 一、当前面临的三大挑战

#### (一)全球化进程引发后发国家内部的文化认同危机,导致了民族共同体出现理想目标混乱、道德失范和信仰缺失的问题

发源于西方的现代化既是推动全球化的因素,也是造成民族危机和促进民族认同的力量,还是瓦解后发民族国家传统文化价值体系的重要推手。近20年来全球化的突飞猛进,将欠发达的民族国家置于西方的经济与文化霸权之下,变成弱势的政治单位,使民族传统文化的传承和公民基本文化利益失去现实的保障,引发欠发达民族国家的成员对祖国的国家认同和文化认同危机。如,全球化过程建立了西方大国对弱势民族的文化优势,体现为文化生产和文化传播上的不平等。西方发达国家利用报纸、电影、电视、广告、互联网等强大武器,随时和无处不在地推行其民族思想、观念和生活方式,形成了强势文化对弱势民族的文化软实力。这在一

定程度上瓦解弱势民族社会成员的意义感和归属感，引发了弱势民族社会成员的身份和角色的混乱。作为发展中国家的中国，由五千年积累而成的中华民族文化认同是一种族群共享的经验或体验，也是一种基于儒家身份角色的共享经验和体验，西方文化对儒家身份角色的冲击，削减了民众基于儒家身份的意义感和精神归属感，引起一系列的连锁反应，如道德感的缺失，普遍感到不安，道德沦丧，行为失范；理想的式微，实用主义、功利主义、享乐主义大行其道，理想主义、集体主义、英雄主义被遗忘于一隅，金钱和物质反过来成为支配人和奴役人的力量；意义感和价值感的丧失，出现价值上的困惑、生存焦虑、难寻人生的意义，犬儒主义或及时行乐盛行，许多人变成没有理想、缺少信任、不再信仰、无终极价值追求的浑浑噩噩的生活者。这导致后发现代化国家的文化共同体建设因失去族群共同的价值目标而陷入"空囊化"困境。

（二）当前中国三重转型叠加的复杂环境，一定程度上引发社会成员价值观的混乱，造成了对构成中华民族文化共同体共同核心价值观的强劲冲击

民族国家共同体必须以共同的价值观为基础。在国家稳定发展时期，这一目标可以相对容易地达到，但在国家转型期，由社会转型引发社会结构的失衡进而引发社会成员的价值观的混乱，造成民族国家文化共同体建设和维护的困难。当代中国面临三重叠加的现代转型，即由农耕文明向工业文明转型，由苏俄模式向市场模式转型，由现代化向后现代化转型，这三种转型的叠加，造成了中国文化发展复杂的环境。中国政府和社会要在50年的时间内，完成西方发达国家200年发展的道路，在这种社会大转型过程中，中国社会必须在较短时间内同时完成国家政治体制改革（国家重建）、文化体制改革（文化和意识形态重建）和经济体制改革（市场重建）这三大目标任务。这三大任务的重叠部分，就是全体社会成员的思想观念和意识形态的转换问题。中国必须完成与经济体制改革和政治文明进程相适应的文化价值系统和思想观念系统，以形成新的文化认同和国家认同。但要从计划经济的制度意识形态、体制身份和国家话语转变为市场经济的制度意识形态、社会身份和国家话语，却又常常诱发社会成员身份认同的混乱，从而导致社会成员之间的文化和价值冲突，形成了社会对于文化建设的焦虑和紧张。

（三）区域身份认同与国家认同之间的"身份困境"的存在，引发了地区身份认同与国家身份认同之间的紧张，对中华民族文化共同体建设造成深刻的影响

身份认同是一种基于"自我"和"他人"区分基础上，社会成员或者群体通过对于"自我"特征的确证，来明确自身的群体性归属和特征的认知过程。身份作为社会关系的载体，是一种被他人和自我共同建构出来的符号标识系统，由个体或者群体与其他个体或者群体的互动关系的性质所决定，并非人或群体内生的因素，因而是可以被同化和改变的一种柔性的价值认知和自我定位。但因为身份认同对于个人和群体都具有价值驱动作用，能够直接和间接影响人们的行为方式。"身份认同不仅给人骄傲与欢愉，而且也是力量与信心的源泉……但是，身份认同可以杀人——甚至是肆无忌惮地杀人。"①

在中国社会转型过程中，中国社会迎面撞上了地方身份认同与国家身份认同之间的矛盾。台湾、香港、西藏和新疆的区域性身份认同困境，尽管源于历史上的宗教差异和政治军事对抗等因素，但表现为一种文化上的现实问题。例如，1997 年后香港的回归，无疑要涉及国家认同问题。"传统帝制中国的政治认同建立在对中国历史文化的认同基础上，而近代以来，中国经历了从传统'文明国家'向现代'民族国家'的转型。一方面要发展出在多元民族基础上塑造了'中华民族'或'中国人'的概念，从而奠定现代国家的民族认同基础，另一方面要发展出现代国籍法，对文化意义和基于血缘的民族意义的'中国人'的概念加以改造，发展出'中国公民''海外华侨''海外华人'等法律上严格界定的身份概念。香港回归以来，香港居民不仅触及'公民身份'的问题，而且触及文化认同和政治认同问题。"②

从理论上说，地区的身份认同根源于特定地域内居民特定的集体记忆。根据社会学理论，集体记忆并不是真实的个体记忆的总和，而是由多年来形成并保存在群体中"以共同语言所描述的关于历史叙事、政治和文化符号，乃至于因为政治原因而人为建构的神话所组成的社会建构的内容"。存在族群中的集体记忆具有族群文化身份或者文化特征的保存和培训功能，它通过对族群历史的重新解读，对历史事件、民族节日、纪念日

---

① 封帅：《悲剧的诞生：身份认同困境与克里米亚的命运》，《俄罗斯研究》2014年第 3 期。

② 强世功：《国家认同与文化政治——香港人的身份变迁与价值认同变迁》，《文化纵横》2010 年第 6 期。

和纪念地等特定符号的注解，乃至对某些特定的历史事件、人物和故事的有意夸张，在一定空间和一定范围的人群中建立起共同的记忆、共同的话语和共同的价值取向，在此基础上逐渐形成了特定的认同价值和集体身份，这便是身份认同的形成过程。

例如，香港经历了100多年的英国殖民地化过程，整个地区的符号体系东西方掺杂，价值趋向西方化，无论是地理名称、城市雕塑、政治符号抑或是文化标签，都被打上了鲜明的英国印记。特别是100多年来英国在香港的代理人极力推动香港身份的建立，包括香港独立的政治地位和法律体系的建立，使其难以在1997年政治回归后同步实现文化和社会心理的回归，也难以通过历史叙事的重构形成新的国家认同和统一的地区认同。在由政治军事分立推动地域文化身份认同的分立这一点上，台湾与香港相似。特别是在改革开放后的30多年间，香港和台湾相对于中国大陆高速的经济发展速度，从绝对优势的位置下降到相对弱势的位置，引发了香港、台湾社会的心理失落和危机感。为了平衡来自外部的经济和政治压力，以及来自内部的优势下降的焦虑，香港和台湾都选择了强化地方身份认同，以增强与中国大陆进行博弈的社会资本和文化资本的战略对策。这种社会潮流一方面推动了地方身份认同的持续深入，导致了香港和台湾的身份归属上的"错位"现象，也就是人们看到的所谓"港独""台独"在文化上的集中反映。

周平认为，多民族国家的国家认同作为一种特定的政治文化现象，包含着"集体忠诚冲突"，即各个民族群体对自身的认同与对国家的认同之间的矛盾，这种矛盾作为内部性因素难以消除，因而其国家认同总是面临挑战。"这种现象对多民族国家的各个民族群体和多民族国家政治共同体都具有深刻影响，甚至会危及多民族国家的统一和稳定。因此，多民族国家必须将国家认同建设作为一项事关国家统一和稳定的政治工程，持续不断地加以推进。"[1]

从世界范围内看，由于地方性亚文化共同体在地方经济利益共同体的作用下不断强化，台湾、香港、西藏、新疆在身份建构过程中的地方身份认同与国家身份认同之间的紧张和焦虑将会在一个较长时段内存在。西藏、新疆在持续的地区认同之外，更涉及民族认同的不断深入，在现代国家建构和国家转型过程中日益成为民族共同体必须认真因应的全局性文化和社会问题。

---

[1]　周平：《多民族国家的国家认同问题分析》，《政治学研究》2013年第1期。

## 二、世界范围内建设文化共同体的经验

建设 21 世纪中华民族文化共同体不仅要分析自身的问题和挑战，还得借鉴外域建设文化共同体的正面及反面经验，以在世界的经验中找到中国文化建设的目标及方法，以收"综汇百家，成就真我"的效果。在世界范围内建设文化共同体，以色列、美国、德国具有成功的经验，加拿大、英国、乌克兰在应付国家分裂主义的过程中也有一定教训。

以色列是在单一宗教和单一民族基础上建立起来的国家，"在塑造以色列民族国家的意识形态、国家的价值观上，犹太教的思想起了任何别的事物无法起到的作用"①，因此，以色列的文化共同体等同于宗教共同体。犹太教、犹太民族与以色列国是这个民族国家建立的历史链条，即"犹太民族是因一神教而诞生的民族。在反抗罗马人统治与维护民族信仰的斗争失败后流散世界各地，在犹太复国主义运动中犹太教作为精神纽带将寓居各国的犹太人团结在一起，最终以色列复国，犹太教功不可没"②，"犹太教对犹太民族的凝聚作用，即维系了民族的存续、促进了以色列国的建立并融合了以色列的两大族类"③。犹太教是犹太民族形成和国家建立的宗教枢纽，在这个意义上犹太教、犹太民族与以色列国家，在长期的历史发展过程中，以宗教认同为核心而形成的文化共同体、民族共同体和国家共同体是"三位一体"的关系。这种关系使以色列在宗教、民族与国家事务上可以团结一致对外，在阿拉伯国家的包围中独立自强，自成体系，形成了强大的现代化国家。

美国是世界上各种文化、种族、宗教、思想多元共存的地方，这些共存的元素共同构成美利坚民族认同和文化认同："在文化认同上，美国经历了从 WASP（盎格鲁-撒克逊白人新教徒——引者注）文化、熔炉文化到多元文化的历史过程；在种族认同上，美国历史上出现了种族主义、白人民族主义、本土主义和排外主义思潮和政策，其间涉及人种问题、种族问题、民族问题和移民问题；在宗教认同上，美国走过了基督新教主流、基督宗教多元化和信仰多元化的道路；在思想认同上，形成了一个从追求自

---

①　郭荣刚、王坚德：《犹太教与以色列国家价值观的形成》，《江汉大学学报》（人文科学版）2009 年第 2 期。

②　杜洋、王晓凤：《论犹太教在犹太民族历史转折时期的地位与影响》，《白城师范学院学报》2004 年第 3 期。

③　骆素青、孟繁中、戚建霞：《试论犹太教对犹太民族的凝聚作用》，《河北省社会主义学院学报》2007 年第 4 期。

由、平等和民主的民族到统一民族思想和思维的模式。"①其中，美国社会的文化认同，从 WASP 为主体的文化认同发展到今天的多元文化认同，形成了美国社会的核心价值观。值得注意的是，社会上多元文化并行没有导致美国分裂，反而形成了美国国家共同体的思想根基。这得益于美国完备的国家法律体系的保障。一方面，借助于多元一体的核心价值观，确立了美国的文化共同体；另一方面，借助于以"美国信念"为核心的政治认同，确立了美国的政治共同体，形成了文化共同体与政治共同体的"合二为一"，即"WASP 的国家认同观强调从文化上界定美国人，美国信念侧重从政治思想上框定美国人"②，通过"只承认和保护个人的权利而非民族的权利"③，将个人与国家直接挂钩，保证了直接与国家打交道的永远是个人而非一个个民族、宗教、宗族团体，由此从制度上完成了公民文化认同和国家认同的一体化管理。所以，美国社会多元文化不仅不会演变成离心效应和分裂势力，反而会形成朝向国家共同体的向心力，这就是美国形成并拥有强大的国家文化软实力背后的原因。

德国也是经由文化共同体到德意志民族共同体的典范。德意志民族的归属感始于公元 919 年德意志王国的建立，此后直至近代，由于皇帝势力日衰，封建诸侯权力日隆，德国一直没有形成具有"强有力的政治的、经济的、外交的内核"的中央集权的统一国家，但幸运的是逐步演化出了"一个由血缘、历史传统和语言等因素构成的具有自我特征的文化共同体"，"这一文化共同体同时也构成了德国民族认同的核心要素"。④ 尽管"历史一再遭遇断裂"和处于欧洲地缘政治的"中间地带"，在近代民族国家形成进程中，包括德意志帝国、魏玛共和国和纳粹德国在内的三次建国均以失败告终，且德国作为两次世界大战的策源地和战败国，其"民族意识一再受创"，⑤ 然而在建立民族国家中屡败屡战的德国最终在文化共同体的作用下推倒柏林墙，结束"二战"后战争遗留和社会制度分裂导致的东西德国的

---

① 董小川：《美利坚民族认同问题探究》，《东北师大学报》2006 年第 1 期。

② 张文宗：《浅析美国的多元文化主义与国家认同》，《哈尔滨工业大学学报》（社会科学版）2007 年第 6 期。

③ 彭池：《傅斯年国家建构思想研究》，武汉大学博士学位论文，2015 年，第 56 页。

④ 杨解朴：《从文化共同体到后古典民族国家德国民族国家演进浅析》，《欧洲研究》2012 年第 2 期。

⑤ 李伯杰：《"一个麻烦的祖国"——论德意志民族的德国认同危机》，《清华大学学报》（哲学社会科学版）2010 年第 2 期。

分裂，形成了一个统一的现代民族国家——德国。其中，由德意志民族文化共同体所支撑的民族认同和国家认同对促进德国统一和德意志民族的崛起起到了重要的作用。

加拿大曾是长期受到法英殖民的国家，直至1982年才完全取得立法与修宪权力，从英联邦独立出来。1535年法国殖民魁北克开启加拿大殖民地历史，也在该省植下法国语言文化的根基。在"七年战争"（1756—1763）后，整个加拿大成了英国殖民地，并普遍推行英国语言文化的同化政策。英裔加拿大人和法裔加拿大人两大族裔在文化主导权上的竞争潜滋暗长，1960年代"操法语人口占82%且主要是法裔"①的魁北克成了主战场。随着经济的发展，政治上具有强烈分离倾向的魁北克党人执政，文化冲突最终演变为1980年、1995年两次独立公投，且仅以40.5%、49.4%的微小差距而未从加拿大联邦独立出来。② 加拿大魁北克省已经形成以法兰西语言为基础的文化共同体，一直寻求脱离以英裔加拿大人为主体的加拿大联邦。"2006年11月27日，加拿大国会以266票赞成、16票反对的结果，通过了联邦总理哈珀提出的有关承认魁北克为加拿大联邦内的一个国家的动议，引起国际舆论广泛关注。"加拿大政府的这个决策，旨在赋予魁北克省建立具有高度自治的"民族自治区"的特殊地位，是从政治上承认并包容加拿大联邦范围内英语和法语两大文化共同体分立的现实，是力图通过承认文化认同的差异换取联邦政治共同体的底线，所以加拿大媒体认为，"哈珀这个提案，算是一个高招，因为它既解决了魁北克一直以来要独立的问题，也承认了魁北克在加拿大的特殊地位。加拿大在维护国家主权的前提下体现了体系内的最大包容和妥协，为许多国家应对国内分裂活动提供了借鉴"③。但由于政治共同体与文化共同体必须保持最低限度的一致性，允许魁北克省建设"民族自治区"只是"止痛药"，分裂势力病根是英语和法语两大文化共同体的分立，这种因素未得到根除。加拿大政府未能将英裔加拿大人与法裔加拿大人两种文化认同转化为一种国家认同，仍然潜

① 张仕荣：《美国、加拿大、俄罗斯反分裂斗争的经验及思考》，《当代世界与社会主义》2011年第5期。

② 张茹：《加拿大反分裂法律问题研究》，西南政法大学硕士学位论文，2012年。

③ 张仕荣：《美国、加拿大、俄罗斯反分裂斗争的经验及思考》，《当代世界与社会主义》2011年第5期。

伏着国家分裂的危险。

英国的苏格兰地区在 2014 年 9 月 18 日举行了苏格兰是否应该独立的全民公投，结果反对派以 55%的得票否定了苏格兰独立，理智战胜冲动，"离婚"①未成，英国避免了分裂的命运。苏格兰民族分离运动由来已久，其深层原因是潜在的"直接统治的深入和文化同化的失败"。在苏格兰，催化分离主义的因素是"资源分配矛盾和政党政治。尽管民族传统和文化认同是民族分离主义的基础，但是很多民族分离主义运动的兴起与经济利益有着密切关系"。长期以来，英国没有形成基于文化认同之上的国家认同，没有形成一个民族文化共同体来支撑英国政治共同体的建设，是英国分离主义长期存在的社会基础。"苏格兰人对英国政府直接统治的抵触，与其自身长期保持文化独特性是密切相关的。在文化同化方面，英国政府并未积极主动地推动苏格兰的文化同化，从而使得苏格兰的传统和文化长期保持了其独特性。"②国家在文化多元的情况下，英国政府超越了文化共同体的建设阶段，直接进入国家治理和国家控制，造成了国家与地方之间经济利益的争端以及政治边缘化下民族主义的抬头，分离主义仅是英国社会这种结构性矛盾的外在表现。

乌克兰自 1991 年独立以来就深受分裂势力困扰，克里米亚、顿涅茨克、卢甘斯克等地区都进行了公投，且皆以绝大多数票数赞成独立。克里米亚更是在 2014 年 3 月 16 日全民公投以 96%赞成票决定加入俄罗斯，17 日议会宣布脱离乌克兰，成立主权国家"克里米亚共和国"，③ 19 日加入俄罗斯。克里米亚 4 天脱乌入俄，在世界上引发震动。其背后的原因，在于克里米亚长期以来没有解决地区认同与国家认同、民族认同与文化认同之间的裂隙。1954 年苏联以行政命令方式，将克里米亚从俄罗斯划归乌克兰。苏联解体后，俄罗斯一再"提出重谈克里米亚归属问题，要求恢复对该半岛行使主权"。④ 克里米亚分裂的内因主要是乌克兰推动地区认同上升为国家认同的失败，在民族国家共同体建设中，导致克里米亚选择了俄罗

---

① 肖国吉：《苏格兰为什么要跟英格兰"闹离婚"?》，凤凰新闻客户端，2014 年 9 月 11 日，http://i. ifeng. com/news/sharenews. f? aid=89367599。

② 李济时：《从国家治理角度论苏格兰独立公投》，《当代世界与社会主义》2015 年第 3 期。

③ 卢敬利、义高潮：《克里米亚宣布独立成为主权国家》，新华网，2014 年 3 月 17 日，http://news. xinhuanet. com/world/2014-03/17/c_119809623. htm。

④ 张丽君、金锦虎编译：《克里米亚——分裂乌克兰的杠杆》，《俄罗斯研究》1995 年第 2 期。

斯民族认同。"后苏联时代的克里米亚共有三条可能的身份建构路径，分别是推动国家认同的深入，建立乌克兰身份；推动地区认同的深入，建立克里米亚的独立地区身份；以及推动民族认同的深入，回归俄罗斯身份。"①但在身份认同建构的实践中，由于克里米亚半岛以俄语为共同语言，乌克兰的缺位导致其国家认同建构的失败："社会的转型造成了乌克兰社会在历史宗教文化上的认同矛盾，经济发展上的道路之争，在政治上的民主危机。这三个方面的矛盾演化成为乌克兰国家认同的危机。"②克里米亚在俄罗斯和乌克兰间易手，没有独立的主权，更谈不上地区认同。最后，只能以俄语为文化认同中心自然地发展成文化共同体，进而构建俄罗斯民族共同体，最后实现了与俄罗斯的融合。乌克兰的分裂教训对经济向市场经济转轨、政治向民主制转型的多民族国家具有极大的参考价值：由于经济持续衰落，人民生活水平低下，人民寻求更好生活与发展前景的地方成了国家的离心力；由于民主政治条件不成熟，而全面推进民主化进程，不但不能带来"合法、有效的政府，而且中央权威被弱化，社会整合能力下降"，没有健全的社会监督力量，权钱得以合谋，社会影响力和感召力不强的政治家"在阻力较小的思想文化领域'有所作为'，推行大民族主义，将乌克兰'乌克兰族化'，结果加强了族群边界意识，为国家分裂埋下了隐患"③。

综上，无论是民族宗教国家一体化的以色列、多元文化综汇交融并本土化的美国，还是屡遭建国挫折而种族色彩较浓的德国，其文化共同体所蕴含的强大力量构成了现代民族国家的价值核心，而且还是其未来民族国家核心竞争力的来源；与之相对，加拿大、英国和乌克兰在文化共同体建设上所面临的困难，在未来若干年内还将是阻碍其国家共同体建设的重要因素。

## 第四节　文化认同型国家属性与国家文化战略构架

国家文化战略的顶层设计，是与中国文化认同型国家的属性分不开的。中国文化认同型的国家属性，将文化认同与国家认同、文化建设与国

---

① 封帅：《悲剧的诞生：身份认同困境与克里米亚的命运》，《俄罗斯研究》2014年第 3 期。

② 张弘：《社会转型中的国家认同：乌克兰的案例研究》，《俄罗斯中亚东欧研究》2010 年第 6 期。

③ 丁香桃：《民主转型与乌克兰的分裂》，《法制与社会》2014 年第 11 期。

家建设紧密地连接在一起，"文运同国运相牵，文脉同国脉相连"①。国家文化结构的基本属性与国家文化战略和发展道路紧密相连，国家文化结构属性就被赋予了国家文化现代化道路设计的独特意义。

## 一、国家文化战略架构，与文化认同型国家的基本属性相关

### （一）中国作为文化认同型国家的基本内涵

根据民族认同型、文化认同型和宗教认同型三种国家文化基本形态，中国属于文化认同型国家文化结构形态。与西方一些国家的发展道路不同，如英国、法国、德国、瑞士等国在 17 世纪"威斯特伐利亚和约体系"之后，进入民族国家发展的道路，形成了民族认同型国家形态；沙特、伊朗、土耳其等国进入宗教国家的发展道路，形成了宗教认同型国家。而中国则走上了文化立国的道路，形成了文化认同型国家的现代化发展道路。

近代以前的中国传统社会，精英知识分子在西方世界的启发下，逐步认识到了现代民族国家与传统朝廷国家的不同，认识到主权为国家的最高属性，还明确地提出"中国者，中国人之中国"的现代民族国家的理想。但实现现代民族国家建构的路径却并不明确。在"中国人"框架下的民族认同与国家认同出现了严重的分裂，"还没有找到从文化民族到政治民族的有效转换机制和方法"②。但正是在这种不成熟的社会条件下，近代中国人"救亡保种"的压力开启了把一个"文化社会"强行塞进一个现代民族国家"强制性框架"的艰难旅程，由此构建了当代中国特色社会主义道路的历史合法性。

美国汉学家白鲁恂（Lucian Pye）曾有一个著名的论断：基于西方历史经验的"民族—国家"（nation-state）分析框架并不适用于中国："中国不仅仅是一个民族国家，更是一个有着民族国家身份的文明国家（civilization-state），中国现代史可以描述为是中国人和西方人把一种文明强行挤进现代民族国家专制、强迫性框架之中的过程，这种机制性创造源于西方世界文

① 《习近平在中国文联十大、中国作协九大开幕式上的讲话》，新华网，2016 年 11 月 30 日。

② 许小青：《1903 年前后新式知识分子的主权意识与民族国家认同》，《天津社会科学》2002 年第 4 期。

明自身的裂变。"①

英国汉学家马丁·雅克也认为："中国首先是一个文明型国家,其次才是一个民族国家。""中国从来不只是一个国家,而是'伪装'成国家的文明。"美国前国务卿基辛格认为中国与西方民族国家的概念不同,中国有着严格的"国家"与"文明"的区分:"自古以来,西方国家的建立,总有一个开端,但中国似乎没有这个概念。在他们漫长的历史进程中,他们随时都是一个起点,每当他们建立起大一统盛世的时候,总是不认为这是创造而是复兴、是回到巅峰,似乎那个巅峰的中国,早在黄帝之前就存在一样。"复旦大学张维为也认为,"文明型国家"指的是延绵不断长达数千年的中华古老文明,这样一个古老文明与一个超大型的现代国家几乎完全重叠这样的一个国家,所以这个特质决定它和其他国家和一般国家是不一样的。"这种特质有点像基因一样的,基本上决定了今天中国的制度安排、道路选择和行为方式。"

著名华裔学者许倬云在《我为了被历史湮没的人群著史》一文中提出,"中国"是一个几千年演变的共同体。"'中国'这两个字,不是一个国家,不是个政治体,不是今天所谓主权国家可以界定的,也不是个文化系统。它是文化、政治、经济、社会在一个宽大地域里边,由无数不同来源的人共同生活组成的一个几千年演变而成的共同体。这个共同体就是,大家生命拴在一块儿了,命运拴在一块儿了,前途也拴在一块儿了。"

"能够构成这么大的团体,不是'主权'两个字可以说,也不是'血统'两个字可以说,所以我拿四五种不同的因素,编织成一个互动的、交相拉扯的一个网络系统,这个网络系统不是一时的,而是几千年上万年演变下来的。这个系统能够到今天,还相当具体,因为它有个核心,这核心是多少年来锤炼、混合、融合起来的东西。中国文化,由中国的中原,汇集众流,走向东亚,走向亚洲,最后就汇成大海,走向世界的大海。天下,全世界人类的大海,一直是中国人向往的目标。孔子所说的'安人、安百姓':是这个共同体的最后的目标,不是指国界之内,而是走向全世界。"

## (二)国家文化软实力是文化认同型国家的力量之基

相比于民族认同型和宗教认同型国家,中国作为文化认同型国家的比

---

① 金灿荣:《当中国统治世界》序,2021年3月16日,https://book.douban.com/reading/10803605/;宋念申:《中国是一个伪装成国家的文明?》,澎湃新闻,2015年12月17日。

较优势在于国家文化结构所支撑的国家文化软实力。在现代国家建构的视角下，文化认同型国家的"软实力"集中体现为以文化认同统筹族群认同、地区认同和宗教认同，以达成现代国家建设的国家目标的优势和能力。从现代国家建构的过程看，国家文化软实力一方面体现为对内的文化凝聚力和文化塑造力，另一方面又体现为民族国家对外的文化吸引力和文化影响力。

从这一意义上说，国家文化软实力是文化认同型国家内在精神文化张力的外化形式，也是国家共同体的生命与活力源泉。国家文化结构与国民文化构成之间的相互作用，一方面国家共同体通过提供观念与认识的"透镜"、成员行为的动机和价值尺度，从国家共同体内部形成影响成员价值判断和行为选择的重要力量，为全体成员提供一种认识论范式和一种意识形态化的规范过程，促进全体社会成员对国家的潜移默化的认同，形成对内的文化凝聚和文化塑造过程；另一方面，在对外关系和国际交往中，国家文化软实力又体现为一种文化价值的吸引力或国家形象魅力，其如儒家所追求的"近者悦，远者来"（《论语·子路》）。美国哈佛大学教授约瑟夫·奈认为，"软实力是可以通过吸引而非强迫或引诱达到其目的的能力。这种吸引力来自一个国家的文化，政治价值观和外交政策"。由"文化影响力、意识形态影响力、制度安排上的影响力和外交事务中的影响力"组成的软实力，是美国领导世界的力量之源。并且提出"硬实力和软实力依然重要，但是在信息时代，软实力正变得比以往更为突出"①。

从美国学者塞缪尔·亨廷顿《文明的冲突与世界秩序的重建》，到约瑟夫·奈《注定领导：美国权力性质的变迁》《软力量：世界政坛成功之道》《权力与相互依赖》《硬权力与软权力》，再到兹比格涅夫·卡济米尔兹·布热津斯基《大棋局——美国的首要任务及其地缘战略》、泰勒·考恩《创造性毁灭：全球文化与文化多样性》、马修·弗雷泽《软实力：美国电影的全球统治》等，西方学界已经深入论述了 21 世纪全球化时代一国文化的发展与国家的发展、文化冲突与国际竞争格局演变之间的基本趋势，并提出了一系列的文化战略思路和对策措施。"软力量"成为西方发达国家实现全球文化霸权的"利器"。

中国作为古老文明国家，各种文化遗产、文化产品及其所承载的独特

---

①　［美］约瑟夫·奈：《美国定能领导世界吗?》，何小东、盖玉云等译，军事译文出版社 1992 年版。

价值观念与生活方式既是国家文化软实力的基本构成，又是推动中国走向世界的"通行证"，还是中国的儒家文明相对于基督教文明和伊斯兰文明的独特魅力所在。但与民族凝聚力的建构方式不同的是，对外展示的文化魅力需要在与其他民族国家和其他文明的交流和交往中"被塑造"，它要求必须在一个文化开放体系中而绝不是一个封闭体系中才能"被塑造"，因此，保持文化的开放，不断深化中华文明与世界其他文化的交流互鉴、碰撞融汇，才能充分发挥中国的文化的影响力和吸引力。

德国在"二战"后满目疮痍，却能在短时间内迅速统一并崛起，除了德国强大的经济实力之外，更是得益于德国战后制定实施的文化强国战略及其政策支撑体系。借助于德国深厚的历史文化底蕴，德国政府制定实施了一系列文化政策。国家从战略规划、政策引导、财政激励、文化产业发展等方面给予支持和干预，建立了立体多元的文化政策体系，"旨在强化其核心文化价值观，促进国民文化认同和融合，树立良好的国际形象，提高国际政治地位和综合竞争力"①。"以高度的自觉推进文化的繁荣发展，还是当今世界发展与国力竞争的'大势'所凸显的时代性课题。21世纪以来，世界范围内综合国力的竞争更趋激烈，文化日益成为国力角逐的关键内容与重要场域。世界主要国家纷纷推出相应战略，从文化中借力、在文化上发力，着力提升各自文化的战略优势。文化之强，不仅愈益成为国之所强的重要标志，而且越来越直系国之所以强；一国在国际上的文化优势，不仅标示着其文化影响力的强弱，而且越来越与其国家形象、发展环境、国际地位等关联为一体。"②

早在2011年，日本历史学家依田熹家以一种"他者"眼光，提出了"当代中国最大的课题是恢复亚洲文化大国的地位"的建议。他认为，"中国要被世界承认为大国，文化方面最为重要。我反对先搞经济发展、文化发展可以滞后这一观点，因为这样的观点违背了历史发展规律。日本在'二战'战败末期，由于轰炸失去了大部分的产业，陷入极其悲惨的状况，这个时期最先提出的课题是文化国家的建设，这大量反映在当时的报纸杂志上。当时日本国民由过去军国主义的失败中汲取了教训，在建设文化大国中找到了新的方向，而并非以经济大国为目标，结果日本成了世界性经济大国"。日本以建设"文化国家"为目标，结果却建成"经济大国"，他认为

---

① 洪晓楠、张媛：《二战后德国文化强国战略选择及其当代价值》，《贵州社会科学》2020年第7期。

② 沈壮海：《文化强国建设的中国逻辑》，《文化软实力研究》2017年第2期。

"里面存在着历史规律"。① 我们认为，中日两国同为"文化认同型国家"（日本韩国都是基于单一民族的文化认同型国家），文化建设即国家建设。日本战后通过文化大国的战略设计，恢复了国家的文化自信，成为推动国家经济繁荣和国家恢复发展的重要力量。

习近平总书记指出："中华优秀传统文化是我们最深厚的文化软实力，也是中国特色社会主义植根的文化沃土。"并在北京大学师生座谈会上强调："在几千年的历史流变中，中华民族从来不是一帆风顺的，遇到了无数艰难困苦，但我们都挺过来、走过来了，其中一个很重要的原因就是世世代代的中华儿女培育和发展了独具特色、博大精深的中华文化，为中华民族克服困难、生生不息提供了强大精神支撑。"②实现2035年基本建成现代化国家奋斗目标、实现中华民族伟大复兴的中国梦，需要以建设社会主义文化强国目标为引领，充分发挥文化认同型国家的国家文化软实力。

## 二、高度重视文化战略的顶层设计，形成相对完整的战略架构

改革开放以来特别是进入21世纪以来，随着中国与世界民族国家的联系越来越强，中国政府和社会出于现代国家建设的目标，把文化建设作为国家现代化的重要内容，高度重视国家文化战略的顶层设计。"一个国家、一个民族的强盛，总是以文化兴盛为支撑的，中华民族伟大复兴需要以中华文化发展繁荣为条件。"③立足于为实现中华民族伟大复兴的中国梦提供思想保证、精神力量、价值支撑，中国提出了坚定文化自信、发展社会主义精神文明、加快建设社会主义文化强国等一系列战略设计，形成了相对完整的国家文化战略布局。

### （一）高度重视文化建设在国家现代化进程的作用

2020年9月22日，习近平总书记在京主持召开教育文化卫生体育领域专家座谈会，就"十四五"时期经济社会文化发展听取意见和建议。座谈会上，习总书记用"四个重要"阐述文化在"十四五"和2035年远景规划中的"坐标"：统筹推进"五位一体"总体布局、协调推进"四个全面"战略布局，文化是重要内容；推动高质量发展，文化是重要支点；满足人民日益

---

① 杨潇、黄广明：《日本著名历史学家依田憙家谈文化中国》（南方人物周刊），http://www.sina.com.cn，2011年3月11日。

② 《习近平在文艺工作座谈会上的讲话》，人民网，2014年10月15日。

③ 《习近平在山东考察时强调，认真贯彻党的十八届三中全会精神，汇聚起全面深化改革的强大正能量》，《光明日报》2013年11月29日第01版。

增长的美好生活需要，文化是重要因素；战胜前进道路上各种风险挑战，文化是重要力量源泉。

2020 年 10 月，十九届五中全会提出，到 2035 年要建成文化强国，国民素质和社会文明程度达到新高度，国家文化软实力显著增强。这是 2011 年十七届六中全会确立"建设文化强国"战略愿景以来，从国家规划层面上第一次提出了完成文化强国目标的时间表。

进入 21 世纪以来特别是十八大以来，我国的文化战略和文化政策形成了三个重要的变化趋势：

（1）文化建设在国家战略体系中的地位的"变化"，实现了从"边缘"到"中心"的转变；

（2）文化战略和文化政策目标对象和范围的"变化"，实现了从"小文化"到"大文化"的转变，从文化系统内部结构调整到"文化+""五位一体"全面建设的转变；

（3）文化行业性质定位的"变化"，实现了从单纯思想和文化资源、辅助性社会资本建设到国家资本和核心战略资源建设的转变。"在现代经济中，文化因素越来越重要，经济与文化越来越融为一体。例如著名品牌，就是经济具有文化特性的表现。它以非物质形态存在，却可以反复地转化成物质财富。一个国家，当文化表现出比物质和货币资本更强大力量的时候，当经济、产业和产品体现出文化品格的时候，这个国家的经济才能进入更高的发展阶段，才能具有可持续发展和持续创造财富的能力。"①由这种新的文化观念所支持的这些深刻变化，集中体现为国家文化战略及其政策支撑体系的确立与完善。

2011 年以来，"建设文化强国"成为我国国家文化战略的集中表达，形成了对以往文化改革发展经验和未来发展目标的集成性概括。例如，十八大报告中专列"文化强国"专题，提出"扎实推进社会主义文化强国建设"的目标，并明确了加强社会主义核心价值体系建设，全面提高公民道德素质，丰富人民精神文化生活，增强文化整体实力和竞争力四大任务，使文化建设在国家战略中的地位显著提升，成为与经济、科技和教育等同等重要的国家现代化推进力量。习近平总书记提出，"一个国家、一个民族的强盛，总是以文化兴盛为支撑的，中华民族伟大复兴需要以中华文化发展繁荣为条件"。十九大报告进一步阐述了文化发展对于国家建设的重大战

---

① 温家宝：《关于发展社会事业和改善民生的几个问题》，《求是》2010 年第 4 期。

略价值，第一次提出将文化自信作为检验文化强国的重要标尺，在继续推进建设社会主义文化强国的基础上，十九届四中全会确立了"坚持和完善繁荣发展社会主义先进文化的制度，巩固全体人民团结奋斗的共同思想基础"，"更好构筑中国精神、中国价值、中国力量"，进一步丰富了文化强国建设和国家文化软实力的核心内涵。十九届五中全会提出，"推进社会主义文化强国建设"，建设"社会主义文化强国"成为国家宏观层面与科技强国、教育强国等相协同的总体战略架构，规范了"十四五"及未来 20 年我国内部文化发展和对外文化开放两大领域的发展目标和任务。

### （二）初步形成了比较完整的国家文化战略架构

2011 年以来，党和国家对于文化建设工作的部署和制度安排，不断丰富了国家文化战略的内容，形成了文化强国战略统筹下的比较完整的文化战略架构（见图 6-1）。

第一，确立了国家文化软实力建设目标。十九届五中全会提出"繁荣发展文化事业和文化产业，提高国家文化软实力"，被赋予了"举旗帜、聚民心、育新人、兴文化、展形象的使命任务，促进满足人民文化需求和增强人民精神力量相统一"[1]。国家文化软实力的建设目标，既包括了"对内凝聚力（塑造力）"，又包含了"对外影响力（传播力）"。

在提升国家文化软实力的目标之下，国家通过系列制度和政策设计，形成了由多项建设任务组成的目标系统，包括：弘扬社会主义核心价值观，传承创新中华优秀传统文化，建设社会主义精神文明，"核心价值观是文化软实力的灵魂、文化软实力建设的重点。这是决定文化性质和方向的最深层次要素"[2]。提升公共文化服务水平，健全现代文化产业体系，建设现代文化市场体系；促进文化和旅游融合；推动中华文化走出去，结合"一带一路"强化文化建设；增强对外文化传播能力；开展亚洲和世界文明对话等。

第二，坚定文化自信，推动中华文化的创造性转化和创新性发展，推动中华传统文化的现代转型。改革开放 40 年，中国的现代化经历了从农业社会到工业社会、从计划经济到市场经济、从工业社会到信息社会的三重叠加转型的复杂过程。在这一大转型过程中，我国迎面撞上了国内文化现

---

① 《中国共产党第十九届中央委员会第五次全体会议公报》，人民网，2020 年 10 月 30 日。

② 习近平：《核心价值观是文化软实力的灵魂》，《人民日报》（海外版）2014 年 2 月 26 日第 1 版。

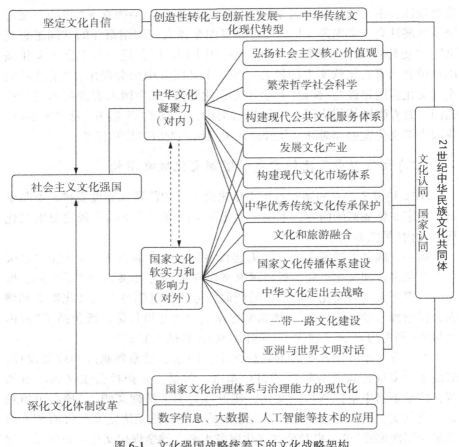

图 6-1　文化强国战略统筹下的文化战略架构

代转型、国民文化身份重建与国际文化交流中"西强东弱"、西方文化霸权之间的结构性不对称，导致了国家文化现代化进程中民族文化自信不足、文化认同障碍。"如果我们的人民不能坚持在我国大地上形成和发展起来的道德价值，而不加区分、盲目地成为西方道德价值的应声虫，那就真正要提出我们的国家和民族会不会失去自己的精神独立性的问题了。如果没有精神独立性，那政治、思想、文化、制度等方面的独立性就会被会被釜底抽薪。"①因此，必须坚定文化自信，推动中华文化的创造性转化和创新

---

① 《习近平在省部级主要领导干部学习贯彻十八届三中全会精神全面深化改革专题研讨班上的讲话》，人民网，2014 年 2 月 18 日。

性发展，推动中华文化的现代转型。

十八大以来，习近平总书记高度强调文化自信，"坚定文化自信，是事关国运兴衰、事关文化安全、事关民族精神独立性的大问题"。"我们说要坚定中国特色社会主义道路自信、理论自信、制度自信，说到底是要坚定文化自信。"①我们认为，文化自信是一个族群对自己的历史传统、共同的心理特征和核心价值观及其生命活力的心理认同和坚定信念。党的十九大将坚定文化自信作为推进国家现代化和民族伟大复兴的伟大力量，是对当代中国如何实现现代化以及如何发挥文化力量推进民族复兴这一历史命题的科学回应。坚定文化自信本身包含了中华文化本位与异域文化之间互动关系的深刻理解，这其中包含着以我为主、融会创新的"本位立场"，本身即含有中华民族文化自信的深刻内涵。坚定文化自信，是中华民族近代百年以来再造和提升民族国家主体性，实现民族国家主体自觉的有效路径，也是推动中华民族复兴的强大力量。"文化自信，是更基础、更广泛、更深厚的自信。在五千年文明发展中孕育的中华优秀传统文化，在党和人民伟大斗争中孕育的革命文化和社会主义先进文化，积淀着中华民族最深层的精神追求，代表着中华民族独特的精神标识。"②

坚定文化自信，就是坚持中华文化的本位立场，既不妄自尊大，也不妄自菲薄，吸引世界上一切有利中华文化现代转型和发展的文明成果，正确处理中华文化和西方文化的关系，发展社会主义先进文化。

第三，深化文化体制改革，充分利用数字信息技术、5G 和大数据智能等高新技术所形成的改革推力，推动国家文化治理体系和治理能力的现代化。改革开放以来的中国社会大转型，提出了改革计划体制下形成的文化行业体制、建立与市场体制相适应的文化治理体系的目标要求。2000 年 10月，《中共中央关于制定国民经济和社会发展第十个五年计划的建议》，提出了"深化文化体制改革""完善文化产业政策"的目标任务，随后的 20 多年来，不断推进和深化的文化体制改革为国家文化战略的实施提供了强大的动能。进入 21 世纪，文化改革发展所依赖的技术环境和经济政治环境都出现了深刻的变化，形势逼迫人们再难以"穿旧鞋，走新路"，习近平总书记强调，"今天，宣传思想工作的社会条件已大不一样了，我们有些做法过去有效，现在未必有效；有些过去不合时宜，现在却势在必行；有些过去不可逾越，现在则需要突破。'不日新者必日退''明者因时而变，知者

---

① 《习近平在哲学社会科学工作座谈会上的讲话》，人民网，2016 年 5 月 17 日。
② 《习近平在庆祝中国共产党成立九十五周年大会上的讲话》，人民网，2016 年 7 月 1 日。

随事而制'。做好思想宣传工作，比以往任何时候都更加需要创新"①。
"要围绕建设社会主义核心价值体系、建设社会主义文化强国，完善文化
管理体制和文化生产经营机制，建立健全现代公共文化服务体系、现代文
化市场体系来做好工作，以此推动社会主义文化大发展大繁荣。"②

### 三、深化国家文化战略设计，建设 21 世纪中华民族文化共同体

进入 21 世纪第三个十年，中国的现代化建设取得了辉煌的成就，民族
兴旺、经济繁荣、文化发展，整体上呈现出中华文化强劲的生命活力。这
为 2035 年建成文化强国提供了良好的基础条件。但未来中国国家文化战略
的实施环境已经不同于改革开放前 40 年的环境，随着中国与世界的经济与
文化联系的持续深化，国内问题国际化和国际问题国内化的双轨并进、相
互影响制约，国家文化战略业已不仅仅是国内文化建设规划，更是国际文
化交流行动规划和国际文化产业发展规划。40 年来中国文化体制改革实践
证明，"把文化发展战略纳入国家发展战略全局，发展和完善中国特色社
会主义文化制度；把推动中华文化走向世界和把握世界文明发展趋势结合
起来，增强中华文化国际竞争力和影响力"③，是两条重要经验。必须进一
步深化建设社会主义文化强国战略的内涵，进一步明确利用数字信息技术
机会和利用国内国际两个文化市场建设文化强国的政策路径。

### （一）建设 21 世纪中华民族共同的"精神家园"

建设 21 世纪中华民族文化共同体，形成中华民族的"精神家园"，体
现为文化认同型国家建设的内在要求，既是国家文化软实力的现实表达，
也是测度国家文化强国战略目标实现程度的标尺。

在全球政治多极化、经济全球化和文化交往深入化的当代，文化冲突
和文化融合双向演进，对国家共同体和国家文化软实力的建设形成高度复
杂的影响机制。建设社会主义文化强国、提升国家文化软实力，不仅仅要
把国内自己的事情办好，完成繁荣文化事业、发展文化产业的既定目标，
而且还与中西文化的关系定位相关，要受到外部问题内部化结果的制约。
近代以来的历史证明，西方发达国家凭借对于发展中国家的"文化霸权"，

---

① 《习近平在全国宣传思想工作会议上的讲话》，《新华日报》2013 年 8 月 21 日
第 1 版。
② 《习近平在中央全面深化改革领导小组第二次会议上的讲话》，《人民日报》
（海外版）2014 年 3 月 1 日第 1 版。
③ 刘仓：《改革开放以来文化体制改革的四条经验》，《求索》2018 年第 4 期。

也引发了后发现代化国家内部的文化认同危机，导致了维系民族和国家共同体的"价值之轴"混乱，引起一系列不良的连锁反应，这对于发展中国家提出了强化文化认同、建设民族精神家园的要求。

因此，深化"十四五"文化战略内涵、推进 2035 年国家文化战略创新，必须就近代以来中华民族文化现代转型的基本命题——"中西体用"问题从理论和政策上进行突破和创新，在中西文化碰撞和交流互鉴中界定中西方文明的差异，建立完善中国民族自己的精神家园；在实践层面上形成学习互鉴和相互交融的制度通道，形成促进中华传统文化现代转型和创新的可行路径。当代中国"不再孤立于世界之外，世界上有那么多文明，我们要和他们打交道并学习好的方面，取其精华去其糟粕"①。习近平总书记强调："中华文明是在中国大地上产生的文明，也是同其他文明不断交流互鉴而形成的文明。""我们要虚心学习借鉴人类社会创造的一切文明成果。"因此，以建设中华民族精神家园为目标，在文化强国战略中进一步深化"中华民族文化共同体"的特色内涵，在全球比较的视野下超越农耕文明和工业文明的局限，在中外文化交流互鉴的基础上重建 21 世纪中华民族共同的文化价值系统和文化象征符号系统，从而构建 21 世纪中华民族精神家园的价值基础。

文化认同、民族认同和国家认同离不开历史和文化记忆，一个失去历史和文化记忆的国家，其国民难以对其形成合理而稳固的认同。中国作为文化认同型国家，民族共同的精神家园与历史记忆相连。"历史记忆对于引导国民形成对国家同一性和连贯性的认知，建构全体成员共属一体的牢固想象，激发民众为国家奋斗的决心和勇气，具有重要的作用。现代国家必须通过诸如优秀历史文学影视作品创作、历史教科书的科学编纂、叙事方式的恰当运用等历史记忆手段，不断增强人们的国家认同感。"②

在中华民族共同的精神家园的建设中，甄别和建造象征符号是至关重要的。作为创造国家认同的一种文化资源，体现国家象征的符号性资源建设是不可或缺的。国家象征符号资源为现代国家认同建构提供了强有力的媒介和渠道，也提供了丰富的内容。"现代国家赋予国家象征无可比拟的神圣性、权威性、渗透性，并依赖这些属性创造公民对国家的认同。在现代国家，国家象征的表达是法治化的、仪式化的和技术化的，这使得国家

---

①　姜义华：《中华文化共同体的百年裂变与重建》，《人民论坛》2015 年第 28 期。

②　吴玉军、顾豪迈：《国家认同建构中的历史记忆问题》，《中国特色社会主义研究》2018 年第 3 期。

象征被内化成国家认同建构的一种积极力量。"①

（二）把握数字信息技术的机会窗口，推进文化治理体系和治理能力的现代化

进入 21 世纪，移动互联网、大数据、人工智能、区块链、5G、量子计算等颠覆性科技创新及其在文化领域中的普及应用，在改变文化生态、催生新兴文化业态、变革文化生产方式的同时，也压迫国家文化管理职能体系进行适应调整。一方面，随着数字电影、网络游戏、网络视频、数字艺术、网络电影、数字音乐等新兴文化产品不断涌现，国家需要拓展原来的管理职能范围，如设置网络产品、数字产品管理机构部门；另一方面，随着数字信息技术对于传统文化行业的渗透，沉浸式、体验式、互动式等文化消费方式逐步替代单向度"端菜式"、格式化供需方式，倒逼文化领域格式化管理模式的转型。技术革命引发的文化消费革命，为推动建立以移动互联网为平台，以数字信息技术为纽带，包容政府和社会力量的新型文化治理体系提供了源源不竭的动力。相比于传统的演艺、出版、广电和文物等类型技术，数字信息技术是平台技术，对于基于类型技术之上的传统文化行业体制是一种革命性的力量。"十四五"及未来十年，我国传统的文化行业体制进入结构性改革的机会窗口。

习近平总书记指出："国家治理体系……包括经济、政治、文化、社会、生态文明和党的建设等各领域体制机制、法律法规安排。"②"国家文化治理体系与以往的管理体系相比，具有体系结构的复杂化与开放性、运行机制的市场化与平等性、功能内容的复合化与包容性、方式手段的协同化与参与性、整体格局的网络化与互动性等五个方面的特征。"③推进文化治理体系和治理能力的现代化，不仅体现为国家对内公共管理职能的现代化，而且体现为国家对外管理职能的全球"并轨"。"互联网打破了时空界限，克服了传统人际交往的相对独立性，把社会各部门、各行业以及各民族、各地区连成一个整体，创造出一个'虚拟社会'。""在人们的社会生活中掀起一场数字化革命，正以前所未有的冲击力深刻地改变人们的生产方

---

① 殷冬水：《国家认同建构的文化逻辑——基于国家象征视角的政治学分析》，《学习与探索》2016 年第 8 期。

② 习近平：《切实把思想统一到党的十八届三中全会精神上来》，《人民日报》2014 年 1 月 1 日第 1 版。

③ 景小勇：《国家文化治理体系的构成、特征及研究视角》，《中国行政管理》2015 年第 12 期。

式、生活方式，直接影响人们的思想观念、价值取向和思维框架。"①全球数字信息技术的迅猛发展，打破了文化传播特别是文化产业的空间和物理界限，绝大多数的文化载体——文字、图像、声音、音乐、表演等，都可以转化为数字形式在全球不同领域之间快速转移。借助于数字信息技术，不同国家的文化产品的生产、传播和消费，与全球的商品市场渠道融合在一起。中国作为拥有近14亿人口的巨型国家和不断成长的消费市场，赋予了中国天然的竞争优势，但这种市场优势只有相互开放文化市场才能得以发挥，才能转化为经济社会发展的巨大动力。同时，数字全球化是一种对于全球化利益的再平衡，给予发展中国家公平参与全球竞争的机会，是中国实现文化产业升级与开拓全球文化市场的良好契机。这也就要求国家文化管理职能体系强化对外管理和服务职能，必须在新一轮全球文化贸易规则的修订中，主动积极参与国际文化贸易、数字创意产品交易规则的重建，在全球经贸规则重构中体现"中国要求"和中国标准，承担起促进全球文化市场持续稳定发展的大国责任。

（三）坚定文化自信，推进中国传统文化的创造性转化和创新性发展

坚定文化自信，必须实现对西方价值主导下东方文化"他者"设限的超越。西方工业科技文明为近300年来的世界建立了以西方为中心的文化和价值观参照系，即建立了以马克斯·韦伯意义上的新教伦理与资本主义文化为底色、以工业化和城市化为标识的现代化模式的价值尺度，并按照这一价值标准在全球范围内重绘了现代社会与非现代社会（所谓"他者"世界）的疆域，从而引发了非西方社会的"他者化"和文化自卑心理，导致了世界上后现代化国家、非西方社会文化现代化进程中的文化障碍。正是在这一大背景下，坚定文化自信的国家目标和政策体系的探索和确立，能够为国家文化战略提供强大的支撑作用，有利于将社会主义先进文化所蕴含的理想目标、价值理念、道德观念和文化情感等融入国家制度和国家治理体系建设中，把独特的文化优势转变为共同的价值共识，形成中国社会共同的制度意识意识形态基础。

中国的现代化进程，必须要超越西方世界的"他者"设限，以中华文化为本位，从中外文化关系上推动中国从一个被西方"表述"的"客体角色"转

---

① 邓纯东：《当代中国文化治理体系和治理能力现代化的理论反思》，《湖湘论坛》2018年第6期。

变为"讲好中国故事"的独立主体，重建民族文化自信，走出了一条不同于西方的具有鲜明中国特色内涵的现代化之路。这就要求更加科学地对待中西文化的互动关系，一方面尊重和承认中西文化的差异，另一方面又对中华民族自身文化主体身份建构的保持着文化自觉。"传承中华文化，绝不是简单复古，也不是盲目排外，而是古为今用、洋为中用，辩证取舍、推陈出新，摒弃消极因素，继承积极思想，'以古人之规矩，开自己之生面'，实现中华文化的创造性转化和创新性发展。"①

中华人民共和国成立 70 年特别是改革开放 40 年来的国家发展成就，为新时期的中国人民坚定文化自信创造了很好的环境条件。"新中国成立70 年来的发展，对于中华民族文化自信重建的又一根本性奠基，即在于其对全民族文化素质的普遍性提升所实现的革命性推进。""文化的自信心既影响着人们对自我文化发展道路的探索，反过来，一条成功的文化发展道路的探索形成，又激奋着人们的文化自信，延伸着人们推动文化向前的新创造。"②

坚定文化自信，必须放到全球化的大背景下来考量。全球化环境下文化强国之路已经与文化开放联系在一起。全球经济文化一体化，国际市场既是经济的竞技场又是思想观念的交流交锋场，中国文化的繁荣发展越来越离不开国际市场大舞台，需要借助国际市场的对等开放和公平竞争，才能获得自身发展强大的机会。实践证明，只有在世界市场的开放竞争中，实现中华文化的传承、发展、创新、传播，进而发展成为大国的强势文化，才能提升国家文化软实力，建设文化强国，才能从根本上增强民族文化自信。

世界强国都是文化大国，而文化大国无不是由强大文化产业和强大民族凝聚力支撑的开放文化。文化强国是通往世界强国的不二途径，也是增强民族文化自信的必由之路。在推进中西文化交流和参与国际文化市场竞争过程中，建立健全国内国际双循环体系，努力开拓国际文化市场，大力发展民族文化产业，这是社会主义文化强国战略的题中之意。

---

① 《习近平在文艺工作座谈会上的讲话》，人民网，2014 年 10 月 15 日。

② 沈壮海：《新中国 70 年与中华民族文化自信的重建》，《思想理论教育导刊》2019 年第 9 期。

# 附　　录

表 1　　　　　　　　　　体现国家文化构造的指标体系

| 指标内涵 | 一级指标 | 二级指标 | 三级指标 | 指标说明 |
|---|---|---|---|---|
| 主权版图 | 领土 | 地球上的位置 | 经度 | |
| | | | 纬度 | |
| | | | 海岸线长度 | |
| | | 陆地面积(万 km²) | | |
| | 地形与气候 | 地貌 | 平原、山地、河流的比例 | |
| | | 气候 | 主要气候类型 | |
| | | | 气候的多样性 | |
| | | 河流 | 大河流域面积、径流量等 | |
| 生态环境系统 | | 人均耕地面积(hm²) | | |
| | | 人均水资源量(m³) | | |
| | | 森林覆盖率(%) | | |
| | | 矿产资源人均拥有量 | | |
| | | 环境绩效指数 | | 耶鲁大学、哥伦比亚大学和世界经济论坛等机构联合发布（Environmental Performance Index） |

续表

| 指标内涵 | 一级指标 | 二级指标 | 三级指标 | 指标说明 |
|---|---|---|---|---|
| 政治经济系统 | 人口 | 人口规模(人) | | |
| | | 人口密度(people/hectare) | | |
| | | 人口老龄化程度 | | 彭博夕阳指数(Bloomberg Sunset Index) |
| | 社会发展 | 预期寿命 | | 渠道:人类发展指数 |
| | | 教育获得(人均受教育年限) | | 渠道:人类发展指数 |
| | | 生活质量(人均国民收入) | | 渠道:人类发展指数 |
| | | 城市化率(%) | | |
| | | 城镇恩格尔系数(%) | | |
| | | 城乡居民收入比(%) | | |
| | | 万人拥有的大学生人数(per 10000 people) | | |
| | | 万人拥有的医疗床位数(beds/10000 people) | | |
| | | 万人拥有的公交车辆(vehicles/10000 people) | | |
| | 经济发展 | 各国经商容易度指数 | | 世界银行 |
| | | 人均GDP(美元) | | |
| | | 第三产业产值占GDP的比重(%) | | |
| | | 城镇登记失业率(%) | | |

续表

| 指标内涵 | 一级指标 | 二级指标 | 三级指标 | 指标说明 |
|---|---|---|---|---|
| 政治经济系统 | 经济发展 | R&D 内部经费支出占 GDP 的比重(%) | | |
| | | 对外贸易依存度(%) | | |
| | | 国家税收收入结构(资源税与所得税的比重) | 此项与政体相关(中山大学经济学院) | |
| | | 万元 GDP 的能耗(tce/10000) | | |
| | 政体 | 君主制、君主立宪制(二元君主制、议会君主制) | | |
| | | 共和制(总统制、议会共和制、委员会制、半总统制) | | |
| | | 代表大会制 | | |
| | 国家结构形式 | 单一制联邦制 | 中央与地方的权力划分 | |
| | | | 国家机构的组成 | |
| | | | 对外关系 | |
| | 政党制度 | 两党制 | | |
| | | 多党制 | | |
| | | 一党制及一党领导下的多党合作制 | | |
| | 法治 | 全球法治指数 | | 美国全球正义项目(World Justice Project) |
| | 政治指数 | 国家治理指数 | | 世界银行,华东政法大学政治学研究院研制 |
| | | 国家实力综合指数 | | CINC |
| | | 政治风险系数 | | 科法斯集团 |

续表

| 指标内涵 | 一级指标 | 二级指标 | 三级指标 | 指标说明 |
|---|---|---|---|---|
| 表征系统 | 宗教 | 某一宗教为国教(是否) | | |
| | | 信教人口比例 | | |
| | | 宗教干预度指数 | | 联合国教科文组织的世界宗教自由度报告 |
| | | 宗教多样性指数 | | 美国皮尤研究中心(Pew Research Center)的宗教与公众生活计划(Religion and Public Life Project) |
| | 文化 | 语言文字 | 官方语言数量及使用比例 | |
| | | 文化遗产 | 典籍 | |
| | | | 世界文化遗产(数量) | |
| | | 国家形象指数全球排名 | | 安赫尔特·捷孚凯·罗伯国家形象指数调查机构 |
| | | 文化产业(版权产业)占GDP比重及全球排名 | | |
| | | 旅游及观光竞争力指数及排名 | | 世界经济论坛 |
| | | 国际知识产权指数 | | 美国商会全球知识产权中心(GIPC) |
| | 族群(民族) | 族群数量 | | |
| | | 主体族群所占比重 | | |
| | | 族群矛盾指数 | | 渠道:脆弱国家或失败国家指数中查找 |
| | | 民族建构是否与国家建构同步 | | |
| | | 各国净迁移率(‰) | | 以一年为期,用千分数(‰)表示 |
| | | 各国移民数量 | | |
| | | 移民占国家人口比例 | | |

表2 体现国民文化构造的指标体系

| 指标内涵 | 一级指标 | 二级指标 | 三级指标 | 指标说明 |
|---|---|---|---|---|
| 器物层面 | 饮食 | 禁忌 | 是否喝酒 | 联合国粮食及农业组织 |
| | | | 是否需要清真处理 | |
| | | 饮食结构 | 各类肉类消耗量 | |
| | | | 乳制品消耗量 | |
| | | 餐具形制 | | |
| | | 人均摄入食物热量（千卡） | | |
| | 衣着 | 民族服饰 | 日常有无穿着民族传统服饰 | 落实到具体国家 |
| | | | 节日、典礼等非宗教活动有无穿着民族传统服饰 | |
| | | | 民族服饰在全球的影响力 | 打分 |
| | | 宗教服饰 | 日常有无穿着宗教服饰 | |
| | | | 节日、典礼等非宗教活动有无穿着民族传统服饰 | |
| | | | 宗教服饰在全球的辨识度（与其他服饰的区别度） | 打分 |
| | 居住 | 住宅自有率 | | 全球资料库网站（Numbeo） |
| | | 住房消费占居民收入的比重 | | |
| | | 人均居住面积（平方米/人） | | |
| | | 公共设施人均占有面积（平方米/人） | | |
| | | 绿地人均占有面积（平方米/人） | | |

续表

| 指标<br>内涵 | 一级<br>指标 | 二级指标 | 三级指标 | 指标说明 |
|---|---|---|---|---|
| 器物<br>层面 | 交通 | 人均公路、铁路占有率 | | 各国相关统计数据 |
| | | 人均汽车保有量 | | |
| | | 万人机场占有率 | | |
| | | 年人均出行次数（铁路、公路、机场总人次/总人口数） | | |
| | | 德勤城市移动出行指数 | | |
| | | 交通成本占日常支出的比重（%） | | |
| 行为<br>文化 | 日常<br>行为 | 人均睡眠时间 | | 世界卫生组织（WHO） |
| | | 起居 | 每日是否进行礼拜 | |
| | | 健身人群所占比例 | | |
| | | 餐饮礼仪 | 餐前是否祷告 | |
| | | | 聚餐 AA 制所占比例 | |
| | | | 分餐制/合餐制所占比例 | |
| | | 教育 | 基础教育中对公民教育的重视程度 | |
| | | | 公立教育系统中是否学习宗教经典（宗教课程所占比重） | |
| | | | 宗教学校所占比重 | |
| | | 日常社交方式 | 聚餐型/宗教集会/狂欢 | |

| 指标内涵 | 一级指标 | 二级指标 | 三级指标 | 指标说明 |
|---|---|---|---|---|
| 行为文化 | 日常行为 | 消费习惯 | 平均储蓄率 | |
| | | 支付方式 | 现金型、信用卡型、电子支付 | |
| | | 人均阅读时间 | | 联合国教科文组织 |
| | | 人均看电视时间 | | |
| | | 人均上网时间 | | 各国互联网报告 |
| | | 人均使用手机时间 | | 移动互联网报告及 mUser-Tracke、couter point 等公司 |
| | | 公共文化设施使用频率 | | 各国文化统计数据 |
| | 文化旅游 | 人均旅游次数 | 出国游和国内游 | 全球旅游消费报告 |
| | | 人均旅游消费 | | |
| | 体育娱乐 | 人均现场观看体育比赛次数 | | 各国体育统计数据 |
| | | 人均体育消费支出 | | 各国体育统计数据 |
| | 民间活动与礼仪 | 宗教 | 周人均造访宗教公共场所的次数 | |
| | | | 宗教事务消费所占比重 | |
| | | 婚礼 | 婚礼仪式形态——祖先崇拜型、神性契约 | |
| | | | 女性婚姻自主程度 | |

347

| 指标内涵 | 一级指标 | 二级指标 | 三级指标 | 指标说明 |
|---|---|---|---|---|
| 行为文化 | 民间活动与礼仪 | 葬礼 | 宗教式<br>家族式 | 国际殡葬协会 |
| | | | 火葬率 | |
| | | 节日民俗 | 法定节假日中宗教相关节日占比 | |
| | | | 法定节假日中民俗节日占比 | |
| | | | 民俗节日中民众的参与度 | |
| 制度文化 | 法律 | 宗教与法律 | 宪法中有无规定国教 | |
| | | | 宗教经典与法律相关性 | |
| | | 公民法律意识强度 | | 查不到相关数据以打分 |
| | 制度 | 社会福利覆盖率 | | 各国相关制度 |
| | | 医疗覆盖率 | | |
| | | 义务教育年限及普及率 | | |
| | | 公共文化设施综合覆盖率 | | |
| | | 休闲时间占比 | | |
| | 关系模式 | 社会成员结社与集会的制度 | 党派、工会、企业、教会、社会团体、公益组织 | |
| | | 人际关系质量指数 | | |
| 心态文化 | 价值观 | 权力距离 | 上级对下级的主宰性 | |
| | | | 长辈对后辈的约束 | |

| 指标内涵 | 一级指标 | 二级指标 | 三级指标 | 指标说明 |
|---|---|---|---|---|
| 心态文化 | 价值观 | 不确定性的规避 | 紧迫/放松 | 利用各国中小学教材、大数据词频统计分析 |
| | | | 对自己责任明确的人数及所占比例 | |
| | | | 对自己责任含糊的人数及所占比例 | |
| | | | 各国储蓄率 | |
| | | 普遍主义/特殊主义 | 重视规则的人数及所占比例 | |
| | | | 重视关系的人数及所占比例 | |
| | | 个体主义/集体主义 | 认为个人利益高于集体利益的人数及所占比例 | |
| | | | 认为集体利益高于个体利益的人数及所占比例 | |
| | | 中立性/情绪性 | 情绪外露的人数及所占比例 | |
| | | | 不公开显示情绪的人数及所占比例 | |
| | | 注重个人成就/注重个人等级 | 注重个人成就的人数及所占比例 | |
| | | | 注重个人等级的人数及所占比例 | |
| | | 包容性/封闭性 | 接纳新事物的人数及所占比例 | |
| | | | 排斥新事物的人数及所占比例 | |
| | | 禁忌/吉祥 | 人们喜欢的事物、颜色以及数字等 | |
| | | | 人们禁忌的事物、颜色以及数字等 | |
| | 审美 | 审美方式 | | |
| | | 审美心理 | | |

国家文化与国民文化构造的指标体系见二维码。

# 参考文献

## 一、著作

[1][德]黑格尔:《法哲学原理》,范杨、张企泰等译,北京:商务印书馆,1961年版。

[2][德]弗里德里希·恩格斯、[德]卡尔·马克思:《马克思恩格斯选集》(第4卷),北京:人民出版社,1972年版。

[3][法]卢梭:《社会契约论》(中译本),何兆武译,北京:商务印书馆,1980年版。

[4][美]加布里埃尔·A.阿尔蒙德、G·宾厄姆·鲍威尔:《比较政治学》,曹沛霖等译,上海:上海译文出版社,1987年版。

[5][法]保罗·利科:《哲学主要趋向》,李幼蒸等译,北京:商务印书馆,1988年版。

[6][德]麦克斯·施蒂纳:《唯一者及其所有物》,金海民译,北京:商务印书馆,1989年版。

[7]费孝通:《中华民族多元一体格局》,北京:中央民族学院出版社,1989年版。

[8]崔贵强:《新马华人国家认同的转向(1945—1959年)》,新加坡:南洋学会,1990年版。

[9]冯天瑜、何晓明、周积明:《中华文化史》,上海:上海人民出版社,1990年版。

[10]司马云杰:《文化价值论》,济南:山东人民出版社,1990年版。

[11][美]汉斯·摩根索:《国家间政治》,徐昕、郝望等译,北京:中国人民公安大学出版社,1990年版。

[12][英]道格拉斯·C.诺斯:《经济史上的结构和变革》,厉以平译,北京:商务印书馆,1992年版。

[13][美]布热津斯基:《大失控与大混乱》,潘嘉玢、刘瑞祥译,北京:

中国社会科学出版社，1994年版。

[14]宁骚：《民族与国家》，北京：北京大学出版社，1995年版。

[15][奥]汉斯·凯尔森：《法与国家的一般理论》（中译本），沈宗灵译，北京：中国大百科全书出版社，1996年版。

[16][美]杜赞奇：《文化、权力与国家——1900—1942年的华北农村》，王福民译，南京：江苏人民出版社，1996年版。

[17][美]西摩·马丁·李普塞特：《政治人：政治的社会基础》，张绍宗译，上海：上海人民出版社，1997年版。

[18][古罗马]西塞罗：《论共和国》，《论共和国论法律》（中译本），王焕生译，北京：中国政法大学出版社，1997年版。

[19][德]马克斯·韦伯：《经济与社会》（中译本）下卷，林荣远译，北京：商务印书馆，1997年版。

[20][法]布尔迪厄：《文化资本与社会炼金术》，包亚明译，上海：上海人民出版社，1997年版。

[21][美]塞缪尔·亨廷顿：《文明的冲突与世界秩序的重建》，周琪等译，北京：新华出版社，1998年版。

[22]李其荣：《美国精神》，武汉：长江文艺出版社，1998年版。

[23]储建国：《当代各国政治体制 加拿大》，兰州：兰州大学出版社，1998年版。

[24]江宜桦：《自由主义、民族主义与国家认同》，台北：扬智文化事业股份有限公司，1998年版。

[25]严双伍：《法国精神》，武汉：长江文艺出版社，1999年版。

[26][英]斯图亚特·霍尔：《文化身份与族裔散居》，罗岗、刘象愚：《文化研究读本》，北京：中国社会科学院出版社，2000年版。

[27][美]托马斯·雅诺斯基：《公民与文明社会》，柯雄译，沈阳：辽宁教育出版社2000年版。

[28][英]埃里克·霍布斯鲍姆：《民族与民族主义》，李金梅译，上海：上海人民出版社，2000年版。

[29][德]哈贝马斯：《包容他者》，曹卫东译，上海：上海人民出版社，2000年版。

[30][美]亚历山大·温特：《国际政治的社会理论》，秦亚青译，上海：上海世纪出版集团，2000年版。

[31][加]查尔斯·泰勒：《自我的根源：现代认同的形成》，韩震等译，北京：译林出版社，2001年版。

[32] [美]爱德华·霍尔：《无声的语言》，何道宽译，北京：北京大学出版社，2001 年版。

[33] 刘永涛：《当代美国社会》，北京：社会科学文献出版社，2001 年版。

[34] [英]约翰·汤姆林森：《全球化与文化》，郭英剑译，南京：南京大学出版社，2002 年版。

[35] [法]让-马克·夸克：《合法性与政治》，王远飞译，北京：中央编译出版社，2002 年版。

[36] 冀开运、蔺焕萍：《二十世纪伊朗史　现代伊朗研究》，兰州：甘肃人民出版社，2002 年版。

[37] [美]唐纳德·怀特：《美国的兴盛与衰落》，徐朝友等译，南京：江苏人民出版社，2002 年版。

[38] [美]乔纳森·弗里德曼：《文化认同与全球性过程》，郭建如译，北京：商务印书馆，2003 年版。

[39] [美]爱德华·W. 萨义德：《文化与帝国主义》，李琨译，北京：生活·读书·新知三联书店，2003 年版。

[40] [美]本尼迪克特·安德森：《想象的共同体——民族主义的起源与散布》，吴叡人译，上海：上海人民出版社，2003 年版。

[41] [美]塞缪尔·亨廷顿：《我们是谁？美国国家特性面临的挑战》，程克雄译，北京：新华出版社，2005 年版。

[42] [英]雷蒙德·威廉斯：《关键词：文化与社会的词汇》，刘建基译，北京：生活·读书·新知三联书店，2005 年版。

[43] 张骥等：《国际政治文化学导论》，北京：世界知识出版社，2005 年版。

[44] [英]阿雷恩·鲍尔德温、布莱恩·朗赫斯特、斯考特·麦克拉肯等：《文化研究导论》，陶东风译，北京：高等教育出版社，2005 年版。

[45] [英]安东尼·史密斯：《民族主义：理论、意识形态、历史》，叶江译，上海：上海人民出版社，2006 年版。

[46] [美]卢瑟·路德克：《美国社会与文化——构建美国》，王波、王一多译，南京：江苏人民出版社，2006 年版。

[47] 何佩群、俞沂暄：《国际关系与认同政治》，北京：时事出版社，2006 年版。

[48] [美]曼纽尔·卡斯特：《认同的力量》，曹荣湘译，北京：社会科学文献出版社，2006 年版。

[49] [法]施韦泽：《对生命的敬畏》，陈泽环译，上海：上海人民出版社，

2006 年版。

[50]彭有祥：《西方主要国家政治制度与经济模式》，昆明：云南大学出版社，2007 年版。

[51]董小川：《现代欧美国家宗教多元化的历史与现实》，上海：上海三联书店，2008 年版。

[52][美]克利福德·格尔茨：《文化的解释》，韩莉译，北京：译林出版社，2008 年版。

[53][加]保罗·谢弗：《文化引导未来》，许春山、朱邦俊译，北京：社会科学文献出版社，2008 年版。

[54][法]施韦泽：《文化哲学》，陈泽环译，上海：上海人民出版社，2008 年版。

[55]王列生等：《国家公共文化服务体系论》，北京：文化艺术出版社，2009 年版。

[56][美]利昂·P. 巴拉达特：《意识形态：起源和影响》（第 10 版），张慧芝、张露璐译，北京：世界图书出版社，2010 年版。

[57][美]里亚·格林菲尔德：《民族主义：走向现代的五条道路》，王春华等译，上海：上海三联书店，2010 年。

[58][美]塞缪尔·亨廷顿、劳伦斯·哈里森：《文化的重要作用——价值观如何影响人类进步》，程克雄译，北京：新华出版社，2010 年版。

[59]史云贵、姜战朝：《比较行政学：关于政治、行政及其过程的比较》，北京：光明日报出版社，2010 年版。

[60][荷]吉尔特·霍夫斯泰德等：《文化与组织：心理软件的力量》（第二版），李原、孙健敏译，北京：中国人民大学出版社，2010 年版。

[61]赵毅衡：《符号学：原理与推演》，南京：南京大学出版社，2011 年版。

[62][德]彼得·克斯洛夫斯基：《后现代文化》，毛怡红译，北京：中央编译出版社，2011 年版。

[63][美]孙隆基：《中国文化的深层结构》，桂林：广西师范大学出版社，2011 年版。

[64][美]迈克尔·罗斯金：《国家的常识：政权·地理·文化》，夏维勇、杨勇译，北京：世界图书出版公司，2013 年版。

[65][澳]杰夫·刘易斯：《文化研究基础理论》，郭镇之、任丛、秦洁等译，北京：清华大学出版社，2013 年版。

[66]朱宾忠等：《大国文化心态·英国卷》，武汉：武汉大学出版社，2014

年版。

[67]吴泓缈等：《大国文化心态·法国卷》，武汉：武汉大学出版社，2014年版。

[68]陈会颖：《法国政治经济与外交》，北京：知识产权出版社，2014年版。

[69]杜青钢：《大国文化心态·加拿大卷》，武汉：武汉大学出版社，2014年版。

[70]袁赛男：《哲学视域下的国家形象建设研究》，天津：天津人民出版社，2015年版。

[71]舒绍福：《文化领导》，北京：国家行政学院出版社，2015年版。

[72]李金勇：《葛兰西文化领导权思想研究——从思想政治教育权力的视角》，徐州：中国矿业大学出版社，2015年版。

[73][美]乔治·萨拜因著，[美]托马斯·索尔森修订：《政治学说史：城邦与世界社会》(第4版)，邓正来译，上海：上海人民出版社，2015年版。

[74][美]简·尼德文·皮特尔斯：《全球化与文化》，王瑜琨译，北京：中国传媒大学出版社，2016年版。

[75]于玉宏、李小虎、张丽萍：《当代外国政治制度》，北京：北京时代华文书局，2016年版。

[76]冯天瑜：《中国文化生成史》，武汉：武汉大学出版社，2016年版。

[77]任孟山、张建中：《伊朗大众传媒研究：社会变迁与政治沿革》，北京：中国传媒大学出版社，2016年。

[78]王云等：《英美社会与文化》，上海：上海交通大学出版社，2016年版。

[79][以]耶尔·塔米尔：《自由主义的民族主义》，陶东风译，上海：上海社会科学院出版社，2017年版。

[80][德]安斯加·纽宁、德维拉·纽宁：《文化学研究导论》，闵志荣译，南京：南京大学出版社，2018年版。

## 二、论文

[1]郑民：《印尼华人与国家认同》，《华侨华人历史研究》，1991年第1期。

[2]宁骚：《论民族国家》，《北京大学学报》(哲学社会科学版)，1991年第6版。

[3]王铁林:《文化心理结构的认识功能》,《江汉论坛》,1991年第8期。

[4]王建民:《民族认同浅议》,《中央民族学院学报》,1991年第2期。

[5]向大有:《"大框架下多模式"的走向——兼论海外华人的国家认同与民族同化》,《八桂侨史》,1992年第2期。

[6]程农:《近代中国的民族国家认同问题与辛亥革命》,《历史教学》,1992年第7期。

[7]郑民:《略论东南亚华人的认同意识问题》,《华侨大学学报》(哲学社会科学版),1993年第1期。

[8]林劲:《浅析现阶段台湾的"国家认同"危机》,《台湾研究集刊》,1993年第3期。

[9]莫世祥:《台湾近代反日独立运动中的国家认同问题》,《台湾研究集刊》,1995年第2期。

[10]刘国深:《试论百年来"台湾认同"的异化问题》,《台湾研究集刊》,1995年第3期。

[11]王希恩:《民族认同发生论》,《内蒙古社会科学》(文史哲版),1995年第5期。

[12]王希恩:《民族认同与民族意识》,《民族研究》,1995年第6期。

[13]张文生:《从第三届"立委"选举比较台湾三党选举行为》,《台湾研究集刊》,1996年第1期。

[14]丁宏:《民族认同意识与回族的形成和发展》,《宁夏社会科学》,1996年第6期。

[15]孙九霞:《试论族群与族群认同》,《中山大学学报》(社会科学版),1998年第2期。

[16]陈孔立:《新党的国家认同》,《台湾研究集刊》,1998年第3期。

[17]谢国兴:《历史记忆与国家认同:1949年前后的台湾士绅经验》,中国史学会、中国社会科学院近代史研究所:《划时代的历史转折——"1949年的中国"国际学术讨论会论文集》,1999年。

[18]李远龙:《广西防城港市的族群认同》(上),《广西民族学院学报》(哲学社会科学版),1999年第1期。

[19]李禹阶:《民族认同与国家认同——论华夏社会中民族、国家意识的同一性》,《重庆师院学报哲社版》,1999年第2期。

[20]张文生:《"新台湾人主义"评析》,《台湾研究》,1999年第3期。

[21]王仲孚:《历史认同与民族认同》,《中国文化研究》,1999年第3期。

[22]麻国庆：《全球化：文化的生产与文化认同——族群、地方社会与跨国文化圈》，《北京大学学报》（哲学社会科学版），2000年第4期。

[23]陈东晓：《浅议建构主义对东亚安全前景的再认识》，《国际观察》，2000年第4期。

[24]林小芳：《九十年代以来台湾"宪政改革"对"国家认同"的影响》，厦门大学硕士学位论文，2001年。

[25]林震：《论台湾民主化进程中的国家认同问题》，《台湾研究集刊》，2001年第2期。

[26]张汝伦：《经济全球化和文化认同》，《哲学研究》，2001年第2期。

[27]才家瑞：《日据时期（1895—1945）台湾同胞的民族意识与国家认同》，《天津大学学报》（社会科学版），2001年第4期。

[28]黄兴涛：《现代"中华民族"观念形成的历史考察——兼论辛亥革命与中华民族认同之关系》，《浙江社会科学》，2002年第1期。

[29]杨立宪：《当前台湾在有关两岸关系问题上的主流民意探讨——解读一年多来台湾相关民调透露出的讯息》，《台湾研究集刊》，2002年第1期。

[30]胡必松：《文化"台独"更须警惕》，《统一论坛》，2002年第1期。

[31]钱雪梅：《论文化认同的形成和民族意识的特性》，《世界民族》，2002年第3期。

[32]许小青：《1903年前后新式知识分子的主权意识与民族国家认同》，《天津社会科学》，2002年第4期。

[33]陈志明：《族群认同与国家认同：以马来西亚为例》（上），罗左毅译，《广西民族学院学报》（哲学社会科学版），2002年第5期。

[34]陈志明：《族群认同与国家认同：以马来西亚为例》（下），罗左毅译，《广西民族学院学报》（哲学社会科学版），2002年第6期。

[35]张伟：《英法美三国选举制度比较》，《国际关系学院学报》，2002年第6期。

[36]王宁：《叙述、文化定位和身份认同——霍米·巴巴的后殖民批评理论》，《外国文学》，2002年第6期。

[37]王爱平、鲁锦寰：《宗教认同与文化认同、族群认同：印度尼西亚孔教的缘起与形成》，《宗教与民族》，2003年第0期。

[38]王希：《美国历史上的"国家利益"问题》，《美国研究》，2003年第2期。

[39]周小兵：《真理的共识论与文化共识》，《社会科学辑刊》，2003年第
2期。

[40]兰林友：《论族群与族群认同理论》，《广西民族学院学报》(哲学社会
科学版)，2003年第3期。

[41]王立新：《美国国家认同的形成及其对美国外交的影响》，《历史研
究》，2003年第4期。

[42]赵汀阳：《认同与文化自身认同》，《哲学研究》，2003年第7期。

[43]林晓芳：《浅析五十年来台湾民众"国家认同"的多元化走向》，《中央
社会主义学院学报》，2004年第1期。

[44]石中英：《论国家文化安全》，《北京师范大学学报》(社会科学版)，
2004年第3期。

[45]崔新建：《文化认同及其根源》，《北京师范大学学报》(社会科学版)，
2004年第4期。

[46]张旭鹏：《文化认同理论与欧洲一体化》，《欧洲研究》，2004年第
4期。

[47]郭艳：《全球化时代的后发展国家：国家认同遭遇"去中心化"》，《世
界经济与政治》，2004年第9期。

[48]李晓岗：《美国的"爱国主义"与反恐战争》，《太平洋学报》，2004年
第9期。

[49]张云鹏：《文化权：自我认同与他者认同的向度》，吉林大学博士学位
论文，2005年。

[50]林秀琴：《寻根话语：民族文化认同和反思的现代性》，福建师范大学
博士学位论文，2005年。

[51]赵剑英、干春松：《现代性与近代以来中国人的文化认同危机与重
构》，《学术月刊》，2005年第1期。

[52]赵剑英：《文化认同危机与建构社会基本价值观的紧迫性》，《马克思
主义与现实》，2005年第2期。

[53]张永红、刘德一：《试论族群认同和国族认同》，《中南民族大学学
报》(人文社会科学版)，2005年第2期。

[54]李明明：《试析欧洲认同与民族认同的关系》，《欧洲研究》，2005年
第3期。

[55]陈晓婧：《浅析中华民族多元一体格局中的民族认同》，《广西民族研
究》，2005年第4期。

［56］范可：《亨廷顿的忧思》，《读书》，2005 年第 5 期。

［57］吕芳、殷存毅：《认同政治与国家的衰落——兼评亨廷顿的新作〈我们是谁?〉》，《世界经济与政治》，2005 年第 5 期。

［58］韩震：《论全球化进程中的多重文化认同》，《求是学刊》，2005 年第 5 期。

［59］许纪霖：《现代中国的民族国家认同》，《世界经济与政治论坛》，2005 年第 6 期。

［60］陈赟：《天下观视野中的民族-国家认同》，《世界经济与政治论坛》，2005 年第 6 期。

［61］李素华：《政治认同的辨析》，《当代亚太》，2005 年第 12 期。

［62］任孟山：《国家主权理论的当代流变》，中国传媒大学硕士学位论文，2006 年。

［63］邢瑞磊：《国家认同、欧洲认同与欧洲一体化进程》，河北师范大学硕士学位论文，2006 年。

［64］李海淑：《宗教认同与民族认同的互动——以延边朝鲜族自治州朝鲜族基督教为个案》，《宗教与民族》，2006 年第 0 期。

［65］伍慧萍、陈秋琴：《欧洲后国家认同的缺失和建构》，《德国研究》，2006 年第 2 期。

［66］贾英健：《重建当代价值认同的致思理路和方法解答》，《湖南社会科学》，2006 年第 2 期。

［67］戴晓东：《全球化视野下的民族认同》，《欧洲研究》，2006 年第 3 期。

［68］贾英健：《当代民族国家的认同变化及价值重建》，《中共济南市委党校学报》，2006 年第 3 期。

［69］刘海涛、王凌霞：《族群建构与国家认同》，《河北软件职业技术学院学报》，2006 年第 3 期。

［70］刘海涛：《论"族群"建构与"民族国家"认同》，《贵州民族研究》，2006 年第 4 期。

［71］许纪霖：《共和爱国主义与文化民族主义——现代中国两种民族国家认同观》，《华东师范大学学报》(哲学社会科学版)，2006 年第 4 期。

［72］李向平：《属性与身份的整合——宗教与民族认同资源的社会化路径》，《宗教与民族》，2006 年第 4 辑。

［73］汤韵旋：《族群、族群认同与族群建构论的实践——以两岸客家和当代台湾族群建构为例》，《广西民族研究》，2006 年第 4 期。

[74]殷曼楟：《认同建构中的时间取向》，《南京大学学报》(哲学人文科学社会科学版)，2006 年第 5 期。

[75]吕建福：《论宗教与民族认同》，《陕西师范大学学报》(哲学社会科学版)，2006 年第 5 期。

[76]林云、曾少聪：《族群认同：菲律宾华人认同的变迁》，《当代亚太》，2006 年第 6 期。

[77]钱雪梅：《从认同的基本特性看族群认同与国家认同的关系》，《民族研究》，2006 年第 6 期。

[78]李新民：《后殖民理论与中国文化身份认同》，南京师范大学博士学位论文，2007 年。

[79]刘娜：《从民族认同到国家认同——民族发展政治理路解读》，中央民族大学硕士学位论文，2007 年。

[80]赵晓龙：《当代阿拉伯民族认同研究》，西北师范大学硕士学位论文，2007 年。

[81]孔祥文：《国共两党对中华传统文化的态度及两岸关系的中华传统文化底蕴》，东北师范大学博士学位论文，2007 年。

[82]叶青：《伊斯兰教与后冷战时期中东国际关系中的双重认同问题研究》，复旦大学博士学位论文，2007 年。

[83]潘汁：《民族国家语境下的认同建构——金龙镇布岱人族群认同意识研究》，广西民族大学硕士学位论文，2007 年。

[84]朱虹：《美加文化差异及加拿大多元文化研究》，吉林大学硕士学位论文，2007 年。

[85]马健雄：《宗教运动与社会动员：木嘎拉祜族神话、历史记忆与族群身份认同》，《思想战线》，2007 年第 1 期。

[86]郑淑芳：《文化认同中的两个悖论问题》，《科教文汇》(中旬刊)，2007 年第 1 期。

[87]李江：《论全球化时代的政治认同》，《黑龙江教育学院学报》，2007 年第 2 期。

[88]邹威华：《族裔散居语境中的"文化身份与文化认同"——以斯图亚特·霍尔为研究对象》，《南京社会科学》，2007 年第 2 期。

[89]成尚荣：《母语教育与民族文化认同》，《教育研究》，2007 年第 2 期。

[90]高源：《历史记忆与族群认同》，《青海民族研究》，2007 年第 3 期。

[91]韩震：《全球化时代的华侨华人文化认同问题研究》，《华侨大学学

报》(哲学社会科学版)，2007 年第 3 期。

[92]庞金友：《族群身份与国家认同：多元文化主义与自由主义的当代论争》，《浙江社会科学》，2007 年第 4 期。

[93]黄岩：《浅析多民族国家的国家认同》，《赤峰学院学报》(汉文哲学社会科学版)，2007 年第 5 期。

[94]张文宗：《浅析美国的多元文化主义与国家认同》，《哈尔滨工业大学学报》(社会科学版)，2007 年第 6 期。

[95]高波：《中国经济增长：一个文化变迁的分析框架》，《南京社会科学》，2007 年第 7 期。

[96]黄岩：《试论全球化与国家认同》，《前沿》，2007 年第 11 期。

[97]俞楠：《"文化认同"的政治建构：当代中国公共文化服务战略研究》，华东师范大学博士学位论文，2008 年。

[98]崔雪莲：《多民族国家的政治认同研究——以中国为例》，西北师范大学硕士学位论文，2008 年。

[99]徐飞：《多元文化关系中少数民族文化保护的法理思考》，新疆大学硕士学位论文，2008 年。

[100]蔡雄、向洪：《文化认同是实现祖国和平统一的重要基础》，《湖南工业职业技术学院学报》，2008 年第 1 期。

[101]石义彬：《媒介仪式，空间与文化认同：符号权力的批判性观照与诠释》，《湖北社会科学》，2008 年第 2 期。

[102]范可：《全球化语境下的文化认同与文化自觉》，《世界民族》，2008 年第 2 期。

[103]贺金瑞、燕继荣：《论从民族认同到国家认同》，《中央民族大学学报》(哲学社会科学版)，2008 年第 3 期。

[104]刘莹：《俄罗斯民族认同中的政治文化指向》，《西伯利亚研究》，2008 年第 3 期。

[105]薛其林、蔡雄：《论中华文化认同与和平统一》，《云梦学刊》，2008 年第 3 期。

[106]雷虹霁：《语言资源，国家认同及其在中国当代博物馆中的缺失》，《国际博物馆》(中文版)，2008 年第 3 期。

[107]郭艳：《意识形态、国家认同与苏联解体》，《西伯利亚研究》，2008 年第 4 期。

[108]欧东明：《印度民族认同与宗教认同》，《南亚研究季刊》，2008 年第

4 期。

[109] 德全英：《现代认同、多元文化与公民理论》，《法制与社会发展》，
2008 年第 4 期。

[110] 戴妍：《试论信息时代的民族文化心理结构及其培育》，《民族教育研
究》，2008 年第 5 期。

[111] 樊红敏：《国家认同建构中的文化认同与民族认同——汶川地震后的
启示》，《郑州航空工业管理学院学报》（社会科学版），2008 年第
5 期。

[112] 张友国：《族群认同与国家认同：和谐何以可能》，《首都师范大学学
报》（社会科学版），2008 年第 5 期。

[113] 寇东亮：《震灾、国家认同与爱国主义教育》，《郑州大学学报》（哲
学社会科学版），2008 年第 6 期。

[114] 谈育明、金林南：《文化中国、主权中国和主体性中国——对汶川地
震中国家认同观念的思考》，《宁夏大学学报》（人文社会科学版），
2008 年第 6 期。

[115] 汪晖：《在西方中心的世界中，保持中国文化自主性——文化、社会
价值如何转化为政治实践》，《文化研究》，2008 年第 8 期。

[116] 庞慧敏：《体育新闻报道与国家认同》，《青年记者》，2008 年第
32 期。

[117] 苏晓龙：《当代中国国际意识的变迁与国家认同的重构》，山东大学
博士学位论文，2009 年。

[118] 邱兴旺：《社会转型过程中的族群认同与宗教认同》，上海大学博士
学位论文，2009 年。

[119] 雷艳：《从"民族国家"到"公民国家"》，西南大学硕士学位论文，
2009 年。

[120] 高志英、龚茂莉：《宗教认同与民族认同的互动——20 世纪前半期
基督教在福贡傈僳族、怒族地区的发展特点研究》，《西南边疆民族
研究》，2009 年。

[121] 刘国强：《传统文化建构国家认同的多重面相分析》，《学术界》，
2009 年第 1 期。

[122] 苏勇：《文化身份认同与建构中的文化主体性》，《贵州师范大学学
报》（社会科学版），2009 年第 1 期。

[123] 赵利生、熊威、江波：《族群认同的嵌入性——公共话语、社会空

间、象征符号的作用——以肃南县明花区双海子村裕固族移民故事为例》，《西北民族研究》，2009 年第 3 期。

[124]解志苹、吴开松：《全球化背景下国家认同的重塑——基于地域认同、民族认同、国家认同的良性互动》，《青海民族研究》，2009 年第 4 期。

[125]周平：《论中国的国家认同建设》，《学术探索》，2009 年第 6 期。

[126]刘燕：《国家认同建构的现实途径：大众媒介与"想象社群"的形成》，《浙江学刊》，2009 年第 6 期。

[127]都永浩：《民族认同与公民、国家认同》，《黑龙江民族丛刊》，2009 年第 6 期。

[128]李晓霞：《试析维吾尔民众的国家认同、民族认同与宗教认同》，《北方民族大学学报》(哲学社会科学版)，2009 年第 6 期。

[129]桂榕：《历史·文化·现实：回族的国家认同——以云南著名回族社区为个案》，云南师范大学博士学位论文，2010 年。

[130]杨玲：《文化交往论》，华中科技大学博士学位论文，2010 年。

[131]韩震：《论国家认同、民族认同及文化认同：一种基于历史哲学的分析与思考》，《北京师范大学学报》(社会科学版)，2010 年第 1 期。

[132]王宁：《重建全球化时代的中华民族和文化认同》，《社会科学》，2010 年第 1 期。

[133]李伟、丁明俊：《从文化认同到国家认同——论中华传统文化在回族形成与发展中的重要作用》，《北方民族大学学报》(哲学社会科学版)，2010 年第 2 期。

[134]高永久、朱军：《论多民族国家中的民族认同与国家认同》，《民族研究》，2010 年第 2 期。

[135]秦德君：《中国国民文化特性的分析模式》，《学术界》，2010 年第 2 期。

[136]张宝成：《民族认同与国家认同之比较》，《贵州民族研究》，2010 年第 3 期。

[137]马强：《多元族群社会中的宗教认同：对吉隆坡一个穆斯林社区的田野研究》，《东南亚研究》，2010 年第 4 期。

[138]魏建国：《近代英法美三国宪政民主制成败原因考——以社会结社为视阈》，《北方论丛》，2010 年第 4 期。

[139]韩震：《大众传媒、大众文化与民族文化认同》，《马克思主义与现

实》，2010 年第 4 期。

[140] 常建华：《国家认同：清史研究的新视角》，《清史研究》，2010 年第 4 期。

[141] 邱守刚：《族群与国家：文化的想象与公民的认同》，《北方民族大学学报》(哲学社会科学版)，2010 年第 4 期。

[142] 韩震：《全球化时代的公民教育与国家认同及文化认同》，《社会科学战线》，2010 年第 5 期。

[143] 秦宣：《关于增强中华文化认同的几点思考》，《中国特色社会主义研究》，2010 年第 6 期。

[144] 张弘：《社会转型中的国家认同：乌克兰的案例研究》，《俄罗斯中亚东欧研究》，2010 年第 6 期。

[145] 强世功：《国家认同与文化政治——香港人的身份变迁与价值认同变迁》，《文化纵横》，2010 年第 6 期。

[146] 王成兵：《国家认同：当代认同问题研究的新焦点》，《学术论坛》，2010 年第 12 期。

[147] 吴玉军：《符号、话语与国家认同》，《学术论坛》，2010 年第 12 期。

[148] 金志远：《论国家认同与民族(族群)认同的共生性》，《前沿》，2010 年第 19 期。

[149] 李文君：《基于国家文化安全的中国文化认同构建》，湖南师范大学博士学位论文，2011 年。

[150] 栗志刚：《民族认同论》，华中科技大学博士学位论文，2011 年。

[151] 张寅：《多元文化背景下的民族国家建构研究》，吉林大学博士学位论文，2011 年。

[152] 王沛、胡发稳：《民族文化认同：内涵与结构》，《上海师范大学学报》(哲学社会科学版)，2011 年第 1 期。

[153] 刘相平：《两岸认同之基本要素及其达成路径探析》，《台湾研究》2011 年第 1 期。

[154] 徐黎丽：《论多民族国家中民族认同与国家认同的冲突——以中国为例》，《西北师大学报》(社会科学版)，2011 年第 1 期。

[155] 王付欣、易连云：《论民族认同的概念及其层次》，《青海民族研究》，2011 年第 1 期。

[156] 高法成：《由穆斯林饮食禁忌看宗教禁忌的社会认同功能》，《中国穆斯林》，2011 年第 1 期。

[157] 李禹阶：《华夏民族与国家认同意识的演变》，《历史研究》，2011 年第 3 期。

[158] 陈才、卢昌崇：《认同：旅游体验研究的新视角》，《旅游学刊》，2011 年第 3 期。

[159] 陈茂荣：《"民族国家"与"国家民族"——"民族认同"与"国家认同"的紧张关系何以消解》，《青海民族研究》，2011 年第 4 期。

[160] 陈茂荣：《论"民族认同"与"国家认同"》，《学术界》，2011 年第 4 期。

[161] 马惠兰、陈茂荣：《论民族认同与国家认同一体化路径选择》，《中南民族大学学报》（人文社会科学版），2011 年第 4 期。

[162] 夏玉清：《试论新加坡组屋政策与国家认同》，《河南师范大学学报》（哲学社会科学版），2011 年第 4 期。

[163] 佐斌、秦向荣：《中华民族认同的心理成分和形成机制》，《上海师范大学学报》（哲学社会科学版），2011 年第 4 期。

[164] 袁娥：《民族认同与国家认同研究述评》，《民族研究》，2011 年第 5 期。

[165] 何叔涛：《论多民族国家民族认同与国家认同的特点及互动》，《云南民族大学学报》（哲学社会科学版），2011 年第 6 期。

[166] 涂怡超：《当代基督示教传教运动与认同政治》，《世界经济与政治》，2011 年第 9 期。

[167] 金志远：《论国家认同与民族（族群）认同实质的相异性》，《前沿》，2011 年第 9 期。

[168] 柏贵喜：《民族认同与中华民族认同浅论》，《西南民族大学学报》（人文社会科学版），2011 年第 11 期。

[169] 詹小美、王仕民：《论民族文化认同的基础与条件》，《哲学研究》，2011 年第 12 期。

[170] 郝良华：《美国文化霸权与中国国家文化安全》，山东大学博士学位论文，2012 年。

[171] 韦诗业：《民族认同与国家认同的和谐关系建构研究》，武汉大学博士学位论文，2012 年。

[172] 许青春：《中国特色社会主义理论体系的传统文化基础研究》，山东大学博士学位论文，2012 年。

[173] 陈泽环：《追寻文化国家和文化人类的理想——施韦泽"文化哲学"的

社会伦理维度》，《华中科技大学学报》(社会科学版)，2012 第 1 期。

[174]李智环：《民族认同与国家认同研究述论》，《西南科技大学学报》(哲学社会科学版)，2012 年第 2 期。

[175]陆晔：《媒介使用、社会凝聚力和国家认同——理论关系的经验检视》，《新闻大学》，2012 年第 2 期。

[176]张艳红、佐斌：《民族认同的概念、测量及研究述评》，《心理科学》，2012 年第 2 期。

[177]马得勇：《国家认同、爱国主义与民族主义——国外近期实证研究综述》，《世界民族》，2012 年第 3 期。

[178]张践：《宗教的类型对民族国家认同的影响》，《西北民族大学学报》(哲学社会科学版)，2012 年第 3 期。

[179]左宏愿：《原生论与建构论：当代西方的两种族群认同理论》，《国外社会科学》，2012 年第 3 期。

[180]贺东航、谢伟民：《中国国家认同的历程与制约因素》，《马克思主义与现实》，2012 年第 4 期。

[181]江杰英：《论历史记忆与族群认同》，《广州大学学报》(社会科学版)，2012 年第 4 期。

[182]甘开鹏、黎纯阳、王秋：《历史记忆、族群认同与国家认同——以云南河口县岔河难民村为例》，《贵州民族研究》，2012 年第 5 期。

[183]吴建业：《认同的逻辑——刍议政治认同与国家认同、民族认同、宗教认同的关系》，《社科纵横》，2012 年第 5 期。

[184]张阳阳：《西藏、新疆地区的国家认同、民族认同与文化认同调查研究》，中央民族大学博士学位论文，2013 年。

[185]洪晓楠、邱金英、林丹：《国家文化软实力的构成要素与提升战略》，《江海学刊》，2013 年第 1 期。

[186]周平：《多民族国家的国家认同问题分析》，《政治学研究》，2013 年第 1 期。

[187]关凯：《基于文化的分析：族群认同从何而来》，《甘肃理论学刊》，2013 年第 1 期。

[188]张中复：《历史记忆、宗教意识与"民族"身份认同——青海卡力岗"藏语穆斯林"的族群溯源研究》，《西北民族研究》，2013 年第 2 期。

[189]高承海、万明钢：《民族本质论对民族认同和刻板印象的影响》，《心理学报》，2013 年第 2 期。

[190] 刘骞:《全球化语境下的宗教认同与公民身份互动分析》,《世界宗教文化》,2013 年第 2 期。

[191] 何其敏:《宗教认同的边界建构与互动》,《西北民族大学学报》(哲学社会科学版),2013 年第 2 期。

[192] 许纪霖:《作为国族的中华民族何时形成》,《文史哲》,2013 年第 3 期。

[193] 于海涛、金盛华:《国家认同的研究现状及其研究趋势》,《心理研究》,2013 年第 4 期。

[194] 许德金:《作为国家软实力的文化:国家文化资本论》(上),《江淮论坛》,2013 年第 5 期。

[195] 伍慧萍:《普遍主义的困境:从文化冲突看欧洲认同的宗教文化向度》,《欧洲研究》,2013 年第 5 期。

[196] 郭琳琳:《试析抗战时期回族报刊〈回教大众〉的宗教认同与国家认同》,《牡丹江大学学报》,2013 年第 7 期。

[197] 林尚立:《现代国家认同建构的政治逻辑》,《中国社会科学》,2013 年第 8 期。

[198] 詹小美、王仕民:《文化认同视域下的政治认同》,《中国社会科学》,2013 年第 9 期。

[199] 门洪华:《两个大局视角下的中国国家认同变迁(1982—2012)》,《中国社会科学》,2013 年第 9 期。

[200] 李崇富:《马克思主义国家观和国家认同问题》,《中国社会科学》,2013 年第 9 期。

[201] 李长中:《文化认同、身份建构与人口较少民族书面文学的宗教重述》,《中州学刊》,2013 年第 12 期。

[202] 黑颖:《宗教认同的归属、建构与体验——国内"宗教认同"研究述评》,《才智》,2013 年第 35 期。

[203] 蒙象飞:《中国国家形象建构中文化符号的运用与传播》,上海外国语大学博士学位论文,2014。

[204] 钟星星:《现代文化认同问题研究》,中共中央党校博士学位论文,2014 年。

[205] 黑颖:《西方宗教认同的理论研究和实证研究初探》,《宗教社会学》,2014 年。

[206] 董莉、李庆安、林崇德:《心理学视野中的文化认同》,《北京师范大

学学报》(社会科学版)，2014 年第 1 期。

[207] 易建平：《关于国家定义的重新认识》，《历史研究》，2014 年第 2 期。

[208] 常启云：《现代性语境下的群体传播与宗教认同》，《武汉理工大学学报》(社会科学版)，2014 年第 3 期。

[209] 李炳全：《文化心理与国家身份》，《阴山学刊》，2014 年第 3 期。

[210] 王树亮：《国家认同对象体系的"三层四维"结构》，《山西师大学报》(社会科学版)，2014 年第 3 期。

[211] 罗彩娟、梁莹：《族群认同理论研究述评》，《广西师范学院学报》(哲学社会科学版)，2014 年第 4 期。

[212] 于海涛、张雁军、乔亲才：《全球化时代的国家认同：认同内容及其对群际行为的影响》，《心理科学进展》，2014 年第 5 期。

[213] 方程：《城市宗教文化遗产活化与地方认同构建》，《新疆社会科学》，2014 年第 6 期。

[214] 郭亚妮、宇涛：《文化认同与国家认同：当代性关系及其路向》，《甘肃社会科学》，2014 年第 6 期。

[215] 金太军、姚虎：《国家认同：全球化视野下的结构性分析》，《中国社会科学》，2014 年第 6 期。

[216] 吴铁柱：《二战后联邦德国"文化国家"战略与尧斯接受美学理论之关系》，《学术交流》，2014 年第 10 期。

[217] 王超品：《当代中国民族认同与国家认同整合的制度机制研究》，云南大学博士学位论文，2015 年。

[218] 何良：《美国少数族裔的国家认同研究》，北京外国语大学博士学位论文，2015 年。

[219] 刘向东：《文化多元语境下的国家认同建构》，吉林大学博士学位论文，2015 年。

[220] 张可佳：《族群宗教认同的结构、特点与认同运作机制——基于凉山彝族原生性宗教的研究》，中央民族大学博士学位论文，2015 年。

[221] 吴玉军：《论国家认同的基本内涵》，《中国特色社会主义研究》，2015 年第 1 期。

[222] 蒲涛：《族群认同的宗教性建构——以兴蒙乡蒙古族为例》，《云南民族大学学报》(哲学社会科学版)，2015 年第 1 期。

[223] 刘社欣、王仕民：《文化认同视域下的国家认同》，《学术研究》，

2015 年第 2 期。

[224] 苏杭：《韩国萨满教、基督宗教和民族—国家认同》，《宗教社会学》，2015 年第 3 辑。

[225] 沈桂萍：《培育中华民族共同体意识构建国家认同的文化纽带》，《西北民族大学学报》（哲学社会科学版），2015 年第 3 期。

[226] 李占录：《现代化进程中族群认同、地域认同与国家认同之间关系探讨》，《中央民族大学学报》（哲学社会科学版），2015 年第 3 期。

[227] 李向平：《建构"公民—民族—宗教"间的"叠合认同"——以基督教与伊斯兰教的对话为例》，《西北民族大学学报》（哲学社会科学版），2015 年第 4 期。

[228] 王霏：《从宗教社团认同看 19 世纪"大叙利亚认同"的起源》，《世界宗教文化》，2015 年第 6 期。

[229] 李西杰：《国家认同视野下的公民意识"他者"化问题》，《哲学研究》，2015 年第 12 期。

[230] 陈育欣：《宗教对民族认同和国家认同的影响及启示》，外交学院硕士学位论文，2016 年。

[231] 王建新：《政治科学测量中的指数研究》，华东政法大学硕士学位论文，2016 年。

[232] 暨爱民、彭永庆：《国家认同建构：基础要素与历史逻辑》，《中南民族大学学报》（人文社会科学），2016 年第 1 期。

[233] 杨鹍飞：《中华民族共同体认同的理论与实践》，《新疆师范大学学报》（哲学社会科学版），2016 年第 1 期。

[234] 殷冬水：《论国家认同的四个维度》，《南京社会科学》，2016 年第 5 期。

[235] 周光辉、李虎：《领土认同：国家认同的基础——构建一种更完备的国家认同理论》，《中国社会科学》，2016 年第 7 期。

[236] 蒋述卓：《文化认同、国家认同与人的发展》，《暨南学报》（哲学社会科学版），2016 年第 7 期。

[237] 殷冬水：《国家认同建构的文化逻辑——基于国家象征视角的政治学分析》，《学习与探索》，2016 年第 8 期。

[238] 胡春燕：《跨文化交流当在"异"中求"同"》，《光明日报》，2016 年 11 月 18 日第 002 版。

[239] 李艳霞、曹娅：《国家认同的内涵、测量与来源：一个文献综述》，

《教学与研究》，2016 年第 12 期。

[240] 孙凯民：《中华民族共同体认同建设研究》，内蒙古大学博士学位论文，2017 年。

[241] 张龙强：《美国国家认同研究及对中国的启示》，山东大学硕士学位论文，2017 年。

[242] 张志鹏、和萍：《单一身份和叠合身份：对民族与宗教认同的一个经济学分析》，《西北民族大学学报》(哲学社会科学版)，2017 年第 1 期。

[243] 荣洁：《国家文化安全中的意识形态安全及其当代境遇》，《中国文化产业评论》，2017 年第 2 期。

[244] 佐斌、温芳芳：《当代中国人的文化认同》，《中国科学院院刊》，2017 年第 2 期。

[245] 马进、王瑞萍、李靖：《国家认同是怎样进行的——宗教认同和国家认同关系研究》，《青海民族研究》，2017 年第 2 期。

[246] 周平：《民族国家认同构建的逻辑》，《政治学研究》，2017 年第 2 期。

[247] 陈志伦、梁晓彤：《宗教的文化认同作用》，《中国宗教》，2017 年第 3 期。

[248] 张倩：《从家国情怀解读国家认同的中国特色》，《江淮论坛》，2017 年第 3 期。

[249] 曾传辉：《坚持我国宗教中国化方向重在深化文化认同》，《宗教学研究》，2017 年第 3 期。

[250] 郝亚明：《国家认同与族群认同的共生：理论评述与探讨》，《民族研究》，2017 年第 4 期。

[251] 刘骞：《对德国穆斯林移民社会融入的再思考——以宗教认同与公民身份互动为视角》，《国际政治研究》，2017 年第 5 期。

[252] 张更生：《论文化认同与国家认同》，《长江丛刊》，2017 年第 32 期。

[253] 哈正利、杜鹏：《民族认同、宗教认同、国家认同的互嵌和互惠——从达浦生阿訇生平看伊斯兰教中国化》，《中国穆斯林》，2018 年第 1 期。

[254] 吴玉军、顾豪迈：《国家认同建构中的历史记忆问题》，《中国特色社会主义研究》，2018 年第 3 期。

[255]李静、王彬斐:《民族认同的维度与路径研究》,《西南民族大学学报》(人文社科版),2018年第3期。

[256]王瑞萍、马进:《国家认同是怎样进行的——宗教认同和国家认同的人类生命体本源研究》,《云南民族大学学报》(哲学社会科学版),2018年第4期。

[257]谢芳、萨如拉:《文化遗产连接度:文化遗产保护的重要指标》,《武汉理工大学学报》(社会科学报),2018年第5期。

[258]陈忠怡、吕科、黄光芬:《跨文化交流与人类命运共同体构建的文化共识》,《云南行政学院学报》,2018年第6期。

[259]姜丽:《构建人类命运共同体视野下的跨文化交流》,《当代世界》,2018年第7期。

[260]李捷、张露:《论国家统一中的文化认同问题》,《兰州大学学报》(社会科学版),2019年第1期。

[261]程彤;《历史视域下的伊朗文化构建》,《新丝路学刊》,2019年第1期。

[262]颜玉凡、叶南客:《认同与参与——城市居民的社区公共文化生活逻辑研究》,《社会学研究》,2019年第2期。

[263]邢文海:《试论伊朗文化的传承与"伊朗意识"的嬗变》,《内蒙古民族大学学报》(社会科学版),2019年第3期。

[264]赵颖:《文化消费理论在我国的接受溯源及再思考》,《学习与探索》,2019年第3期。

[265]彭宗峰:《民族国家、风险社会与西方公民身份重构》,《陕西行政学院学报》,2019年第3期。

[266]沈桂萍、沈春阳:《坚持宗教中国化方向 增进中华文化认同》,《山东省社会主义学院学报》,2019年第5期。

[267]叶江:《多民族国家的三种类型及其国家认同建构问题》,《社会科学文摘》,2019年第6期。

[268]傅才武、申念衢:《新时代文化和旅游融合的内涵建构与模式创新》,《福建论坛》(人文社会科学版),2019年第8期。

[269]刘永刚:《铸牢中华民族共同体意识与国家治理现代化的互构逻辑》,《西南民族大学学报》(人文社科版),2019年第10期。

[270]何其敏:《"宗教认同"的整合功能探索》,《中央社会主义学院学

报》，2020 年第 2 期。

[271] 殷冬水、张婷：《全球化真的会削弱国家认同吗？——已有研究的经验证据和理论解释》，《山西大学学报》(哲学社会科学版)，2020 第 3 期。

[272] 董立人：《不断增强"五个认同"铸牢中华民族共同体意识》，《决策探索》(下)，2020 年第 4 期。

[273] 管健、郭倩琳：《共享、重塑与认同：集体记忆传递的社会心理逻辑》，《南京师大学报》(社会科学版)，2020 年第 5 期。

[274] 胡安宁：《社会学视野下的文化传承：实践—认知图式导向的分析框架》，《中国社会科学》，2020 年第 5 期。

[275] 都永浩、左岫仙：《国内外文化认同研究综述及分析》，《黑龙江民族丛刊》，2020 年第 5 期。

[276] 姜楠、黄毅：《阿尔腾斯泰因的文化国家理念及其大学教育思想探讨》，《黑龙江高教研究》，2020 年第 6 期。

[277] 袁明旭、左瑞凯：《国家治理现代化进程中公共政策的国家认同建构功能研究》，《云南大学学报》(社会科学版)，2021 年第 2 期。

## 三、英文论文

[1] Lowenthal R. Political Legitimacy and Cultural Change in West and East[J]. Social Research, 1979, 46(3).

[2] Smith A D. National Identity and the Idea of European Unity [J]. International Affairs, 1992, 68(1).

[3] Sidanius Jim et al. The Interface between Ethnic and National Attachment：Ethnic Pluralism or Ethnic Dominance? [J]. Narnia, 1997, 61(1).

[4] Mccowan C J, AIston R J. Racial Identity, African Self-Consciousness, and Career Decision Making in African American College Women [J]. Journal of Multicultural Counseling & Development, 2011, 26(1).

[5] Jones F L, Smith P. Diversity and Commonality in National Identities：An Exploratory Analysis of Cross-national Patterns [J]. Journal of Sociology, 2001, 37(1).

[6] Blank T. Determinants of National Identity in East and West Germany[J]. Political Psychology, 2003, 24(2).

[7] Smith Tom W, KimS. National Pride in Comparative Perspective：1995/96

and2003/04[J]. International Journal of Public Opinion Research, 2006, 18(1).

[8]Leonie Huddy, Nadia Khatib. American Patriotism, National Identity, and Political Involvement[J]. American Journal of Political Science, 2007, 51 (1).

[9]Audi R. Reasons, Rights, and Values: Patriotism, and Cosmopolitanism in an Age of Globalization [J]. Journal of Ethics, 2009(13).

[10]Robert M Kunovich. The Sources and Consequences of National Identification [J]. American Sociological Review, 2009(74).

[11]Ariely G. Globalisation and the Decline of National Identity? An Exploration Across Sixty-three Countries[J]. Nations & Nationalism, 2012, 18(3).

[12]Fan Zhaobin, Huang Shujuan, W. Robert J. Alexander. Do National Cultural Traits Affect Comparative Advantage in Cultural Goods? [J]. Sustainability, 2017, 9(7).

[13]Goodell John W. Trust and Governance: The Conditioning Role of National Culture[J]. Finance Research Letters, 2017, 23.

[14]Sebastián Lavezzolo, Carlos Rodríguez-Lluesma, Marta M. Elvira. National Culture and Financial Systems: The Conditioning Role of Political Context[J]. Journal of Business Research, 2018, 85.

[15]J A (Jairo) Rivera-Rozo, M E (Manuel) García-Huitrón, et al. National Culture and the Configuration of Public Pensions [J]. Journal of Comparative Economics, 2018, 46(2).

[16]Sofik Handoyo. The Role of National Culture in National Innovative Capacity[J]. Asian Journal of Technology Management, 2018, 11(2).

[17]Gallén, Peraita. The Effects of National Culture on Corporate Social Responsibility Disclosure: A Cross-Country Comparison [J]. Applied Economics, 2018, 50(27).

[18]Nebojša Janićijević. The Impact of National Culture on Leadership[J]. Economic Themes, 2019, 57(2).

[19]Chrysovalantis Gaganis, Fotios Pasiouras, Fotini Voulgari. Culture, Business Environment and SMEs' Profitability: Evidence from European Countries[J]. Economic Modelling, 2019, 78.

[20]Choden,Bagchi, Udo, Kirs, Frankwick. The Influence of Cultural Values on Information and Communication Technology (ICT) Diffusion Levels: A Cross-National Study [ J ]. Journal of Global Information Technology Management, 2019, 22(4).